石峰年鉴

SHIFENG NIANJIAN

2020

石峰年鉴编辑委员会 编

方志出版社
Publishing House of Local Records

图书在版编目（CIP）数据

石峰年鉴. 2020 / 石峰年鉴编辑委员会编. —北京：方志出版社，2020.12

ISBN 978-7-5144-4710-1

Ⅰ. ①石… Ⅱ. ①石… Ⅲ. ①区（城市）－株洲－2020－年鉴 Ⅳ. ①Z526.44

中国版本图书馆 CIP 数据核字（2021）第 008655 号

石峰年鉴（2020）

编　　者：石峰年鉴编辑委员会
责任编辑：齐　笑

出 版 者：方志出版社
地址　北京市朝阳区潘家园东里 9 号（国家方志馆 4 层）
邮编　100021
网址　http://www.zgfzcb.cn
发　　行：方志出版社图书经销中心
电话（010）67110500
经　　销：各地新华书店
印　　刷：湖南金太阳印刷有限公司

开　　本：889×1194　1/16
印　　张：18.25
字　　数：409 千字
版　　次：2020 年 12 月第 1 版　　2020 年 12 月第 1 次印刷
印　　数：001～600 册

ISBN 978-7-5144-4710-1　　定价：120.00 元

《石峰年鉴》编辑委员会

《石峰年鉴》编辑部

总　　编	朱　斌			
主　　编	翁雄伟			
编辑部主任	李　俊			
编　　辑	李　俊	申解生		
审　　稿	朱　斌	易升文	文　志	梁云箭
	翁雄伟	刘君燕	曾　晖	
校　　对	翁雄伟	刘君燕	曾　晖	伍颖萍
	何颖沙	刘　峰		
编　　务	伍颖萍	何颖沙	刘　峰	

编 辑 说 明

一、《石峰年鉴》是以马克思列宁主义、毛泽东思想、邓小平理论、“三个代表”重要思想、习近平新时代中国特色社会主义思想为指导，坚持辩证唯物主义和历史唯物主义的立场、观点和方法，记述湖南省株洲市石峰区自然、政治、经济、文化、社会等方面情况的年度资料性文献。

二、本年鉴采用分类编辑法，设类目、分目、条目三个层次，部分分目下设子目。全书共设特载、大事记、石峰概览等21个类目，设有黑白图片专版，正文设概况、条目、专题，附录、图表等，以条目为主体。

三、本年鉴所载内容除大事记、特载及黑白图片专版外，记述内容为2019年1月1日至2019年12月31日范围之内。

四、本年鉴统计资料由石峰区统计局提供，个别单位有些数据由于统计口径和统计时间等原因，与统计公布的数据不完全一致，引用时请以石峰统计公报为准。

五、本年鉴所列领导简介、机构领导名录包括各街道、区直机关、事业单位副科级以上（含四级主任科员以上）实职领导干部、部分单位内设（二级机构）负责人名单由区委组织部提供，均以2019年12月31日任职为准。“双管”单位、军事、金融等部门负责人名单由各单位提供并核准。

基层调研

JICENG DIAOYAN

4月10日，团中央书记处书记徐晓（前排右二）到中车株机调研 （中车株机 提供）

1月9日，工信部副部长罗文（右）到中车株机考察（中车株机 提供）

12月12日，湖南省委常委、常务副省长谢建辉（左一）率队到中车株机考察调研 （中车株机 提供）

6月4日，湖南省委常委、政法委书记李殿勋（右五）参观石峰区网格中心（区网格中心 提供）

4月2日，湖南省人大常委会副主任、省总工会主席周农（左一）到中车株机公司调研 （中车株机 提供）

3月12日，湖南省副省长吴桂英（左二）到中车株机调研校企合作（中车株机 提供）

12月13日，湖南省造林绿化工作现场会观摩团到石峰区九郎山参观学习
（区自然资源局 提供）

4月7日，株洲市委书记、市人大常委会主任毛腾飞（后排中）调研指导响石岭派出所扫黑除恶工作
（区公安分局 提供）

9月21日，株洲市委常委、宣传部部长聂方红（前中）现场参观石峰区文艺创作中心　（区文联 提供）

5月25日，株洲市常务副市长何剑波（后中）考察石峰区指挥中心　　（区网格中心 提供）

10月29日，株洲市副市长、工商联主席杨胜跃（前中）到石峰区就民营经济和民营企业发展状况走访考察　　（区工商联 提供）

2月1日，石峰区委常委（扩大）会议在石峰公安分局召开，研究探讨2019年公安工作重点　（区公安分局 提供）

转型升级
ZHUANXING SHENGJI

首列湘欧（株洲）国际货运班列从株洲中车物流公司发运仪式 （中车株机 提供）

中车株所发布国内3兆瓦级别叶片最长的风电机组 （中车株所 提供）

大唐华银株电搬迁发展项目厂址选择专题报告评审会在株洲召开 （大唐华银株电 提供）

2019国家能源互联网大会在株洲召开
（中车株所 提供）

中车株所新能源乘用车产业工厂建成投产
（中车株所 提供）

黄花国际机场株洲城市候机楼启动仪式
（区宣传部 提供）

轨道装备产业扩能与制造智能化建设项目开工仪式
（铁建道岔分公司 提供）

大唐华银株洲发电有限公司搬迁工作对接会
（大唐华银株电 提供）

石峰区环卫车辆更新换代
（区城管局 提供）

关注民生
GUANZHU MINSHENG

石峰区消防救援大队举行挂牌仪式
（区消防救援 提供）

石峰区城管局进行素质体能训练
（区城管局 提供）

石峰区检察院集中收看庆祝中华人民共和国成立70周年大会
（区检察院 提供）

株洲市首例“套路贷”涉黑案在石峰区法院开庭（区法院 提供）

株洲市红十字会深入清水塘街道社区进行居家养老调研（清水塘街道 提供）

石峰区残联在区盲人训练基地举办“国际盲人节盲人定向行走训练汇报表演”（区残联 提供）

石峰区新建的
便民服务设施
（区城管局 提供）

石峰区检察院检察长担
任法治副校长，为枫叶中学
上法治课（区检察院 提供）

石峰区工商联组织民营企
业开展“万企帮万户”行动
（区工商联 提供）

石峰区工商联工作人员到万博珑开展禁毒、综治民调工作宣传
（区工商联 提供）

石峰区市场监督管理局开展“信用让消费更放心”为主题的第37个国际消费者权益日纪念活动。
（区市场监管局 提供）

石峰区自然资源局开展第50个世界“地球日”活动
（区自然资源局 提供）

文化活动

WENHUA HUODONG

石峰区庆祝中华人民共和国成立70周年文艺晚会暨2019年“欢乐潇湘”文艺汇演合影

（区文旅体局 提供）

石峰区第三届职工运动会开幕式 （区总工会 提供）

石峰区文学艺术界联合会第一次代表大会合影 （区文联 提供）

中车株洲所举行所庆60周年系列活动 （中车株所 提供）

全国著名作家株洲采风启动仪式合影　（区文联 提供）

石峰区在省、市“全民健身日”舞蹈比赛获一等奖（区文旅体局 提供）

石峰区卫健局获全省疾控系统“科普大赛十佳能手”称号（区卫健局 提供）

中车株机读读书吧举行全国著名作家面对面现场交流会合影 （中车株机 提供）

大唐华银株洲发电有限公司组织参加株洲市第七届职工健步行活动
（大唐华银株电 提供）

石峰区庆祝“环卫工人节”
（区城管局 提供）

在中铁集团公司工会主办的第四届职工男子篮球赛和第二届职工女子气排球联谊赛上，株桥公司女将们勇夺女子气排球比赛冠军
（中铁株桥 提供）

石峰区举办“文化家家亲”送戏下乡活动
（区文旅体局 提供）

石峰区民政局在沈家湾社区开展居家养老体验日活动
（清水塘街道 提供）

目　录

株洲市石峰区人大常委会

石峰区人民政府·株洲市清水塘循环经济工业区管委会

政协株洲市石峰区委员会

人民团体

军 事

法 治

经济社会管理

农业·农村·水利

工业与信息化建设

商贸和粮食

财政·税务·审计

城乡建设与环境保护

园区建设

社会事业

石峰区主要机构部门负责人名录

荣誉谱

特　　载

不忘初心　牢记使命 持之以恒将转型升级进行到底

——在区委五届八次全体（扩大）会议暨区委经济工作会议上的讲话

中共石峰区委书记　张建勇

（2020 年 1 月 5 日）

一、2019 年工作回顾

2019 年，区委常委会坚持以习近平新时代中国特色社会主义思想为指引，在市委的坚强领导下，坚持稳中求进、进中争先的工作总基调，紧紧围绕“一极三区”总目标，大力实施转型升级总战略，全力推进清水塘老工业区转型发展，加快打造世界一流轨道交通城，推动各项工作迈上新台阶。一年来，坚持观大势、谋大局、抓大事：

这一年，我们普天同庆，隆重举行庆祝新中国成立 70 周年系列活动。全面做好新中国成立 70 周年大庆安保维稳工作，举办庆祝新中国成立 70 周年文艺晚会暨“欢乐潇湘”文艺会演，《清水塘“蝶变”》《中国动力谷•电力机车摇篮》在央视“共和国发展成就巡礼”直播栏目播出，唱响了礼赞新中国、奋斗新时代的主旋律，激发了全区人民加快建设富强美丽幸福新石峰的信心和决心。

这一年，我们激情满怀，全面开启了清水塘老工业区转型发展新征程。清水塘片区“一桥一塘六路”全面开工，成功引进三一石油装备园和绿地滨江科创园 2 个世界 500 强、投资过 100 亿元项目。特别是三一项目仅用 38 天就完成了一期 136 栋房屋签约、52 天完成了项目二期 219 栋房屋签约，12 月 25 日，省委书记、省人大常委会主任杜家毫亲自参加并宣布三

一、绿地项目同时开工，引进 500 强，建设清水塘，清水塘再出发，迈出铿锵步伐。

这一年，我们乘势而上，显著提升了轨道交通产业影响力。国家先进轨道交通装备创新中心落户石峰，成为全国第十家、全省第一家、行业唯一的国家级先进制造业创新中心。成功中标轨道交通装备国家级产业集群；依托中车物流打造的中欧班列正式开通，打通了轨道交通产业“走出去”“引进来”的大通道；成功举办 2019 中国国际轨道交通和装备制造产业博览会•株洲论坛，吸引国内外 7 名院士参加并作主旨演讲，田心轨道交通产业知名度和影响力进一步扩大。

这一年，我们大刀阔斧，顺利完成了新一轮党政机构改革。按照中央和省委、市委关于党政机构改革部署要求，围绕理顺“权与责”“人与事”“管与做”三个方面关系，坚持把加强党对一切工作的领导贯穿改革各方面和全过程，建立了区委财经委等 8 个议事协调机构，完成了 31 个党政部门“三定”方案，同步制定临聘人员管理办法，稳妥解聘各类临时用工 435 人，解决了教育系统等单位长期混编混岗问题，党政机构职能更加优化、权责更加协同、运行更加高效。

这一年，我们对标看齐，扎实开展了“不忘初心、牢记使命”主题教育。按照中央和省委、市委要求，在市委第六指导组的精心指导下，认真落实“四个到位”，一体推进主题教育，举办年轻干部主题教育座谈会和基层党组织书记轮训班，完成了清水塘企业失业人员培训再就业、政府性债务化解等调研报告 312 篇，开展了“为民服务解难题”整改活动和 8 个专项整治行动，广大党员干部深学笃用新思想的自觉性得到提升，守初心、担使命的主动性明显增强，干事创业的精气神有效激发，主题教育得到省委第三巡回指导组高度肯定。

过去一年，区委常委会面对复杂的经济形势，繁重的发展任务，保持战略定力，强化任务落实，在突出抓好以上几件大事的同时，统揽改革发展稳定大局，推动转型升级初见成效。预计全年 GDP 同比增长 10%（含株冶同比增长 2%）；规模工业实现增加值同比增长 12%（含株冶同比下降 12.5%）；固定资产投资同比增长 13%；社会消费品零售总额同比增长 10%；地方财政收入同比增长 1.86%；居民人均可支配收入同比增长 8.4%。主要做了以下工作：

1. 坚持在推进产业链建设中提升发展质量。一是产业链条不断完善。认真梳理轨道交通、IGBT 等八个产业链，按照“一规两图七清单”，推行“六个一”工作机制，策划启动了 IGBT 配套园、新能源汽车动力园、现代物流园、创新孵化园和口岸经济园建设，组建了建筑、房地产和建材协会，推动了建筑建材房地产等产业联动发展，出台了商贸 7 条等政策措施，坚持以产业链思维推动“产业项目建设年”活动取得明显成效。2019 年全年引进新型绿色工程材料等项目 37 个，其中 5 亿元以上项目 6 个，10 亿元以上项目 4 个。铁建道岔扩能等 26 个产业项目开工，新能源汽车电驱等 11 个产业项目竣工。台湾商品城开业，海立方•株洲海洋公园签约入驻口岸大厦。完成轻资产招商 34 家，其中天津北海等 8 家企业在双创园转化为实体。培育“四上”企业 49 家，城区排名第一。二是创新驱动支撑有力。南方中心等 7 个创新平台落户园区，攻克了自主可控新型接触器等“卡脖子”关键技术 9 项，IGBT 铝碳化硅、电动客车整车智能消防系统等 12 个项目成功转化落地。落实人才政策 20 条，引进院士工作站 3 个、清华大学等科研团队 20 个、博士 32 名、硕士 431 名，田心高科园获批省级双创示范基地。预计全年 R&D 经费投入强度接近 10%，高新技术产业增加值占比超过 50%，远高于省市平均水平。三是产业生态持续优化。深化“温暖企业”行动，组建了区营商环境协调事务中心，搭建了中小企业公共服务平台，开展“代办+带办”服务，帮助企业解决各类问题 401 个。梳理各类惠企政策，累计推送惠企政策信息 10.6 万条，为企业减税 7.5 亿元。园区配套日趋完善，报亭南路等 4 条道路建成通车，中车大道、藏龙路加快建设，长沙黄花国际机场株洲城市候机楼建成运营，雪峰岭公园一期建成开放，中心医院田心分院即将完成改造，戴斯酒店加快装修，园区营商环境测评排名全市第一。

2. 坚持在打好三大攻坚战中守住发展底线。一方面，政府性债务风险有效防控。坚持“一保一压”“一转一换”的化债原则，出台《石峰区防范化解债务风险七条措施（试行）》，统筹安排 2 亿元偿债基金，加强政银企合作，策划储备和对接了一批融资项目，调优了债务结构，地方性全口径债务率大幅度下降，实现了隐形债务不新增、还本付息不断链的目标任务，牢牢守住了不发生系统性区域性金融风险的底线。另一方面，生态环境质量持续改善。全面完成“绿心”地区工业企业退出，坚决处置 2 处违建别墅，完成“大棚房”整治 4 处，关停养殖场 28 家。绿心地区植树造林 142.94 公顷，三年造林任务基本完成，全省造林绿化工作会到株洲现场观摩，经验做法在会上重点推介。完成金盆岭、清水塘、铜霞片区土壤污染整治，加快推进人民路、新民路、荷叶塘干渠等黑臭水体治理，湘江一级水源保护地、白石港、下河街等重点区域实现污水截流，基本完成湘天桥片区污水管网建设，湘江石峰段水质保持Ⅱ类以上。大力推进农村人居环境整治，完成农村道路绿化 41.2 千米，建成 3 个乡邻空间站，全面完成九塘、白马、九郎山、茅太生活污水治理工程，乡村面貌大为改观。同时，深化对口扶贫工作，助力泸溪县白羊溪乡开展教育、医疗、就业、产业等多领域帮扶工作。

3. 坚持在全面深化改革中破解发展难题。一是全面推行“一件事一次办”。梳理申请类、职权类、公共服务类共 1576 项事项，建立区、街道、社区（村）三级可办事项清单 321 项，精简办事环节 130 个，取消申请材料 162 份，办结时限压缩率达到 62%，实现了线上线下同质服务一次办成。健全完善“互联网+政务服务”工作机制，推进商事登记等 195 项事项基本实现“一件事一次办”。二是全面提升管理效能。实施财政预算绩效管理，出台 “1+8”系列文件，公用经费连续两年下降 20%以上，财政效能大幅提升。推动环卫保洁、控违治违、物业管理和综合执法等城管职能下放街道，将 130 名城管队员派驻街道，组建街道城管中队，城市管理水平明显提升。推行社区卫生服务中心绩效管理，建立内部岗位绩效积分竞争机制和季度考核二次绩效分配机制，中心收入和职工待遇大幅增长，充分调动了员工积极性。在双创园率先推行“亩产效益”绩效评估，明确 8 大入园约束指标，综合运用租金、物业费、园区增值服务等市场手段奖优罚劣，倒逼企业高质量发展。三是全面实施网格化管理。总结清水塘街道试点经验，全面实施网格化基层治理模式，将全区划分为 232 个网格，每个网格配 1 个网格员，实行网格员与党建员、环保员、卫健员、应急员、两保员“五员合一”。同时，搭建了区网格指挥中心和综合治理、综合执法、市场监管、便民服务4个平台，创新网格“1+3”和“每月一日下网格集中办公”工作机制，累计受理各类网格事件19361件，办结19286件，办结率为99.6%。该做法先后被《中国改革报》《湖南日报》等主流媒体广泛宣传推介。

4. 坚持在改善民生民利中共享发展成果。一是“三供一业”移交改造成效初显。坚持小区拆违和资产移交、改造提质、物业管理、社工站建设“四位一体”统筹推进老旧小区改造，拆除小区违建4万余平方米，云峰阁、翠竹等53个小区、766栋房屋完成改造，21250户居民的居住环境得到全面改善。与此同时，组建区物业服务指导中心，149个无人管理小区成立业主委员会，引进物业公司并启动收费工作，小区自治作用不断显现。二是社会事业全面发展。新改建62所中小学、幼儿园食堂，公办幼儿园学位比例达到30%以上，普高上线人数较2018年增加90人，被评为湖南省平安校园先进县市区。积极推行养老服务社会化，由东方惠乐投资运营的响石岭养老服务中心，深受老百姓喜爱，全区“1+5+N+X”（实现1家区级示范性养老服务机构，5个街道居家养老服务中心，N个社区日间照料中心，X个小区和网格养老服务驿站、养老服务设施四级全覆盖）的养老服务体系正在加快形成。秋瑾故居完成提质改造并被评为省级文物保护单位，组织全国知名作家开展清水塘老工业区采风创作活动，创作长篇纪实报告文学《大搬迁》，出版《石峰工业》《筑梦清水塘》，区图书馆和24小时书屋逐渐成为广大读书爱好者的精神家园，区文联顺利完成换届。三是民生实事高效落实。建立清水塘职工档案中心，搭建“石峰就业”平台，举办多期清水塘关停企业失业人员培训班，2019年全年实现再就业4425人，新增城镇就业10355人，登记失业率控制在3%以内。探索推行惠民项目“票决制”，以社区为单位，组织市、区两级“两代表一委员”和辖区内居民代表、企业代表等人员，对涉及路灯、小街小巷、游园等方面惠民项目进行票决，完成惠民项目140个，群众身边的一大批烦心事、揪心事得到有效解决。高标准完成天源和九源农贸市场提质改造，“智慧农贸”成为石峰一道亮丽风景。四是社会大局和谐稳定。以整改落实中央扫黑除恶督导组督导反馈及“回头看”反馈问题为抓手，核查线索110余条，打掉“保护伞”2人，移送起诉涉黑涉恶嫌疑人90人。深入推进平安石峰建设，严格开展清水塘关停企业、食品药品、交通、消防等领域安全执法，依法全面关停金盆岭竹木市场和区内烟花爆竹经营门店，各类安全事故同比下降40%，死亡人数同比下降33%，连续4年被评为省安全生产优秀县市区。建成退役军人之家；加强应急管理，成功处置各类突发事件40余起；全年化解各类矛盾纠纷2600余件，调处成功率达99%，连续2年荣获省综治工作先进县市区。

5. 坚持在全面从严治党中凝聚发展合力。基层组织更加夯实。全面完成230个党支部“五化”建设，切实加强社区（村）干部队伍建设，选派8名优秀党员干部担任村支部第一书记。按照“六个一”要求，丁山社区等3个软弱涣散社区（村）党组织全部实现整顿达标。三是用人导向更加鲜明。坚持新时代好干部标准，落实重实干、重实绩的用人导向，创新竞争性面谈干部考察机制，2019年全年调配任用干部219名，一批年轻干部、专业技术干部和担当作为的干部脱颖而出，干部队伍结构不断优化，干事创业氛围更加浓厚。在全市率先实施职务与职级并行试点，完成职级晋升63人，极大激发了干部队伍活力。四是政治生态更加清朗。全面落实“基层减负年”要求，“责任状”“一票否决”事项同比减少 53%，两办发文同比减少 39%，清理精简社区（村）标牌 109 块，查摆产业项目建设领域形式主义、官僚主义问题 10 个。落实区、街道纪检监察工作一体化要求，开展 3 轮区委巡察，发现问题 287 个，处置问题线索 35 件，党纪政务立案 31 件，党纪政务处分 18 人，持续巩固了反腐败压倒性胜利。五是发展合力更加凝聚。区人大、区政府、区政协认真履行职能职责，为各级各部门作出了示范；统战、审计、史志档案、机关事务等工作卓有成效；人武、消防、工会、妇联、团委、工商联、残联、科协、计生协会和红十字会等单位充分发挥职能作用，汇聚了推进石峰转型升级的强大力量。

一年来，区委常委会持之以恒加强自身建设。坚持统揽全局、协调各方，把方向、议大事、管全局，切实提高领导发展、驾驭改革、把握大局的能力。坚决落实民主集中制、“三重一大”集体决策、请示报告等各项制度，做到科学民主依法决策。带头发扬斗争精神，锲而不舍反“四风”、转作风，认真开好主题教育专题民主生活会，带头深入基层调研，解决了一批群众反映的现实问题。严格落实“一岗双责”，从严要求自己，管好家属和身边工作人员，推动全区上下形成风清气正、政通人和的良好局面。

2019 年，石峰大事多、要事多、喜事多，是转型升级卓有成效的一年。这些成绩的取得，是习近平新时代中国特色社会主义思想正确引领的结果，是市委坚强领导的结果，是全区上下共同奋斗的结果。

在看到成绩的同时，我们也要正视发展中存在的问题和不足，主要表现在：一是经济下行压力加大，中小微企业融资难、融资贵问题依然凸出，部分企业生产经营困难，尽管三一、绿地项目落户清水塘，但近期内不能形成发展增量，依靠轨道交通产业支撑全区发展的局面没有根本改变。二是财政金融风险不容忽视，财政收支矛盾日益突出，防范化解地方性债务任务艰巨，平台公司改革转型进展不快，保运转、保民生、防风险的压力仍然较大。三是民生领域短板较多，清水塘关停企业下岗职工再就业问题逐步凸显，老百姓反映出行、停车、教育、老旧小区改造和物业管理等问题较多。四是部分干部工作能力跟不上新时代新要求，营商环境还有待进一步优化，各级领导干部担当作为的能力和抓落实的本领还有待进一步加强。对这些问题，我们必须高度重视，认真解决。

二、2020 年工作目标与要求

2020 年是全面建成小康社会和“十三五”规划收官之年，也是石峰区转型升级攻坚克难之年。做好 2020 年工作的总体要求是：以习近平新时代中国特色社会主义思想为指导，全面贯彻中共十九大和十九届二中、三中、四中全会精神以及习近平总书记对湖南工作的重要指示精神，认真落实省委、市委对石峰工作的具体要求，坚持稳中求进、进中争先工作总基调，坚持新发展理念，坚持以供给侧结构性改革为主线，坚持以改革开放为动力，继续开展“产业项目建设年”活动和“温暖企业”行动，坚决打好打赢三大攻坚战，全面做好“六稳”工作，统筹推进稳增长、促改革、调结构、惠民生、防风险、保稳定，确保实现“十三五”圆满收官，持之以恒将转型升级进行到底，扎实推动石峰高质量发展。

区委提出 2020 年经济社会发展的主要预期

目标是：GDP 同比增长 8%，规模工业增加值同比增长 8%，固定资产投资同比增长 12%，社会消费品零售总额同比增长 8%，城乡居民收入增长高于经济增长。确定以上目标，是区委着眼贯彻中央、省委和市委要求，结合石峰实际，审慎考量提出的。这个目标是一个积极向上的目标，是一个彰显担当的目标，是一个经过努力可以完成的目标。做好 2020 年工作，完成预期目标，必须牢牢坚持“稳”“新”“准”三字要求，并贯穿全年各项工作始终。

第一，始终坚持“稳”字当头。当前，石峰转型升级进入攻坚期，越往后碰到的困难和问题将会越多，遇到的情况将会更复杂。越是乱云飞渡，越要从容不迫、稳字当头。要把握稳的要求。中央经济工作会议提出坚持稳字当头，认真做好“六稳”工作，明确了今年经济工作的主要方向。石峰区清水塘关停企业下岗职工再就业、地方性债务化解、宏观经济下行压力加大等各类矛盾风险相互交织、相互作用，风险无处不在，矛盾无时不有。必须深刻认识到“稳”是做好一切工作的出发点和落脚点，稳则不乱，只有稳住大局，才能赢得主动。要增强稳的信心。信心比黄金更重要。要看到国内经济稳中向好、长期向好的基本面没有变，实施更加积极稳健宏观调控政策的大环境没有变，省、市大抓产业项目建设、推动高质量发展的大方向没有变，轨道交通产业优势凸显和市场订单稳步增长的大趋势没有变。因此，我们要坚持辩证思维，只有增强稳的信心，才能激发进的态势，做到稳中求进、进中争先。要掌握稳的方法。稳是底线，稳是规律。凡事只有做最坏的打算、最充分的准备，朝着好的方向努力，才能争取最好的结果。我们要用大概率思维应对小概率事件，坚决守住安全生产、社会稳定、生态环境和民生工作底线，全面防范化解自然灾害、地方债务等领域重大风险点，聚精会神办好石峰的事情，推动经济社会发展行稳致远。

第二，始终坚持“新”字开路。要践行新理念。在这次中央经济工作会议上，习总书记强调新发展理念是一个整体，绝不是只有经济指标这一项，还包括社会发展、环境保护、民生福祉，等等；强调决不能再回到简单以国内生产总值增长率论英雄的老路上去，决不能再回到以破坏环境为代价搞所谓发展的做法上去，更不能再回到粗放式发展的模式上去。要坚定不移把新发展理念落实到清水塘老工业区搬迁改造和轨道交通城建设、九郎山生态绿心保护三大工作板块中去，要落实到创新驱动、产业项目建设、基层治理创新、民生实事改善等具体工作中去，切实做到从实际出发、按规律办事。要发展新经济。吃老本跑不出“加速度”。石峰区是株洲工业的发祥地，工业优势明显，但过于依赖单一的轨道交通产业，加之发展空间受限、土地等要素制约，如何破局？贵在出新。要大力发展养老服务、口岸物流、工业文旅、跨境电商等新产业、新业态、新模式，形成多点支撑新格局。要用好新举措。善于创新方法，运用平台思维打开工作新局面。比如，招商引资方面，要依托南方中心、国创中心等创新平台，加快科技成果就地转化和企业孵化；社会治理方面，要依托网格化平台，提升基层治理现代化水平；为民服务方面，要搭建“欣石峰”服务平台，提供就业、养老、矛调、购物等公共便民服务；企业服务方面，要做实中小企业服务平台，做响轨道交通峰会等节会展会平台，助推经济高质量发展。

第三，始终坚持“准”字发力。目标要瞄

准。这次全会确定了全年工作目标任务，接下来，必须把各项指标任务分解到部门、到责任人，把时间节点细化到每个季度、每个月。比如，抓产业项目，必须根据全年开竣工项目，逐一落实到每个环节、每个责任牵头领导和责任部门，挂图作战、对照销号。重点要盯准。抓工作不能只部署、不落实，更不能大而化之、大水漫灌，一个部门、一个单位一年总还是要抓几个重点，办成几件事。比如，农贸市场提质改造、三供一业移交改造、社区养老服务、清水塘地区关停企业下岗职工培训再就业等工作，我们抓了一段时期，有基础，成效初显，必须紧盯不放，锲而不舍，一抓到底，直到抓出成效、形成特色，擦亮石峰一张张靓丽的名片。施策要精准。当前基层群众和企业反映的问题都很具体，一个会议、一个文件、一项政策不能解决所有问题。因此，必须坚持因情施策，注重每一个细节，结合每一种情况，关注每一类群体，做到一企一策、一事一策，真正把精细精准贯彻各项工作始终。

三、2020 年工作部署

重点抓好六个方面的工作：

1. 聚焦经济发展高质量，加快构建现代产业新格局

深入开展“产业项目建设年”活动和“温暖企业”行动，加快培育产业新动能，形成竞争新优势，着力构建支撑高质量发展的现代产业体系。

加快打造世界级轨道交通产业集群。积极争取省里完善《加快轨道交通装备产业发展若干政策措施》，争取市里出台轨道交通产业三年行动计划，从土地、项目、资金、教育、人才以及平台等方面支持轨道交通产业发展，凝聚打造世界级产业集群的政策支撑和广泛共识。积极抢抓中车集团混改机遇，出台政策措施，支持参与混改，争取把新能源汽车电驱、高速永磁电机等项目留在石峰，促进项目做大做强。全面强化产业链思维，持续建链强链补链，加快株所创新实验平台、智能涂装、九方铸造等项目开工建设，促进九方齿轮箱等项目竣工投产。充分发挥国创中心、南方中心等创新平台作用，努力在关键材料、基础零部件、核心元器件、高端检验检测装备等领域取得突破，为国家解决“卡脖子”问题做出石峰贡献。围绕产业链、创新链打造人才链、资金链，进一步落实人才政策，吸引集聚一批科技领军人才和高层次人才团队，发挥产业基金作用，为打造世界级产业集群提供有力支撑。

加快建设清水塘生态科技新城。按照“三年腾出空间、六年大见成效、十年建成新城”的总体部署，围绕“三个基本，一个同步”目标，加快推进第二个三年行动计划，加快“一桥一塘六条路”建设，确保新城路网年内基本通车、初步成型。加快三一石油装备园和绿地滨江科创园建设步伐，同步引进一批科创企业、高端人才、产学研项目和创新创业平台入驻。加快学校、社区服务中心建设，确保公共配套服务与产业导入同步跟进。

加快推进现代服务业发展。结合石峰工业深厚底蕴，策划启动清水塘工业文旅板块，加快田心工业小镇建设，以工业文旅引爆九郎山生态休闲康养产业发展。围绕“1+5+N+X”养老体系，坚持社会化方向，整合盘活智成医院、康复医院、桥梁厂医院等医疗资源，扎实办好人大医养结合议案，打造医养结合示范区。依托铜塘湾保税物流中心、中欧班列等开放平台，大力发展跨境电商和口岸物流产业。加快万博珑建材市场提质改造，做大台湾商品城，加快

戴斯酒店开业，推进方糖小镇和临港小镇建设，鼓励探索五金机电市场等传统商场线上发展新模式、新业态。

2. 聚焦城乡环境高质量，着力打造美丽社区和美丽乡村

围绕“四位一体”工作要求，着力推进老旧小区改造。2019 年以来，我们全面推进“三供一业”移交改造，探索了“四位一体” 的好方法、好经验。今年，我们要按照“思路不变、班子不散、标准不降、干劲不松”的要求，既坚持党建引领，推进小区拆违和提质改造，又注重市场运作，规范小区物业管理，加强小区自治和文化建设，确保“三供一业”移交改造 5 月 1 日全面完成，同时启动第一批老旧小区改造，着力打造具有石峰特色的城市旧改样本。

围绕污染防治攻坚战阶段性目标，着力推进黑臭水体治理。重点实施湘天桥片区、田心片区、荷叶塘干渠上游水系雨污分流改造，突出抓好新民路口排水渠等城市黑臭水体治理，依托生态处理工艺统筹推进农村生活污水治理，切实打赢蓝天、碧水、净土保卫战，逐步实现污水治理提质增效，河湖港渠长治久清。同时，全面落实“河长制”，完善河湖水系可视化监管平台建设，努力打造“水清、岸绿、河畅、景美”的生态河港。

围绕生态绿心保护，着力推进农村人居环境整治。瞄准“一核一镇三基地”目标（即以九郎山省级森林公园为核心，打造白马古镇，推进茅太新、长石、九塘生态农业基地建设），突出农村“四类房”整治重点，以村为单位，结合新一轮村庄规划、房屋确权颁证和公共设施改善，坚持“一屋场一规划、一村落一特色”，逐村整治到位，建设美丽乡村。规范生态绿心管理，全面做好封山育林工作，注重加强设施管护和秩序管理，启动九郎山人防、消防、安防体验式基地建设，整合农业农村、自然资源、城管、交通等部门专业资源力量，构建大生态工作格局，逐步将“林区”打造成“景区”。

3. 聚焦重点领域改革高质量，全面激发内在动力和发展潜能

坚持问题导向，找准发展中的“痛点”“难点”“堵点”，以更大力度打好重点领域改革组合拳，为推动经济高质量发展提供更多动力支撑。

下决心加快平台公司转型。坚持把平台公司转型作为今年改革攻坚第一仗来打，重点厘清政府与平台公司边界，改革公司薪酬、绩效、人事管理机制，整合盘活闲置土地和资产，策划抓实经营性项目，提升公司经营偿债能力，确保上半年初见成效。

下决心推进企业改制攻坚。以职工安置和资产处置为重点，坚持因企施策，力争全区 8 家市移交改制企业年内基本完成扫尾工作，同时加快启动剩余 5 家企业改制工作，进一步激活蛰伏多年的发展潜能。

下决心建立 “过紧日子”的财政体制。牢固树立“过紧日子”思想，全年一般性支出、专项支出和三公经费压减 10%以上，大幅削减财政专项预算，构建“无预算不开支、先预算后支出”的预算刚性约束机制。全面推行财政资金绩效评估和专项资金整合，大力压缩专项资金数量，集中资金投向，统筹资金使用，提高资金效率。精打细算用好钱，勤俭节约办事情，真正用政府的“紧日子”换来企业和百姓的“好日子”。

4. 聚焦基层社会治理高质量，不断完善网格化治理模式

全面落实中共十九届四中全会精神，坚持

和发展新时代“枫桥经验”，围绕打造职能、网络、阵地和梦想“四个空间”，努力构建共建共治共享社会治理新格局。

健全三张清单，厘清“职能空间”。健全完善社区公共服务、群众自治事务和社会有偿服务三张清单，进一步厘清政府职能部门、自治组织、社会团体等各自职责，彻底改变以往“政府大包大揽”的管理模式，真正做到该政府管的事管住、该群众自己办的事办好。

依托三个平台，拓展“网络空间”。充分运用信息化手段，依托政务服务网络平台、网格事件办理平台和网格微信交流平台，畅通为民服务渠道，提升为民办事效率，实现“信息反馈敏捷、群众办事便捷、问题处置快捷”。加强网格事件办理督查力度，不定期抽取事件样本进行跟踪回访，提升网格事件办理实效。积极探索“互联网+监督”新模式，做实网格微信群交流平台，使其成为新时代密切党群干群关系的桥梁、倾听群众呼声的窗口、平等交流互动的平台。

抓实三社联动，激活“阵地空间”。充分整合利用社区阵地资源，加快社工站建设，大力引进和培育社会组织进行经营管理，合理布局居家养老、市民会客厅、文化大讲堂、社区书屋、睦邻吧、小区驿站等服务功能，为群众提供丰富多彩的社会服务，让社会组织逐步成为社会治理领域的主体。

弘扬三种文化，筑牢“梦想空间”。坚持党建文化引领，大力弘扬“火车头”精神，注重发挥党员干部在社区治理中的先锋模范作用。增强社区文化认同，结合石峰区厂矿型小区较多的特点，深入挖掘社区人文底蕴，因地制宜打造特色街区，增强社区居民文化认同感和归属感。注重传统文化传承，鼓励引导各小区和楼栋自主制定小区公约和“微民约”，大力开展最美庭院、文明家庭、平安家庭、好婆婆好媳妇等各类评选活动，引导全区上下形成向上向善、德润人心的良好风尚。

5. 聚焦人民生活高质量，持续提升群众幸福感、获得感、安全感

坚持尽力而为、量力而行，切实把钱用在刀刃上，把事办到老百姓心坎上，让人民生活更加幸福美好。

抓实培训就业。就业稳则民心稳。始终把稳就业摆在更加突出位置，重点围绕清水塘地区下岗失业人员和区内失地农民，整合各类培训就业政策资金，依托“石峰就业”信息服务平台，组建社区学院，有针对性地开展技能培训，帮助更多人实现精准培训、有效就业。

办好社会事业。优化区域教育布局，确保雪峰岭学校秋季开学招生，推行“量补质奖”考核机制，提升教师素质和教育品质。围绕打造健康石峰，做实医联体分级诊疗和家庭医生签约服务等工作，重点支持响石岭卫生服务中心升级成医院。加快丁山社区、石峰山东园等小游园建设，新增2个24小时书屋，编撰《石峰工业人物》，培育乡土文化人才，不断丰富文化供给。继续实施城乡居民医疗再次报销，加大对城乡低保、重度残疾人等特殊群体医疗救助。发挥帮扶救助中心平台作用，维护退役军人合法权益，保障困难群体基本生活，让更多幸福流淌在群众心间。

集成便民服务。从老百姓关心关注的生活需求入手，大力推行“互联网+便民服务”，搭建“欣石峰”手机 APP，把图书阅读、农贸购物、养老服务、社保医保、矛盾调解等便民服务系统集成、一体连通，老百姓足不出户可以办好身边事，让石峰的发展更有温度、百姓的

幸福更有质感。

确保社会平安。持续开展扫黑除恶专项斗争，严格落实安全生产责任制，重点抓好交通、消防等行业领域排查整治，完善应急管理体系，不断提高应对突发事件和自然灾害的能力。大力开展无违建、无上访、无事故“三无”社区创建，确保社会大局长治久安。

6. 聚焦队伍建设高质量，努力提升担当作为干事创业能力

深入贯彻新时代党的建设总要求，纵深推进全面从严治，不断激发干部队伍活力，提升干部队伍素质，以队伍建设高质量引领促进经济社会发展高质量。

提升政治能力。始终把党的政治建设摆在首位，全面推进政治建设考察向基层延伸、实现全覆盖，巩固拓展“不忘初心、牢记使命”主题教育成果，聚焦学习主线，创新学习载体，形成长效机制，不断增强各级领导干部的政治忠诚、政治定力、政治担当、政治能力、政治自律，促进全区各级各部门以实际行动增强“四个意识”、坚定“四个自信”、做到“两个维护”。

提升专业能力。利用区委党校平台，常态开展干部专业化培训，举办法律、轨道交通产业、财务、工程、文秘等培训班，提升干部专业素质，锻造一支敢担当、善作为的专业化干部队伍。用好公务员职务与职级并行政策，树立职级晋升向专业技术干部倾斜的导向，真正让专业干部专心工作。

提升落实能力。认真贯彻中央八项规定及其实施细则精神，紧盯“四风”新情况新变异现象，严肃整治不担当、不作为、慢作为、乱作为和表态多调门高、行动少落实差等严重影响经济发展的突出问题，推动党风政风进一步好转。坚决反对形式主义、官僚主义，坚决落实基层减负措施，使广大干部从无谓事务中解脱出来，真正把时间和精力放到抓产业、促发展上来，到项目前沿、建设一线和群众身边去抓调度、抓督查、抓落实，到落实重大决策、重要事项、重点工作中去奋勇争先、攻坚克难，努力营造干事创业良好氛围。

实干笃定前行，奋斗成就事业。让我们更加紧密地团结在以习近平同志为核心的党中央周围，不忘初心、牢记使命，真抓实干、不负韶华，持之以恒将转型升级进行到底，为加快建成“一极三区”而不懈奋斗！

株洲市石峰区人民代表大会常务委员会工作报告

——在石峰区第五届人民代表大会第五次会议上

区人大常委会副主任　周立君

（2020年6月8日）

区五届人大四次会议以来的主要工作

区五届人大四次会议以来，区人大常委会在区委的正确领导下和市人大常委会的精心指导下，坚持以习近平新时代中国特色社会主义思想为指导，全面贯彻落实中共十九大和十九届二中、三中、四中全会精神，坚持党的领导、人民当家作主、依法治国有机统一，认真履行宪法法律赋予的各项职责，共召开主任会议15次，常委会会议13次，听取专项工作报告6个，开展执法检查、工作评议、视察调研等活动12次，形成决定决议12件，全面完成了区五届人大四次会议确定的各项任务。

一、强化政治引领，突出党的领导核心

一年多来，区人大常委会牢固树立“四个意识”，坚定“四个自信”，做到“两个维护”，着眼新时代新使命，把党的领导贯穿于依法履职的全过程。

自觉强化理论武装。区人大常委会党组始终把学习贯彻习近平新时代中国特色社会主义思想作为首要政治任务，开展了10次集中学习，到联点单位和分管领域讲党课9次。周密部署开展研讨活动，集册编印了研讨成果集，推动学习往深里走、往心里走、往实里走。

始终坚持党的领导。区委高度重视人大工作和建设，召开了五届区委人大工作会议，出台了《中共株洲市石峰区委关于加强和改进新形势下人大工作的意见》，区委常委会3次听取人大工作汇报，研究部署人大工作，为区五届人大常委会进一步开创新局面提供了政治保障和强大动力。区人大常委会党组严格履行政治责任，围绕区委中心工作统筹谋划人大工作，坚持重大事项、重要活动及时向区委请示报告制度，把党的领导贯穿于人大依法履职全过程，落实到人大工作各方面。坚持党管干部和人大依法任免有机统一，严格执行任前法律考试、常委会表决任免、向宪法宣誓等制度，共依法任免人大和“一府一委两院”工作人员86人次，任命人民陪审员90名，接受区人大常委会委员辞职6名，接受区人大代表辞职18名，补选市人大代表2名、区人大代表13名。

*扎实开展“不忘初心、牢记使命”主题教育。*区人大常委会党组严格落实中央和省委、市委、区委部署要求，始终把学习教育、调查研究、检视问题、整改落实贯彻始终，组织了4次集中学习研讨，着力在读原著、学原文、悟原理上下功夫；围绕“推进建筑及房产产业链融合发展”等课题撰写调研文章5篇，并抓好调研成果的转化；广泛征集意见建议，深入查摆存在问题，立行立改、真改实改，完善了制度，推进了工作，使群众能更多地、更真切的感受到代表就在身边、人大离自己很近，进一步锤炼了党员干部忠诚干净担当的政治品格。

二、增强监督实效，服务高质量发展

一年多来，区人大常委会坚持把“以人民为中心”的思想作为人大工作的出发点和落脚点，把解决人民群众普遍关心的热点、难点问题作为履职重点。

*促进发展提质增效。*听取了2019年1～9月区计划执行情况报告，就做好“六稳”工作、加快推进新旧动能转换等提出意见建议。听取了2018年区本级预算执行和其他财政收支情况的审计工作报告、2019年1～9月区财政预算执行情况报告，审查并批准了2019年区财政预算调整方案。听取了政府性债务管理情况报告，要求加快构建政府债务运行“闭环”管理体系。首次听取了区政府国有资产管理情况专项报告，提出进一步盘活存量资产、加快平台公司转型升级、确保国有资产保值增值等建议。首次对审计发现问题整改情况进行了满意度测评，督促了工作落实。听取了区政府2018年度环境状况和环境保护目标完成情况专项报告，推动全区生态环境质量持续向好。

*围绕民生问题开展监督。*继续深入开展街道监督体制创新工作，完善了特约监督员人员结构，健全了街道年度工作报告制度，办结特约监督员建议135件，办结率87%。指导街道和社区推进民生实事项目票决制，加强项目推进的跟踪督办，票决选定的140个民生项目均顺利完工，增强了群众的获得感、幸福感。持续跟进督办医养结合议案，及时掌握办理进展，推动议案办理工作“一年提，届内年年办”的有效落实，新增了2家医养结合阵地，引进了海福祥、东方惠乐等医养机构，积极推进养老机构、社区日间照料中心与社区卫生服务中心无缝对接，探索建立了我区立体式医养格局。

*精心组织专项工作评议。*坚持工作创新，推进精准监督。一是首次把重点工程项目建设情况纳入评议范围，选择湘江流域石峰段水系污染治理工程项目作为评议对象，开展项目推进过程监督，既监督部门履职服务情况，又监督项目建设推进效果。二是吸纳群众和行政相对人参与评议工作，切实体现评议的广泛性和代表性，进一步促进了政府相关部门依法行政、推动工作。

*促进公正司法。*听取了区人民法院司法改革相关工作情况报告，督促全面落实司法责任制。听取了区人民检察院控告申诉工作情况报告，要求检察机关进一步畅通信访渠道、加大与相关部门沟通协调力度。配合省、市人大先后完成了水污染防治“一法两条例”以及国旗法、国歌法、国徽法执法检查，推动了相关法律法规贯彻实施。接受区政府报备规范性文件2件，维护了法制统一和宪法法律权威。配合省人大法制委开展了“土壤污染防治”立法调研，完成了市人大交办的畜禽养殖污染防治立法调研任务。加强和改进人大信访工作，共接待人民群众来信来访13件次，进一步增强了同人民群众的血肉联系。

三、聚焦平台扩展，激发代表履职活力

一年多来，区人大常委会坚持代表主体地位，突出活动组织引导、履职保障、规范管理，充分激发代表履职活力。

认真办理代表建议。组织代表广泛开展调查研究，深入了解社情民意，提高代表议案、建议和意见质量。开展代表建议重点督办、听取办理情况报告、实地查看办理成果等活动，推动代表建议办理落到实处、办出实效。区五届人大四次会议期间收到的转交区政府办理的62 件代表建议已全部办结，见面率、答复率、满意率均为 100%，其中，A 类建议 29 件，B 类建议 33 件，分别占比 47%、53% ，无 C 类建议件。

强化代表履职保障。建立了代表座谈会、代表列席人大常委会会议制度，共邀请代表参与视察调研、监督评议等活动 82 人次，召开代表座谈会 2 次，安排 15 名市、区两级代表列席常委会会议，使代表履职能力在实践中不断提升。全面组建财经、环资、监察和司法、教科文卫、农业与农村、社会建设等 6 个专业小组，遴选 65 位具备专业素养的人大代表，分别编入到了相关专业小组，推动代表履职更加专业化。

拓宽代表联系群众渠道。顺应新形势新要求，引导街道人大工委开展了“五星级”代表工作室建设，鼓励和支持有条件的村、社区、行业等建立代表联系群众活动室，优化了履职平台。建立了省、市、区三级代表进社区、下网格制度，拓宽了代表收集民情、反映民意的渠道，增强了代表联系群众的实效。

四、适应新时代要求，着力提升履职能力

一年多来，区人大常委会把加强自身建设摆上重要位置，着力提升依法履职能力和服务保障水平，努力打造一支政治坚定、作风过硬、形象优良的干部队伍。

创建学习型机关。全面学习贯彻习近平新时代中国特色社会主义思想，深入开展“不忘初心、牢记使命”主题教育，补好精神之钙，筑牢信仰之基，提升履职之能。认真落实民主生活会、组织生活会、谈心谈话、主题党日等制度，严肃党内政治生活。持续推进党风廉政建设，履行全面从严治党主体责任，坚决落实中央八项规定精神，持之以恒改进作风。

完善人大自身机构设置。依法依规组建了区五届人大环境与资源保护委员会、监察和司法委员会、教育科学文化卫生委员会、财政与经济委员会、农业与农村委员会、社会建设委员会 6 个专门委员会，强化了区人大常委会 2 个工作机构的职能，选强配齐了有关组成人员和工作人员，人大履职能力进一步得到增强。

深化理论研究和宣传工作。以地方人大设立常委会 40 周年为契机，组织开展了书画联展、文艺会演、理论研讨等活动，《创新街道监督体制，让监督之花开满基层》获全市人大工作创新优秀奖，成为全市获此类奖项的 2 个县市区之一，并被推荐参加全省纪念地方人大设立常委会 40 周年成就展系列活动。加大对外宣传，讲好石峰故事，在各级媒体和门户网站发布新闻信息稿件 22 篇，不断提升石峰人大的影响力。

打造服务型队伍。引导和组织区人大常委会机关干部在全局工作中努力当好参谋者、推动者、保障者。常委会班子成员积极参与“产业项目建设年”活动和“温暖企业”行动，牵头成立了“三协会一商会”(即：区建筑业协会、区房地产业协会、区建筑装饰材料行业协会、区金属材料商会)，推进了产业融合，为石峰高质量发展注入了新的活力；围绕项目建设、产业招商、“五个一”联系企业等工作靠前服务，有力推动了全区重点工程项目建设和“温暖企业”行动。区人大机关干部认真参加扫黑除恶

宣传、环境整治、创文、下网格、抗洪抢险等工作，特别是在2020年年初突如其来的新冠肺炎疫情阻击战中，区人大代表、区人大机关以及街道人大工委干部职工投身抗疫一线，踊跃捐款捐物，在各条战线、各自岗位上发挥积极作用，以实际行动践行了代表人民、为了人民、服务人民的光荣使命，得到了群众的普遍赞扬。

一年多来，区人大常委会各项工作取得了新的成绩，这是区委正确领导的结果，是全体人大代表、常委会组成人员、各专门委员会组成人员共同努力的结果，是“一府一委两院”和街道人大工委密切配合、通力协作的结果，是离退休老领导、老干部以及广大人民群众充分信任、关心支持的结果。在此，我谨代表区人大常委会表示衷心的感谢!

区五届人大常委会工作还存在一些差距和不足，主要有：如何更好地贯彻落实党的十九届四中全会精神，在推进石峰转型升级发展中把握得更准、联系得更紧、结合得更实；如何通过依法履职，更加强有力地把区委决策部署落到实处；如何进一步树牢“以人民为中心”思想，更好地回应人民诉求，破解民生难题，等等，都需要我们认真思考并切实加以解决。

今后一个阶段的主要任务：

2020年，是全面建成小康社会和“十三五”规划收官之年，也是科学谋划“十四五”规划的关键之年。区人大常委会工作的总体要求是：高举中国特色社会主义伟大旗帜，以习近平新时代中国特色社会主义思想为指导，全面贯彻中共十九大和十九届二中、三中、四中全会精神，深入学习贯彻习近平总书记关于坚持和完善人民代表大会制度的重要思想，增强“四个意识”，坚定“四个自信”，做到“两个维护”，坚持党的领导、人民当家作主、依法治国有机统一，在区委的坚强领导下，认真履行法定职责，努力把人大制度优势更好地转化为治理效能，为推进我区治理体系和治理能力现代化、将转型升级进行到底贡献更多人大力量。

2020年以来，按照区委总体部署，区人大常委会各项工作有序推进。下一步，主要做好以下几个方面的工作：

*一是发挥人大制度优势，进一步提升治理效能。*提高政治站位，全面深入学习贯彻党的十九届四中全会精神，认真贯彻习近平总书记关于坚决打赢新冠肺炎疫情防控系列重要讲话指示精神，助力夺取疫情防控和实现经济社会发展目标“双胜利”，努力把人大制度优势转化为推进治理体系和治理能力现代化的治理效能。突出政治建设，不断健全区委对人大工作全面领导的机制。全面落实党委人事意图，实现党的主张与人民意志的有机统一，加大人大及其常委会任免干部履职履责的监督力度。支持和保证人民当家作主，继续深化街道监督体制创新工作和社区民生实事项目票决工作，畅通公民有序政治参与渠道。

*二是紧扣发展大局，进一步展现担当作为。*认真落实国家、省、市要求和区委五届八次全会精神，围绕打赢三大攻坚战、做好“六稳”工作、落实“六保”任务，以及人民群众普遍关心的热点、难点问题，作出决议决定，切实增强履职实效。围绕高质量发展，认真审查“十四五”规划（草案），听取和审议预算执行、国有资产管理情况等报告，审查批准预算调整，听取同级审计工作以及审计查出问题整改、地方政府债务管理、财政节支情况等报告。建立财政预算专项监督机制，重点对经济社会发展7个预算专项资金的使用情况开展监督，进一步提高专项资金的使用效率。围绕保障民生，持续跟进督办医养结合议案。听取2019年度环境状况和环境保护目标完成情况工作报告。围绕

维护社会公平正义，认真开展规范性文件备案审查，听取区人民法院“一站式”多元解纷机制、“一站式”诉讼服务中心建设以及区人民检察院认罪认罚从宽制度等专项工作报告，推进依法行政和公正司法。

三是强化服务保障，进一步发挥代表作用。深入贯彻市委、市人大“1+4”文件精神，丰富代表履职载体，高质量开展代表活动，提升代表履职水平。着眼畅通代表联系群众渠道，建立代表进网格“三个一”活动机制（即：下沉一个社区网格并进网格群；联系一个惠民实事项目；全年至少参加一次人大组织的活动），进一步提升代表联系、服务群众的时效和成效。着眼增强建议办理实效，紧盯重点督办建议，坚持跟踪问效，切实提高代表建议解决率。着眼提高代表知情权和参与权，坚持代表座谈会和代表列席常委会会议制度，组织各级人大代表参与专题调研、执法检查、专项视察、重点督办等活动，进一步丰富代表履职内容。

四是注重学思践悟，进一步提升履职水平。巩固和深化“不忘初心、牢记使命”主题教育成果，坚持不懈用习近平新时代中国特色社会主义思想武装头脑、指导实践、推动工作。认真贯彻落实市委、区委人大工作会议精神，深入开展调查研究和理论研讨，健全完善履职制度和运行机制，进一步推进新时代人大工作。加强宣传和对外交往，进一步讲好人大故事、传播人大声音。扎实推进全面从严治党向纵深发展，驰而不息正风肃纪，力戒形式主义、官僚主义。坚持求真务实、担当实干，进一步展示人大机关为民、务实、清廉的良好形象。进一步密切与市人大的联系，加强对街道人大工委工作的指导，努力增强人大工作整体合力，促使人大制度和人大工作在新时代中焕发出强大生机活力。

使命呼唤作为，责任需要担当。让我们更加紧密地团结在以习近平同志为核心的党中央周围，在区委的正确领导下，戮力同心，锐意进取，只争朝夕，不负重托，为推进石峰治理体系和治理能力现代化，实现“一极三区”宏伟目标做出新的更大的贡献！

政 府 工 作 报 告

——在株洲市石峰区第五届人民代表大会第五次会议上

石峰区人民政府区长　邓元连

（2020 年 6 月 8 日）

一、2019 年以来工作回顾

2019 年面对宏观经济下行压力持续加大、传统动能全面退出、政府性债务约束偏紧等多重挑战，我们以坚如磐石的战略定力，认真落实高质量发展要求，落实“制造强省”建设、清理拖欠民营企业中小企业账款工作获得省政府真抓实干表扬激励，招商引资评为全省先进单位，“产业项目建设年”活动被评为全市先进县市区，营商环境综合评价排名全市第一。

——经济运行总体平稳。全区地区生产总值同比增长 10.2%（不含株冶）；规模工业增加值同比增长 13.4%（不含株冶）；固定资产投资同比增长 13.7%；社会消费品零售总额同比增长 10.4%；城乡居民人均可支配收入同比增长 8.6%；地方一般公共预算收入在兑现国家政策、减税降费 7.5 亿元的情况下同比增长 1.9%。新增“四上”企业、高新技术增加值、工业投资、地方收入税比等体现高质量发展的指标来势喜人。

——转型升级迈出新步伐。清水塘中小企业关停搬迁遗留问题顺利扫尾，企业场地污染治理稳步推进，清水、铜霞片区完成土壤修复治理。“一桥一塘六路”全面施工，三一石油智能装备与区域研发中心、绿地滨江科创园等世界 500 强项目同时开工，恒和工贸、火炬建安等民营总部经济园建设顺利启动。清水塘老工业区下岗职工等群体实现失业人员再就业 4425 人。“绿心”地区工业项目全部退出，生态休闲产业加快导入。中欧（株洲）国际货运班列正式开通，外向型经济发展取得重大突破。

——产业项目建设取得好成绩。西门子轨道交通牵引系统调试中心等 45 个项目签约，株机 300 千米动车组等 26 个产业项目开工，11 个项目竣工。轨道交通产业成功入围国家级产业集群试点，全国第十家、湖南第一家、行业唯一的国家级制造业创新中心国家先进轨道交通装备创新中心落户石峰。持续开展“温暖企业”行动，出台“商贸 7 条”，兑现政策承诺 4000 万元。房地产、建筑业、建材装饰等多个行业协会成立，区首届“房博会”成功举办。在全市率先试点园区亩产效益评价机制。成功承办

2019 中国国际轨道交通和装备制造产业博览会•株洲论坛。城市候机厅等园区配套设施，以及报亭南路等基础设施启动或建成。

——*底线工作兜底坚实*。认真落实“151”化债机制，地方全口径债务率大幅下降。中央、省环保督察及“回头看”交办问题达到年度整改要求，违规别墅、大棚房等重点整治任务全面完成，人民北路至白石港排污渠、荷叶塘干渠上游等黑臭水体完成治理，湘江石峰段水质稳定保持在 II 类以上。农村人居环境整治深入推进，农村改厕、污水及“四类房”整治等成效显著。扫黑除恶专项斗争扎实推进，禁毒民调全省排名前移 20 位，综治工作连续两年被评为全省先进县市区。高铁和城际铁路沿线安全隐患整治如期完成，安全生产连续四年被评为全省优秀。

——*群众幸福感获得新提升*。网格化管理“1+4”平台不断完善，网格事件办结率达到 99.6%。小区拆违和资产移交、改造提质、物业管理、社工站建设“四位一体”改造模式稳步推进，云杉等 53 个小区改造完成，4 万余平方米小区内违章建筑全部拆除，组建业主委员会 149 个，2 万余户居民人居环境得到改善。惠民实事票决的 140 个民生项目按期完成。大力推进义务教育均衡发展，公办幼儿园在园幼儿占比达到 30%以上。中心医院田心院区、智成医院完成改造。建成响石岭街道养老服务中心等各类养老服务场所 66 个，成功引入东方惠乐等社会化养老战略合作伙伴。城乡低保扩面提质、应保尽保。新建一批“建宁驿站”“24 小时智能书屋”，完成 2 个农贸市场智慧化改造。圆满完成第四次全国经济普查任务。

在做好各项工作的同时，我们狠抓政府自身建设。坚持以习近平新时代中国特色社会主义思想定向领航，深入开展“不忘初心、牢记使命”主题教育。认真执行区人大及常委会的决议和决定，定期向区人大报告工作，向区政协通报情况，主动接受社会各方面监督。积极办理区人大代表建议和区政协委员提案，在答复率、满意率 100%的基础上，特别注重办理率的提升。深入推进党风廉政建设，严格执行“三重一大”制度。全面推进“放管服”改革，梳理落地“一件事一次办”事项 221 项，行政效能明显提升。

与此同时，国防教育、国防动员、人民防空、退役军人服务管理工作进一步加强，计生、消防、新闻出版、机关事务、对口支援、工会、妇女儿童、残联、文联、红十字、侨联等工作都有新的进步。

2019 年以来，面对突如其来的新冠肺炎疫情，我们始终将人民群众的生命财产安全和身体健康放在第一位，坚决贯彻中央、省、市和区委决策部署，众志成城、精准防控，全面打响疫情防控人民战争、总体战、阻击战。坚持管源头防输入，通过大数据筛查、健康码排查、重要站卡管控、门诊登记、重点人员“当日排查、当日进集中隔离点清零”等刚性措施，精细管好四个方面重点人员；坚持管进出防扩散，四级干部下沉小区联防联控，“白天看条、晚上看灯”，线上报送与线下入户相结合，摸排“不漏一户、不漏一人”。全面开展医疗救治工作，累计筛查各类发热病人 1632 人，区内 9 个确诊病例全部康复出院。张乃文等 5 位最美逆行者驰援湖北，社会各界慷慨解囊、捐资捐物，齐心协力画出了抗击疫情的“最大同心圆”。同时，我们坚持一手抓疫情防控，一手抓复工复产复学，选派 77 名机关干部入企联络指导，梳理涉疫政策“干货”36 条，累计为 391 家企业提供在线咨询和政策办理等服务，申报阶段性减免社会保险费和稳岗补贴近3600万元，为中小企业联系发放银行贷款近 2 亿元，全力支持企业渡过难关；同步开展“奋战100天 冲刺双过半”攻坚行动，新型轨道交通装备总部基地等15个重点项目签约，20 个关系区域发展的重点难点问题攻坚取得阶段性成果。本次疫情的从容应对，是对石峰区前两年全面推动网格管理，主动并持续创新和狠抓基层治理体系能力建设的全面检验和魅力展示。

2019 年以来经济社会发展和今年疫情防控取得的成绩，是习近平新时代中国特色社会主义思想科学指引的结果，是市委、市政府和区委正确领导的结果，是区人大、区政协监督和全区上下团结拼搏的结果。

前进路上无坦途。在肯定成绩的同时，我们也清醒看到面临的困难和不足：疫情短期冲击不容忽视，主机企业上下游产业链受到冲击；民营企业、中小微企业和个体经济面临资金紧张、现金流短缺及成本上涨、订单减少等多重困难；近两年在创新平台建设、人才引进等方面虽然下了不少功夫，但主导产业在疫情中仍暴露出了人才、研发、关键零部件制造等多个“卡脖子”问题；清水塘片区开发建设虽然全面展开，但产业投产达效还需要一个较长的过程，加上财税封闭运行，对区域经济的支撑短期内十分有限；少数地块征拆迟迟不能“清零”，个别项目供地后还存在“晒太阳”现象，有些项目投产后与入园合同预期目标存在较大差距；财税征收困难前所未有，但化债、环保等刚性支出以及“三保”的压力巨大；少数干部面对如何发展新经济、满足群众新期待思考不够、本领欠缺，等等。我们一定要心中有数，聚焦问题，靶向发力，千磨万击还坚劲，任尔东西南北风，俯下身子抓落实！

二、今年发展主要目标和下一阶段工作安排

2020 年是决胜全面建成小康社会和“十三五”规划的收官之年，是实现第一个百年奋斗目标的关键之年。站在时代交会点上登高望远，历史长河奔腾不息，有风平浪静，也有波涛汹涌。一方面，新冠肺炎疫情对经济社会各领域造成严重冲击，不稳定不确定因素显著增多，一些矛盾存在交织叠加的风险；另一方面，我们要不惧风雨、善观大势，善于以全面、辩证、长远的观点看待当前形势，坚定赢得发展的信心：宏观经济稳中向好、长期向好的基本趋势没有变，区域经济基本面承受住了疫情考验，主要经济指标环比稳步回升；中央、省、市相继出台一系列加快发展和应对疫情的逆周期调控政策措施，必将倒逼许多产业规则、供应链、市场格局、商业模式发生改变，为我们抢抓下一轮转型变革红利和新经济风口提供了契机；轨道交通“大铁路”传统市场仍有望保持高景气度，新基建、混改等新机遇和轨道交通产业省级层面的打造，疫情带来的全球化产业链分工由水平向垂直转变，主导产业发展仍处于重要战略机遇期；清水塘片区三一石油智能装备与区域研发中心、绿地滨江科创园、成都置信智能科技示范园等大项目入驻为区域转型升级注入了实实在在的新的现代产业力量；通过几年的培育，我们打造了一支懂经济、善思考、敢担当、会干事的干部队伍，拥有了一批有国际视野、有市场思维、有创新活力的企业人才，有着全区人民的智慧和支持，我们一定能够闯过当前难关，并最终获得持续发展。

2020年政府工作的总体要求是：以习近平新时代中国特色社会主义思想为指导，全面贯彻中共十九大和十九届二中、三中、四中全会精神，认真落实中央、省市和区委的决策部署，统筹推进疫情防控和经济社会发展工作，在疫情防控常态化前提下，坚持以保促稳、稳中求进，坚持系统思维、创新发展，坚持问题导向、突出重点，坚持不图虚华、雪中送炭，坚持包容互谅、勇于担当，深入开展“产业项目建设年”活动和“温暖企业”行动，更加注重产业项目建设，更加注重营商环境打造，更加注重社会治理能力提升，紧紧盯着“培训就业、帮扶救助、市场主体、政策兑现、新经济培育”靶向发力，以战略定力将转型升级进行到底，扎实推动石峰高质量发展。

综合考虑疫情影响和我区发展现状，今年经济社会发展的预期目标是：地区生产总值、规模工业增加值、固定资产投资、社会消费品零售总额等主要经济指标增幅高于全市平均水平，城镇调查失业率控制在5.5%以内，城乡居民人均可支配收入增长高于经济增长，金融财政风险有效防控，生态环境进一步改善，完成节能减排等约束性指标。

围绕上述目标，主要抓好以下四个方面的工作：

（一）夯实实体经济基础，着力保主体稳产业

分类施策，全力保各类市场主体。保市场主体就是保经济发展的基本盘，保民生保未来。对此次疫情中受冲击最大的住宿餐饮行业，万博珑、五金机电、灯饰等专业市场，个体工商户，中小微企业，我们将推荐一批符合条件的主体进入市级疫情防控和复工复产重点企业“白名单”，有针对性地组织小微企业信用贷、首贷、无还本续贷、政府性融资担保等对接。鼓励参与政府采购，支持线上线下经济发展，领导干部带头直播带货，为企业站台。积极发挥协会组织作用，积极引导与主机企业建立紧密型合作。充分利用好广场、空坪闲地、步行街等，因势利导，合理规划，适当放开“马路经济”“地摊经济”“夜经济”，给流动摊贩松绑，复苏城市烟火气，助推城区商贸恢复景气。通过细心的呵护、精准的扶持，让一切受疫情影响困难缠身的市场主体获得生存；成立专门的攻坚组，一事一策，花大力气协调解决铜锣湾家居市场“卡脖子”问题，盘活破产改制企业、“绿心”退出企业等存量资源，激活一切“沉睡”主体，唤醒百花齐开放；紧盯新基建发展趋势，找准城际高速铁路、城市轨道交通、工业互联网、5G等切入口，放大轨道交通主导产业链完整度高、竞争力强的优势，以及汽车组件配套、绿色新型材料等产业技术优势，抢抓疫情带来的产业重构的机遇，创新思维、逆向发力，持续做大做强优势市场主体。

坚推项目，强化造血功能。对有资金保障的清水塘大道等36个市级平台和片区开发项目，以及中车时代电气创新实验平台等32个企业主体实施项目，集中力量，优质服务，确保要素保障，力促全年24个重点项目开工、16个竣工。着力推进三一石油智能装备与区域研发中心、绿地滨江科创园、汽车组件配套等大项目建设，围绕产业链上下游同步引进一批高端配套项目、科创企业、创新平台，以大项目带小项目促进新产业体系构建。完善亩产效益评价机制，强化入园合同刚性约束，分类分级为园区项目提供融资对接、物业管理、租金减免等服务，拓展信贷风险补偿、天使基金、人才管理等跟踪服务，在全生命周期的闭环管理中

提升投产项目有机生命力。切实抓好“十四五”规划编制，争取更多项目在我区布局，资金往我区投放。

创新发展，培育新经济业态。抢抓轨道交通主机企业混改和中央事业单位转型新机遇，政策引领，主动作为，争取新能源汽车电驱、高速永磁电机等混改项目以及国储成品油销售总部等项目落户石峰。精准出台优惠政策，紧盯恒和工贸、火炬建安等民营总部经济园，帮助项目引入和尽快落地。依托铜塘湾保税物流中心（B型）、中欧（株洲）国际货运班列等对外直接通道，整合片区物流资源，引入一批跨境电商、口岸物流、外贸加工等外向型企业，做好中国国际轨道交通和装备制造产业博览会•株洲论坛永久落户株洲的工作，以战略定力推动外向型经济高质量发展。支持轨道交通产业国家级先进制造业集群申报和国芯科技创建国家级创新中心，积极创建国家工业设计研究院；发挥国创轨道、南方中心等创新平台集聚效应，加强新一代超高速、磁浮列车、自动驾驶、高海拔装备等尖端领域项目策划与凝练，孵化创新型项目30个以上；结合主机企业核心技术及关键配套，引进1个10亿元以上、3个5亿元以上、20个亿元以上重大项目。依托“清水塘1956”大型灯光秀夜游项目、株机“超级碗”科技文化展示中心项目、大冲村中国美丽休闲乡村创建等石峰特有的工业文化旅游资源和九郎山绿色生态都市农业休闲资源，培育石峰文旅经济新业态。

（二）牢牢兜住发展底线，着力防范重大风险隐患

坚决确保不发生金融债务风险。集中一切力量，整合一切资源，着力抓好平台公司主体信用升级工作。吃透政策，盘清底子，对接政策，策划包装一批国家鼓励、银行亲昵的优质融资项目，对接一批新融资产品。组建专班，抓住国家加大专项债、抗疫特别债等千载难逢的机会，积极申报窗口期国家支持重大项目、中央预算内投资项目、地方政府专项债券项目等。加大工作力量，千方百计盘活安置房、“绿心”退出企业钽铌事业部等优质资产，加快口岸大厦、清水地块、雪峰岭片区等市场项目招商力度，不断增加平台公司现金流和盈利能力。从顶层设计动刀，着力薪酬制度改革，加快全员身份改革，大胆探索“揭榜挂帅”能人经济机制，不断完善公司内部治理结构，加快平台转型升级。

坚决确保基层运转。强化财政运行监测分析，确保现有基础税源不流失；精细服务，深耕泛电商平台、轻资产等新税源；认真研究并创造性落实好上级财政赤字、转移支付等积极财政政策；严格执行增收节支规范财政管理7个文件，不新建办公用房，不新购公务用车，严格控制出差，严格控制培训等经费支出，严格执行季度财政预算执行情况人大专项检查制度，确保一般性支出同比压减20%，“三公”经费在去年压减20%的基础上再压减30%，集中财力保民生、保基层运转、保区域经济发展。

坚决打好污染防治攻坚战。以中央第二轮环保督察迎检工作为契机，对中央、省环保督察反馈问题全面“回头看”，健全夏季攻势、河长制、网格环保员等制度，确保全年空气质量优良率达到80%以上、湘江石峰段水质保持在II类以上。开展清水湖等7个片区土壤修复、中盐株化等27家企业场地治理，完成新民路干渠黑臭水体整治，确保有资金保障的项目按节点推进。整合资源，多方筹资，完成9000户以上家庭餐厨油烟净化，加快湘天桥片区、田心片

区、荷叶塘干渠上游雨污分流。加大生态环保执法力度，督促重点企业VOCs升级改造，严厉打击渣土扬尘、垃圾焚烧、露天烧烤等行为。经济再困难，资金再紧张，绝不走牺牲生态环境的回头路，绝不走杀鸡取卵、竭泽而渔的歧路。

坚决抓好安全生产和综治维稳。深入开展清水塘关停搬迁企业、危化运输、道路交通、建筑施工等重点领域安全生产风险隐患大排查大管控大整治，按期完成普铁沿线安全隐患整治和湘江干线非法码头整治，防范遏制重特大事故发生。切实加强应急处突工作，提升防灾减灾救灾能力。打好禁毒人民战争，健全扫黑除恶长效机制。抓好一批影响社会稳定的重大矛盾问题化解，不让现实问题变成历史问题，不把历史问题再留给历史。

（三）突出城乡品质提升，着力建设美好家园

大力推进旧城改造。统筹旧改、棚改、“三供一业”等资源，按照“先基础后完善、先功能后提升”的原则，分类改善60个以上老旧小区、1万户左右居民的人居环境；同步引进养老、医疗、托幼、家政等社会服务，引导社会资本参与小区品质提升，让老旧小区不仅“面子”好看，“里子”更好用。加快疏通响石广场、先锋路等老城区交通“心脏支架”，整治田红路等易涝点，新建2个“24小时智能书屋”、3个社会足球场和一批小游园，设置一批临时便民疏导点，加快补齐群众家门口的生活设施短板。加大违章建筑、户外广告、道路违停等“关键小事”长效治理力度，利用大数据缓解出行难、停车难等群众现实问题，织密城市管理的“针脚”。

提升基层治理水平。完善“党建引领+多元共治”小区治理模式，发挥网格和小区党组织引领作用，吸引一批有热情、有能力、讲公道、负责任的居民参与小区自治工作，推动实现无物业管理小区业主自治全覆盖，促使物业公司进驻两年以上的小区物业收费率达到80%以上；以社区活动为抓手，培育各类社会组织和志愿者组织，引导辖区单位有序参与社区治理。全面推广全科网格员工作模式，实现居民办事“一门式”服务。以网格数据平台为依托，整合雪亮工程、数字城管、智慧校园等资源建设全息大数据平台，推动商圈购物、健康问诊、网上教育等服务一键联通，打造石峰人的智慧社区。

全面加快乡村振兴。以创建大冲村中国美丽休闲乡村为重点，政府主导、市场运作，街村为主、农民参与，着力打造茅九路、九郎山绿道、九郎山景观大道等“三线”以及白马边贸小集镇、大冲村入口景观群、茅太新村农民公园、长石村湘莲基地等“四点”。深入推进农村人居环境整治，推广厨余垃圾回田、有用垃圾回收利用、有害垃圾集中收集等适合农村的垃圾分类就近处置模式，改造农村厕所300户以上，完成茅太新村等4个村污水整村治理，清理九塘等5条水渠，擦亮乡村本底本色。抓实农村基础工作，完成新一轮村庄规划和农村房屋确权颁证，出台集体经济合作社运作管理等制度，推进集体产权交易平台建设。因地制宜发展九郎仙柚、湘莲、油菜、苗木等特色种植业，打造8家以上星级农家乐和精品民宿，推动农业与文化、休闲、康养、电商深度融合，建设富民工程。

（四）积极回应群众关切，着力强化民生保障

始终将就业作为最大的民生，千方百计巩

固全职就业和扩大灵活就业，完善并推进“P-ISO”就业服务模式。组建清水塘社区学院，“以训稳岗”扩大培训就业。对有实际就业困难的残疾人、低保户和下岗失业人员、失地农民等特殊人群，四级干部“一对一”跟踪帮扶，做到应帮尽帮，应扶尽扶。建立健全与民生保障相适应的文明城市治理模式，规范有序、充分放活小商小贩、小摊小担和外卖骑手、快递小哥、滴滴司机等灵活就业“蓄水池”作用，以众多微就业支撑大民生。以国卫复审为契机，建立健全有关长效机制，抓好常态化疫情防控。加强医疗服务能力建设，加快引进一批基层医疗卫生专技人才，构建紧密型医联体，推动公共卫生服务与医疗服务高效协同、无缝对接。规范义务教育招生秩序，加快杉木塘小学、六中提质，推动义务教育优质均衡发展。扶持残疾人工疗站建设，推动养老机构社会化运营全覆盖。成立石峰区慈善会，加大社会救助力度。抓实脱贫质量“回头看”，将符合条件的城镇失业和返乡人员及时纳入低保，实现城乡低保家庭应保尽保。完成 140 件以上群众票决的社区民生实事。完成安置房分配“清零”。积极稳妥做好国有企业退休人员社会化管理移交。开展好全国第七次人口普查工作。

办好十件微民生实事：1.开展“点亮万家灯火”就业服务活动，就业跟踪关注 5000 人以上，政府补贴性职业培训 3000 人次以上，实现再就业 4000 人以上，“零就业”家庭动态援助 100%。2.改造 2 所公办幼儿园，将 8 所委托举办的幼儿园建设为公办园，确保公办园在园幼儿占比达 40%以上。3.完成雪峰学校主体施工，加快推进学校建成开学。4.整治农村“四类房”300 处以上。5.老旧小区既有住宅加装电梯 50 台以上。6.完成田心等 3 个街道“睦邻社”建设并启动社会化运营。7.完成 4 个微市场规范建设，加快马路市场整治。8.统筹规划，人性管理，合理设置地摊点 1000 处左右。9.建成湘天桥立体停车场并投入使用。10.建成并开放金盆岭公园，启动雪峰岭公园二期建设。

同时，我们将加强国防动员、国防教育、后备力量、人民防空工作，加快基层武装阵地建设，做好退役军人优抚安置和权益维护工作。进一步推动妇女儿童、民族宗教、机关事务、档案区志、统计、物价、外事侨务等各项社会事业全面进步。

困难从来都是更大胜利的前奏，挑战更是坚强队伍的磨砺。面对艰巨繁重的任务，我们将以更高水平的政府治理，推动更高质量的区域发展，实现更高标准的人民满意。坚持对党忠诚。历史与实践反复证明，目标越宏伟，任务越艰巨，挑战越严峻，越需要坚持党的绝对领导。加强法治建设。各种矛盾的叠加期，要做到遇事不惊、从容应对，就越需要提高政府的法治思维和依法行政能力，善于在法律的框架内寻找担当的着力点。注重团队打造。愿景的团队认同、目标的高度统一、行为的同频共振、共事的包容互谅，历来是面对多维困难、破冰前行的不二法宝。当前的石峰，正处在做“减法”的阵痛期、做“加法”的攻坚期，我们特别需要全区 26 万人民为了石峰的事业和未来，休戚与共、共度时艰。主动接受监督。外部的监督能管住人，但要守住心，还要涵养主动接受监督的思想意识，内心认同监督、行动上拥护监督，真切地把监督当成一种关心、一份爱护，感受到严管是厚爱的良苦用心，才能行不越界、言不脱轨。

一切伟大成就都是接续奋斗的结果，一切伟大事业都需要在继往开来中推进。让我们高举习近平新时代中国特色社会主义思想伟大旗帜，在市委、市政府和区委的坚强领导下，不忘初心、牢记使命，只争朝夕、不负韶华，为谱写石峰新时代高质量发展新篇章而不懈奋斗！

名词解释：

1. “四上”企业：是指规模以上工业企业、资质等级以上建筑业企业和房地产企业、限额以上批发零售住宿餐饮企业、规模以上服务业企业等这四类规模以上企业的统称。

2. “一桥一塘六路”：即清水塘大桥、清水塘城市公园、清水塘大道一期、清霞路二期、株冶路一期、霞湾路、观湖路、临江路。

3. “商贸7条”：《石峰区促进商贸服务业发展扶持政策（试行）》的简称，旨在进一步促进我区商贸服务业发展，大力推进产业转型升级。

4. “151”化债机制：我市创新推出的有关更好化解政府债务风险的1个协议、5个机制、10个工具，涵盖公益性资产置换和管理、土地整理委托服务、平台公司治理等方方面面。

5. “四类房”：指“违建房”“危旧房”“空心房”“偏杂房”等影响农村村容村貌的房屋建筑和设施。

6. 网格化管理“1+4”平台：石峰区网格指挥中心和综治工作平台、帮扶救助平台、应急处置平台、便民服务平台。

7. “三重一大”：“三重”即重大事项决策、重要干部任免、重要项目安排，“一大”即大额资金的使用。

8. “一件事一次办”：“一件事”是指企业、群众需办理的一个事项，既可以是单独的“一件事情”，也可以是需到多个部门办理或多件相关的“事”“一揽子事”，经过梳理整合、流程再造后，变成企业、群众眼中或窗口统一办理的“一件事”；“一次办”是指一次告知、一次表单、一次联办、一次办好，线上一次登录、一网通办，线下只进一扇门、最多跑一次。

9. “三保”：即保工资、保运转、保基本民生。

10. “三公”经费：指政府部门人员因公出国（境）经费、公务车购置及运行维护费、公务招待费。

11. 河长制：由各级党政主要负责人担任“河长”，负责辖区内河流污染治理的制度。

12. VOCs：指挥发性有机物，是导致城市灰霾和光化学烟雾的重要前体物，主要来源于煤化工、石油化工、燃料涂料制造、溶剂制造与使用等过程。

13. “一门式”服务：社区（村）便民服务站按照社会化管理、多功能服务的要求，设置1~2个综合窗口，负责接待群众办理政务服务、社会事务等所有事项，实现群众办事只需要进一扇门。

14. 雪亮工程：是以县、乡、村三级综治中心为指挥平台、以综治信息化为支撑、以网格化管理为基础、以公共安全视频监控联网应用为重点的“群众性治安防控工程”。

15. “P-ISO”就业服务模式：一个就业服务平台（Platform）、两个就业信息类型（Information）、三个管理系统（System）、四个机构融合（Organization）规范化工作模式。

中国人民政治协商会议
株洲市石峰区委员会常务委员会工作报告

——在政协株洲市石峰区第五届委员会第五次会议上

政协石峰区委员会副主席　龙　峰

（2020 年 6 月 8 日）

一、2019 年和 2020 年以来工作回顾

2019 年是新中国成立 70 周年，也是人民政协成立 70 周年。区政协常委会坚持以习近平新时代中国特色社会主义思想为指导，深入学习贯彻习近平总书记关于加强和改进人民政协工作的重要思想，在区委的坚强领导下，围绕全区发展大局，忠诚履职、团结奋进，为推进石峰转型升级注入了政协力量。

这一年，我们坚持双月协商，议政品牌逐步形成。组织开展全区信访工作、学前教育普惠优质发展、老旧小区物业管理和全区临聘人员管理等四个“双月协商”。区委书记张建勇对每篇“双月协商”信息专报均作出重要批示，相关单位认真落实，取得良好成效。《充分发挥“双月协商”在地方政协协商议政中的作用》被评为市政协理论征文一等奖，石峰政协“双月协商”逐步成为全市政协系统协商议政特色品牌。

这一年，我们发挥独特优势，文史编纂成果突出。精心编纂纪念区政协成立 32 周年文集《同心筑梦》，回顾区政协成立以来的光辉历程，展示政协履职的丰硕成果和政协委员的亮丽风采，进一步坚定石峰政协的前行步伐。编辑出版《石峰工业》，以图文并茂的形式呈现石峰工业发展脉络，准确翔实记载石峰工业发展历史，最大限度保留清水塘工业记忆，充分发挥以史鉴今、资政育人的作用，为助推石峰高质量发展凝聚磅礴力量。

这一年，我们接受政治巡察，机关建设更加过硬。根据市委巡察工作统一部署和区委巡察工作领导小组安排，认真接受市委交叉巡察，全盘认领巡察反馈意见，扎实推进问题整改，积极推动成果转化。针对巡察反馈问题，制定整改方案，完成立行立改问题 5 项，严肃处理 2 起违反财经纪律问题，自觉把落实巡察意见与政协工作相结合，切实把查改问题转化为改进作风、推动工作、助力发展的实际行动。

2020年年初，新冠肺炎疫情突如其来，区政协按照区委统一部署，全体机关干部下沉小区，参与社区疫情联防联控；广大政协委员发挥自身优势，在复工复业、款物募捐、防控宣传等方面积极作为，凝聚了万众一心、共抗疫情的强大合力，为全区取得疫情防控阶段性胜利作出了贡献。

过去一年多时间，区政协常委会坚持维护核心、服务发展、关注民生，认真履行政治协商、民主监督、参政议政职能，有力推动政协工作发展进步。主要做了以下工作：

（一）突出政治引领，始终坚定正确政治方向

始终把政治建设摆在首位，提高政治站位，增强政治定力，牢牢把握正确政治方向。

旗帜鲜明讲政治。以习近平新时代中国特色社会主义思想统揽政协全局工作。建立区政协党组会议第一议题制度，及时传达学习习近平总书记在中央政协工作会议暨庆祝中国人民政治协商会议成立70周年大会上的讲话精神、中共十九届四中全会精神等重要内容，并研究贯彻落实意见。引导广大政协委员和政协机关干部进一步增强“四个意识”，坚定“四个自信”，做到“两个维护”。

自觉接受党的领导。坚决贯彻落实区委决策部署，做到重点工作、重要事项、重大问题及时请示报告，工作动态一日一报，主动邀请区委领导参加和指导政协重要会议和活动。坚持由区委、区政府、区政协共同商定协商和监督年度计划，加强区委对政协重要履职活动的统筹把关。

认真抓实主题教育。按照“守初心、担使命、找差距、抓落实”总要求，扎实开展“不忘初心、牢记使命”主题教育，结合“每周一晚”“每月一日下网格”等活动，组织党员干部开展读书学习、调查研究和集中研讨。主题教育期间，组织集中学习6次、集中研讨3次、调研成果交流1次，检视梳理党组问题17项、立行立改3项，把边学边查边改落到实处。

（二）坚持双向发力，持续助推石峰转型升级

始终把政协工作融入全区发展大局，紧扣产业发展，坚持建言资政和凝聚共识双向发力，不断提升履职成效。

助推轨道交通产业做优做强。围绕轨道交通装备制造产业发展，深入开展区政协常委会议协商，通过《关于促进轨道交通装备制造产业发展的建议案》，提出园区管建体制不畅、产业链条不完备和环境配套明显滞后等主要问题，从推动园区赋能、优化城市功能和拓展产业链条等方面提出相关建议。结合主题教育调研安排，在田心高科园基础设施提质方面，提出13条具体建议，得到区委、区政府高度重视。

助推清水塘新城加快建设。全力配合市政协开展“湖南•株洲清水塘新城建设”远程协商，组织市区两级政协委员、搬迁企业职工、当地居民群众等社会各界代表，为清水塘新城建设汇智聚力，围绕企业职工再就业、产业布局、基础设施建设等问题积极发声，得到省、市政协高度肯定。

助推商贸三产提质发展。深度参与商贸三产产业链建设，参与制定“促进商贸服务业发展扶持”等政策。围绕打造石峰工业旅游商贸街、现代物流业发展、万博珑市场提质等课题开展调研协商。赴广东佛山市和中山市，考察学习专业市场运营管理经验、对接招商项目，为石峰家居建材市场发展提供借鉴。

（三）强化监督实效，积极推动民生福祉

改善

始终把促进民生事业发展作为履职重点，紧盯人民群众身边的操心事、烦心事，为保障和改善民生民利积极作为。

做实提案办理。委员提案立案54件，遴选重点提案8件，会同区政府开展提案办理专项督查3次，提案办复率100%，其中“枫叶中学电路改造”“小区健身器材配备和维护”等23件办结落实。微建议审核通过25条，交办和回复25条，办复率100%。

做好民主监督。向区教育局、区城管局和区农业农村局三个单位派出民主监督小组，就教育收费、基础教育优质发展、“建宁驿站”管养、学校周边摊点整治、农村人居环境整治等工作进行民主评议，切实发挥好监督促工作、转作风的重要作用。

做优调查研究。针对石峰区交通拥堵、人民群众出行不便等问题，重点开展“全区交通道路微循环规划与建设”调研，推动完成了《石峰区微循环交通系统、停车与环境提质规划》评审。围绕民营企业减税降费政策落实、白石港水系治理等课题，深入一线摸实情、认真研究提建议，积极推动问题解决。

（四）积极团结各方，广泛汇聚改革发展合力。

始终发挥政协独特优势，加强团结联谊，协调社会各方，凝心聚力谋发展、促和谐。

生动开展庆祝活动。组织召开庆祝人民政协成立70周年座谈会，邀请区委、区政府、区人大常委会主要领导参加会议，加强与市区两级、新老政协委员联络交流，凝聚发展共识。积极参加市政协知识竞赛、湘江毅行等系列活动，扩大政协影响，增强政协意识，激发广大政协委员荣誉感和使命感。

用心增进团结合作。加强与各民主党派、工商联和无党派代表人士的经常性联系，尊重和维护其民主权利。支持各民主党派参加政协组织的履职活动，在政协全会、常委会议、专题调研座谈会等活动中进行会议发言30多人次，部分意见和建议得到区委、区政府的重视和采纳。

积极扩大政协宣传。认真落实区委意识形态工作联席会议制度和“大宣传”工作；组织政协委员到重庆和延安接受教育培训；集中订阅《湘声报》《文史博览》等报纸杂志；发挥“政协云”、“石峰发布”微信公众号等信息平台作用，建设网络宣传新阵地。接待荷塘区、江苏仪征市、安徽肥西区政协来区考察，横向交流更加密切。

（五）注重自身建设，不断夯实政协履职基础

始终把加强自身建设作为重要保障，不断夯实履职基础，提高政协工作水平。

抓实“两个全覆盖”。切实推动党的组织对党员委员的全覆盖、党的工作对政协委员的全覆盖。贯彻落实“关于加强新时代人民政协党的建设工作的若干意见”，成立区政协机关党组，开展和加强机关党的建设；以“不忘初心、牢记使命”主题教育为抓手，发挥党员委员和党员干部先锋模范作用，团结引导广大委员，把思想和行动统一到区委的决策部署上来。

抓实专委会建设。贯彻落实机构改革部署要求，完成专委会的机构设置和人员配备。加强专委会与对口党政部门的经常性联系，认真落实专委会联系界别和界别联组制度，切实发挥专委会在政协履职中的基础作用。

抓实机关制度建设。建立和完善区政协机关理论学习、考察调研、财务管理等6项制度，

以制度建设推动政协队伍提升本领、转变作风。坚持全面从严治党，严格履行“一岗双责”，认真落实谈心谈话制度。严格委员队伍管理，辞免1名不称职委员。

区政协工作取得的良好成绩，得益于区委的坚强领导，得益于区人大、区政府的大力支持，得益于各部门、政协各参加单位的密切协作，得益于广大政协委员的辛勤付出。在此，我谨代表区政协常委会，向所有关心支持政协工作的各位领导、同志们、朋友们表示衷心的感谢和崇高的敬意！

回顾一年工作，对标新时代人民政协工作新要求，我们仍然存在一些不足之处：比如，调研基本功不扎实，在调研选题、文字撰写等方面的能力与工作要求还有差距；部分委员履职意识不强，履职增效的路径和方法不多；界别活动计划性不强，界别特色不够突出，等等。对于这些问题，我们将在今后的工作中努力加以改进。

二、2020年下一阶段工作安排

做好2020年工作的总体要求是：以习近平新时代中国特色社会主义思想为指导，深入贯彻习近平总书记关于加强和改进人民政协工作的重要思想，全面贯彻中央和省委政协工作会议精神，按照区委五届八次全会部署，坚持发扬民主和增进团结相互贯通、建言资政和凝聚共识双向发力，深入践行“懂政协、会协商、善议政”，在推动石峰高质量发展中彰显政协担当。

（一）强化政治引领，筑牢思想基础

把学习贯彻习近平新时代中国特色社会主义思想作为一项长期的政治任务，进一步树牢“四个意识”、坚定“四个自信”、坚决做到“两个维护”。坚持党组会议第一议题制度，系统学习习近平总书记关于加强和改进人民政协工作的重要思想，把握政协履职的正确方向。贯彻落实《关于加强新时代人民政协党的建设工作的若干意见》，充分发挥区政协党组在政协工作中把方向、管大局、保落实的重要作用，把党对政协工作的领导落到实处，始终做到与区委同频共振、同轴共转、同向共进。切实巩固“不忘初心、牢记使命”主题教育成果，扎实推进问题整改，以解决问题实效检验主题教育成效。

（二）增强一线意识，服务中心大局

聚焦区委、区政府中心工作，切实履行政协职能，打好协商、监督、参与、服务“组合拳”，突出政协一线作为。

*发挥专门协商机构作用。*牢牢把握政协作为专门协商机构新定位。经区委、区政府和区政协共同商定，就应急预案体系建设、康养产业发展、农村“四类房”整治、清水塘新城建设等四个主题开展双月协商。立足当前发展形势，更好发挥界别协商作用，为落实“六稳”“六保”多献良策。

*强化民主监督实效。*健全和完善委派民主监督小组工作机制，向石峰公安分局、区医保局、生态环境石峰分局等三个部门委派民主监督小组，以民生实事为重点，以调研协商为基础，以民主评议为抓手，把准监督方向和原则，规范监督内容和形式，推动解决人民群众普遍关注的实事问题，增强监督实效。

*拓展参政议政渠道。*坚持区政协常委会议听取政情通报，推进政情通报制度化、规范化、常态化。积极拓展委员知情明政的渠道，充分运用“政协云”“欣石峰”等网络平台，进一步完善参政议政信息化建设，让委员及时了解

和掌握全区发展情况，积极建言献策，为区委、区政府谋划和推进工作提供决策参考。

（三）广泛凝聚共识，促进团结奋进

坚持把广泛凝聚共识作为政协工作的中心环节来抓，发挥好政协爱国统一战线组织重要作用。

强化阵地功能。扎实推进“政协云”二期应用，建立健全系统应用考核机制，切实发挥网络阵地作用。完成《石峰工业人物》编纂，进一步扩大政协主流报纸杂志影响，更好发挥文史书刊资政育人作用。制定区政协系统信息报送实施办法，积极宣传推介石峰发展、政协工作和委员风采。

坚持团结联络。把增进共识贯穿政协履职活动各个方面。完善政协履职平台，建立政协与党派团体联动履职机制，保障各民主党派、工商联定期交流，合作共事。坚持谈心谈话、定期走访制度，经常性听取意见建议，加强交流，回应关切，努力画好最大同心圆。

发挥委员作用。引导和支持广大委员深入基层、深入群众，积极宣传党和国家方针政策，及时反映群众意见和建议，帮助化解社会矛盾。丰富委员履职形式，探索 “微建议”与“网格化”管理对接联动机制，促推政府及时高效解决群众身边操心事、烦心事，逐步将 “微建议”打造成委员密切联系群众的一线平台。

（四）把握时代要求，提升履职水平

认真贯彻落实《中共中央关于新时代加强和改进人民政协工作的意见》，准确把握新时代人民政协新方位、新要求，不断加强自身建设，全面提升工作水平。

强化制度效力。以政协章程为根本遵循，建立健全政协工作制度，强化制度执行，提升履职效能。认真落实委员履职工作规则，完善委员履职考评制度。健全委办联系指导界别和服务委员制度，加强各委办、各界别之间的联动配合，增强履职合力。

提高调研能力。常态开展专业学习培训，加强调研活动计划，大力提升调研综合水平。由主席会议成员牵头，开展万博珑商业广场提质、田心村社区物流园建设、工业文旅发展、宗教场所管理、公共卫生服务等课题调研，努力形成一批高质量调研成果。

激发履职活力。切实加强党风廉政建设，贯彻落实中央八项规定精神，严格遵守廉洁自律各项规定，营造风清气正的履职环境。积极培育机关文化、丰富委员活动，充分激发队伍干事创业活力，推动广大干部和委员勤勉尽责、干净干事，建树政协工作新风貌。

人民政协70年光辉历程让我们豪情满怀，站在新的历史方位，我们深感重任在肩。让我们在区委的坚强领导下，忠诚履职，团结奋进，只争朝夕，不负使命，持之以恒助推石峰转型升级，为加快建成“一极三区”做出新的贡献！

大 事 记

1月

1月17日 中共株洲市石峰区委员会召开五届六次全体（扩大）会议。区委书记张建勇在会上作《保持定力，持续用力，加快推进转型升级初见成效》工作报告。

1月22日 区政府召开常务会议，听取2018年区财政预算执行情况及2019年区级财政预算情况汇报，原则同意《2018年区财政预算执行情况和2019年区级财政预算（草案）》。会议书面审议了《2019年全区重点项目计划（草案）》。

是月 由中车株洲电力机车研究所有限公司研发的“轨道交通永磁牵引系统关键技术研究与应用”及“高速铁路弓网系统运营安全保障成套技术与装备”项目，荣获2018年度国家技术发明奖二等奖。

2月

2月1日 召开2018年度市对区考核工作汇报暨民主测评大会，区委副书记、区长邓元连主持会议，区委书记张建勇讲话。

2月14日 政协株洲市石峰区召开第五届第四次全体会议。区政协主席颜曼文代表政协株洲市石峰区第五届委员会常务委员会向大会作报告。会议书面听取了区政府对区政协五届三次会议以来提案办理情况的通报，听取了区政协副主席龙峰作区政协五届三次会议以来提案工作报告。

2月15～16日 区人大召开第五届第四次会议。会议听取和审查了石峰区人民政府区长邓元连所作的区人民政府工作报告；听取和审查了石峰区人民法院院长刘新文所作的区人民法院工作报告；听取和审查了石峰区人民检察院检察长李云开所作的区人民检察院工作报告；听取和审查了石峰区人大常委会主任屈邵阳所作的区人大常委会工作报告；审查、批准了石峰区2018年国民经济和社会发展计划执行情况的报告及2019年国民经济和社会发展计划；审查、批准了石峰区2018年财政预算执行情况的报告及2019年区级财政预算；通过了石峰区第五届人民代表大会的其他工作事项。

是月 中车株洲电力机车研究所有限公司国家轨道高分子材料及制品检验中心通过DNV. GL国际实验室认证。

3月

3月12日 湖南省副省长吴桂英到中车株洲电力机车有限公司调研。

3月20日 召开石峰区深化机构改革动员大会，区委书记张建勇主持会议并作了讲话。

3月20日 区政府召开常务会议，专题听取了区扫黑除恶专项斗争领导小组办公室的工作汇报，研究下一步全区扫黑除恶专项斗争的具体工作部署。

3月22日 湖南省副省长何报翔到中车株洲电力机车有限公司欧洲子公司调研。

4月

4月7日 株洲市委书记、市人大常委会主任毛腾飞到石峰区调研指导扫黑除恶和水污染防治工作。区委书记张建勇，区委副书记、区长邓元连陪同调研。

4月10日 团中央书记处书记徐晓到中车株洲电力机车有限公司调研。

4月17日 全国人大常委会委员、教科文卫委员会副主任委员殷方龙与全国人大常委会委员、教科文卫委员会委员、全国人大常委会副秘书长古小玉到中车株洲电力机车有限公司考察。

4月22日 中车株洲电力机车有限公司"轨道交通车辆转向架智能制造车间项目"顺利通过工信部专家验收。

4月29日 "中国梦•劳动美"第六届全国职工摄影展启动仪式在中车株洲电力机车有限公司举行。

是月 中车株洲电力机车研究所有限公司总工程师冯江华荣获詹天佑铁道科学技术奖大奖。

5月

5月21～24日 全国著名作家采风团一行到区参加秋瑾故居、清水塘搬迁改造指挥部、田心读读书吧现场采风活动。

5月26日 江西省委副书记、赣州市委书记李炳军一行到中车株洲电力机车有限公司考察。

5月29日 中车株洲电力机车有限公司承办2019年中国中车财经峰会暨工业和信息通信业管理会计案例发布会。

6月

6月19日 中车株洲电力机车有限公司在维也纳举行奥地利轨道交通技术联合研发中心揭牌仪式。

7月

7月4日 湘欧快线首发仪式暨湖南省副省长何报翔到株洲考察。区委书记张建勇，区委副书记、区长邓元连陪同考察。

7月9日 召开石峰区防汛工作紧急会议，区委书记张建勇作了防汛工作部署。

7月12日 召开落实中央扫黑除恶第16督导组反馈问题整改会议，区委书记张建勇主持会议并讲话。

是月 中车物流产业园"湘欧快线"株洲国际货运班列项目招商工作完成。

8月

8月27日 中车株洲电力机车有限公司与中南大学签署列车动态气密性现场测试项目合作协议。

8月 国家重点专项"间歇式供电轨道车辆车载储能系统"在中车株洲电力机车有限公司研制成功。

9月

9月4日 召开石峰区产业项目建设年百日攻坚大会战暨农村环境整治工作部署视频会，区委书记张建勇在会上作了工作安排。

9月14日 湖南省省人大常委会副主任、省总工会主席周农到中车株洲电力机车有限公司欧洲子公司调研。

9 月 21 日 长沙黄花国际机场株洲城市候机楼正式启用。

9 月 24 日 国务院发展研究中心副主任王安顺到中车株洲电力机车有限公司调研。

9 月 25 日 国家工商管理局原局长周伯华视察清水塘老工业区搬迁改造情况。区委书记张建勇，区委副书记、区长邓元连陪同视察。

9 月 26 日 区委召开“不忘初心、牢记使命”主题教育第一次研讨暨读书班（扩大）开班式、区委理论中心组研讨会，区委书记张建勇讲话。

是月 与三一集团签约石油智能装备与区域研发中心（总部基地）项目。

是月 由中车株洲电力机车研究所有限公司承办的2019年国家能源互联网大会在株洲隆重开幕。

10 月

10 月 14～15 日 海峡两岸炎帝神农文化经贸交流系列活动在辖区秋瑾故居举行。

10 月 18～19 日 中国国际轨道交通和装备制造产业博览会“株洲论坛”在中车株洲电力机车有限公司举行。

10 月 23 日 区政府召开常务会议，专题研究违建别墅的整治工作。会议要求严格履职尽责，迅速抓好问题的整改落实。

10 月 27 日 湖南省交通厅巡视员邝邹飞一行到区调研。区委书记张建勇，区委副书记、区长邓元连陪同调研。

10 月 28 日 中国中车党委书记、董事长刘化龙到中车株洲电力机车有限公司调研。

10 月 31 日 区政府召开常务会议，原则通过《石峰区乡村振兴战略规划（2018—2022）》和《石峰区关于全面放开养老服务市场提升养老服务质量的实施方案》。会议还听取了石峰消防大队关于全区消防工作的情况汇报，明确2020年起经费按新标准列入年初预算。

是月 中车株洲电力机车研究所有限公司时代电气助力重载货运机车智能驾驶首发开行。

是月 第21届中国专利奖评选结果揭晓，中车株洲电力机车研究所有限公司斩获中国专利金奖1项，中国专利银奖1项，中国专利优秀奖3项。

11 月

11 月 14 日 株洲市委书记毛腾飞受邀参加海峡两岸创新创业示范基地授牌仪式并考察黄花国际机场株洲城市候机楼。区委书记张建勇，区委副书记、区长邓元连陪同。

11 月 15 日 海峡两岸青年文化交流活动在辖区双创园举行。

11 月 22 日 区政府召开常务会议，听取了区应急管理局关于全区安全生产工作情况的汇报和区财政局关于石峰区2019年度财政预算调整情况的汇报。

11 月 26 日 湖南省委副书记乌兰一行到区考察清水塘生态搬迁工作，区委书记张建勇，区委副书记、区长邓元连陪同考察。

是月 建成城铁九朗山站公交首末站场和秋瑾故居、长石村农村客运站招呼站。

12 月

12 月 4 日 国家工信部科技司司长胡燕一行调研辖区湖南国芯半导体科技有限公司。区委书记张建勇，区委副书记、区长邓元连陪同调研。

12 月 12 日 湖南省常务副省长谢建辉到株洲市调研轨道交通装备产业活动并座谈。区委书记张建勇，区委副书记、区长邓元连陪同。

12 月 12 日　湖南省委党校领导干部“担当作为”专题轮训示范培训班到区考察，区委书记张建勇陪同考察。

12 月 17 日　株洲市人大常委会组织株洲•中国动力谷建设情况集中视察活动。区委书记张建勇陪同。

12 月 25 日　举行清水塘老工业区转型发展暨三一集团、绿地集团重大产业项目开工仪式。省、市、区领导杜家毫、张剑飞、陈文浩、毛腾飞、阳卫国、张建勇、邓元连等出席仪式。

石 峰 概 览

自然地理

【区域位置】 石峰区因境内石峰山而得名。位于北纬 27° 50′ 58"～28° 01′ 56"，东经 113° 01′ 52"～113° 28′ 41"。地处株洲市北部，东与荷塘区接壤，南与天元区隔江相望、与芦淞区隔港为邻，西连湘潭市岳塘区，北接长沙市长沙县。区人民政府驻响田东路 268 号，距株洲市政府 5 千米。总面积 101.71 平方千米。

【地形地貌】 石峰区境内中部高，四周低呈山丘地形。高丘陵高程大于 100 米，分布于石峰公园、霞湾一带。石峰山海拔 163.9 米，是石峰区最高点，西北角的仰天湖海拔标高 32 米，是全区最低点。全区森林覆盖率 32.77%。区内有九郎山森林公园，巾帼英雄秋瑾故居、美丽乡村大冲村四季花海等旅游景点。

【水系水文】 湖南省一大河流——湘江，从石峰区西部流过，境内河道全长 17.5 千米；主要支流有白石港和霞湾港，白石港古称江山渡，水源始于浏阳潘仙，全长 35.5 千米。霞湾港至新桥支流全长 2.2 千米。

【气候特点】 石峰区属亚热湿润性气候，具有气候温和，夏热冬冷，生长季节长，四季分明，降水充沛。旱涝频繁。光照充足的特点。年平均气温 17.4℃，1 月是全年最冷月，平均气温 5℃；7 月是最热月，平均气温 29.6℃,气温年温差为 24.6℃，春秋两季平均为 17℃～19℃之间。

行政区划人口

【建置沿革】 根据清光绪十四年（1888）《湘潭县志》记载，石峰区境内原来仅白石港河街、清水塘老街两处设有通往湘潭、长沙的驿站。民国时期白石港以北属湘潭县东一区昭阳乡管辖，白石港以南属株洲镇管辖。中华人民共和国成立后，属湘潭县清水乡管辖。1951 年 7 月成立株洲市，境内属郊北区管辖。1956 年撤区并乡，境内属清水乡。1957 年成立人民公社，境内属朱田铺公社管辖。1958 年 3 月成立清水塘办事处，管辖石峰山以北的城区范围，办事处驻地株洲冶炼厂生活区一区八栋。1959 年 3 月，组建清水塘区、株洲桥梁厂以北划归清水区管辖。

1960 年 4 月更名为清水塘人民公社。1969

年7月筹建株洲市北区。1970年7月，经国务院批准为县级城市区，管辖范围为原清水塘区和原中心区的贺家土办事处，驻地天桥街80号，1971年9月，区政府搬至建设北路70号。后经国务院批准，株洲市城区进行区划调整，撤销北区，于1997年8月1日成立石峰区。石峰区辖响石岭、清水塘、田心3个街道办事处和清水、荷花、龙头铺、云田4个乡镇，区人民政府驻地不变。

2001年10月，经省民政厅批准，清水、荷花两乡合并，成立白马乡。2003年4月，区人民政府整体搬迁到响田路先锋村新楼办公。2005年2月，撤销白马乡，增设铜塘湾、井龙街道。2009年，云田乡、龙头铺镇被划至云龙示范区。2007年12月，国家发改委、国家环保总局、科技部、财政部、商务部、国家统计局六部委批准株洲清水塘循环经济工业区为国家第二批发展循环经济的试点园区。株洲市委、市政府于2009年2月成立株洲清水塘循环经济工业区党工委和管委会，为市委、市政府派驻机构，与石峰区委、区政府合署办公。

【行政区划】 2019年，行政区划为5个街道，即铜塘湾街道、响石岭街道、田心街道、井龙街道、清水塘街道，辖有36个居委会，9个村委会，619个居民小组，163个村民小组。清水塘街道办事处辖华垅、湘天桥、井塅、沈家湾、果园、花果山、报亭7个社区，大冲、白马、九塘3个村。响石岭街道办事处辖金盆岭、新建村、杉木塘、白石港、万泥塘、石峰头、杨古老、李家冲、响石岭、云峰阁、先锋11个社区。田心街道办事处辖北岭、东门、南峰、泉塘湾、田心村、田心、叫鸡岭7个社区。铜塘湾街道办事处辖湘河、铜塘湾、丁山、杨梅塘、清霞、清水塘、映峰、清竹8个社区，建设、霞湾新、长石3个村。井龙街道办事处辖新民、时代、井龙3个社区，九郎山、茅太新、郭家塘3个村。

【人口数量】 1972年，石峰区（原北区）首次开展人口调查统计，有人口8.39万人；1982年7月，全国第三次人口普查时，全区有人口11.19万人；1990年7月，全国第四次人口普查时，全区有人口13.9万人。2019年末全区常住人口为23.23万人，比上年末减少1万人。其中城镇人口22.74万人，城市化率97.89%。常住人口出生率8.56‰，死亡率6.37‰，自然增长率2.19‰。常住人口密度为每平方千米2525人，比上年末减少229人。

经济状况

【交通运输】 石峰区地处湖南省长株潭城市群的核心区域，北接长沙、西接湘潭。京广线、沪昆线、武广高铁3条铁路和沪昆、京港澳等4条高速公路穿越而过；境内拥有南方最大的列车编组站——株洲北站，14条铁路专用线连接区内大中型企业，湘江白石港、铜塘湾码头入湘江、出洞庭、达长江，境内交通发达，运输便捷。

【工业规模】 民国27年（1938），范旭东创办的南京永利久大化学工业公司，从江苏迁入境内，定名株洲永利久大化学工业公司，计划生产水泥、玻璃、硫酸亚焦炭。至1949年9月，仅建成一座水塔、一个简易仓库和厂区简易道路。中华人民共和国成立后，株洲被列为国家重点建设城市之一，当时苏联援建的156个项目中就有4个项目安排在株洲，境内占了其中2项，即株洲洗煤厂、株洲电厂，从而揭开了开发建设现代工业区的帷幕。经过几年的大规模建设，以冶炼、化工为主的清水塘工业区开始形成，白石港工业区也初具雏形。到1965年，一个烟囱高耸、厂房林立的新型重工业区在境内已具规模。至1997年7月，全区有各类工业企业117家，产业工人7万人，年创工业总产值50亿元，占株洲市工业总产值的1/3以上。许多产品在国内外享有盛名，有60种产品获省、部级优质产品奖，有22种产品获国家金、银质奖，有20种产品远销40个国家和地区。株洲冶炼厂生产的铅、锌在英国伦敦金属交易所注册，畅销世界五大洲。

21世纪，经过产业结构的调整，境内形成轨道交通、有色冶金、精细化工、新型建材四大支柱产业，是株洲市的工业集聚区和湖南省工业化标志性区域，也是全国著名的冶炼化工基地和电力机车的摇篮。2019年全区工业经济迎难而上，尽管冶金化工全部退出，但经济总体呈现稳中向好态势，主要指标稳步增长。全年完成工业总产值557.6亿元，同比增长11.2%，规模工业增加值153.5亿元，同比增长13.9%(不含株冶)。新增规模以上工业企业14家、高新技术企业10家。轨道交通产业总产值532.9亿元，占工业总产值比重达到95.6%。

2019年，经济运行总体平稳。全区地区生产总值同比增长10.2%（不含株冶）；规模工业增加值同比增长13.4%（不含株冶）；固定资产投资同比增长13.7%；社会消费品零售总额同比增长10.4%；城乡居民人均可支配收入同比增长8.6%；地方一般公共预算收入在兑现国家政策、减税降费7.5亿元的情况下同比增长1.9%。新增“四上”企业、高新技术增加值、工业投资、地方收入税比等体现高质量发展的指标来势喜人。

【商业贸易】 境内商贸经营历史已久。清朝末年，境内白石港河街就有经营粮食和杂货的店铺，民国时期，又有数家经营中药、食杂、煤炭和烟酒的店铺相继开业。1951年，新成立的株洲市人民政府，着手在境内筹建副食、百货、肉食、蔬菜等配套商业网点，以解决居民的日常生活问题。至1961年，境内共开办国有百货商店3个、副食品商店5个、蔬菜商店4个、肉食商店3个、饮食店4个。1970年建区后，境内的商业进入了重要的发展期，商贸和物流取得令人瞩目的成就。区内有多个国家重要物资仓库，有国有、集体商店49家（其中市属商业企业32家，区属商业企业17家），职工队伍3000人，年经营额3亿元。个体工商户2000个，分布在各个集贸市场和大街小巷。有响石岭百货商店、湘天桥百货商场、田心百货商场和副食商场等国有商店，商品琳琅满目。集贸市场繁荣，有湘天桥、田心、铜锣湾、响石岭、杉木塘等8个集贸市场，商品品种繁多，其中湘天桥集贸市场为封闭型连贯结构，建筑面积为1.05万平方米，每天人员流动在2万人次以上，日成交额超过10万元。商业从无到有，从20世纪70年代的“三代店”“经销店”，发展到80年代初的区办批发、零售商业体系，至1997年，经营总额达3000万元。2000年以后，商业更加发达，有以株百石峰超市、步步高湘天桥店、新一佳石峰店等连锁超市为主的大型超市。有中南金属材料物流市场、株洲商城、铜锣湾家居广场、石峰住宅产品大市场等大型商贸物流企业，年社会商品销售总额达50亿元以上。

2019 年，全年实现社会消费品零售总额 68.6 亿元，同比增长 10.4%。批发零售业实现增加值 19 亿元，同比增长 4.8%，住宿餐饮业实现增加值 3.3 亿元，同比增长 12.3%。

2019 年国民经济和社会发展（统计公报）

2019 年，全区上下在区委、区政府的坚强领导下，以习近平新时代中国特色社会主义思想为指导，克服清水塘老工业区关停搬迁影响，按照高质量发展要求，攻坚克难，务实担当。经济运行总体平稳，稳中有进，政治建设明显加强，人民生活持续改善，社会发展和谐稳定。

一、综合

初步核算，全区地区生产总值完成 300.1 亿元，同比增长 1.3%（剔除株冶同比增长 10.2%）。其中，第一产业增加值 1.9 亿元，同比增长 3.5%；第二产业增加值 195.6 亿元，同比下降 0.7%（剔除株冶同比增长 12.2%），其中工业增加值同比下降 1.1%；第三产业增加值 102.6 亿元，同比增长 6.5%。

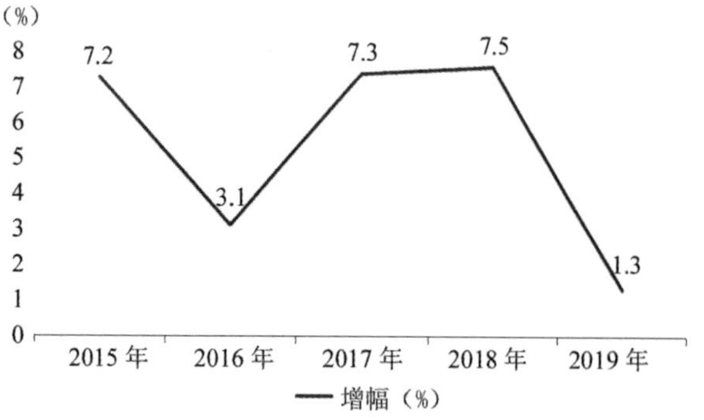

图 1　2015—2019 年石峰区生产总值增幅图

全区三次产业结构的比例由上年的 0.6∶70.8∶28.6 调整为 0.6∶65.2∶34.2，与上年相比，工业增加值比重回落 5.6 个百分点，第三产业比重提升 5.6 个百分点。第一、二、三次产业对 GDP 的贡献率分别为 1.2%、－41.2%和 140%。

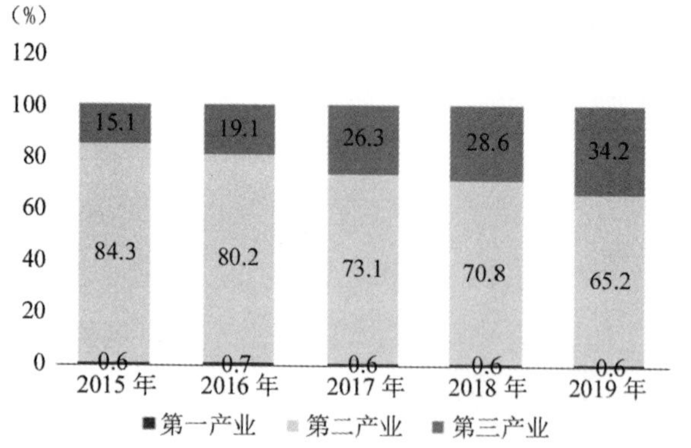

图 2　2015—2019 年石峰区三次产业结构图（%）

市区商品零售价格指数为 102.1%，较上年回落 0.2 个百分点。居民消费价格指数（CPI）为 102.9%，涨幅同比上升 1 个百分点。其中，食品价格涨幅同比上升 6.4 个百分点。

表 1　2019 年石峰区居民消费价格指数一览表

单位：%

指标名称	累计指数
市区居民消费价格指数	102.9
#食品烟酒	107.4
衣着	101.5
居住	101.7
生活用品及服务	100.4
交通和通信	98.7
教育文化和娱乐	101.6
医疗保健	101.9
其他用品和服务	102.8

2019 年全年完成公共财政预算收入 15.1 亿元，同比下降 1.9%。其中地方财政收入 8.1 亿元，同比增长 1.9%。财政收入占 GDP 比重为 5%。地方税收收入完成 5.9 亿元，同比增长 2.8%，地方税收收入占地方财政收入比重为 72.6%。全年公共财政预算支出 22.8 亿元，同比增长 13.3%。其中一般公共服务支出 2.3 亿元，

同比增长 2.4%；教育支出 4 亿元，同比增长 9.2%；社会保障和就业支出 1.7 元，同比下降 12.7%；医疗卫生与计划生育支出 0.8 亿元，同比下降 6.2%；城乡社区支出 8.8 亿元，同比增长 34.9%。

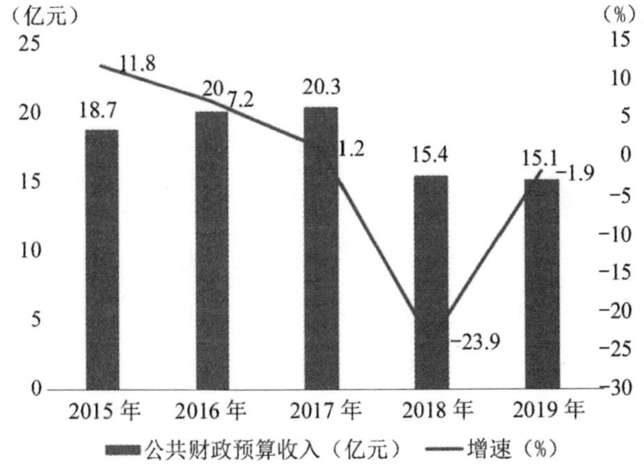

图 3　2015—2019 年石峰区公共财政预算收入及增长速度图

二、农业

全区农林牧渔业增加值同比增长 3.7%。其中，农业增加值同比增长 3.5%；林业增加值同比增长 3.8%；牧业增加值同比增长 1%；渔业增加值同比增长 4.1%。

表 2　2019 年石峰区主要农产品产量一览表

指　标	单位	绝对值	比上年增长（%）
粮食	吨	4276	3.3
油料	吨	162	2.1
水果	吨	489	2.8
蔬菜	吨	19708	3.4
猪牛羊肉	吨	160	2.6
水产品	吨	1123	3.8
禽蛋	吨	255	2.6
出栏生猪	万头	0.3	1.3
出栏家禽	万只	10.5	4.2
出栏羊	万头	0.1	持平

全年农作物播种面积 1.93 千公顷；粮食播种面积 0.61 千公顷；蔬菜种植面积 0.93 千公顷。全年主要农副产品产量保持基本稳定。

三、工业和建筑业

全年工业增加值比上年下降 1.1%，其中规模工业增加值比上年下降 1.8%，（剔除株冶）较上年增长 13.4%。

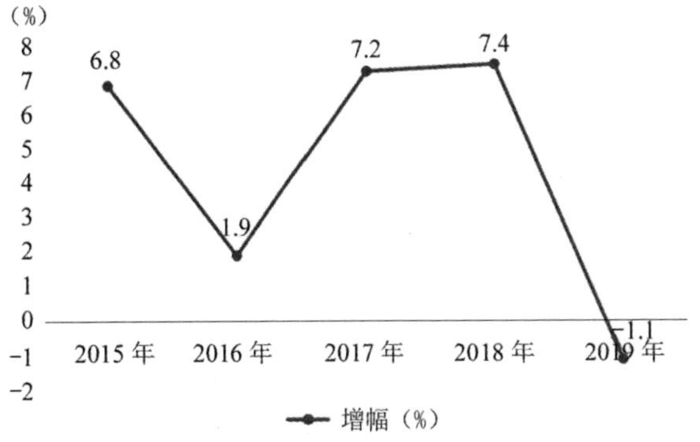

图 4　2010—2019 年石峰区工业增加值增幅图

表 3　2019 年石峰区规模工业主要行业增加值及增长速度一览表

指　标	增速（%）	比重（%）
合计	−11.6	100
铁路、船舶、航空航天和其他运输设备制造业	12.8	59.6
计算机、通信和其他电子设备制造业	11.3	30.7
电力、热力生产和供应业	−4.6	2.2
通用设备制造业	−10.6	1.9
非金属矿物制品业	10.8	1.6
金属制品业	21.8	1.5
专用设备制造业	−0.2	1.1
电气机械和器材制造业	11.9	0.8
化学原料和化学制品制造业	−47.2	0.4
有色金属冶炼和压延加工业	−99.5	0.1
橡胶和塑料制品业	−26.5	0
废弃资源综合利用业	−96.6	0

分行业看，在 12 个行业大类中，5 个行业的全年增加值同比呈上升态势。占比前十位的行业共完成工业增加值占全部规模以上工业增加值的比重达 99.9%，同比上升 0.1 个百分点。其中铁路、航舶、航空航天和其他运输设备制造业完成增加值总量居各行业之首，同比增长 12.8%，占工业增加值比重为 59.6%；计算机、通信和其他电子设备制造业增加值同比增长 11.3%，占比 30.7%；电力、热力生产和供应增加值同比下降 4.6%，占比 2.2%。

全区化学原料和化学制品制造业、非金属矿物制品业、有色金属冶炼和压延加工业和电力、热力生产和供应业等高耗能行业增加值比上年下降 89.3%，占规模工业比重为 2.7%。

全年规模以上工业企业产销率为 99.5%，与上年相比上升 1.9 个百分点。有色金属产品生产产能已经全部退出。

表 4　2019 年石峰区规模以上工业企业主要产品产量一览表

名　称	单位	累计增长（%）
混凝土轨枕及铁道用混凝土制品	根	−21.2
商品混凝土	立方米	−19.7
商品混凝土	立方米	24.6
铁路机车轴	件	21.8
起重机	吨	0.5
涂料	吨	−30.6
城市轨道车辆	辆	5.4
炼油、化工生产专用设备	吨	37.6
砖	万块	96.2
金属压力容器	吨	−50.7
其中：杀虫剂（杀螨剂）原药	吨	−95.8
化学农药原药（折有效成分 100%）	吨	−95.9
铁路机车	辆	19.3
工业电炉	台	7.8

全年规模工业企业经济效益综合指数为 378.4%，比上年上升 35.7 个百分点。规模工业企业实现主营业务收入比上年下降 19%；实现利税总额比上年上升 7.7%；实现利润总额比上年上升 39.2%。其中国有及国有控股工业企业实现利润总额比上年上升 57.5%。主要行业中，轨道交通行业实现利润比上年下降 0.9%。全区亏损工业企业亏损面为 15%，比上年上升 36.4%。

高新技术产业实现增加值比上年增长 16.5%（现价），占规模以上工业增加值比重达到 111.4%。实现利税比上年下降 11% 。规模工业新产品产值比上年上升 70%。

全年 36 家资质建筑企业完成建筑业总产值 58.9 亿元 ，比上年增长 18.5%。房屋建筑施工面积 346.9 万平方米，比上年增长 28.9%；房屋建筑竣工面积 73.4 万平方米，比上年下降 2.1%。

四、固定资产投资和房地产开发

全年完成全社会固定资产投资总额比上年增长 13.7%。

图 5　2015—2019 年石峰区全社会固定资产投资增幅图

分产业看，第二产业投资比上年增长 47.7%，占投资总额比重为 48.3%；第三产业投资比上年增长 31.3%，所占比重为 32.2%。全年重大产业项目 60 个，完成投资 64.5 亿元。

分投资方向看，工业投资比上年增长

47.7%，占比为48.3%，其中工业技改投资比上年增长39.9%。基础设施投资比上年增长10.8%，占比为24.8%。房地产投资比上年下降34.5%，占比为17.1%。产业投资比上年增长52.3%，占比为59.8%。

表5　2019年石峰区固定资产投资分行业产业增幅一览表

项目类别	比重（%）	比上年增长（%）
固定资产投资（合计：亿元）	100.0	13.7
按投资方向分		
产业投资	59.8	52.3
工业投资	48.3	47.7
#工业技改投资	35.9	39.9
房地产投资	17.1	－34.5
基础设施投资	24.8	10.8
按产业划分		
第一产业	—	—
第二产业	48.3	47.7
第三产业	32.2	31.3

房地产开发完成投资比上年下降34.5%，占固定资产投资的比重为17.1%。房屋施工面积244.3万平方米，比上年增长1.3%。全年商品房销售面积22.7万平方米，比上年下降59%；实现商品房销售额15.9亿元，比上年下降47%。

五、贸易、服务业和对外经济

全年实现实现社会消费品零售总额68.6亿元，比上年增长10.4%。批发零售业实现增加值19亿元，比上年增长4.8%，住宿餐饮业实现增加值3.3亿元，比上年增长12.3%。

限额以上主要商品销售中，金属材料类销售额为17.2亿，比上年下降5.3%，化工类销售额为8.5亿，比上年增长5.4%，汽车类销售额为5.3亿，比上年下降19.7%。

年末全区限额以上贸易企业81家，全年实现营业收入53亿元，实现利润总额0.2亿元。年末共有商品交易市场5个，实现成交额49.4亿元，比上年下降2.4%。

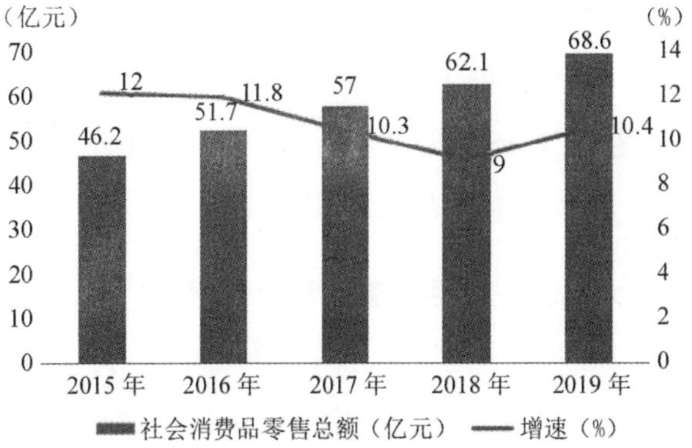

图6　2015—2019年石峰区社会消费品零售总额及增长速度图

截至2019年年末全区重点服务业企业45家，实现营业收入81.5亿元，比上年增长29.5%。

全年完成进出口总额3438万美元，比上年增长0.8%。其中，出口额为2510万美元，进口额为928万美元。

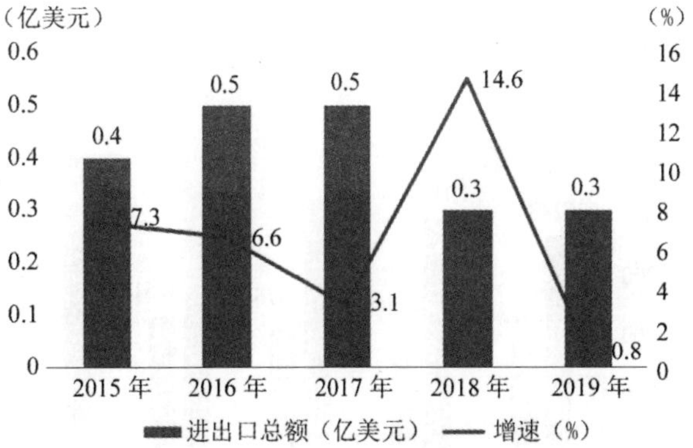

图7　2015—2019年石峰区进出口总额及增长速度图

全年实际利用外资18287万美元，比上年增长9.5%。实际引进境内省外资金63亿元，比上年增长19%。

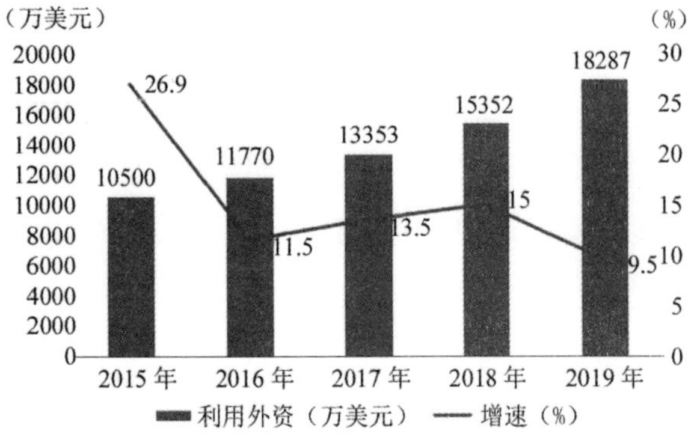

图 8　2015—2019 年石峰区实际利用外资及增长速度图

六、人民生活、就业和社会保障

2019 年末全区常住人口为 23.23 万人，比上年末减少 1 万人。其中城镇人口 22.74 万人，城市化率 97.89%。常住人口出生率 8.56‰，死亡率 6.37‰，自然增长率 2.19‰。常住人口密度为每平方千米 2525 人，比上年末减少 229 人。

据初步统计，全区常住人口据抽样调查，居民人均可支配收入 49590 元，比上年增长 8.6%。全年居民文教娱乐服务消费支出 4477 元，占消费总支出比重 13.1%，人均自有现住房面积 26.2 平方米。

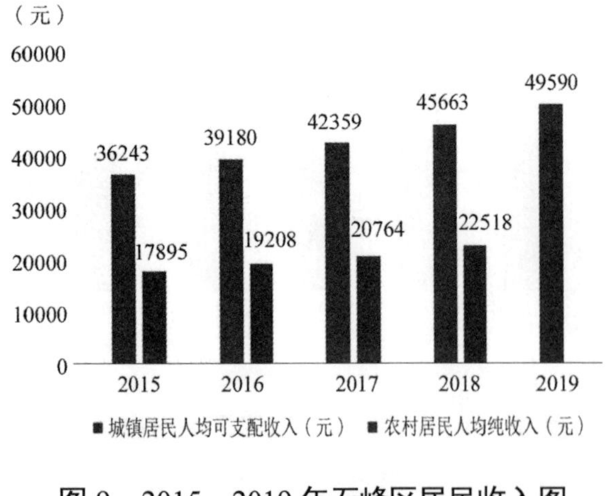

图 9　2015—2019 年石峰区居民收入图

2019 年全年城镇新增就业人员 10355 人，比上年下降 16.3%。城镇登记失业率为 2.8%，比上年末增加 14.4 个百分点。截至 2019 年年末参保单位共计 1469 家，参保人数 67194 人，发放金额 40701 万元。企业养老、机关养老、城乡居保、失业保险人数分别为 40266 人、 2050 人、8596 人、16282 人。参加新型农村合作医疗的人数为 21049 人，参保率为 97%。

2019 年底全区享受城镇居民最低生活保障人数为 3022 人，救助水平为 420 元/人，年累计发放保障金 1523.1 万元；享受农村居民最低生活保障人数 593 人，救助水平为 245 元/人，年累计发放保障金 174.3 万元；特困供养 59 人，救助水平 728 元/人，年累计发放金额 51.6 万元。农村低保覆盖率 100%。

七、教育、科技和卫生

2019 年年末共拥有九年一贯制学校 1 所，初级中学 3 所，小学 11 所。小学、初中在校生共 19495 人。全年小学适龄儿童入学率和毕业生升学率继续保持在 100%，九年义务教育巩固率 100%；教育经费支出占公共财政预算支出的 17.4%；全年救助贫困幼儿及学生 1446 人次（以上只含九年制义务教育数据）。

2019 年年末共拥有 3 家国家企业重点实验室、5 家国家级工程技术（研究）中心、4 家省重点实验室、6 家省工程技术研究中心、8 家省级企业技术中心、4 个院士后工作站，2 名中科院院士。全年专利申请量为 2130 件，同比增长 7.4%；专利授权量为 1352 件，同比下降 2.7%；其中发明专利申请量与授权量分别为 1019 件和 486 件，分别同比增长 5.3 %和 2.1%。

2019 年全年共有卫生机构 128 个，其中综合性医院 2 家，专科医院 6 家。共有社区卫生服务中心（站）7 家。拥有床位 2636 张。有卫生技术人员 2276 人，其中执业医师 543 人，执业助理医师 601 人。孕产妇死亡率为零，婴儿死亡率为 0.73‰，5 岁以下儿童死亡率分别为 1.46‰。适龄儿童免疫规划疫苗接种率为

99.84%。

八、环境和安全生产

空气质量优良率为 73.7%；空气良好天数为 269 天；PM_{10} 浓度每立方米 60 微克，较上年改善 4.8%。生活垃圾无害化处理率为 100%。

规模以上工业综合能源消费量为 65.9 万吨标准煤，比上年下降 2%；产值能耗为 0.12 吨标准煤/万元，比上年下降 25%；万元规模工业增加值能耗降低率为－13.6%。

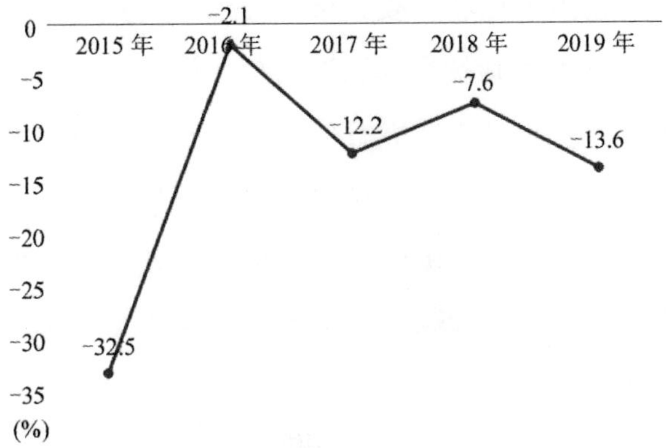

图 10　2015—2019 年石峰区万元规模工业增加值能耗降低率图（%）

全区安全形势平稳可控总体向好。共发生各类安全事故 7 起，死亡 6 人（其中铁路 2 人、道路交通 4 人），受伤 1 人；非煤矿山、危险化学品、烟花爆竹等行业未发生较大以上生产安全事故。

说明：

1. 本公报中 2019 年数据均为初步统计数，正式统计数据以《石峰区统计年鉴数据》为准。

2. 地区生产总值及其中各行业增加值绝对数按现价计算，增长速度按 2015 年不变价计算。

3. 规模以上工业企业是指年主营业务收入 2000 万元及以上的全部法人工业企业；限额以上批发零售企业是指年主营业务收入 2000 万元及以上的批发企业和年主营业务收入 500 万元以上的零售企业。

4. 数据来源：本公报中安全生产数据来自区应急管理局；对外经济数据来自区商粮局；财政数据来自区财政局；教育、卫生、科技分别来自区教育局、区卫计局、区科工局、工商局；社会保障数据来自区人社局、区民政局、区医保局

中共株洲市石峰区委员会

【概况】 2019年，中共石峰区委坚持以习近平新时代中国特色社会主义思想为指引，在市委的坚强领导下，坚持稳中求进、进中争先的工作总基调，紧紧围绕“一极三区”总目标，大力实施转型升级总战略，全力推进清水塘老工业区转型发展，加快打造世界一流轨道交通城，推动各项工作迈上新台阶。

2019年，中共石峰区委隆重举行了庆祝中华人民共和国成立70周年系列活动，全面做好大庆活动的安保维稳工作。全面开启清水塘老工业区转型发展新征程。清水塘片区“一桥一塘六路”全面开工，成功引进三一石油装备园和绿地滨江科创园2个世界500强、投资过100亿项目。国家先进轨道交通装备创新中心落户辖区，成为全国第十家、全省第一家、行业唯一的国家级先进制造业创新中心。成功中标轨道交通装备国家级产业集群，依托中车物流打造的中欧班列正式开通。成功举办2019中国国际轨道交通和装备制造产业博览会•株洲论坛，吸引国内外7名院士参加并作主旨演讲。

顺利完成新一轮党政机构改革，建立区委财经委等8个议事协调机构，完成31个党政部门“三定”方案，同步制定临聘人员管理办法，稳妥解聘各类临时用工435人，解决教育系统等单位长期混编混岗问题。

按照中央和省委、市委要求，认真开展主题教育，得到省委第三巡回指导组高度肯定。举办年轻干部主题教育座谈会和基层党组织书记轮训班，完成清水塘企业失业人员培训再就业、政府性债务化解等调研报告312篇，开展“为民服务解难题”整改活动和8个专项整治行动。

【区委常委会议】 2019年，石峰区委常委会共召开26次会议，共研究贯彻中央、省、市重要会议精神、党的建设、生态文明、社会民生等6个方面93个议题。主要事项有：

1月23日，传达学习中央政法工作会议、省纪委全会精神，审议《2019年政府工作报告》《株洲市石峰区2018年国民经济和社会发展计划执行情况与2019年计划草案》《关于石峰区2018年财政预算执行情况及2019年区本级财政预算草案的报告》以及听取和研究石峰区事业单位公车改革广案。

3月8日，研究审议《株洲市石峰区2019年“产业项目建设年”活动实施方案》《石峰区“温暖企业”行动工作方案》《石峰区招商引资攻坚活动工作方案》《民主生活会区委常委班子整改方案》。会上通报石峰区机构改革方案。

4月8日，审议《石峰区2019年“五问工作法”考核实施方案》和《县级领导2019年度“五个一”活动方案》，研究通过党、政、群及涉改事业单位领导职数设置和机关事业单位编制调整细则。

8月27日，听取和研究清水塘搬迁改造企业失业人员再就业帮扶、区委党校建设、安全生产工作，以及职务与职级并行制度实施情况。

9月11日，传达学习中央和省委、市委“不忘初心、牢记使命”主题教育有关精神，听取“不忘初心、牢记使命”主题教育有关工作情况汇报，审议《中共株洲市石峰区委关于开展“不忘初心、牢记使命”主题教育的实施意见》等文件。

11月19日，会议听取农业农村工作、市对区领导班子及领导干部政治建设考察筹备工作等情况，审议《石峰区乡村振兴战略规划（2018—2022年）》。

【重要会议】 2月1日，召开2018年度市对区考核工作汇报暨民主测评大会，区委书记张建勇讲话，区委副书记、区长邓元连主持会议。

3月12日，召开石峰区“产业项目建设年”活动暨“温暖企业”行动推进会，区委书记张建勇主持并讲话。

3月20日，召开石峰区深化机构改革动员大会，区委书记张建勇主持并作讲话。

4月12日，石峰区召开2019年“五问工作法”考核第一季度讲评暨计划生育工作总结会议。

4月30日，石峰区召开纪念“五四”运动100周年暨激励干部担当作为大会，区委书记张建勇参加会议并讲话，区委副书记、区长邓元连主持会议，区委副书记李红就《关于进一步激励机关干部的实施意见》进行解读，区委常委、纪委书记、监察委主任汤小红作集体廉政谈话，区委常委、组织部部长李军宣布干部任免方案。

6月5日，召开石峰区县级领导工作会议，区委书记张建勇主持并作讲话。

7月9日，召开石峰区防汛工作紧急会议，区委书记张建勇作指示。

7月12日，召开落实中央扫黑除恶第16督导组反馈问题整改会议，区委书记张建勇主持并讲话。

7月20日，召开第二季度“五问工作法”考核讲评会。

7月27日，石峰区委五届七次全体（扩大）会议暨区人民政府五届三次全体（扩大）会议在机关报告厅召开。区委书记张建勇代表区委常委会作工作报告，区委副书记、区长邓元连主持会议并就贯彻落实全会精神作安排部署。

9月4日，召开石峰区产业项目建设年百日攻坚大会战暨农村环境整治工作部署视频会，区委书记张建勇在会上作安排部署。

9月26日，召开“不忘初心、牢记使命”主题教育第一次研讨暨读书班（扩大）开班式、区委理论中心组研讨会，区委书记张建勇讲话。

10月28日，召开第三季度“五问工作法”考核讲评会。

11月8日，召开石峰区“不忘初心、牢记使命”主题教育推进会。

【领导活动与接待】 4月7日，市委书记、市人大常委会主任毛腾飞调研指导扫黑除恶和水污染防治工作。区委书记张建勇，区委副书记、区长邓元连陪同调研。

7月4日，湘欧快线首发仪式暨副省长何报翔到株洲考察工作。区委书记张建勇，区委副书记、区长邓元连陪同调研。

9月25日，原国家工商总局局长周伯华视察清水塘老工业区搬迁改造工作情况。区委书记张建勇，区委副书记、区长邓元连陪同。

10月1日，毛腾飞书记考察城区“一江两岸”良化提质改造工程，区委书记张建勇陪同调研。

10月27日，省交通厅巡视员邝邹飞一行到石峰区调研。区委书记张建勇，区委副书记、区长邓元连陪同调研。

11月14日，毛腾飞视察海峡两岸创新创业示范基地授牌仪式现场，考察黄花国际机场株洲城市候机楼。区委书记张建勇，区委副书记、区长邓元连陪同。

11月17日，中车株机董事长周清和一行到石峰区参观考察。区委书记张建勇陪同。

11月25日，市人大常委会一行到石峰区考察，区委书记张建勇，区委副书记、区长邓元连陪同。

11月26日，省委副书记乌兰一行考察清水塘生态搬迁工作，区委书记张建勇，区委副书记、区长邓元连陪同。

12月4日，工信部科技司司长胡燕一行调研湖南国芯半导体科技有限公司。区委书记张建勇，区委副书记、区长邓元连陪同。

12月6日，中车时代电气刘可安总经理一行到石峰区考察。区委书记张建勇陪同。

12月12日，省委党校领导干部“担当作为”专题轮训示范培训班到株洲考察，区委书记张建勇陪同。

12月12日，谢建辉常务副省长到株洲调研轨道交通装备产业活动并座谈。区委书记张建勇，区委副书记、区长邓元连陪同。

12月17日，市人大常委会集中视察株洲•中国动力谷建设情况。区委书记张建勇陪同。

12月25日，举行清水塘老工业区转型发展暨三一集团、绿地集团重大产业项目开工仪式。省、市、区领导杜家毫、张剑飞、陈文浩、毛腾飞、阳卫国、张建勇、邓元连等出席仪式。

（陈建峰）

表6　2019年度石峰区委发文一览表

序号	文　号	文件标题
1	株石发〔2019〕4号	关于开展“不忘初心、牢记使命”主题教育的实施意见
2	株石发〔2019〕5号	关于印发《株洲市石峰区乡村振兴战略规划（2018—2022）》的通知
3	株石发〔2019〕6号	关于召开区委常委班子专题民主生活会方案

纪检·监察

【概况】 石峰区纪委与区监委合署办公，一个机构两块牌子，履行党的纪律检查和国家监察两项职能。石峰区纪委监委核定编制39名，其中行政编制34名，事业编制5名，实有干部31人。纪委监委机关设办公室、党风政风监督室、信访室、案件审理室和3个纪检监察室。另设驻区财政局、驻区教育局、驻区委政法委、驻区卫健局4个纪检监察组，对区直单位实施综合派驻。

2019年是中华人民共和国成立70周年，也是全面建成小康社会的关键之年。石峰区纪委监委紧扣市纪委四次全会精神，认真落实区委全会精神，以开展“不忘初心、牢记使命”主题教育为动力，一以贯之学习贯彻习近平新时代中国特色社会主义思想，一以贯之坚决做到“两个维护”，一以贯之贯彻落实全面从严治党方针要求，坚持稳中求进、实事求是、依规依纪依法，努力实现新时代纪检监察工作高质量发展，全区党风廉政建设和反腐败工作取得明显成效。

【强化政治监督】 推动主题教育取得实效。立足纪检监察机关职责，抓好主题教育8个方面专项整治，查摆出重点问题106条。坚持“小切口、实举措、准发力”，推动解决食品安全、道路交通、人居环境、教育医疗、政务服务等方面突出问题，公布整治成果2期，问题整改率达到100%。围绕中心护航大局。聚焦减税降费、扫黑除恶、环保督察、脱贫攻坚等重大决策部署，紧盯征拆棚改、项目建设、温暖企业行动等中心工作开展监督，确保党中央大政方针和省、市、区委重大决策部署落地落实。严明政治纪律规矩。把坚持党的领导贯穿到纪检监察工作全过程，主动及时向市纪委监委、区委请示报告工作，全年提请区委常委会议研究议题11次，逐项抓好交办事项。以向力力案、谭润洪案为镜鉴，以案促改、举一反三，警示教育党员干部守初心、知敬畏、讲规矩。

【深化专项整治】 持之以恒落实中央八项规定精神。开展执行省委“约法三章”情况“回头看”，加大对违规公款吃喝、违规收送红包礼金、违规发放津补贴等“四风”问题的监督检查力度。撤销廉政账户，上缴账户资金5.76万元。2019年，全区共查处违反中央八项规定精神问题14起，党纪政务处分8人。精准有力整治形式主义、官僚主义。聚焦学网用网不够、办点联点不解决实际问题、不担当不作为、材料抄袭等8个方面突出问题进行集中整治，查处问题26个，问责50人。落实基层减负年要求，全区全年“责任状”“一票否决”事项同比减少53%，以两办名义发文同比减少39%，清理精简社区（村）室内场所悬挂标牌109块，查摆产业项目建设中存在的形式主义、官僚主义问题10个。着力整治漠视侵害群众利益问题。利用“互联网+监督”平台，比对民生资金疑点数据770条，核减132户不符合条件低保家庭。建立“幸福石峰”监督与服务微信群，打通服务群众“最后一公里”，从源头预防和化解信访问题，共解答政策法规2200次，公开党务村务350次，处置问题400个，切实有效解决群众的烦心事、堵心事、揪心事。

【建设“三不”机制】 强化不敢腐的震慑。2019年，全区各级纪检监察机关受理信访举报

69 件，处置问题线索 35 件，党纪政务立案 31 件，处分 18 人，移送司法 5 人。严肃查处选矿退管办公职人员严重违纪违法案、床单厂棚改严重违纪违法案，首次对区本级管辖干部使用留置措施，以第四种形态的后果彰显前三种形态的效果。对 2013 年至 2018 年 224 名受党纪政务（纪）处分人员的处分决定执行情况进行检查，发现并纠正 4 大类共 108 个问题。扎紧不能腐的笼子。结合机构改革重新调整优化派驻监督范围，重点围绕线索管理、审查调查、处分处置等事项，建立健全查办腐败案件以上级纪委领导为主的工作机制。落实纪检监察工作区街一体化要求，把 3 个纪检监察室和 5 个街道、4 个派驻纪检监察组划分为 3 个片区组，协同开展日常监督和审查调查工作，构建联动高效的纪检监察工作格局。充分发挥反腐败协调小组职能作用，针对床单厂棚改信访问题，由区纪委监委牵头，联合公安等部门组成专案组，严肃查处其中的违纪违法问题。筑牢不想腐的堤坝。坚持“挺纪在前、严在日常”，全年开展任前廉政谈话 183 人次，县级领导开展日常谈心谈话 1551 人次。开展内容严实、形式多样的教育活动，组织党员干部观看《初心与蜕变》警示教育片，全年发放党纪条规读本 1 万余册。做好案件查办“后半篇文章”，落实受处分党员干部教育帮扶办法，对仍在处分影响期内的 69 名党员进行回访谈话，既彰显纪律的刚度，又体现组织的温度。

【发挥巡察作用】 巡察覆盖有广度。2019 年全年共开展 3 轮巡察，对 17 个单位党组织开展常规巡察；对 12 个绿心村（社区）开展专项巡察；对 19 个党组织开展巡察整改督查。截至 2019 年年底，已完成本届区委巡察目标任务 72.22%，涵盖区委常委部门、政府组成部门、街道办事处、社区（村）、政府平台公司等各级党组织。

【加强队伍建设】 主题教育提纯思想。以主题教育为统领，严肃和规范组织生活，通过重温入党誓词、红色教育、警示教育等形式，引导纪检监察干部不断深化对习近平新时代中国特色社会主义思想和中共十九大精神的理解和领悟。专业培训提升技能。以专业培训为要领，高质量开展“秋冬大练兵”培训活动，街道纪工委书记轮流到市纪委相关科室跟班学习。完成省、市纪委 2 起交办案件调查，有 8 人被抽调参与省、市纪委专案办理，1 人代表株洲市参加省纪检监察系统案例论辩赛获得亚军。精准履职提高水平。以精准履职为引领，坚持监管向内，不断强化内控管理和自我监督，对 2 名履职不力的纪检组组长和街道纪工委书记进行批评教育。出台《石峰区纪检监察系统纪检监察工作风险清单》，严格执行监督执纪工作规则和监督执法工作规定，审查调查实现过程“零事故”、人员“零违纪”、结果“零申诉”。

（肖　鑫）

石峰区委办公室

【概况】 2019 年 4 月 22 日，根据《中共株洲市委办公室株洲市人民政府办公室关于印发〈石峰区机构改革方案〉的通知》（株办〔2019〕8 号），中共株洲市石峰区委办公室《关于印发〈中共株洲市石峰区委办公室职能配置、内设机构和人员编制规定〉的通知》明确，石峰区委办公室是区委的日常办事机构，作为区委工作机关，为正科级，统一领导区委保密委员会办公室，对外使用区政府外事办公室、区政府港澳事务办公室、区委保密委员会办公室（区国家保密局）、区委机要局（区国家密码管理局）、区委台湾工作办公室（区政府台湾事务办公室）名称，加挂株洲市石峰区档案局牌子。区委全面深化改革委员会办公室、区委财经委员会办公室设在区委办公室。至此，石峰区委办公室下设督查室、综调和信息室、秘书室（区委总值班室）、机要室（保密室）、外事港澳台室等5个内设机构，核定行政编制13名，设主任1名（由区委常委兼任），副主任3名，其中常务副主任1名（正科级），副主任2名（副科级）；督查专员1名兼任督查室主任（副科级）。石峰区委办所属事业单位2个，其中，区档案馆为区委办公室所属正科级公益一类事业单位，对外加挂区党史和区志研究室牌子，核定全额拨款事业编制6名，其中馆长1名，副馆长2名；区绩效考核办公室调整为区绩效评估事务中心，为区委办公室所属副科级公益一类事业单位，核定全额拨款事业编制2名，其中主任1名。设立石峰区轨道交通产业服务中心，为区委直属公益一类事业单位，为正科级，主要职责为围绕轨道交通产业全球发展态势和最新方向、国家和省级层面宏观政策，以及全国轨道交通产业集聚地先进经验和做法，编辑轨道交通产业信息资讯，为区委决策提供智力支持；配合株洲动力谷发展研究中心开展涉及轨道交通产业发展的调查研究相关工作。核定事业编制4名，设主任1名，副主任2名，与区委办合署办公。

【主题教育】　成立以区委办主任为组长、副主任任副组长、其他副科职干部为成员的主题教育领导小组，制定方案，全面推进主题教育。深入开展主题教育理论学习，学习《习近平总书记关于“不忘初心、牢记使命”论述摘编》等“14+2+X”（即14个重点学习书目，2个延伸学习书目，部门自选特色的X个学习书目）学习清单，并将习近平总书记11篇重要讲话汇编成册，发至各党员干部手中，推动读原著、学原文、悟原理。发挥区委主要领导在主题教育中的联系指导、督学点拨优势，组织开展3次主题研讨，党员干部在交流互鉴中打破思维藩篱。精心选取清水塘关停企业下岗职工等9个调研课题，深入基层一线、项目现场、人民群众，扎实开展调查研究，为改革发展稳定服务。坚持刀刃向内，勇于自我革命，查摆出班子问题25条、班子成员个人问题各20条、民生问题3条，并坚决做到边查边改，立行立改，推动办文办会、责任状同比分别压减30%、53%，2019年全年精简督查检查事项17个、考核事项4个，清理109块社区（村）室内场所悬挂标牌，切实为基层减负。

【综合调研】　准确把握石峰发展大局，紧跟区委发展战略走向，力求每一篇文稿都符合领导意图，紧贴发展实际，做到精益求精。比如，结合区委转型发展大局，立足清水塘、轨道交通城、九郎山三大板块，以“将转型升级进行到底”为主题，起草“六个聚焦”的全会报告，进一步明确下阶段重点任务。2019年全年共起草各类文稿材料200余篇，整理编发各类文稿文件80余篇，为区委研究解决重大问题提供理论参考。

【深化改革】　认真落实区委深改委、财经委部署要求，制定出台区委全面深化改革委员会和财经委员会工作规则、议事规则和工作要点等文件，进一步完善改革、财经工作机制。比如，围绕区委建设“一极三区”的发展目标，提出打造园区“135”（即在全省建设100个左右创新创业园区，建成3000万平方米左右标准厂房，引进5000家左右创新创业企业）升级版——企业集中、人才集聚、平台集成的发展路径。2019年全年，共推动实施财政效能提升、园区“亩产效益”评估、网格“1+3”（即网格员+网格城管、网格保洁、网格警员）工作机制等20多项改革任务，确保改革任务落地落实。

【信息资政】 坚持既注重数量、又注重质量，在全区开展“信息质量提升年”竞赛活动，配优配强信息工作人员力量，向省、市报送反映石峰区经济建设、社会治理、民生改善、党的建设、深化改革等信息200余条，充分发挥党委信息耳目喉舌作用。同时，完善紧急信息报送标准，规范报送程序，2019年全年报送各类紧急信息共30余条，没有出现一例迟报、漏报、误报信息事件，为区委保稳定促发展赢得了主动权。

【绩效考核】 围绕中心任务抓考核，突出效果导向、目标导向和绩效导向，加强过程性考核，完善“五问工作法”考核方案，实行“三个50%”，坚持市对区、区本级绩效评估指标进度定期调度机制、分析通报机制，把工作预先安排与常态考核结合起来，将季度结果通报与现场奖惩兑现结合起来，将考核层级全覆盖与考核内容相关联结合起来，将专项重点工作与阶段中心工作结合起来，将现场述职与后进表态结合起来，科学运用“考核指挥棒”，有力推动中心工作，确保全区各项任务顺利完成。

【督查落实】 围绕区委全会、区委常委会、专题会议及领导批示等，落实“135”快办快结督查机制，推动工作有效落实。2019年，全年督查市级交办件8件、区委书记批办批示件40件以及区委全会报告38项责任分解事项，成效显著，确保整体工作把控到位不缺失，重大工作督查到位不缺位，专项工作跟踪到位不缺信。围绕群众诉求，践行“马上就办、真抓实干”工作理念，通过网络派单及线上反馈、随机抽查等方式，全年随机抽取517件网格事件进行核查落实，推动一大批群众诉求落到实处，有效提升群众幸福感、获得感。

【公文处理】 严格完善公文收、办、发、阅、传、存流程制度，明确各环节工作责任，按照“一份公文、三天办完”的工作要求，提升公文办理辅政的时效。2019年，累计办理各级来文、来电近800份，制发各类文件90份，向市委报备区委规范性文件3份，没有出现一次延误、滞留、失密、遗失事件。

【会务接待】 坚持“四办”主任联席会议机制，坚持全区重大会议活动月度预先安排报备，统筹安排全区重大会议活动，统筹领导日程安排。严格对标八项规定，注重细致严谨，践行勤俭节约，高质量、高效率承办了全国知名作家株洲采风、轨道交通产业博览会株洲论坛、海峡两岸青年交流会、省委党校“担当作为”培训班到株洲考察、三一绿地项目开工、区委全会等200余次全区重要会议和重大活动，其中接待副国级领导1人次，接待杜家毫、李薇薇、乌兰等省部级领导逾10人次。

【综合服务】 严格落实区委办周末、节假日值班制度，全年365天值班值守，协调有关部门组织各类紧急文件和会议300余次，保障机关运转稳定有序。坚持县级领导工作动态每日一报送一整理，全年整理印发《四大家领导每日工作汇编》249期。加强党办系统干部队伍建设，全年选派3位优秀干部到市委办跟班学习，定期从基层党办系统选派人员到区委办跟班学习，举办1期办公室主任专题培训班，竭力抓好党办系统干部培养。积极发挥区委办牵头协调作用，分批次为全区68家单位更换、新装电子公文电脑，完善了一批办公设施，全区机关整体公务服务效能进一步增强。同时，全面小康社会预计实现程度达96.18%，幸福石峰、外事交流、档案党史、文明创建、平安创建等工作取得新进步。

【支部建设】 坚持以党支部“五化”建设为重点，顺利完成支部换届，全力打造石峰区“第一党支部”。支部学习方面，通过“每月一课堂”“每周一晚”，全年领导班子讲党课5次，开展集中学习教育4次、专题研讨3次，支部全体党员参加全区各类学习共约400余人次，支部组织集中或分组学习30次，营造浓厚的学习氛围。支部活动方面，开展“每月一日下网格集中办公”活动12次，组织信访督查、雨雪冰冻天气安全隐患排查、社区环境卫生大扫除、既有住宅加装电梯工作沟通等活动，累计上户发放宣传资料6000份，帮助解决群众周末就医、网格事件落实不到位、城区管线阻塞等问题50个，受到群众广泛称赞。（陈建峰）

表7　2019年石峰区委办文件一览表

序号	文　号	文 件 标 题
1	株石发〔2019〕4号	关于开展“不忘初心、牢记使命”主题教育的实施意见
2	株石发〔2019〕5号	关于印发《株洲市石峰区乡村振兴战略规划（2018—2022）》的通知
3	株石办发〔2019〕9号	关于印发《石峰区机构改革实施方案》的通知
4	株石办发〔2019〕16号	关于实行“票决制”做好2019年惠民实事的通知
5	株石办发〔2019〕40号	关于加强“三供一业”小区物业管理工作的实施意见（试行）
6	株石办发〔2019〕46号	关于对获得社会工作者职业水平证书人员给予奖励的实施方案（试行）
7	株石办发〔2019〕62号	关于印发《石峰区推进城市管理和综合执法重心下移实施方案》的通知
8	株石办发〔2019〕63号	关于促进房地产业和建安产业持续健康发展的政策意见
9	株石办发〔2019〕64号	关于印发《石峰区防范化解债务风险七条措施（试行）》的通知
10	株石办发〔2019〕68号	关于学习枫桥经验，推进“互联网+矛盾纠纷调解”的实施意见

巡察工作

【概况】 区委巡察工作领导小组办公室（以下简称区委巡察办）是中共株洲市石峰区委巡察工作领导小组的日常办事机构，为正科级，设在区纪委。2019 年，区委巡察办坚持以习近平新时代中国特色社会主义思想为指引，聚焦全面从严治党要求，坚守政治巡察定位，高质量推进区委巡察工作。

【扎实推进巡察全覆盖】 2019 年开展 3 轮巡察，截至年底，已完成对全区 29 个党政机关、31 个事业单位、1 个平台公司、4 个街道、35 个村社区、4 所学校的巡察，覆盖率达到 72.22%。巡察中共发现问题 792 个，向被巡察单位党组织提出整改意见 183 条，向有关职能部门提出意见建议 105 条，清退违规资金 70 万元，移交问题线索 65 条，已党纪政务立案 33 件，处分 29 人，其中科级干部 12 人，巡察利剑作用充分彰显。

【健全工作保障机制】 配齐了巡察组专职干部。经区委常委会议研究决定，明确巡察组的人员编制数和职数。确保巡察工作经费。预算安排专项工作经费 100 万元，保障巡察工作顺利运行。

【建立巡察制度】 建立区委书记点人点事制度。区委书记在“五人小组”会上听取巡察情况汇报后共点人点事 55 件，已办结到位 55 件。建立巡察报告问题底稿制度。对巡察发现的问题，严格对标对表、翔实记录核实，客观描述，形成底稿。建立巡察重点关注清单制度。巡察进驻前，巡察办分别征求相关领导意见后，列出本轮巡察中需要重点关注的中心工作、党建等工作清单，确保巡察有的放矢不偏不倚；巡察汇报结束后，形成问题清单报送相关部门督促整改。建立巡察中期汇报制度，各巡察组向巡察工作领导小组汇报巡察中发现的被巡察党组织重点人、重点事、重点问题等情况以及下一步工作打算，更利于准确了解巡察工作进展，解决巡察过程中的难点问题。

【延伸巡察力度】 形式更灵活。将巡察利剑直插基层，将第七轮的巡察定位为对村（社区）的专项巡察，打通全面从严治党“最后一公里”。内容更聚焦。第七轮巡察中，对 11 个生态绿心地区范围的村（社区）党组织开展专项巡察。第九轮巡察中，对照主题教育工作要求，监督被巡察单位主题教育的开展情况。责任更明确。创新巡察反馈方式，第七轮巡察后由区委召开集中反馈大会，区纪委书记通报巡察发现的典型问题，区委书记作整改要求。进一步压实整改责任，明确由街道党工委负责具体指导各下属社区（村）的整改落实。同时，对各被巡察社区（村）的联点县级领导及区委派出的第一支部书记下达巡察整改交办函，要求其指导和督促社区、村党组织切实落实整改要求。纪委监督检查室和派驻机构把被巡察党组织巡察整改落实情况作为日常监督的重要内容。

（谢 莹）

组织工作

【概况】 中共株洲市石峰区委组织部（简称区委组织部）是区委工作机构，为正科级。加挂区委直属机关工作委员会、区委老干部局、区委非公有制经济组织和社会组织工作委员会以及区公务员局的牌子。

区委组织部下设党建组、干部组、人才组、办公室，下属事业单位有区党员教育中心、区老干部服务中心。2019 年，区委组织部在编在岗 16 人，其中行政编制 9 人，事业编制 6 人，机关工勤编制 1 人。

2019 年，区委组织部以中共十九大精神为指导，认真贯彻落实全国、全省和全市组织工作会议精神及区委工作要求，以“火车头”城市基层党建品牌为抓手，扎实推进基层党建、干部队伍建设等组织工作高质量发展。

【推进基层党建高质量发展】 区委组织部紧扣主线集中发力，把学习贯彻习近平新时代中国特色社会主义思想作为主线，采取“三学”措施（领导带头示范学、制定学习清单系统学、专题研讨深入学），推动学习教育往深里走、往心里走、往实里走。组织召开 2 次年轻干部座谈会，1 次部门单位一把手集中研讨会。瞄准问题精准发力，始终把问题导向融入主题教育全过程，坚持带着问题搞调研、针对问题讲党课、查摆问题抓整改。县级领导调研课题重点解决一个具体问题或一项具体工作，全体县级领导直插一线在充分调研的基础上给党员干部讲党课。严格按照“四个对照”“四个要求”逐一制定问题清单和整改清单，实行动态化台账管理。注重结合有效发力，将主题教育和县级领导“五个一”“每周一晚”“每月一日下网格集中办公”等当前中心工作两手抓、两促进，广大党员在三一重工、拆违、居家养老、轨道峰会等中心工作中发挥先锋模范作用，中心工作得到有效推进。

全面推进党支部“五化”建设。制定《关于开展党支部“五化”建设工作的实施方案》，230 个党支部“五化”建设完成验收。在区市场监督管理局成立非公企业综合党委，同时推进民政、教育、司法、园区、商粮等单位部门统一抓总负责各自领域两新党建工作，形成了条块结合的管理体系。选派两新组织党建指导员 61 名，全面推进 5 家国有企业、公立学校、医院与 7 家非公有制企业和社会组织进行结对共建。组织开展优秀讲师竞赛和精品党课评选活动、党员发展对象和党务工作者及网格员党建业务知识培训、基层党组织书记轮训班。制定《石峰区委党校课程建设实施方案》，确定秋瑾烈士事迹等 19 个党课选题，系统全面地开展党员教育。

搭建城市基层党建新载体，坚持把支部建在网格上、小组建在小区（楼栋）中，在 232 个网格设立 126 个网格党支部，选配 454 名党小组（楼栋）长，形成“街道党工委—社区党组织—网格党支部—小区（楼栋）党小组”的党组织管理体系。构建共驻共建共享新方式，贯通机关、街道、社区网格、企事业单位的联系，形成“社区共建、事务共管、环境共治、成果共享”的新格局。建立街道“大工委”、社区“大党委”制度。打造服务群众工作新机制，全面推行“每月一日到网格集中办公”，全区 653 名办点领导和联点干部全部下沉到网格党支部，践行网上群众路线，推动 128 项重点民生问题有效整改。在“石峰发布”公众号开设“随手拍”栏目，有效推进服务型党组织建设。

加大整治力度，全力改善基层形象，积极推进软弱涣散党组织整顿。严格按“六个一”工作法要求完成丁山社区、响石岭社区、九塘村 3 个软弱涣散社区（村）党组织整顿工作。

抓好中央扫黑除恶督导组反馈问题整改。制定《石峰区委组织部关于中央扫黑除恶督导反馈意见的整改方案》，健全完善“九不选”“凡进必审”制度和社区（村）党组织书记区级备案管理等制度。出台《关于公开选拔社区（村）后备干部的通知》，共选拔 32 名后备干部。开展基层党建减负提质，推行“一张网+一个记录本”模式，通过信息化技术手段，让干部在党建工作中“少跑腿”，让数据、材料在网上“多走路”，切实提高了工作效率。

【推进领导班子和干部队伍建设】 区委组织部积极推进领导班子和队伍建设。积极走访调研，全面掌握干部队伍情况。对全区 53 个科级单位进行深入走访调研，就班子运行情况、干部履职情况、干部本人诉求等多个方面听取意见建议，同时就优秀副职、优秀中层、优秀年轻干部的情况征求单位意见建议，为选优配强科级班子队伍提供第一手翔实资料。调优配强科级领导班子。结合机构改革，依据因事择人、人岗相适的原则，分 4 次对全区 219 名干部进行调整交流，其中提拔 51 人，重用 8 人，调任 12 人。最大限度地解决现有科级班子中存在的年龄结构老化、专业人才缺失、班子运转不畅等问题。创新面谈考察机制，旗帜鲜明选任“干将”。先后拿出 32 个综合型和专业型岗位开展面谈考察，共 135 名干部（其中科职干部 31 名，一般干部 104 名）报名，考察结果在之后的干部调整中得以充分运用，35 人得到提拔或调任。既全方位、多角度、近距离地考察了解干部，更为广大干部提供了公平竞争的平台，营造创先争优、干事创业的良好氛围。7 月完成了职务与职级并行试点工作，11 月在全市第一个完成职务与职级并行首次晋升工作，共晋升 63 人，并做好政策宣传和解释工作，确保公务员队伍的稳定性。

稳步推进干部教育工作，全面完成上级调训任务，共选派 14 名优秀干部参与“县干班”“科干班”“选调生班”和“乡村振兴战略研讨班”的培训，全面完成调训、培训任务。干部在线学习完成达到 100%。开展年轻干部业务能力培训，组织近年来新提拔担任实职的领导干部、优秀年轻干部、各单位办公室主任等 180 余人参加年轻干部培训大会，从信息写作、公文处理、网格化业务实操等方面开展培训。选派优秀年轻干部到乡村任职锻炼。为积极响应党中央关于乡村振兴战略的总体要求，选派 2 名优秀 80 后年轻干部到长石村、九塘村担任第一书记，进行为期 2 年的驻村锻炼，切实解决农村人居环境等有关问题。

扎实做好干部监督工作，认真学习贯彻落实今年新颁布的《党政领导干部选拔任用工作条例》和《干部选拔任用工作监督检查和责任追究办法》，严格执行干部调整配备预审制度。机构改革期间，严格执行干部调整配备预审制度，把干部监督工作贯穿于干部选拔任用工作的全过程。做好干部监督日常工作。按要求完成 44 名县级领导干部的个人事项报告，细化出国（境）台账管理工作，按照上级精神及时对达到退休年限的科级以上干部的证照进行了整理、取消备案和证照归还工作。2019 年完成了 11 名干部的离任经济责任审计和 7 名干部的经济责任交接审计工作。全面保证“12380”举报信息管理系统的畅通以及与上级部门的互通工作。

【营造重才引才良好氛围】 区委组织部积极协助辖区企业开展奖补申报，积极协调有关部门和企业开展2019年百千万人才工程国家级人才选拔、省高端外国专家引进计划申报、省“湖湘英才”申报等工作。认真做好市人才购房补贴新政的宣传和解释工作，按要求妥善处理了市、区政策的衔接、过渡。

认真抓好区人才20条政策落实，严格按照上级要求，及时向企业拨付2018年市领军人才区级配套扶持资金和省科技创新人才生活补贴等奖补资金。全力推进区人才20条文件政策落地，2019年组织开展区优秀青年人才生活补贴、区人才培育奖、区企业人才特殊贡献奖等奖补申报共计3400多万元。走访辖区内10多家轨道交通重点企业，调研人才引进培育情况和对区人才政策的建议意见，形成调研报告和区人才政策建议修订草案，推动区人才政策的更新和完善。

主动服务好辖区内企业和人才，成立区科技专家服务团，组织企业知识产权讲座，“五一”期间组织党政领导走访慰问22名核心专家人才，面向全国邀请70名“双一流”名校优秀大学生到区开展暑期实习实训活动。组织辖区10家轨道交通重点企业参加省人才峰会，帮助5名专家级人才解决子女就学或配偶就业安置。

【切实发挥老干部“余热”】 区委组织部全面落实老干部政治待遇。坚持定期集中学习、参加重要会议和重大活动、政情通报、走访慰问、联系老干部和参观考察。全年组织老干部学习、参会、参观等各类活动20余次，组织参加各项主题活动10余次，上门走访慰问300余人次，重大节日慰问品和慰问金及时送达到位。离退休干部工委指导协调全区离退休干部党建工作，2019年区委组织部机关离退休干部党支部通过全市“五化”建设示范离退休干部党支部验收授牌。

全面落实老干部生活待遇，认真贯彻落实离休干部一人一策精准服务工作要求，建立离休干部信息库，在全市率先对接响石岭居家养老服务中心，通过政府购买服务的方式为辖区破产改制企业离休老干部提供上门家政、理发等个性化服务。认真贯彻关于做好易地安置和异地居住离休干部工作要求，赴江苏、广东、四川等地开展了走访慰问，为居住异地的老干部报销住院医药费。为15名离休老干部办理入院治疗手续，为8名因病逝世离退休干部遗属办理抚恤金并协助处理善后事宜。

不断丰富老干部精神文化需求，组织老干部开展红色教育基地学习、健步行、垂钓等活动16次。以庆祝中华人民共和国成立70周年为契机，紧扣“不忘初心、牢记使命”主题，开展了书法、征文比赛活动，征文作品有11篇被省、市相关媒体采用。

涉老组织工作成效明显，组织开展“我为祖国点赞”演讲赛、“老少唱红歌，颂歌献祖国”合唱比赛、五老志愿者党史国史巡讲、“不老松”志愿者大走访，共筹资4万多元捐助194名贫困学生；开展“关爱课堂·书香暑假”活动、家校讲师团家庭教育辅导讲座10余场次；区老年大学积极参与省、市太极比赛、书画大赛、慰问演出、走访贫困学子、老少唱红歌等活动。

【推进自身建设】 区委组织部把政治建部摆在首位，2019年，修订了《中共株洲市石峰区委组织部部务会会议制度》，明确将学习习近平系列讲话精神作为部务会第一议题。全面开展“三项教育”回头看，扎实开展“不忘初心、牢记使命”主题教育，坚持开展“每周一晚”集中学习，部班子带头参加民主生活会和组织生活会，进一步统一了思想。

发挥组织工作干部先锋模范作用，充分运用“五问工作法”和网格考核，统筹完成预先安排事项工作200多项。认真落实“每月一日下网格”，为联点社区开展卫生整治、政策宣传，协调电梯加装等相关事宜。联系相关单位解决道路安全、子女就学困难等相关问题。组织工作干部深入基层开展防汛、创文值守，深入全区微信网格群，进一步拉进了党群关系。《经济日报》报道了石峰区的党建工作，石峰区在《株洲日报》刊载专版文章11篇、在株洲组工网发布稿件170多条、发布网评文章130篇。

（刘铮　凌蒙　王泽辉　马大为　江彤）

机构编制

【概况】　中共石峰区委机构编制委员会办公室（以下简称“区委编办”）于1997年7月成立。区委编办核定行政编制3名，实有人员2人。部门所属副科级事业单位1个：机构编制事务中心，核定事业编制3名，实有人员1人。2019年，区委编办紧紧围绕区委、区政府中心工作，按照省市要求做好机构改革工作，推进政府职能转变，优化机构编制资源配置，规范机构编制管理，为石峰区转型升级发展提供体制机制保障。

【机构改革】　改革后，石峰区党政群机构共有63个，其中党委部门9个，政府部门25个、人大委办8个、政协委办6个、群团部门10个、街道5个；副科级以上事业单位42个；行政编制452名，事业编制1729名，领导职数301个。

【规范管理】　制定出台了区委编委工作规则、区委编办工作细则和编制人事工作管理规定等制度性文件，推进机构编制向制度化规范化发展。

（孙　攀）

宣传工作

【概况】　中共株洲市石峰区委宣传部现有干部10人，其中行政编制6人，事业编制4人。内设机构3个，分别是理论教育和意识形态工作办公室、文明建设办公室、综合办公室，下设事业单位区融媒体中心。2019年，全区宣传思想文化战线深入学习宣传习近平新时代中国特色社会主义思想，认真贯彻落实中央、省、市、区委的决策部署，全年工作主基调平稳、主旋律响亮、主流价值高扬，做深了学习新思想的主线，做热了庆祝中华人民共和国成立70周年的主题活动，做实“两中心一平台”建设这个重点工作，做响石峰经济、社会全面高质量发展的主旋律。在全市年度综合考核中，石峰区的宣传思想文化工作取得较好成绩，首次获得全市文明建设先进区称号。

【理论学习】　坚持用马克思列宁主义、习近平新时代中国特色社会主义理论武装头脑，筑牢思想根基。落实区委理论学习中心组学习制度，2019年共组织12次集中学习，按量保质完成市里规定的每月专题学习内容，很好地发挥了领学作用。坚持“每周一晚”学习模式，开展集中学习、观影活动20余场次。举办20场“党的十九届四中全会精神”区委宣讲活动，广泛开展100多场“好声音讲坛•新思想进基层”百姓微宣讲，组织开展“学习新思想、建功新时代”知识竞赛、“我的初心故事”讲演会、选树“学习达人”等活动，在社会上产生了很好的影响。

【意识形态责任制】 全面加强党对意识形态工作的领导权和管控力，掌握话语权。坚持每月定期召开意识形态工作联席会议和“大宣传”工作会议，全面梳理甄别各类问题，进行风险研判。明确部门分管领导，配齐了街道宣传委员和宣传专干。制定并下发《石峰区意识形态工作责任制实施细则》，2019 年共对 10 个区委巡察单位开展意识形态巡察，有力倒逼意识形态工作责任制落实。

【“两中心一平台”建设】 石峰融媒体中心已正式投入使用，实现了新闻采写、编排、推送工作的独立开展，生产影响力走在全市县级融媒体中心前列。大力实施新时代文明实践“十百千万”工程，完成 13 个文明实践中心、基地、所、站建设，组建 83 支志愿服务队，2019 年开展志愿服务活动 310 余场次。积极推进“学习强国”学习平台使用推广，学员人数达到 9110 人，参与率达到 82.2%，学情通报有明显进步。

【媒体宣传】 2019 年全年在市以上主流媒体发稿 743 条，《人民日报》、央视、新华社、《湖南日报》等央媒、省媒先后专题推介清水塘搬迁改造、轨道交通产业项目发展和生态环境治理等工作。轨道交通博览会•株洲论坛宣传有声有色，网格化社会基层治理经验得到省、市领导充分肯定，弘扬火车头精神主题活动进一步叫响。石峰发布稳居在全省县级政务公众号月榜前列。

【文明建设和创建】 以提质改造农贸市场、老旧小区和建设“建宁驿站”为抓手，推动全区文明创建站上了新高度，在全市季度模拟测评中，石峰区三次获得城区第一。大力践行社会主义核心价值观，刘继忠被评为“中国好人”，3 位市民被评为“湖南好人”，2 名学生被评为“2019 年株洲市新时代好少年”，全区文明道德风尚水平持续提升。

【网络舆情】 建立舆情监测、舆情应急、舆情办理机制等一系列工作规范，开展网络专项整治行动，发展三级网评员体系。2019 年编印《石峰舆情》10 期，处置舆情 436 条，回复率达到 100%。

【文化文艺】 举办了全国著名作家到株洲采风创作活动、“瞰”石峰航拍大赛、“欢乐石峰”元宵节游园及庆祝中华人民共和国成立 70 周年文艺晚会暨“欢乐潇湘”文艺会演等一系列有影响的文化活动。以清水塘企业搬迁改造为主题，创作长篇报告文学《大江之上》、电影剧本《秋瑾女侠》，编撰《九郎山故事》《石峰工业故事》《筑梦清水塘》等书刊读本。 （杨　艳）

网信管理

【概况】 2019 年 3 月，设立正科级网信办，列入区委工作机构序列。网信办设行政编 3 人，主任 1 人，副主任 1 人。2019 年，全区网信战线以习近平新时代中国特色社会主义思想为指导，着力加强网络内容建设和管理，统筹推进网络安全和信息化工作，网络舆情整体平稳，网络安全保障有序，信息化工作扎实开展，为全区改革发展稳定营造良好的网络环境。

【网信基础建设】 2019 年，成立网络安全和信息化委员会及其办公室。逐步建立一系列工作规范，包括舆情监测机制、舆情应急机制、舆情办理机制、网评工作机制等。11 月 7 日，区委书记、区委网络安全和信息化委员会主任张建勇主持召开区委网络安全和信息化委员会第一次会议。会议学习传达了习近平总书记关于网络安全工作的重要指示精神、网络强国战略思想及近期网信工作有关会议精神，审议通过《石峰区党委（党组）网络安全工作责任制实施细则》《中共石峰区委网络安全和信息化委员会工作规则》《中共石峰区委网络安全和信息化委员会办公室工作细则》，细则已行文下发实施。

【网上主流舆论】 区委网信办坚持正能量总要求，紧扣党委政府工作大局，全区正面宣传的阅读量、点赞量持续攀升，网上正能量更强劲，主旋律更响亮。切实办好本级新媒体“石峰发布”和石峰新闻网，紧紧围绕全区中心工作，区级媒体先后开展产业项目建设年、弘扬火车头精神、清风石峰、奋斗新时代、绿色石峰、石峰好故事、清水塘故事、网格石峰等重大主题宣传，累计推出重大主题报道 300 余篇。用图说、数说、事说多样形式，创新举办“石峰发布”，全年累计发布 238 期共 3000 多条信息，累计阅读量突破 208 万+，在全省县级政务微信榜单中每月均排名前 6 名以内，其中 6 月排名第二。其中，“奋斗青春•我为项目建设代言”演讲会微直播获 17 万+的关注量；“株洲市中小学生艺术展演石峰专场”微信直播点击量达到 19.8 万+；“快来为石峰区校服 top 榜单加油”阅读点击量为 2.6 万+；“快来投票！为你身边的最美奋斗格格打 call”阅读点击量 8.9 万+；“@所有人 11 月起，响石广场东口到二医院人行天桥段全封闭施工！”阅读点击量达到 4.8 万+。

【网络舆情处置】 坚持管得住是硬道理，网络舆情监测预警、风险研判和管控处置能力显著提升。加强涉区舆情监测处置，妥善处置了“智成化工脱硫塔内火灾”、“工大女大学生惨遭印度籍员工猥亵”引发的系列舆情问题。截至 2019 年年底，共监测到舆情 489 条，其中属地舆情 191 条，交办 191 件，回复率达到 100%；编印《石峰舆情》共 13 期，举报有害信息 821 条。未发生一起网络舆情炒作事件。

【网络舆论引导】 建立健全全区三级网评员体系，截至 2019 年年底，全区共有网评员 386 人。舆情重点单位和部门也已分别组建起专业网评员队伍。9 月底，举办了全区网评员培训班，核心、骨干网评员共计 90 余人参会，邀请市委网信办业务骨干授课，不断提升网评员整体素质。在重大事件、重大会议、重要活动等关键时点，积极开展跟、评、转等网络舆论引导工作，在完成市委网信办交办的任务时，自主设置议题开展网评任务 210 多次，累计转载、发布正面帖文、微博、微信 8800 多条。及时有效地引导舆论，全区网络舆论生态逐渐改观。11 月，邀请市委网信办邓天日主任就网络舆情应对工作进行专题辅导。全区县级领导，各街道、区直部门、市直驻区和平台公司的主要负责人参加了专题培训。

【网络安全防护能力提升】 认真贯彻落实中华人民共和国《网络安全法》，充分发挥网络安全工作统筹协调作用。9月，联合各街道、公安分局开展网络安全宣传周活动，摆放宣传板报7块，发放宣传资料2万余份，接受咨询200余次。区委网信办联合公安分局组织召开了网络安全和执法检查工作会议，对17家辖区重点单位、医院、学校，71个关键信息基础设施和重要信息系统，13个党政机关、事业单位和国有企业门户网站，111个公共场所LED电子显示屏系统等开展网络安全执法检查，出动警力40人次。通过检查先后对6家涉网单位进行行政处罚，其中罚款1家，行政拘留1起，警告4起。（李茜倩）

统战工作

【概况】 中共石峰区委统战部现有干部6人，本轮机构改革中，石峰区委统战部加挂区民族宗教事务局牌子，内设民族宗教工作办公室，增加区民族宗教事务局局长职数1名，由石峰区委统战部副部长兼任。对外使用区政府侨务办公室名称。

【专题部署】 2019年，全面贯彻落实习近平总书记关于加强和改进统一战线工作的重要思想和对湖南工作的重要指示精神，把统战工作作为一项重要内容纳入对全区50个部门的考核及对部门负责人的考核，切实做到让党的领导覆盖统一战线各领域，贯彻统战工作全过程。全年向区委常委会3次传达中央、省委及市委对统战工作的重要指示精神，5次召开专题会议，对统战部机构改革、人员安排、宗教工作等进行专题研究部署。党委中心组和区委党校把习近平总书记关于加强和改进统一战线工作的重要思想论述及民族宗教政策作为重要学习内容安排专题学习。

【政党协商和民主监督】 2019年，制订《株洲市石峰区委2019年度政党协商计划》，并按计划要求，7月份组织召开了上半年政党协商专题座谈会，向各民主党派、无党派代表及工商联代表人士通报上半年经济工作，对其中有关快速推进执法公示、加快解决下岗职工再就业、积极出台留住人才政策、深挖九郎山文化底蕴、完善配套设施建设5条建议，区委、区政府高度重视，安排相关部门进行落实、整改。12月召开了石峰区党外人士通报协商会议，向各民主党派、工商联和无党派人士代表通报了2019年全区经济工作、党风廉政建设和反腐败工作、法检两院工作情况。成立了民建石峰工委、民革石峰工委。

【开展活动】 在全区统一战线开展“不忘合作初心、继续携手前进”主题教育活动，组织学习培训、研讨交流和谈心谈话活动5次。开展统一战线思想理论进企业、进社区活动。加强与大型企业的统战工作联系，邀请省社科院和市委党校的专家教授到中车株机、中车株所等党外知识分子聚集的大型企业进行授课。在全区45个社区（村）设立统战知识宣传栏。以“四同创建”为抓手，推行“四同创建1+5”创建模式，组织引导辖区内的统一战线各界人士深入大冲村开展种植技术下乡、关爱孤寡老人及留守儿童等活动7次。深入新民社区开展心理咨询、法律咨询进社区、义诊服务6次，向居民赠送药品300余件，帮助困难人士免费提供法律维权3人。积极联系民盟市委、民盟石峰工委助力同心工程，在井龙街道新民社区建立“同心书屋”和“同心超市”，捐书1000册，捐物10000元。

【非公经济统战工作】 2019年，引导支持成立石峰区建筑业协会、石峰区房地产业协会、石峰区建材装饰材料行业协会、石峰区金属材料协会4个行业商协会，吸纳区域上下游关联产业会员企业150余家。联合工商联发动全区非公企业参与抗洪救灾、捐资助学、关爱老人、扶贫帮困的社会公益活动，累计捐赠物资80余万元。组织23个民营企业赴渌口区参与“万企帮万户 携手奔小康”活动。

【侨联工作】 2019年，制定《石峰区侨情调查工作实施方案》，组织召开了侨情调查工作专题培训会2次、协调调度会3次，摸底上报侨情数据44例。

【民族宗教】 宗教工作。及时调整民族宗教工作领导小组成员单位工作职责及小组成员，召开民族宗教领导小组扩大会议，学习贯彻落实习近平总书记关于宗教工作的重要论述，传达学习《习近平总书记关于宗教工作重要讲话精神摘要》等文件精神。组织区民宗局及街道负责人参加市级专题培训，举办区级专题培训3期，邀请市委统战部领导授课，解读新时代国家宗教事务管理的有关政策要求及法规，民族宗教领导小组成员、各街道、社区（村）及教职人员累计100多人次参加培训。围绕省民宗委对株洲市宗教领域反馈的5个方面的问题开展自查、整改、“回头看”，在完善宗教工作三级网络两级责任制的基础上，开展“三访三查”，通过每周的走访摸排，及时进行整改并动态反馈整改效果。在各宗教活动场所开展教风建设、《民族宗教事务管理条例》宣传及“五进促五好”活动5次，全区共制作宗教宣传展板30块，发放宣传资料2000份，印制各类宣传海报及资料共9套。

民族工作。开展少数民族流动人口、新疆籍务工经商人员摸底，截至年底，石峰区有少数民族流动人口142人。为少数民族公民排忧解难，为少数民族学生办理普通高校招生享受民族优惠政策考生资格审核，帮助外来少数民族群众子女就近入学10多人。组织参加省级少数民族代表培训班1次。

【开展新的社会阶层人士工作】 石峰区新联会全年举办文化惠民活动8场，开展重要节日送温暖活动5次，为困难群众送去慰问物资1.6万元。积极参加抗洪救灾募捐活动，募集资金10300元。开展助力“四同创建”心理咨询、法律咨询、义诊、同心讲座活动共7场，累计参加400人次。

【统战信息与调研工作】 2019年，组织各民主党派、党外知识分子代表开展庆祝中华人民共和国成立70周年、多党合作制度建立70周年等纪念活动，参加“微故事、微演说、微建言”活动，深入挖掘全区统一战线好故事、收集社会各界高度关注和认同的强建言，全区统战干部和统一战线成员近900人参加活动。向上级部门报送6篇优秀作品，参加2019年度“学习多党合作历史展示党外人士风采”微演说，有2篇荣获优胜奖。制定《2019年石峰区统一战线课题调研计划》，组织全区43个民主党派支部（工委）围绕石峰发展的13个课题进行调研，上交调研报告30余篇，其中有1篇荣获2019年度全市统战理论政策研究创新成果二等奖。

（田 菲）

信访工作

【概况】 石峰区信访局为石峰区委办公室、石峰区政府办公室共同管理的正科级行政机关，主要职责为接待和处理群众来信来访、网上投诉，承办上级机关和区委、区政府领导交办、拟办的信访事项，检查、督促、参与协调处理信访突出问题。除以上工作职能外，根据区委、区政府的安排还分别承担区信访工作联席会议办公室、区信访事项复查复核委员会办公室的日常管理工作。

2019 年，信访局深入贯彻落实区委、区政府关于信访工作的系列安排部署，紧紧围绕工作要点，加大积案化解力度，推动信访工作责任制的落实，强化信息收集研判，突出矛盾调处化解，推动信访事项及时就地解决，切实维护群众合法权益、正常信访秩序和社会和谐稳定，各项工作取得一定成绩，获得株洲市“双文明建设”先进单位。

【实现特护期 “零非访”】 2019 年，全区圆满完成国庆特护期、全国“两会”、省“两会”等 11 个特护期的信访保障工作。全区上下各相关职能部门和市直驻区部门团结协作、联动处访，充分发扬连续作战的优良作风，在各个特护期间做好信息提前掌控、思想疏导前置和解决合理诉求等各项工作。尤其是国庆特护期间，通过全区信访战线工作人员的不懈努力，实现京株联动、加强劝返，特护期间在京未出现一例失控失联人员，获得市驻京办的肯定和表扬。

【规范信访基础业务】 2019 年，运用省信访系统，建立网上办理工作流程标准化体系。开展全区网上信访工作业务培训，提高工作人员业务水平和办事效率。依法处理违法信访行为。坚持“合理合法诉求得到妥善解决、不合理不合法诉求得不到支持、违法信访受到追究”的工作导向。开展信访法治宣传。在全区网格群内宣传《关于依法处理违法上访行为 规范信访秩序的通告》，开展 2019 年度“信访法治宣传月”活动和宪法宣传活动。

【积案化解初见成效】 2019 年，全区对甄别出的重点信访突出问题做信访事项台账。由区委书记张建勇和区长邓元连在信访工作部署会上对区级包案领导进行交办，实行区级领导、部门领导、基层领导层层包案，一级对一级负责。全年成功化解信访积案 20 件（有的积案长达 10 年），有效推动信访难点事项的化解。

【“三无”创建排名靠前】 2019 年，石峰区被评为 2019 年全市信访工作“三无”单位创建活动先进单位（全市排名第二位），清水塘、井龙和铜塘湾 3 个街道被评为 2019 年全市信访工作“三无”单位创建达标街道，响石岭街道被评为 2019 年全市信访工作“三无”单位创建进步明显街道。

【“四重攻坚”化解到位】 严格按照“三到位一处理”的工作原则，2019 年，认真办理上级交办事项，对全区重点信访事项进行梳理，积极化解上级交办的 2 件“四重攻坚”事项和株洲市委书记交办的 5 件重点信访事项。

（施 慧）

党校教育

【概况】 2019年3月正式组建石峰区委党校，明确其为区委直属正科级公益一类事业单位。区委党校是对原株洲市第十六中学校址进行提质改造后的一所拥有报告厅、情景模拟室、教室、阅览室、会议室等设施完备的区级党校。

【组织架构】 对于党校的组建，区委领导高度重视，成立了区委干部教育工作领导小组，由区委副书记李红担任组长，区委常委、组织部部长李军任常务副组长，区委常委、常务副区长宋长征任副组长，区纪委、区委办、区委组织部、区委宣传部、区委政法委、区委统战部、区政府办、区人社局、区财政局、区教育局、区委党校、区网格化管理服务中心、田心高科园、区司法局、区住建局、区卫健委、区城管局、区总工会、区机关事务局、清水塘街道、响石岭街道、田心街道、井龙街道、铜塘湾街道等部门单位为成员，领导小组下设办公室，办公室设在区委组织部，由区委组织部常务副部长李俊杰兼任办公室主任。

【工作概述】 为学习经验，加强交流，更好地开展区委党校的各项工作，区委党校围绕如何抓好新时代党员干部培训工作，先后到炎陵县委党校、醴陵市委党校、长沙市岳麓区委党校进行实地调研，学习其先进的做法和经验。区委党校抓住“教学是党校的中心工作”这个牛鼻子，坚持党校姓党，立足尊重和研究党校教学规律，突出党的理论教育和党性教育主业主课地位，探索建立完善符合石峰区情的教学课程体系，召开精品课程打造会议，通过课题试讲、提建议、再修改等流程，重点打磨《清水塘搬迁》《秋瑾的故事》《基层社会治理现代化》等精品课程。（朱朝晖）

株洲市石峰区人大常委会

【概况】 1997 年，因株洲市区划调整，原北区人民代表大会更名为石峰区人民代表大会。1997 年以来，石峰区人大常委会进行了五次换届选举，同时也十分重视乡镇人大换届选举。2016 年 11 月，选举产生石峰区第五届人民代表大会。2019 年机构改革以来，石峰区五届人大常委会内设办公室、选举任免联络工作委员会和六个专门委员会，即：区人大监察和司法委员会（区人大法制委员会）、区人大财政经济委员会（区人大预算工作委员会）、区人大教育科学文化卫生委员会（区人大民族华侨外事委员会）、区人大环境与资源保护委员会、区人大农业与农村委员会、区人大社会建设委员会。

【工作概述】 2019 年，区人大常委会坚持以习近平新时代中国特色社会主义思想为指导，全面贯彻落实中共十九大和十九届二中、三中、四中全会精神，坚持党的领导、人民当家作主、依法治国有机统一，认真履行宪法法律赋予的各项职责，丰富拓展人民代表大会制度的实践特色和时代特色，为石峰“转型升级初见成效”做出积极贡献。全年共召开人民代表大会 1 次，主任会议 15 次，常委会会议 13 次，听取专项工作报告 6 个，开展执法检查、工作评议、视察调研等活动 12 次，形成决定决议 12 件。

【区五届人大第四次会议】 区五届人大第四次会议于 2019 年 2 月 15—16 日在区报告厅举行。会议听取和审查石峰区人民政府区长邓元连所作的区人民政府工作报告；听取和审查石峰区人民法院院长刘新文所作的区人民法院工作报告；听取和审查石峰区人民检察院检察长李云开所作的区人民检察院工作报告；听取和审查石峰区人大常委会主任屈邵阳所作的区人大常委会工作报告；审查、批准石峰区 2018 年国民经济和社会发展计划执行情况的报告及 2019 年国民经济和社会发展计划；审查、批准了石峰区 2018 年财政预算执行情况的报告及 2019 年区级财政预算；通过了石峰区第五届人民代表大会的其他工作事项。

【决定重大事项】 区人大常委会聚焦事关全区发展大局的重大问题，加强调查研究，认真审查、及时批准相关议案，依法作出决议决定。围绕清水塘老工业区转型、轨道交通产业发展、九郎山片区生态修复、乡村振兴、民生实事办理等统筹谋划人大工作。着眼于支持政府宏观调控，对年度决算、预算执行等事项作出决议，有力地推动了石峰区经济社会各项事业协调发展。同时，高度重视决议决定执行情况的贯彻落实，以“回头看”、组织相关委办开展日常监督等方式，督促“一府一委两院”认真执行人大常委会决议决定。

【人事任免】 2019年，区人大常委会坚持党管干部和人大依法任免有机统一，规范任前考察和民主表决程序，严格执行任前发言、颁发任命证书、向宪法宣誓等制度。全年共依法任免人大和“一府一委两院”工作人员79人次，任命人民陪审员90名，接受区人大常委会委员辞职2名，接受区人大代表辞职13名，补选市人大代表2名、区人大代表8名。

【监督工作】 区人大常委会坚持“民有所呼，我有所应”，切实把“以人民为中心”的发展思想作为人大工作的出发点和落脚点，尊重人民的意愿，维护人民的利益，把解决人民群众普遍关心的热点、难点问题作为履职重点。听取区政府2019年1～9月国民经济和社会发展计划执行情况报告，就做好“六稳”工作、加快推进新旧动能转换、强化重点项目要素保障等提出意见建议。加强预算执行审查监督，听取了2018年区本级预算执行和其他财政收支情况的审计工作报告、2019年1～9月区财政预算执行情况的报告，审查并批准了2019年区财政预算调研方案，促使政府盘活资产资金、切实增强财政统筹保障能力。听取了政府性债务管理情况汇报，要求加快构建政府债务运行“闭环”管理体系，确保全区政府债务和金融风险基本实现总体可控。首次听取和审议区政府关于国有资产管理情况专项报告，提出进一步盘活存量资产、加快平台公司转型升级、确保国有资产保值增值等建议。首次对有关部门审计发现问题整改情况进行了满意度测评，督促了工作落实，确保了审计的权威性。常委会还听取和审议了区政府关于年度环境状况和环境保护目标完成情况的专项报告，推动全区生态环境质量实现持续向好。继续深入开展街道监督体制创新工作，完善了特约监督员人员结构，健全了街道年度工作报告会的方式、内容，155件特约监督员建议办结135件。指导街道和社区推进民生实事项目票决制，并加强项目推进的跟踪督办。持续跟进督办医养结合议案，及时掌握办理工作的最新进展，推动议案办理工作“一年提，届内年年办”的有效落实，引进海福祥、东方惠乐等2家医养机构，推进养老机构、社区日间照料中心与社区卫生服务中心无缝对接，探索建立以区级为补充、街道为支撑、社区为基点、小区养老驿站为延伸、政府兜底为保障的立体式医养格局。坚持创新理念，务实推进评议工作，一方面，首次把项目推进情况纳入评议范围，选择湘江流域石峰段水系污染治理工程项目作为评议对象，开展项目推进过程监督，既监督部门工作，又推进项目建设；另一方面，吸纳群众和行政相对人参与评议工作，切实体现评议的广泛性和代表性，进一步促进了政府相关部门依法行政、推动工作。听取区人民法院司法改革相关工作情况报告，督促全面落实司法责任制，坚持有序放权和依法监督有机结合，确保裁判依法、公正、高效。听取区人民检察院控告申诉工作情况专项报告，要求检察机关进一步畅通信访的渠道与路径、加大与相关部门沟通协调力度、加强同人民群众的血肉联系。配合省、市人大先后完成水污染防治“一法两条例”以及国旗法、国歌法、国徽法执法检查，推动了相关法律法规贯彻实施。共计接受区政府报备规范性文件2件，维护了法制统一和宪法法律权威。配合省人大法制委开展了“土壤污染防治”立法调研，完成了市人大交办的畜禽养殖污染防治立法调研任务，反映了石峰诉求。

【信访工作】 2019年，区人大常委会进一步加强和改进人大信访工作，认真贯彻中央关于涉法涉诉信访工作的要求和精神，每件信访申诉都在认真审查的基础上提出处理意见，对于一些重点热点难点问题，全程跟踪督促相关单位依法办理，力争来信来访件件有答复，事事有回音，全年共接待人民群众来信来访13件次，用人大的力量助推经济社会环境不断向好。

【代表工作及建议办理】 2019年，区人大常委会坚持代表主体地位，坚决贯彻“权力法定”原则，突出活动组织引导，强化履职保障、规范管理、代表作用。组织代表广泛开展调查研究，深入了解社情民意，引导代表站在更高的层面上提交高质量的议案、建议和意见，及时将代表建议意见转交区人民政府及有关部门办理落实。对代表建议办理工作开展督办，通过抓好重点建议督办、听取办理情况报告、实地查看办理成果等举措，推动代表建议办理落到实处，提升代表建议办理实效。区五届人大四次会议期间收到的转交区政府办理的62件代表建议已全部办结，见面率、答复率、满意率均为100%，解决率为47%。建立了代表座谈会、代表列席人大常委会会议制度，邀请代表参与视察调研、评议测评等活动，全年共召开代表座谈会2次，有计划地安排15名市、区两级代表列席常委会会议，邀请82人次代表参加常委会开展的调研、监督等活动，使代表履职能力在实践中不断提升。全面组建环资、监察和司法、教科文卫、财经、农业与农村、社会建设6个专业小组，65位具备专业素养的人大代表，按照所在领域的专业性，分别被编入到相关联的专业小组，代表履职走向更加专业化的道路。顺应新的形势任务，引导街道人大工委开展了“五星级”代表工作室建设，鼓励和支持有条件的社区（村）、行业等建立代表联系群众活动室，优化了履职平台。建立了省、市、区三级代表进社区、下网格制度，发挥了代表联系群众的实效，拓宽了代表密切联系群众、收集民情、反映民意的渠道。

【机关自身建设】 2019年，区人大常委会把加强自身建设摆在重要位置，着力提升依法履职能力和服务保障水平，努力打造一支政治坚定、作风过硬、形象优良的人大干部队伍。充分利用学习强国、湖南省干部在线学习、“每周一晚”等载体，组织机关党员干部认真学习党纪法规、政策理论、人大业务，补好精神之钙，筑牢信仰之基，提升履职之能。认真开展党员学习教育“三会一课”、组织生活会、民主评议、谈心谈话、主题党日等党的组织生活，党组成员以普通党员身份参加支部组织生活会1次，参加主题党日活动12次，谈心谈话56人次。以地方人大设立常委会40周年为契机，组织开展了书画联展、文艺会演、理论研讨等活动。加大对外宣传，讲好石峰故事，2019年，区人大在各级媒体和门户网站发布新闻信息稿件22篇。大力弘扬求真务实精神，引导和组织区人大常委会机关干部在全局工作中努力当好参谋者、保障者、推动者。按照区委的安排部署，常委会积极参与“产业项目建设年”活动和“温暖企业”行动，牵头成立区建筑业协会、区房地产业协会、区建筑装饰材料行业协会、区金属材料商会等“三协会一商会”，推进了产业融合，为石峰高质量发展注入了新的活力；围绕株洲电厂生产经营环境优化、湖铁职院新校区项目建设、IGBT产业招商、轨道交通部件研发生产基地建设、博雅实业发展等工作靠前服务，有力推动了重点工程项目建设。

【重要会议】 1月23日，召开石峰区五届人大常委会第21次会议，听取和审议区人大常委会代表资格审查委员会关于代表情况和补选代表资格审查的报告（草案）；审议决定区五届人大四次会议有关名单及事项；听取区2018年国民经济和社会发展计划执行情况与2019年计划（草案）编制情况的报告；审议《关于表彰2018年度先进区人大代表小组、区人大履职积极分子的决定（草案）》。

3月15日，召开石峰区五届人大常委会第21次会议，审议《区代表专业小组组建及活动方案》。

3月29日，召开石峰区五届人大常委会第23次会议，集中交待办理区五届人大四次会议期间代表建议和意见；审议《2019年专项工作评议实施方案》。

8月29日，召开石峰区五届人大常委会第26次会议，听取区人民政府2019年上半年经济社会发展情况报告；听取和审议区2018年财政决算草案及有关情况的报告、2018年预算执行及其他财政收支的审计工作报告，审查和批准区人民政府2018年财政决算；听取“两院”2019年上半年工作情况报告。

11月5日，召开石峰区五届人大常委会第28次会议，听取区人民政府关于2019年1—9月份预算执行情况；听取区人民政府同级审计提出问题整改情况及所涉及单位整改情况汇报。

（陈妍菲）

石峰区人民政府•株洲清水塘循环经济工业区管委会

【概况】 1997年，经国务院批准，株洲市城区进行区划调整，撤销北区，于8月1日成立石峰区。2007年12月，国家发改委、国家环保总局、科技部、财政部、商务部、统计局等六部委批准株洲清水塘循环经济工业区为国家第二批发展循环经济的试点园区。株洲市委、市政府于2009年2月成立株洲清水塘循环经济工业区党工委和管委会，为市委、市政府派驻机构，与石峰区委、区政府合署办公。

石峰区所辖行政区划为5个街道，即铜塘湾街道、响石岭街道、田心街道、井龙街道、清水塘街道，辖有36个居委会、9个村委会，619个居民小组、163个村民小组。

2019年，经济运行总体平稳。全区地区生产总值同比增长10.2%（不含株冶）；规模工业增加值同比增长13.4%（不含株冶）；固定资产投资同比增长13.7%；社会消费品零售总额同比增长10.4%；城乡居民人均可支配收入同比增长8.6%；地方一般公共预算收入在兑现国家政策、减税降费7.5亿元的情况下同比增长1.9%。新增“四上”企业、高新技术增加值、工业投资、地方财政收入等体现高质量发展的指标均有所增加。

转型升级迈出新步伐。清水塘中小企业关停搬迁遗留问题顺利扫尾，企业场地污染治理稳步推进，清水、铜霞片区完成土壤修复治理。“一桥一塘六路”全面施工，三一石油智能装备与区域研发中心、绿地滨江科创园等世界500强项目同时开工，恒和工贸、火炬建安等民营总部经济园建设顺利启动。清水塘老工业区下岗职工等群体实现失业人员再就业4425人。“绿心”地区工业项目全部退出，生态休闲产业加快导入。中欧（株洲）国际货运班列正式开通，外向型经济发展取得重大突破。

产业项目建设取得好成绩。西门子轨道交通牵引系统调试中心等45个项目签约，株机300公里动车组等26个产业项目开工，11个项目竣工。成功承办2019中国国际轨道交通和装备制造产业博览会•株洲论坛。城市候机厅等园区配套设施，以及报亭南路等基础设施启动或建成。

群众幸福感获得提升。网格化管理“1+4”平台不断完善，网格事件办结率达到99.6%。小区拆违和资产移交、改造提质、物业管理、社工站建设“四位一体”改造模式稳步推进，云杉等53个小区改造完成，4万余平方米小区内违章建筑全部拆除，组建业主委员会149个，2

万余户居民人居环境得到改善。惠民实事票决的 140 个民生项目按期完成。大力推进义务教育均衡发展，公办幼儿园在园幼儿占比达到30%以上。中心医院田心院区、智成医院完成改造。建成响石岭街道养老服务中心等各类养老服务场所 66 个，成功引入东方惠乐等社会化养老战略合作伙伴。城乡低保扩面提质、应保尽保。新建一批“建宁驿站”“24 小时智能书屋”，完成 2 个农贸市场智慧化改造。圆满完成第四次全国经济普查任务。

【管委会、政府常务会议】 1 月 15 日，会议传达学习了省委经济工作会议、市委全会暨经济工作会议、市十五届人大三次会议、政协市九届三次会议等会议精神，学习《湖南省党政领导干部安全生产责任制实施细则》。会议听取了循环集团认购“续力贷”投资基金有关情况的汇报，原则同意循环集团提出的本次投资决策。会议原则通过 2019 年区《政府工作报告》；会议原则通过《石峰区 2018 年国民经济和社会发展执行情况与 2019 年计划（草案）的报告》，要求区发改局按照会议意见，进一步结合区《政府工作报告》，全面总结成绩，突出亮点特色，严谨观点表述，认真修改完善，按程序提交区委常委会、区人大常委会审议。会议原则通过《石峰区区直事业单位公务用车制度改革实施意见》；会议原则通过《石峰区改善农村人居环境，推进乡村振兴三年行动方案（2018—2020年）》；原则同意将改善农村人居环境、推进乡村振兴工作作为“五问工作法”考核范畴，由区农村工作局报请区“五问工作法”考核领导小组最终确定。会议书面听取了区安监局、区环保分局、区河长办的工作汇报。

1 月 22 日，会议听取了 2018 年区财政预算执行情况及 2019 年区级财政预算情况汇报，原则同意《2018 年区财政预算执行情况和 2019 年区级财政预算（草案）》，要求结合会议意见修改完善后提交区委常委会审议。会议书面审议了《2019 年全区重点项目计划（草案）》，要求各主管领导逐项认真研究，尽快向区发改局反馈意见建议，由宋长征牵头，对各方意见认真研究并合理采纳，按规定流程报送区委常委会审议。

3 月 20 日，会议专题听取区扫黑除恶专项斗争领导小组办公室工作汇报，研究全区扫黑除恶专项斗争工作。

3 月 21 日，会议传达学习了 2019 年全国“两会”精神和《中共湖南省委关于大力提倡求真务实真抓实干集中整治形式主义官僚主义的意见》《许达哲省长在湖南省人民政府第三次全体会议上的讲话》《株洲市产业转型升级示范区建设五年行动方案（2017—2021 年）》等文件精神。会议听取了债务化解工作情况汇报，对全区债务风险防范化解前期工作表示肯定。会议原则通过财政效能提升行动“1+8”系列文件，明确由宋长征牵头，区财政局负责，根据会议意见对文件进行修改完善，按程序报区委、区政府审定签发。会议原则通过了“物业六条”建议稿，要求秉持对历史负责的态度，抓好物业管理制度设计。会议研究了全区“大棚房”整治及农村人居环境整治工作，对农村工作局等部门及各街道前期卓有成效的工作给予高度肯定，提请区委常委会专题研究。会议原则同意了 2019 年区《政府工作报告》责任分解安排，要求结合机构改革，进一步核实相关情况，确保任务分配合理。

4 月 3 日，会议对区扫黑除恶工作领导小组全体成员单位进行集中约谈。会议研究了城管重心下放等工作，要求广泛征求街道工作建议，充分吸收劳动人事等部门的专业意见，确保城管重心下放后人、财、物、权、责匹配统一，提请区深化改革委员会会议审议后实施。会议听取了2018年度促进经济发展奖励筹备工作汇报，原则同意了2018年度石峰区促进经济发展奖励先进单位名单、《2019年度石峰区促进转型升级奖励办法》，结合会议意见优化完善后，提交区委常委会审定。会议研究了2018年度真抓实干成效明显的表彰工作，明确了获奖事项原则上要从得到全国性先进或在全国有影响的，受到省委、省政府或省“两办”表彰的，连续三年被省直部门表彰的，在市委、市政府绩效考核中排名前两名或得到加分的，推动落实区委、区政府中心工作成效明显且得到干部群众广泛认可的五类工作中产生，按照会议意见修改完善后，将名单按程序报送区委并提交区委常委会审定。

5月14日，会议学习了《湖南日报》“晨风”系列评论和《株洲市人民政府办公室关于大力精简文件会议的相关规定》。会议听取了全区安全生产工作情况汇报，原则同意《2018年度石峰区安全生产工作考核结果（送审稿）》，要求结合会议意见修改完善后提交区委常委会审定。会议原则通过《石峰区控违拆违工作实施方案（送审稿）》，会议明确自本月下旬开始，在全区开展为期至少一个月的“控违拆违攻坚”活动，营造浓厚的舆论声势，助力重点项目征地拆迁，彰显“大城管”体制改革生命力。具体由彭粱牵头，张伟文、欧雷等配合。会议原则同意“石峰区2019年度生态环境保护重点工作任务落实责任分工表”，要求结合实际和会议意见更加精准地修改完善。会议原则同意《石峰区机构改革后机关办公点安排方案》。会议听取了区商务粮食局所作的情况汇报，对前期工作给予肯定，原则同意《石峰区商贸服务业发展扶持政策（送审稿）》，要求结合会议意见修改后报请区委常委会议或区“产业项目建设年”领导小组会议审定。会议原则同意《2018年度全区计生考核评估结果与奖惩情况的通报》。会议研究了园区土地挂牌及资金管理工作。

7月8日，会议学习了习近平总书记在“不忘初心、牢记使命”主题教育工作会议上的重要讲话精神，以及习总书记关于张富清、黄文秀先进事迹的重要指示批示精神。会议通报了区政府副区长欧雷工作异动及政府领导分工微调情况。会议原则同意《石峰区2018年度区本级预算执行和其他财政收支情况审计报告（送审稿）》，要求按法定程序向区人大常委会汇报。会议通报了南车物流基地一期土石方工程B标段结算情况。会议审议了清石路片区开发方案，原则同意循环集团提出的请求事项，要求结合会议意见修改优化后，按程序报区委常委会审定。会议研究了石峰区“公交都市”创建工作。会议原则同意区土地事务服务中心关于征拆迁坟安置墓穴采购方案。

9月6日，会议原则同意《关于印发〈株洲市石峰区2019年区直部门污染防治攻坚评估办法〉的通知》《关于印发〈株洲市石峰区2019年街道污染防治攻坚战评估办法〉的通知》，石峰生态环境分局结合各部门意见完善后，按程序行文。会议听取了区住建局关于石峰区黑臭水体和污水直排口整治工作情况汇报，明确区生环委、区河长办要从宏观层面履行管理职责，及时发现问题、找准责任主体，明确牵头部门、责任单位和工作任务，第一时间进行交办。涉及市级业主单位的，要衔接市生环委办公室或市河长办下达。区住建局作为行业管理单位，要认真履职尽责、抓好行业内整改的协调、督促、落实。会议审议了2019中国国际轨道交通和装备制造产业博览会株洲专场活动相关事宜。会议原则同意由轨道公司牵头组建株洲轨道交通产业基金。会议听取了区清水塘老工业区搬迁改造指挥部《关于石峰区绿心地区工业项目不可搬迁设备处置的汇报》，明确了参照清水塘老工业区搬迁改造的做法，确认对前期已经按报废处理的以及下阶段绿心退出项目产生的不可搬迁设备按残值处理原则进行处置，具体实施中按照实事求是、节约成本的要求，对企业不可搬迁设备应当进行残值评估。会议听取了循环公司关于湘江金属物流城项目入园合同解除协议的汇报，明确此项工作由宋长征同志牵头，循环公司具体落实，区审计局、区财政局、区司法局等部门密切配合，各司其职。会议听取了区人武部的工作汇报，对人武部征兵工作取得的成绩表示肯定，原则同意出台相关奖励文件，奖励对象应为相关单位，具体奖金分配细则由相关单位自行确定。会议听取了区人武部关于迎接军委国防动员部深化民兵调整改革工作检查有关情况汇报，要求切实抓好迎检工作的前期准备，此项工作由人武部牵头。

10月23日，会议专题研究违建别墅整治工作。会议强调，要严肃纪律要求，严格履职尽责。要切实提高政治站位，对照时间节点，迅速抓好问题的整改落实。要对照上级要求，实事求是，集中研究，分类处置。

10月31日，会议原则通过《石峰区乡村振兴战略规划（2018—2022）》，要求区农业农村局按会议意见修改后按程序报区委常委会审定。会议原则通过《石峰区关于全面放开养老服务市场提升养老服务质量的实施方案》，要求区民政局按会议意见修改后按程序行文。会议听取了区统计局关于GDP核算改革工作的情况汇报，由宋长征牵头，以会代培，将涉及数据的部门一把手和分管人员组织起来，自学指标体系，同时对接权威部门，邀请专家授课，全面把脉石峰区经济运行情况，学透新政策。要进一步研究指标体系，明晰优势短板，深入学习研究，拿出执行方案解决到位。会议听取了石峰消防大队关于全区消防工作的情况汇报，明确2020年起经费按新标准列入年初预算。

11月22日，会议听取了区应急管理局关于全区安全生产工作的情况汇报，充分肯定前期安全生产的各项工作。会议明确在城区严禁马路市场，此项工作由彭粱牵头，区城管局具体执行。要加大农村马路市场整治力度，按照条块结合方式，区市场监督管理局履行职责严格执法，区商务和粮食局在市场选址方面给予业务指导，各街道要对照属地原则加强管理，此项工作由周文安、乐翔牵头。清水塘老工业区关停搬迁企业拆除要把握监管重点，主动对接清水塘公司，加强过程监管，以过程督促结果。相关街道、绿心办要加大森林防火巡查力度。对出现火情的，由公安、消防部门依法对相关责任人进行处理。各部门要切实抓好岁末年初的安全生产专项行动，交警部门要优化响石广场等重点区域和先锋路等关键路段的警力配置和值守力度，确保交通安全；消防部门要加强对烟花鞭炮场所和辖区老旧场所的安全检查；区应急管理局要认真开展“安全生产宣传周”活动。会议听取了区财政局关于石峰区2019年度财政预算调整的情况汇报，肯定了财政部门前期的相关工作，会议要求，要做好年底收官工作，保障好已纳入预算的项目经费；要梳理应收应付资金，保障既得财力。（陈 哲）

表 8　　2019 年石峰区人民政府文件一览表

序号	文　号	文 件 标 题
1	株石政发〔2019〕1 号	关于印发 2019 年《政府工作报告》工作目标和任务分配表的通知
2	株石政发〔2019〕2 号	关于开展 2019 年民兵组织整顿工作的通知
3	株石政发〔2019〕3 号	关于印发《石峰区促进商贸服务业发展扶持政策（试行）》通知
4	株石政发〔2019〕4 号	关于印发《支持具有国有资产性质的原企业幼儿园举办公办园的实施方案》

区人民政府办公室

【概况】 株洲市石峰区人民政府办公室前身为北区政府办公室。1997 年区划调整后更名为石峰区政府办公室，至 2019 年末，经历 5 届政府，现为石峰区第五届人民政府。2019 年，石峰区政府办公室内设综合室、调研室、督查室（对外称石峰区政府督查室）、文电室。有机关行政编制 21 名，机关工勤人员编制 2 名。2019 年，石峰区人民政府办公室切实履行“综合协调、决策参谋、督察督办、服务保障”工作职能，全力投入“产业项目建设年”活动和温暖企业行动中，各项工作取得预期目标。

【依法行政】 加快转变政府职能，推进依法科学民主决策，规范政府行政行为，提升行政机关工作人员运用法治思维和法治方式处理问题的能力，着力建设法治型政府和服务型政府。认真做好建议提案办理工作，2019 年共办理人大代表建议、政协委员提案 109 件，办结率、见面率、满意率均为 100%。

【综合调研】 围绕区委、区政府的中心工作和重点工作“产业项目建设年”活动主题，敏锐捕捉热点、难点问题，积极主动开展调研活动，扎实抓好会议报告、领导讲话、工作汇报等各类材料的起草工作，完成 2019 年政府工作报告。全年石峰区政府办撰写各类综合材料 400 余篇。石峰区政府以领导关注和群众关心的热点问题为重点，突出清水塘搬迁改造、项目建设、征地拆迁、“三供一业”改造、美丽乡村、民生实事等领域，定期对各单位政务信息的报送进行调度。全年报送政务信息 216 件，政务信息工作排名株洲市城区第一。

【督查督办】 2019 年，石峰区政府督查室重点对市《政府工作报告》交办石峰区负责的 11 项工作、市政府月度交办的 83 项重点工作、区《政府工作报告》确定的 102 项重点工作、区政府常务会明确的 52 项重点工作、区长办公会明确的 55 项重点工作以及“产业项目建设年”活动、温暖企业行动、征地征收、环境保护等工作开展督查，下达督查通报 15 期。在株洲市对所属区督查工作考核中石峰区排名全市 A 类。

【办文办会】 2019年，以石峰区政府、政府办的名义发文156件，接收处理文电1100余件、密级文件70余件，公文运转无一纰漏。完善会议登记、审批、统筹制度，精细化会务组织，承办各类会议200余场次，无一差错和失误。精心做好中央、省、市领导以及其他考察人员到区视察、考察等接待工作，做到接待方案贴心细致、服务态度阳光热情、工作衔接妥善到位、突发事件处置及时。2019年年内完成各类接待任务60余批次，细心周到的服务获得一致好评。

【值班管理】 2019年，区政府办公室加强值班管理，坚持实行24小时值班制度，认真做好值班记录以及各类会议、活动通知传达，积极做好节假日领导值班安排，加强对各类应急值班的统筹调度，以及对各街道和职能部门应急值班督查。（陈 哲）

表7　　2019年石峰区人民政府办公室文件一览表

序号	文　号	文件标题
1	株石政办发〔2019〕1号	关于印发《2019年石峰区政府投资项目计划（第一批）》的通知
2	株石政办发〔2019〕2号	关于印发《2019年石峰区政府投资公司投资项目指导性计划（第一批）》的通知
3	株石政办发〔2019〕3号	关于成立株洲市石峰区控违拆违工作领导小组的通知
4	株石政办发〔2019〕4号	关于印发《石峰区支持泸溪县脱贫攻坚工作方案（2019—2020）》的通知
5	株石政办发〔2019〕5号	关于印发《石峰区做实家庭医生签约服务工作实施意见》的通知
6	株石政办发〔2019〕6号	关于印发《石峰区违建别墅问题清查整治专项行动工作方案》的通知
7	株石政办发〔2019〕7号	关于印发《株洲循环经济投资发展集团有限公司授权放权清单》的通知
8	株石政办发〔2019〕8号	关于印发《石峰区全面推行行政执法公示制度执法过程记录制度重大执法决定法制审核制度的实施方案》的通知

退役军人事务局

【概况】 2019年3月，石峰区退役军人事务局成立，核定行政编制4名，为区政府正科级工作部门。下设区退役军人服务中心，核定全额拨款事业编制4名，为副科级公益类事业单位。正式在岗职工为5人，其中行政编制4人，事业编制1人。主要职能：贯彻执行党和国家关于退役军人思想政治、管理保障、安置优抚、帮扶援助、就业创业等工作政策法规；组织指导全区拥军优属工作；负责全区退役军人权益维护和信访稳定工作。

【党的建设】 2019年，区退役军人事务局坚持党建引领，推进党建工作标准化、规范化、科学化。坚持主题党日、每周一晚理论学习和“学习强国”自学，认真开展“不忘初心、牢记使命”主题教育，严格党内生活，提升党组织的凝聚力、战斗力、向心力。加强党风廉政建设，坚持将纪律和规矩摆在面前，每月开展一次党风廉政知识学习，切实提高全体党员的思想认识和行动自觉。

【组建服务中心（站）】 退役军人服务中心（站）是退役军人服务保障体系的重要组成部分。2019年，石峰区成立区退役军人服务中心1处，成立街道退役军人服务站5处、社区（村）退役军人服务站45处。

【就业创业】 2019年，全区共选送多人参加高校、职院的学历教育，组织多人参加职业技能培训，与区人社局共同组织区退役军人专场招聘会，共帮助多名退役军人实现就业。

【两节慰问】 2019年春节、“八一”期间，由区退役军人事务局筹备组牵头，区委、人大、政府、政协、区武装部五家主要领导对辖区内驻区部队官兵和军烈属进行慰问。同时，区退役军人事务局连同街道、社区对辖区内参战、伤残等重点优抚对象，以及现役军人家属、家庭生活困难的退役军人进行走访慰问。

【优待抚恤】 严格按规定及时、足额发放各类优抚资金、家属优待金以及退役士兵一次性经济补助。根据区人武部提供的近两年入伍名单，发放了义务兵家属优待金。积极给予困难人群救助。认真收集辖区内患重大疾病、生活困难的优抚对象，建立好台账，并给予一定的困难救助。

【参加评选“寻找最美的你”】 2019年，株洲市退役军人事务局组织开展“寻找最美的你——让军人成为全社会尊崇的职业”推荐评选活动。石峰区共推送6名个人及2个单位参与评选，其中：湖南菲格映画影视传媒有限公司莫锦宏被评选为“最美退役军人就业创业标兵”；大唐华银株洲发电有限公司邹京艳被评选为“最美军嫂”；井龙街道办事处袁子辉家庭、田心街道办事处陈华昇家庭被评选为“最美退役军人家庭”；石峰公安分局郭三喜荣获“网络人气奖”。石峰退役军人事务局被株洲市退役军人事务工作领导小组评定为“2019年株洲市‘寻找最美的你’系列先进典型推荐评选优秀组织奖”。

【征集整理革命烈士信息】 根据株洲市“革命烈士名录”编纂工作部署会议精神，石峰区征集烈士信息工作迅速开展。通过广泛征集和筛选等大量工作，共收集整理烈士信息37条，其中生前为株洲籍烈士20名，湖南籍烈士30名，烈属信息共54条，在市局提供的9条基础上，新征到以住漏登记烈士信息共10条。

【信息登记采集与悬挂光荣牌】 信息采集和悬挂光荣牌工作是两项重要政治任务，石峰区委区政府高度重视，召开政府常务会议及时进行工作研讨，严格按照省、市的统一安排部署进行安排布置。（刘新文）

民政工作

【概况】 石峰区民政局是石峰区政府主管社会行政事务的职能部门，承担着全区救助救济、五保供养、基层组织和社区建设、行政区划、地名、勘界、殡葬管理、收养登记、社团登记、婚姻登记、社会福利事业、慈善事业、养老服务以及敬老院管理等工作职能。2019 年，内设综合办公室（基层组织和社区治理办公室）、社会福利和社会救助办公室 2 个机构；下设石峰区敬老院（老年休养院、光荣院）、石峰区慈善事务服务中心 2 个事业单位，有干部职工 12 人。

【社区惠民项目】 根据株石办发〔2019〕16 号文件要求，区惠民实事项目实行票决，整个过程遵循了三个原则：候选项目，来自网格；确定项目，代表说了算；实施项目，严格考评。经过严格筛选、层层把关，最终确认惠民项目 140 个，并顺利完成。

【城乡最低生活保障】 2019 年，通过湖南省家庭经济状况核对平台，全区共复查 1581 户 3887 人。截至 2019 年年底，石峰区在册城市低保共 2183 户 3179 人，农村低保 371 户 620 人；城市低保月人均救助水平达到 400.41 元，农村低保月人均救助水平达到 226.65 元。

【城乡医疗救助】 2019 年上半年，医疗救助困难群众 801 人次，发放救助金 208.6 万元。7 月份与医疗保障局完成医疗救助移交工作。完成临时救助 299 名，发放救助金 59 万元。补助小学、初中贫困生午餐费 141 人，发放资金 7.05 万元。

【特困人群救助供养】 2019 年，全区集中供养特困人员 24 人，其中 11 人委托精神病人医疗机构收住。分散供养特困人员 31 人。按最低生活保障线的 1.3 倍即 676 元/人・月发放基本生活费。分散供养人员全部签订照料护理协议，依全护理 685 元/月、半护理 343 元/月、全自理 205 元/月情形按月分别发放给照料护理人员照料护理费。妥善做好汪海钦、朱润喜、王玉成等特困供养人员的后事料理工作。

【春节慰问】 牵头实施困难群众春节慰问、困难残疾人慰问等 34 项 10660 人次元旦、春节期间慰问帮扶补助项目，共发放慰问帮扶补助资金 557.53 万元。

【帮扶救助服务】 整合人社、民政等 13 个部门的 60 个帮扶事项全部归口至“帮扶救助中心”，或依托国家、省市救助资助平台，或实现全流程网上再造，全部实行网上申请、受理、审核、审批。2019 年，全区共受理流转医疗救助、高龄补贴等惠民惠农帮扶救助 23298 件。

【婚姻登记】 严格依《婚姻登记条例》进行登记。2019 年共办理结婚 1039 对，离婚 600 对，补办结婚证、离婚证共 314 对。登记准确率达 100%。2019 年全年补录历史数据 40000 多条。协助卫计部门做好婚前检查工作，及时录入湖南省“实时通”人口管理系统信息，使人口计生工作信息共享。同时，认真做好计生综合治理和“失独”家庭的救助工作。

【地名普查成果转换】 石峰区地名图录典志编纂工作，已于 2018 年 10 月编撰上交国家、省、市的图录典志，2019 年完成区级图录志的编纂工作，并已送市专家审核，确保按时保质完成编纂任务。同时，还完成地名普查的档案验收工作。

【社会组织管理】 区民政局依据《社会团体登记管理条例》《民办非企业单位登记管理条例》和《中华人民共和国行政许可法》的规定，对社会组织的审批，履行法定程序，材料认真审核，已正式登记的具有法人资格的社会组织98家，其中社会团体24家，民办非企业单位74家。2019年新登记社会组织11家，完成变更登记4家，完成注销登记4家。为加大社会组织监督力度，实行每年年度检查，及时有力地查处和打击非法社会组织和社会组织的违法行为。为加大扶持社会组织发展，2019年，石峰区社会组织孵化基地入驻社会组织10家，培养孵化社会组织8家。

【三社联动行动】 为实现“城乡统筹·幸福株洲”创新社会治理三社联动行动工作目标，全区启动了三社联动项目18个，其中2个为区级示范项目，16个为街道和职能部门项目，并按要求完成第三方中期评估，项目取得了预期效果。

*全面启动街道社会工作站建设。*根据省市文件精神，为更好地开展“三社联动”工作，区民政局全面启动街道社会工作服务站项目。由石峰区福星社会工作服务中心以政府购买的形式承接运营，通过公开招标，选录社工12名进驻总站以及街道社工站开展工作。并依据《湖南省乡镇（街道）社工站项目社工站建设视觉化设计指引》对全区6个社工站办公场地进行了规范化布置。各社工站围绕社会救助领域、农村留守儿童关爱保护领域、城乡社区建设领域、其他民政领域开展社会工作服务。

*推行社区志愿者注册制度。*由区民政局牵头，积极推行社区志愿者注册制度，要求各社区在全国志愿者服务信息系统建立社区志愿服务大队，注册志愿者人数达到总人口的12%以上。所有社区已全部建立社区志愿服务大队，2019年全区注册志愿者任务数为24000人，全年全国志愿服务信息系统内注册志愿者总数为40174人，实名认证志愿者总数达到37749人，实名认证志愿者人数已超过任务数13749人。

【社会福利】 认真贯彻落实《湖南省关于加强孤儿保障工作的实施意见》，切实做好孤儿基本生活保障工作。2019年全区认定孤儿8人，按照800元/月发放孤儿生活费，保障了孤儿的基本生活。并为2名孤儿申请了湖南省“福彩圆梦”孤儿助学工程。

【养老服务】 以“442”工程（4即四轮驱动：政府供养、机构康养、居家颐养、银龄互养；4即四级覆盖：区老年活动中心、街道养老服务中心、社区日间照料中心、小区养老服务驿站；2即两翼腾飞：智慧养老、医养结合）推进居家和社区养老服务试点改革和“城乡统筹•幸福株洲”养老服务行动。建设街道、社区、小区养老服务中心66个，实现了四级养老服务设施“15分钟养老服务圈”全覆盖。全面推行“网格管理+养老服务”“社会组织+养老服务”“信息平台+养老服务”等模式，辖区内老年人享受康养、教育、文体、助餐、助浴、助洁、助行等养老服务达到90%以上。响石岭街道、清水塘街道等整体引进江苏东方惠乐健康科技公司、湖南湘雅夕乐苑等机构社会化建设运营。

【殡葬管理】 出台整治乱埋乱葬殡葬陋习等“微民生”“微服务”工作方案，推进清水塘、响石岭集中治丧场所建设；排查整治活人墓、违法违规私建“住宅式”墓地；在九郎山等进出要道口树立殡葬管理宣传牌4块，禁止乱埋乱葬，禁止建豪华墓，禁止硬化墓穴。(何 敏)

行政审批

【概况】 石峰区行政审批局（以下简称区行政审批局）成立于2019年，是区政府工作部门，为正科级。核定机构行政编制3名，无二级机构。主要工作职责：负责指导、协调、推进全区行政审批制度改革；统筹协调、监督评估全区政府系统电子政务信息化建设和全区政府数据资源管理；协调推进全区“放管服”改革；承担区本级行政审批、公共服务事项目录和实施清单的梳理、审核、发布；完成区委、区政府交办的其他任务。

【建立健全工作机制】 2019年，结合全市“最多跑一次”改革精神，石峰区在6月调整了“最多跑一次”暨“一件事一次办”改革工作领导小组，由区委书记张建勇任组长，常务副区长宋长征任领导小组办公室主任，区委办主任朱斌任办公室常务副主任，明确由区行政审批局负责具体工作的牵头统筹，下设“一办四组”(办公室、“互联网+政务服务”四级联动建设及审批改革组、大数据中心建设组、督查考评组和宣传推介组）统筹推进整体工作。8月初，建立区级行政审批服务相关部门工作协作机制，区网格化管理服务中心、优化营商环境协调事务中心分工协作，密切配合，开展具体工作，全区形成“一盘棋”。建立“周报表、月调度、季考评”机制，区级层面召开全区性工作会议6次，各层级集中研究具体工作20次，将“一件事一次办”改革纳入全区“五问工作法”中心工作任务，实行季度预安销号，推动改革走深走实。

【规范政务服务事项】 根据省、市“互联网+政务服务”改革工作部署，全省行政审批和政务服务将逐步形成“一张网”。截至2019年年底，石峰区已先后完成依申请六类权力事项、依职权四类权力事项、公共服务事项的梳理工作。在全区范围内开展依申请六类事项和系统使用情况综合摸底，重点落实了依申请六类权力事项的办理权限、办理层级、窗口入驻、全年业务量以及部门业务系统、办事服务网等使用情况。对城市四区已确权的205项事项分批开展“一对一”精细梳理会，督促各单位进一步落实“四减”工作要求，推进改革取得实效。完成区卫健局、区退役军人事务局涉及的20项事项“四级十同”的梳理和报送工作。2019年，全区29个部门共引用并填报依申请六类权力事项812项、依职权四类权力事项571项、公共服务事项313项。

【推进“一件事一次办”改革】 6月以来，石峰区严格贯彻落实省、市“一件事一次办”改革工作要求，以“减时限、减流程、减环节、减材料”为总原则，分四批梳理落地“一件事一次办”事项221项，其中对标省第一批、第二批目录落地事项115项，区级额外梳理落地单部门事项106项，合计精简办事环节141个，取消申请材料175份，办结时限压缩率总体达到62%。通过在区政务服务中心开设“一件事一次办”联办事项专窗，建立覆盖全区的网格帮代办服务队伍，体现“集中办”“就近办”“到家办”“网上办”等改革特色，实现了线上线下同质服务、一次办成。2019 年全年累计受理行政审批和政务服务事项 100732 件，办结率为 99.2%。

【“互联网+政务服务”四级联动建设】 根据对区级自建基层公共服务平台系统改造投入、后期对接和整体改革趋势的预判，石峰区向市行政审批局提请使用市统建的“互联网+政务服务”综合服务系统及相应配套支撑系统（包括“一件事一次办”商事登记、电子证照和电子印章、CA 认证等），并组织深圳互联精英公司完成了设备采购和技术对接等工作，“一件事一次办”系统在区政务中心窗口落地，29 个部门 90 余名区级审批和业务操作人员投入到业务受理新流程的学习和试用中。在市四区率先搭建数据交换平台并启动系统数据共享交换工作，2019 年向市级平台汇聚办件数据 119993 条，组织 77 个单位收集电子证照和电子印模 113 份，办件数据汇聚量排全市第三。

【抓实政务大厅日常管理】 2018 年 12 月，区政务服务中心升级改造全面完成并投入使用。五个街道便民服务中心陆续完成升级，统一招录培训政务受理人员，规范着装和服务标准，提升服务效能。区级政务大厅一、二楼实体建筑面积为 989 平方米，其中一楼为综合办事大厅，共设置 6 个综合服务窗口，其中 2 个作为“一件事一次办”联办事项受理窗口，采取综合模式受理窗口业务，可受理人社、医保、残联、卫健、城管、发改、教育、应急、财政、农业农村、文体旅等 17 个部门 206 个事项。二楼为专区办事大厅，前台共设置 13 个窗口，可分类受理民政、人社、医保、市场监管、公安、交警、司法 7 个部门 115 项业务。

【助力重大项目建设】 由区行政审批局牵头，协调区网格中心、区优商中心、区住建局、区发改局等单位，对市级下达的 71 个重点建设项目的进度、存在的问题等工作情况进行汇总，并及时上报市局解决，有力地推动工程进展。2019 年下半年，为中车特种装备科技有限公司游乐和智能制造装备研发生产基地项目、铁建道岔分公司道岔二期项目等 12 个重点企业项目提供代办服务，为 11 个项目办好不动产证、8 个项目办好规划许可证、3 个项目办好施工许可证，企业的获得感和满意度明显提升。

（张　菁）

网格化管理服务中心

【概况】 石峰区网格化管理服务中心成立于 2019 年，是区委直属公益一类事业单位，为正科级。核定事业编制 8 名，设主任 1 名，副主任 2 名。内设综合室、网格化管理室、窗口管理室三个股室，共有工作人员 35 人，其中在编事业编 5 人，劳务派遣人员 30 人。全区五个街道网格中心、便民服务中心共有网格员、政务受理员 46 人。45 个社区（村），共有网格员（长）281 名。

【一中心四平台】 石峰区大力推行基层社会治理创新，以“网格化+信息化”为手段，搭建“1+4”多网融合系统平台（“1”即区网格指挥中心，下设雪亮工程、数字城管、森林防火、物业管理、智慧党建、智慧校园和河长制等分中心，“4”即综合治理、综合执法、市场监管、便民服务4个平台），逐步实现“中心之外无审批、网格之外无派单、视频之外无会议”，基本形成“人在格中走、事在格中办、情在格中聚、难在格中解”的工作格局。

石峰区综合治理平台：由区委政法委牵头，分管区领导统筹，结合综治、司法行政、信访、人民调解、民宗、警务、禁毒和新居民事务等工作力量，构建统一的综合治理工作平台。主要承担平安建设、综治、维稳、社会治安、禁毒、人民武装、司法行政、民宗、信访和新居民服务管理等事项。

石峰区便民服务平台：由区行政审批服务局牵头，分管区领导统筹，依托株洲市“互联网+政务服务”建设，完善延伸各种便民服务手段和功能，以街道和社区（村）便民服务场所为载体，整合人社、医保、卫生健康、民政、帮扶救助等与基层群众生产生活相关的审批服务资源，实现各类基层审批服务事项在便民服务平台应进必进，“窗口端、ＰＣ端、移动端、自助终端”四端协同、一网通办，全面打造标准统一、规范高效的基层便民服务体系，最大程度便民利民。

石峰区综合执法平台：由区城管局牵头，分管区领导统筹，综合行政执法、安全生产、环境保护、国土管理、规划建设、住房管理、消防安全等行政执法力量，通过加强与农业农村局、绿心办等部门的协作联动，构建统一的综合执法工作平台。主要承担组织开展联合执法行动，对于需要多个执法队伍或区街联动处置的事项，进行统一指挥协调。

石峰区市场监管平台：由区市场监督管理局牵头，分管区领导统筹，结合市场监管、卫生监督、质量技术监督、公路管理等工作力量，通过加强与商务、文体旅等部门的协作联动，构建统一的市场监管工作平台。主要承担面向企业和市场经营主体的行踪监管和执法职责，维护市场秩序，改善营商环境，保障经济主体正常开展活动。

【网上办公】 分批组织开展业务培训。组织区领导、部门负责人等开展网格化工作培训82人次。组织区人社局等29个部门开展各类系统操作业务培训8批次，形成了“学网用网”的良好氛围。建立网上办公机制，精简办文办会，着力减轻基层负担。将全区“五问工作法”考核、区委督查等功能统一归口至网格平台，严格执行“平台之外无派单”。全年归口派发各类通知、文件1028条，登记、派发网格事件17047件，组织召开区级视频会议18次，区两办文件印发同比减少36.4%，会议同比下降30.3%；变革全新的社区网格化工作模式。全面实施“社区干部即网格员”服务管理模式，由“坐堂办公”转变为“坐班+走访”相结合，及时发现和解决问题，全区民情底数实时更新。

【践行网上群众路线】 建立微信、QQ群，打造“民情直通车”。明确要求网格管理员在上户走访过程中建立网格微信、QQ群，让居民问题及时得到反馈，让惠民政策第一时间让群众知晓。同时，利用网格警员、党小组长、楼栋长等网格中坚力量，在线与居民交流，开展网格化管理工作。截至2019年年底，石峰区全区232个网格共建立了353个QQ、微信群，入群人数达到87858人（户），社区（村）建群覆盖率达到100%。将网格微信、QQ群打造成密切党群干群关系的桥梁，倾听群众呼声的窗口，平等交流互动的平台。开设“随手拍”栏目，鼓励居民参与网格管理。在“石峰发布”公众号中新增“随手拍”栏目，鼓励居民将身边发现的问题随时随地上报，人人都做网格员。从2018年7月份上线开始，“随手拍”已接收居民上报事件964件，办结事件953件，办结率 98.8%。

【网格事项“痕迹化”】 搭建网格事件办理平台。建立分类分流办理机制，对应急等21个部门278个行政事项、11类交叉网格事项进行梳理，明确处置规则，确保居民身边的烦心事、操心事较好办结。建立“三张清单”捋清工作职能。探索建立社区公共服务清单、群众自治事务清单和有偿服务清单，引导和推动社会主体厘清职能、各负其责。充实基层办事力量。43名社区民警、130名城管队员下沉到各街道，设立网格事项处置专项资金，提升事件处置效率和基层处置问题的能力。构建“1+3”联动工作机制。协同出台《网格民警工作机制八条》等制度，明晰网格民警、网格城管员、网格保洁员职责，真正做到“小事不出格”。建立督办点评机制。实行网格事件“一周一点评，一月一通报，一季一清零”，网格平台累计登记、派发网格事件19974件，化解矛盾纠纷1099起，事件办结率达99.5%。

【网格化队伍管理】 明确网格员队伍“准入”标准，强化日常考核管理。完善考核、培训等制度，引导围绕区委中心任务开展工作，建立网格员工作正负面清单，对考核不合格、不适岗的15人予以劝退并及时补招补录。常态化开展业务培训。组织开展业务培训40余次，每季度固定业务考试一次，纳入绩效考核，让网格员定期“充电”。鼓励网格员参与社会工作者职业水平考试。对25名取得社工证的网格员（长）兑现了工资挂钩奖励。

【网格项目（二期）建设】 硬件建设方面，全面改造区、街道便民服务中心和网格中心，下设自助终端到45个社区（村），实现居民办事“就近办”。建设石峰区视频会议中心，在5个街道监控分中心设置远程视频会议系统，实现省、市、区、街道、社区（村）五级视频会议联通。软件开发升级方面，在网格平台新增帮扶救助、财务管理等功能，推动全区实现“网上办公”。在原有绿心保护、数字城管、河长制和智慧校园等分中心建设基础上，积极推进物业管理分中心建设，加强对小区物业管理情况的统筹，引导物业公司开展服务工作。

【网格民意调查】 根据区委网格化工作联席会议的安排，结合石峰区“五问工作法”考核内容，委托第三方公司开展网格化管理居民满意度测评，每季度每个网格抽取20户进行电话调查和入户核查，了解网格内的社情民意，核查网格信息录入和其他相关工作开展情况。2019年6月至11月，共完成调查问卷9000余份，综合评分84.42分，居民对网格化管理的整体满意度较高，主要意见或建议集中在公共环境卫生和公共设施建设两个方面。民调期间，网格员修改网格平台实有人口及家庭户信息29458次，新增信息4294条，进一步提高网格平台信息的全面性、真实性。

【政务大厅建设】 石峰区政务大楼一楼共设立6个综合服务窗口，可综合受理17个部门206项业务，其中自然人事项59项，法人事项97项，“一件事一次办”多部门联办事项50项。

二楼专窗服务区，共设立12个部门服务窗口和后台办公区，已入驻公安、市场监管、交警、人社、医保等7个部门，可综合办理115个事项，同时开设自助服务区，免费为办事群众提供证照拍摄、打印复印、快递送达等特色服务，并引进水电气代缴、公章刻制等便民服务，最大化地为企业和群众办事提供便利，减少办事跑动次数。

【政府网站和政务新媒体】 2019年，政务服务中心进一步优化相关栏目，规范政府20个部门和5个街道的部门子站栏目建设，重新梳理出61个信息公开保障栏目并进行责任分解，确保网站管理工作“每周有检查，每月有汇总，每季有通报”，并将检查通报结果与单位“五问工作法”季度考核挂钩，倒逼部门主动履职，形成“公开为常态，不公开为例外”的整体氛围。2019年，石峰区通过政府门户网站发布政府信息2818条，通过“石峰发布”微信新媒体平台发布工作动态757条，通过其他途径发布政府信息1122条，确保政府行政决策、执行、管理、服务各环节信息公开到位。加强政务新媒体排查统计和日常监管。石峰区积极落实《国务院办公厅关于推进政务新媒体健康有序发展的意见》（国办发〔2018〕123号）文件精神，对全区政务新媒体开展摸排、整治专项行动，分批对“美丽清水塘”“石峰教研”等功能定位不清晰、信息长期无更新、不互动无服务、监督管理不到位的政务新媒体进行限期整改，对9个整改不到位的进行强制关停，对正常运营的政务新媒体加强日常监管，坚持分级分类审核、规范信息转载发布，建立健全责任追究制度，引导全区政务新媒体健康有序发展。

【“12345”市长热线】 将“12345”市长热线与全区网格化管理相结合，出台《石峰区办理“市长热线（信箱）”转办事项及“区长热线”交办事项工作制度》《石峰区“12345”市长热线坐席员工作职责》等文件，建立三级督办机制，加强跟踪督办，强化考核运用，确保热线事件从受理、派发到办结全程网上“留痕”，2019年全年受理群众投诉和市长热线办转派投诉总计3305件，办结率100%，热线办理效率和居民满意率有效提升，2019年四季度考核得分居株洲市第一。

【首届“石峰杯”网格员职业技能竞赛】 2019年9月，石峰区总工会、石峰区网格化管理服务中心共同主办以“庆新中国70华诞　展石峰网格风采”为主题的首届“石峰杯”网格员职业技能竞赛活动。整个赛程分为初赛、复赛、决赛3个阶段，全区281名网格长和网格员经过社区、街道、区网格中心等层层选拔，最终5名网格长和15名网格员脱颖而出，进入了全区总决赛。总决赛在区报告厅举行，经过基本情况介绍、网格现场演练、网上事件报送、网格信息抽查和网络投票5个环节，最终决出本级的冠亚季军和各单项奖。这次比赛考察了参赛者知识、业务、智力、技巧、体力等各方面的能力，推动了网格员队伍转型、提质、增效。

【工作成效】 区网格化管理服务中心始终践行“以人民为中心”的思想，在基层社会网格化治理改革、完善群众参与社会治理制度、健全社区管理和服务机制、夯实社会治理基础等方面取得突出成效。《中国改革报》、“学习强国”、《半月谈》、“中国长安网”、《湖南日报》等媒体相继报道了石峰区网格化改革的经验和成效。2019 年全年接待省市各级部门、兄弟单位、社会团体等学习交流 100 余次。在株洲市 2019 年度创文民调中石峰区获得三个季度第一、一个季度第二的好成绩。石峰区 2018 年、2019 年连续两年被评为湖南省综治工作先进县市区。省委常委、政法委书记李殿勋对基层社会治理“石峰模式”给予高度评价。

（向 斌）

机关事务服务

【概况】 石峰区机关事务服务中心为正科级全额拨款事业单位，定编 15 人，内设办公室、后勤事务股和公务用车平台管理中心 3 个职能股室。

【公车管理】 2019 年，区机关事务服务中心加强平台建设，加装北斗定位系统，形成车辆“一张网”信息化平台管理模式，及时掌控车辆的动态信息；严格实行“一车一卡”管理制度，加强对每辆公务用车的监督管理；装设指纹打卡机，司乘人员出勤打卡；强化安全意识，定期对车辆进行保养和检修，及时消除安全隐患，邀请区交警部门对司乘人员进行交通安全教育培训学习。规范用车保障，严格执行车辆派遣程序，完善车辆维修、油卡管理等制度，切实降低运行成本，提高使用效率，使公车管理更加规范化、制度化，未发生一起交通事故。

【后勤维修】 后勤服务是机关事务管理工作的根本点，机关事务服务中心接到维修通知后不分事情大小立即安排专人行动；定期对中央空调进行清洗、检修，联系专业公司对电梯和院内消防设施进行维护和保养；对各楼层窗户进行检修，有效预防和排除了各类安全隐患，保障机关大楼有序运转，截至 2019 年年底，共完成零星维修 1486 次。加强对物业公司的监管力度，定期召开业主委员会，倾听需求意见，改进服务方法，推进会议服务更加标准化，2019 年，完成机关各类重要会议 2660 场次。强化安全保卫，严格执行《门卫登记制度》和《巡逻制度》，对外来人员和车辆进行实名制登记，抓好节假日的值守、巡逻工作，确保各项制度落实到位。

【公务接待】 2019 年，区机关事务服务中心以规范、热情、周到的服务宗旨，精心完成每一次公务接待任务。认真做好准备工作，组织相关工作人员召开会议部署，制定方案，合理分工，明确责任，把握细节，事先进行线路踩点，实地查看情况，考虑到各种突发状况，做好应急准备。掌握好来访人员生活习惯、饮食文化，力争在各个方面做好兼顾大众、照顾个别。把握好用餐、住宿标准，所需用品安排专人采购，将规范节俭贯穿工作始终，在规定标准内让来访人员享受到暖心的服务。全年接待达 3000 余人次，真正做到工作流程明确，人员操作得当，服务合理到位。

（谭爱君）

金 融 办

【概况】 石峰区政府金融工作办公室是区政府工作部门，负责研究分析国家金融政策、宏观金融形势和全区金融运行情况，会同有关部门推进全区金融市场体系建设。负责组织协调防范、打击和处置非法集资、非法金融活动工作，维护地方金融安全稳定。负责协调相关部门加强对互联网金融的监管。

【中小微企业信贷风险补偿基金】 对接兴业资产，做好中小微企业信用贷款风险补偿基金相关工作，2019 年，石峰区金融办被评为@贷业务优秀单位。截至 2019 年 12 月，石峰区已有 57 家企业进入“白名单”（株洲市中小微企业信贷风险补偿基金扶持企业名单），16 家企业已获得@贷放款，放款总金额 5490 万元。

【非法集资案件处置稳妥有序】 金融办深入贯彻落实中央扫黑除恶决策部署、省互联网金融整治办专题会议精神以及市金融办工作安排，对石峰区涉嫌非法金融活动的情况进行全面摸排。协调市场监督管理局，重点加强对辖区内企业名称含有“投资咨询、投资管理”的进行重点监管，防止非法融资和非法集资等现象的发生。通过核查登记数据、实地走访等多种方式，对辖区内 68 家名称含“投资”字段的企业进行了全面的调查，了解其注册状态、实际经营地址及法人联系电话，并建立起台账，同时配合公安对其重点关注对象的情况进行了重点摸排。

设立 24 小时举报电话，联合各街道张贴宣传行动公告。全区 45 个社区（村）共悬挂处非宣传标语横幅 25 条，张贴宣传海报 800 张，发放《防范非法集资温馨提示》《全民守法　共建和谐》等宣传知识读本 4000 份，签订不参与非法集资承诺书 2100 份。通过“石峰发布”微信公众号等媒体平台，向广大群众推送非法集资宣传教育内容，并在社区办公大厅电子显示屏滚动播放宣传处非标语，不断增强广大群众的防范意识和识别能力，使“高收益意味着高风险”的理念深入人心。

对“e 租宝”“众财”等案件处置工作有序推进。联合区法院做好区内 300 余名“e 租宝”集资参与人的登记工作。认真开展中华人民共和国成立 70 周年金融安保工作。陈案积案均已有效化解。深入推进非法集资案件处置，加快陈案积案消化。截至 2019 年年底，石峰区已无陈案积案。

【开展专项整治】 根据省、市 P2P 网贷风险专项整治工作会议精神，制定《石峰区网络借贷风险事件应急处置预案》《株洲市石峰区 P2P 网贷机构风险整治工作实施方案》，并组织相关职能部门召开会议，对各项工作任务进行了布置。约谈在石峰区注册的 1 家网贷机构（惠邦网络科技），要求其立即停发新标、停止展业、化解存量，制定应急预案，并根据“一户一策”原则制定良性退出工作方案。至年底，互联财邦平台已注销，网页和 400 电话均已注销、关停，之前的 P2P 内测业务余额均已清零，已实现良性退出。

【提升风险处置能力】 建立石峰区防范和处置非法集资工作联席会议制度及信息员制度，明确了各成员单位负责本单位的防范和处置非法集资工作的责任领导及联络员，纵向到底、横向到边的工作格局已经形成。

【金融服务取得新突破】 于 12 月 13 日组织召开 2019 年石峰区银企对接会暨项目签约仪式，促成 6 家银行、1 家融资租赁公司与循环集团、轨道公司授信签约 9.5 亿元。牵头组建产业基金。年底已完成基金公司“株洲思通达轨道交通产业合伙企业（有限合伙）”注册，执行事务合伙人为“江苏润垚资产管理有限公司”。基金总规模5亿元，首期规模8000万元，第二期募集至5亿元。托管银行签约及基金备案正在办理中。（谭健之）

优化营商环境

【概况】 石峰区优化营商环境协调事务中心（以下简称区优化营商环境协调事务中心）是2019年6月机构改革新成立的区政府直属公益一类全额事业单位，为正科级。中心位于石峰区联诚路79号科研中心一楼，总占地面积约400平方米，截至2019年年底，在编在岗人员7人，其中，主任1人，副主任3人。中心内含石峰区中小企业公共服务平台，以“为企业着想、替企业解忧、助企业成长”为宗旨，通过实体、网上两种服务渠道，为中小企业提供政府部门政策、项目、规划等公共服务，以及咨询服务、项目代办、人才培训三大类专业服务，成为全区中小微企业寻求服务的门户和窗口。2019年，区优化营商环境协调事务中心紧贴事关经济社会发展全局的重大事项和涉及企业切身利益的重大问题，统筹开展各类为企服务。在2019年全市的优化营商环境考核中排名第一。

【营商环境新规新政多措推行】 邀请湖南化工职业技术学院商学院院长谭文培教授到区委理论学习中心组为全体县级干部及有关部门负责人深度解读《优化营商环境条例》（以下简称《条例》）、《湖南省优化经济发展环境规定》（以下简称《规定》）等相关文件精神。同时，将《条例》和《规定》的相关解读发布到石峰区政府门户网站和石峰区中小企业公共服务平台网站，并在区政务大厅醒目位置印发和刊载，有效营造人人参与营商环境建设的浓重氛围。起草印发了石峰区关于做好《条例》和《规定》贯彻实施工作的通知文件，并明确责任分工至39个区直相关部门。清理全区现行层面与《条例》和《规定》有冲突的营商环境规章、规范性文件和其他政策文件。

【平台架构逐步完善】 启动石峰区中小企业公共服务平台系统建设，平台立足于推动项目建设和为企业提供“综合性服务”两大目标，设立了政策咨询、企业之窗、产品推介、服务需求等八大模块，组织提供信息、技术、代办、人才、市场和融资等直（间）接服务，精准服务中小微企业。预计至2020年10月，中小企业公共服务线上平台将正式上线。积极争取省市两级的扶持力度，通过与省、市平台的资源对接，积极争取省、市认可和技术指导、资金扶持。2019年，已向省、市提交石峰区中小企业公共服务平台项目能力建设专项资金的申报，并已纳入省工信厅《关于2020年湖南省中小企业发展专项资金拟支持项目的公示》名单。（江亮辰）

政协株洲市石峰区委员会

【综述】 中国人民政治协商会议石峰区委员会的前身为北区政协。1997 年区划调整后石峰区政协成立至今，共经历 5 届委员会，现为石峰区政协第五届委员会，有区政协委员 157 名，分别来自 19 个界别。石峰区政协有内设机构 6 个，分别为办公室、提案和学习联络委员会、经济科技和外事委员会、农业农村和人资环境委员会、文教卫体和文史委员会、社会法制和民族宗教委员会。政协履职的三项职能为政治协商、民主监督和参政议政。2019 年，区政协常委会坚持以习近平新时代中国特色社会主义思想为指导，深入学习贯彻习近平总书记关于加强和改进人民政协工作的重要思想，在区委的坚强领导下，围绕全区发展大局，忠诚履职、团结奋进，为推进石峰转型升级、加快建设“一极三区”注入了政协力量。

重要会议

【政协株洲市石峰区第五届委员会第四次会议】 2019 年 2 月 14 日，政协株洲市石峰区第五届委员会第四次全体会议在区机关报告厅举行。该次会议应出席委员 157 名，因事、因病请假 11 人，实到委员 146 人，超过半数，符合政协章程规定。区政协副主席王湘琳主持开幕式，区委书记张建勇，区委副书记、区长邓元连，区委副书记李红，区人大常委会主任屈邵阳，区政协主席颜曼文等领导在主席台就座。

区政协主席颜曼文代表政协株洲市石峰区第五届委员会常务委员会向大会作报告。

颜曼文主席首先总结了过去一年区政协的工作：一是加强政治引领，坚定正确政治方向；二是深入协商议政，助力转型升级发展；三是强化民主监督，促进民生福祉改善；四是画出最美同心圆，团结联谊凝聚合力；五是加强基础工作，努力提高履职水平。

颜曼文指出，新的一年，区政协工作要坚持以习近平新时代中国特色社会主义思想为指引，在中共石峰区委的坚强领导下，以助推转型升级和高质量发展为主线，政治协商聚焦大事、参政议政关注实事、民主监督紧盯难事，为石峰经济社会发展做出新的贡献，以优异成绩向人民政协成立 70 周年献礼。主要做好四个方面的工作：

一是肩负使命职责，遵照章程忠诚履职；二是坚持在中国共产党领导下忠诚履职，坚持在人民群众的呼声中忠诚履职，坚持在政协章程的规范内忠诚履职；三是紧扣发展大局，担当作为精准履职；四是把协商议政做深，把民主监督做实，把调查研究做优，把界别工作做活。坚持团结奋进，汇聚合力积极履职，发挥好统一战线功能、联络联谊功能、增进和谐功能。提高能力素质，夯实基础高效履职，进一步加强政协党的建设，抓好委员履职能力建设，抓实政协机关建设，为政协工作提供优质服务和有力保障。

区委书记张建勇在会上作了重要讲话。会上，6 位区政协委员上台发言。会议书面听取了区政府对区政协五届三次会议以来提案办理情况的通报，听取了区政协副主席龙峰作区政协五届三次会议以来提案工作报告。

【政协株洲市石峰区第五届委员会第十一次常委会议】 6 月 28 日，政协石峰区第五届委员会第十一次常委会议在区机关七楼会议室举行。会议应到常委会议组成人员 31 人，实到 26 人。区政协主席颜曼文主持会议。会议协商通过了区政协常务委员会工作机构人事调整方案，通过了《促进轨道交通装备制造业发展》调研报告及建议案，区政协经济科技委员会作调研情况说明，区政协副主席、部分常委会议成员作协商发言。

【政协株洲市石峰区第五届委员会第十二次常委会议】 9 月 24 日，政协石峰区第五届委员会第十二次常委会议在区机关七楼会议室举行。会议应到常委会议组成人员 31 人，实到 27 人。区政协主席颜曼文主持会议。会议听取了区政府常务副区长宋长征关于全区经济社会发展情况和区纪委监察委关于党风廉政建设情况的通报，全体常委观看了廉政教育警示片；会议协商通过区政协机关人事调整方案。

工作概述

【办公室工作】 负责政协全会、党组会议、主席会议、常委会议、专题协商会议等各类会议的会务工作。组织承办庆祝人民政协成立 70 周年座谈会。配合市政协开展“湖南•株洲清水塘新城建设”远程协商，组织市区两级政协委员、搬迁企业职工、当地居民群众等社会各界代表为清水塘新城建设积极发声。统筹“不忘初心、牢记使命”主题教育和市委交叉巡察相关联络工作。参与“全区信访工作”“学前教育普惠优质发展”“老旧小区物业管理”“全区临聘人员管理”等双月协商，形成协商信息专报。推广“政协云”二期应用，推动政协委员运用网络平台更好履职。联合提案和学习联络委员会组织委员赴延安接受红色教育。接待荷塘区、江苏仪征市、安徽肥西区政协到区考察，加强政协系统横向交流。

【提案和学习联络委员会工作】 2019 年提案办理情况：立案 54 件（其中并案 6 件），所有立案提案均已办复。已经解决或基本解决 23 件，占比 47.92%，正在解决或列入计划解决 25 件，占比 52.08%。组织区政协委员协商“一府两院”、计划、财政报告，提出意见建议。完成政协委员辞免和增补工作，辞免委员 7 名，增补委员 9 名。选举区政协主席 1 名、副主席 1 名、区政协常委 5 名。根据区政协《界别年度工作目标考核办法》和《委员履职考核办法（试行）》，评比表彰了先进界别 3 个、优秀界别召集人 3 名、优秀政协委员 30 名和优秀调研报告 11 篇、优秀提案 12 个。组织委员参加政协知识抢答赛、湘江毅行、市区两级政协委员座谈会等相关庆祝人民政协成立七十周年活动。指导界别和联组积极开展调研工作，形成调研报告和联组发言材料共计40余篇。

【经济科技和外事委员会工作】 对石峰区轨道交通装备制造业发展开展专题调研，形成调研报告；组织主席会议视察“石峰区开放型经济建设”有关工作开展情况，走访视察相关企业，并进行座谈交流；围绕“老旧小区物业管理工作”双月协商课题深入调研，针对老旧小区物业管理存在的问题，提出加快老旧小区提质改造、推动物业管理市场化、强化物管行业监管机制三个方面的建议。

【农业农村和人资环境委员会工作】 委派3名委员组成监督小组对区农业农村局开展民主监督。对区农业农村局的惠民政策落实情况、农村人居环境建设情况、提案办理情况等进行重点评议。组织6名委员分成三组对全区临聘人员工作开展双月协商，通过座谈、走访、问卷调查相关部门了解全区临聘人员现状和清理情况，形成了协商意见。积极配合市政协对清水塘科技生态新城建设大型协商活动、对自然资源局“多规合一”的工作调研。

【文教卫体和文史委员会工作】 围绕“学前教育普惠优质发展”双月协商课题进行深入调研，提出“优化幼儿园布局和办园结构、大力发展公办幼儿园、鼓励社会力量开办普惠性幼儿园、提高普惠性幼儿园办园质量”等意见和建议。指导教育民主监督小组通过现场考察调研、明察暗访、发放调查问卷等方式，对区教育局基础教育优质发展、学校收费、提案办理情况三项工作进行了民主监督。精心编纂纪念区政协成立32周年文集《同心筑梦》，回顾区政协成立以来的光辉历程，展示政协履职的丰硕成果和政协委员的亮丽风采，进一步坚定石峰政协的前行步伐。编辑出版《石峰工业》，以图文并茂的形式呈现石峰工业发展脉络，准确翔实记载石峰工业发展历史，最大限度保留清水塘工业记忆，充分发挥以史鉴今、资政育人的作用，为助推石峰高质量发展凝聚磅礴力量。

【社会法治和民族宗教委员会工作】 信访工作双月协商顺利完成，提出宣传教育、改变群众观念，创新机制、提升工作水平，强化保障、确保工作实效等三条建议，达到预期的效果。完成城管局的民主监督工作，重点针对校园周边秩序、主干道卫生保洁、建宁驿站监管、重点区域整治四个方面开展民主监督。提出意见建议51条，民主监督取得较好的成效。完成85件委员提案的征集、修改、审查、立案。每个月的月底都联合区政府法制办进入湖南省政协云平台，完成微建议的征集、审核、交办、督查，全年共征集到微建议52条，审核通过并办理回复25条，审核通过还未办理回复6条，重复提交6条，审核未通过15条。在龙峰的指导下完成了本界别的4次界别活动及1个调研报告、4个联组发言材料的撰写，同时，积极参加联组活动。（朱振华）

人民团体

石峰区总工会

【概况】 石峰区总工会成立于1998年1月，为群团机构。区总工会机关内设工会委员会、经费审查委员会和女职工委员会，机关在职干部6名。区总工会下辖5个街道工会联合会，直管商务、城建、卫生、城管、教育、检察院、法院7个单位工会和41家企事业单位工会。2019年，全区各级工会坚持以习近平新时代中国特色社会主义思想为指导，努力践行“三个贴近”和“强基础、强素质、强作为”的工作思路，强力推进省总“五个年”建设，充分发挥了工会组织联系职工、关爱职工的桥梁纽带作用，团结激励广大职工为石峰区转型升级贡献力量，工会工作取得显著成效，荣获株洲市2019年度“工会工作先进单位”称号。

【工会改革】 2019年，区总工会结合石峰区的实际，制定了《株洲市石峰区总工会深化改革实施方案》。调整优化区总工会机构职能，参照株洲市总工会机关部门改革调整情况，对区总工会机关部门进行了精简调整与职能整合，设置了基层工作部、综合事务部和区职工服务中心3个职能部门。根据工会改革工作方案，落实领导班子“专兼挂”全覆盖，增加了工会专职副主席和兼职副主席、挂职副主席各一名，配齐配强工会班子，为做好新形势下职工群众工作打牢了组织基础。强化基层工会经费保障，2019年，石峰区总工会对五个街道及事企业基层工会下拨经费103万元。制定社会化工会工作者的招聘方案，开展社会化工会工作者专业队伍建设，通过吉安人力资源公司以政府购买社会化服务的方式，招聘8名社会化工会工作者下派到各个街道、园区，充实基层工会干部队伍力量。坚持服务基层、服务职工的经费使用方向，完善工会经费对下补助机制。成立田心高科园园区工会联合会，增强园区职工的归属感，促进园区企业和谐发展。

【组织建设】 组建基层工会，认真抓好职工之家的创建工作。2019年，全区共新建工会组织42家，新发展会员3362人。截至2019年年底，区总工会有工会组织1882家，工会会员达到79500人。增强工会活力，加快“职工之家”的创建速度。加强园区工会和街道工会建设，推动规范建立工会组织。继续实施示范“职工之家”建设工程，推动“职工之家”建设向非公企业、园区工会、街道工会拓展，把“职工之家”示范基地建设成为服务职工的主阵地。

进一步加强基层工会管理，打造“六有”工会，规范会员会籍管理工作，推进工会会员实名制管理。逐步扩大社会化工会工作者队伍规模，不断提高其工作能力和服务水平。以推进区域化职工之家建设为重点，大力开展工会组织阵地建设，街道、社区、工业园区职工之家建设取得较好的成绩：沈家湾社区被评为株洲市职工之家示范基地，清水塘街道工会联合会、区人民检察院机关工会、株洲轨道交通产业发展股份有限公司工会、株洲市火炬工程有限责任公司工会被评为株洲市模范职工之家，华垅社区联合工会被评为株洲市模范职工小家。

【劳模服务和管理】 2019 年，区总工会进一步完善劳模工匠管理服务。拓展劳模工匠优待礼遇服务内容，开展了劳模工匠免费健康体检和疗休养活动，加大对困难劳模工匠的关心帮扶力度，引导广大干部职工对标先进，见贤思齐，激发广大职工创新创业激情。以国家级、省级、市级三级劳动模范和先进工作者评选表彰为契机，大力推进产业工人队伍建设改革，动员广大职工在推进石峰高质量发展中彰显新作为。对株洲市下放管理的 89 名全国、省、市三级劳模进行全跟踪信息收集和生活状况的摸底。劳模个人信息完成了全覆盖电子档案，实行数据化管理。2019 年，对三级劳模生活状况进行了全面调查，摸清了劳模的个人、家庭实际情况，为全力做好困难劳模的帮扶和落实劳模的待遇奠定了基础。全年共组织 95 名劳模进行体检，选送 15 名劳模参加疗养和休养，为困难劳模发放慰问款共计 9 万元。做好 2019 年株洲市劳动模范推荐工作，推选 12 名优秀职工参加市级劳模的评选。

【民主管理】 2019 年，区总工会大力推进区域性和行业性职代会的组建工作，实现了职代会建设的全覆盖。不断规范和完善职代会的各项制度，充分发挥区域性和行业性职代会的作用，在深度和广度上发挥职工的民主管理权力，维护职工的合法权益。继续推行厂务公开和民主管理，大力发挥职代会在企业改制和关停并转等重大事项中的民主管理和民主决策作用。坚持从维护职工合法权益入手，切实做到工会维权在一线实施，构建和谐劳动关系在一线推进，工作热点、难点问题在一线解决。组织指导金鹰公司、芙蓉建设集团、中成化工等单位召开职代会、通过企业破产方案，做好职工安置工作。

【职工维权】 在清水塘企业搬迁攻坚任务中，区总工会针对企业职工就业、培训和安置问题进行前期调研，牵头推进改制企业资产处理、职工安置相关工作。坚持主动维权、依法维权、科学维权，最大限度维护职工的合法权益。广泛开展和谐劳动关系企业创建活动，推荐一批“株洲市和谐劳动关系示范企业”。发挥区劳动关系三方四家会议平台作用，全面完成第三轮企业工资集体协商合同。2019 年，全区 52 家企业独立签订和执行工资集体协商合同，同时签订区域性、行业性集体合同 13 份，覆盖职工 3 万人，工资集体协商建制率达 100%。深入开展女职工维权行动月活动，在女职工中广泛开展权益保护法律法规宣传，着力做好女职工专项集体合同续签工作。高度关注清水塘老工业区搬迁改造过程中出现的职工权益问题，积极参与分流安置工作，监督企业严格执行法规政策，落实好就业援助、生活救助等举措，确保职工合法权益不受侵害。认真开展职工健康教育、健身指导，加强心理关爱，完善职工心理服务体系。做好来信来访工作，合理解决职工的诉求，保持了搬迁企业职工的稳定。2019年，免费开展两期电工、焊工培训班 132 人，三期育婴师培训班 150 人，育婴师的就业率达到 80%，有力促进了搬迁改造企业的下岗职工再就业。

【职工帮扶】 深入开展“四季送”活动，8 月筹集 30 万元对工作在一线的交警、环卫工人和户外工作者送去清凉物资 2000 份。做好金秋助学，为 4 名资助对象申报资助资金 2 万元，保证石峰区的贫困学生上得了学、读得起书。将职工医疗互助活动纳入石峰区“民生 100”工程之中。2019 年，升级“互联网+”服务模式，简化报销流程和手续，不断扩大职工受益面，组织 4595 名职工参加职工住院医疗项目，2599 名女职工参加特殊疾病保障项目，共向 445 名住院职工发放职工医疗互助住院补助金 23.97 万余元。全区各级工会坚持把竭诚为职工服务作为工会一切工作的出发点和落实点，扎扎实实为职工群众做好事、办实事、解难事。“两节”期间，共慰问双联对象 89 名，发放慰问金 8.9 万元，双联单位相应配套给予物资慰问。开展“送温暖”活动，全年慰问困难职工 419 名，发放物资 7.5 万元。2019 年，共有 17 人大病、生活、受灾职工得到救助，受助资金 6.3 万元，缓解了患病职工的经济负担。

【职工素质建设】 2019 年下半年，区总工会党组认真部署“不忘初心、牢记使命”主题教育活动，聚焦主题主线，把握目标任务。要求各级工会坚持把学习教育、检视反思、整改落实贯穿全过程，将主题教育落地落实，自觉在思想上、政治上、行动上同以习近平同志为核心的党中央保持高度一致。

【职工文体活动】 2019 年，区总工会开展有利于职工身心健康、喜闻乐见的文体活动。充分利用职工之家示范基地，开展心理咨询、培训讲座等活动。继续开展“送文化•惠职工”活动，向一线职工赠送演出门票和电影票 760 张。主动对接职工多层次、多样化的精神文化需求，开展女职工权益保护知识竞赛，2000 名职工参加比赛，组织 100 名获奖选手集中观看电影《绿皮书》。开展“迎三八”多肉种植活动，举办“我和我的祖国”石峰万名职工同声唱暨株洲市石峰区第四届职工健步行活动，2000 名来自全区各企业、机关、街道和社区（村）的职工参加了活动。组建篮球、足球和羽毛球等 8 个兴趣小组，不断拓展职工文化生活的覆盖面。圆满完成第三届职工运动会。各级工会组织积极探索新的服务载体和活动项目，开展丰富多彩、寓教于乐的群众性文化活动，举办全民终身学习活动周职场心理系列讲座。组织职工参与心理咨询师培训学习；部分事企业单位和基层工会建立单身青年俱乐部；举办专场新区单身职工联谊会，组织单身员工参加全市性的职工相亲文化艺术节，为部分单身职工解决了择偶的“头等大事”。开展以“庆祖国 70 华诞，展石峰网格风采”为主题的第一届“石峰杯”网格员职业技能竞赛，打造一支具有石峰特色、能适应新时代发展的基层服务管理人员队伍。深入推进“一户一产业工人”（初级育婴员）培养工程的实施，有 100 余名妇女职工参加培训，与区人社局联合开办 2019 年清水塘老工业区关停企业失业人员技能培训班，130 余名失业人员在湖南铁路科技职业技术学院和湖南工贸技师学院接受了为期两个星期的电工和焊工培训，培训后大部分人获得推荐就业的机会。

（胡 慧）

共青团株洲市石峰区委员会

【概况】 共青团石峰区委成立于1997年，为群团组织，核定机构行政编制 2 名，无二级机构，共有直属团组织 8 个，下辖团支部（总支）54 个，团员 1741 名。

【强化服务】 2019 年，开展常态化“一元捐”等扶贫助学活动，共募集爱心善款 3 万余元，助力贫困学子完成学业。共推选 7 名优秀高三贫困毕业生参加“芙蓉学子”“湘窖学子”“华融湘江银行”等爱心助学项目，为寒门学子顺利入读大学提供支持。着力打造“青年之家”示范平台，让“青年之家”真正成为服务青年、联系青年最坚实的主阵地，报亭社区、石峰区文化站连年排名全省前 50 名，工作成绩获得共青团株洲市委的肯定。积极维护青少年合法权益，组织开展“送法进校园”“远离毒品 珍爱生命”等系列普法活动。加强宣传阵地建设，利用官方微博、微信、QQ 群和“青年之声”等网络交流平台，定期编创传播内涵丰富、形式时尚的网文、图片、微视频等网络文化产品，引导团员青年传播正能量、弘扬主旋律。

【自身建设】 坚持党建带团建，扎实推进团的工作，加强团干部教育培训，推动各级团干部加强党性修养和作风锤炼，有效地增强团组织的凝聚力和战斗力。坚持“全团带队”，广泛开展各类红色教育活动，进一步增强少先队员的组织归属感，积极开展青少年活动，先锋小学“百草园”中队、新明学校梦想中队分别荣获全国动感中队称号。曙光学校“七彩阳光”少先队大队荣获株洲市十佳少先队大队称号、杉木塘小学“爬山虎”中队荣获株洲市十佳少先队中队称号。2019 年，全区有 7 所中小学共 37 名青少年报名参加湖南省第九届少儿才艺大赛总决赛，九方小学唐静怡同学获得民乐项目幼儿组金奖。

（彭彦琳）

石峰区妇女联合会

【概况】 2019 年，区妇联始终以中共十九大精神为指引，深入贯彻落实区委五届五次全会精神，紧紧围绕“巾帼心向党、建功新时代”主题开展各项工作，积极团结带领全区广大妇女为全面开启石峰转型升级新征程贡献力量。

【学习引领】 组织多场、多形式学习的宣讲活动，做好妇联的政治引领工作。深入学习贯彻中共十九大、中国妇女十二大和湖南省十三次妇代会精神。通过“石峰新女性”微信公众号、“她”代表工作室、QQ 群、滚动屏等多种形式，积极宣传党的思想、路线、方针、政策。如：组织全区 50 名妇联主席到炎帝广场现场学习党的历史知识。通过开展“暖心行动”，组织妇女职工学唱红歌，以唱歌的方式歌唱祖国，表达广大妇女对祖国的热爱之情。组织妇联干部集中收看庆祝 70 周年大阅兵并开展大讨论，引领广大妇女听党话跟党走。

【城乡统筹】 围绕民生需求，区妇联在大力开展“三社联动”行动中主动作为，积极对接社会组织。依托社区平台、社会组织和专业社工人才，以家庭建设为主题，聘请株洲市紫轩堂团队为石峰区开展“幸福家园”系列行动。家庭建设相关课程覆盖60%的社区，如在叫鸡岭社区授课的课题为《家风家训“仁”之道》，在铜塘湾社区授课的课题为《民间借贷法》，深受妇女群众的欢迎。以5月15日国际家庭日为契机，在湖南省儿童示范点花果山社区组织了一场大型亲子互动，积极弘扬传统文化，营造出和谐、幸福氛围。区委副书记李红亲临现场致辞，市妇联家儿部部长尹代红亲临指导。10月份组织全区20户最美家庭代表去看大冲村的最美庭院示范户，让最美的家庭去看最美的庭院，70岁的刘绍梅夫妻现场抒写家风家训，现场活动气氛热烈。

【创最美庭院】 为全面落实市、区关于推进农村人居环境专项整治行动，切实建设整洁、和谐、美丽、文明的新农村。石峰区妇联成立了专项领导小组，在全区迅速组织开展“展巾帼风采•创最美庭院”行动。在市、区两级会议部署后，区妇联多次召集街道、村妇联主席召开会议，讨论、研究如何开展工作。连续印发多个文件，快速推进“展巾帼风采 • 创最美庭院”行动。执委带头，职责分明。3个街道妇联、9个村的妇联执委带头创建，积极宣传，实现两个100%。妇联执委带领家庭成员参与率达到100%，全区参与创建工作妇女群众知晓覆盖率达到100%。为确保创建工作层层落实，不留死角，基层妇联执委实行分片包干责任制。街道妇联执委包干到村，村妇联执委包干到组到户，真正做到各级妇联组织牵头、基层妇联执委带头、每家每户妇女参与的工作要求。走村入户，实地指导。3月开始，区妇联严格按照创建标准和要求，对3个街道9个村开始实地督查。从领导重视机制是否健全，到宣传是否到位，推动是否有力，最后看工作落实是否有成效。进行全方位考核，采取“四不两直”的方式进行。10月份经过统一调度，推行“三亮”工程，即：亮身份、亮职责、亮评比。经过全区上下，特别是基层妇女工作者的共同努力，评出最美庭院1062户，最美庭院示范户48户。石峰区妇联一、二季度在创最美庭院行动考核中，居全市城区排名第一，并有19户被评选为区级最美庭院，4户被评选为市级百佳庭院。

【服务民生实事】 2019年，区妇联对推进湖南省两癌筛查民生实事实行早部署、早安排、早行动，通过摸底调查和走村入户宣传，5月份已完成上级交予的1800名任务指标。2019年，全区已完成1900名农村适龄妇女“两癌”免费筛查工作，完成指标的105.6%。年底为193名患病妇女送去每人1000元的慰问金，共计19.3万元。同时还到民政局争取了50名的慰问指标，春节前组织各街道妇联慰问最困难的妇女。同时，2019年，“湘女关爱保”完成保额25.9万元。

【开拓创新】 2019年，区妇联举办了最为盛大的“推进石峰网格化 巾帼建功正当时”的“三八”节庆祝活动，参与的妇女达到453名。邀请株洲市手工协会代露会长现场指导妇女手工培训、邀请中南大学的叶博士专题授课。开展妈妈禁毒联盟行动，组织清水塘地区300多名失业妇女进行育婴师就业创业培训。全年化解婚调纠纷161例，推送信息上株洲女性网136条、株洲网18条、人民号3条、百家号5条、今日头条6条，征订《今日女报》667份。深入开展“党建带妇建”“基层妇联改革情况”等调研活动，积极发挥群团组织桥梁和纽带作用，努力服务好基层群众。

（黄莺 李敏）

石峰区科学技术协会

【概况】 石峰区科学技术协会（简称“区科协”）成立于2005年11月，最初与区科技局合署办公。2016年4月从区科技局分离，独立建制，无下设分管部门，设主席一名。2017年3月设立党组。2019年，石峰区科协以习近平新时代中国特色社会主义思想为指导，深入贯彻落实中共十九大精神，认真落实全国“科技三会”精神，落实区委、区政府的决策部署，牢固树立“创新、协调、绿色、开放、共享”的发展理念，继承创新、拓展提升，开放协同、精准发力，扎实推进全区的全民科学素质工作和科技普及工作，为实现石峰区公民科学素质不断提高，提供了科技和智力支撑。

【科学普及】 5月11日，区科协在石峰公园开展了“防灾减灾日”集中宣传活动，主要宣传防灾减灾、应急管理法律、法规和相关政策，向广大居民、群众普及预防、避险的基本技能和自救、互救的应急知识等。活动现场设置宣传展板23块、发放宣传资料3600份，工作人员耐心为市民宣讲应对突发事件的相关知识，近千名市民参加了宣传活动。5月12日，联合区教育部门，在辖区新民小学组织开展了一场地震应急疏散演练活动。参加演练的师生达1200人。2019年，还组织开展了全区科技活动周、全国科技工作者日、科普进社区等系列活动。在田心街道田心社区、井龙街道新民社区、响石岭街道云峰阁社区开展了多场以防灾减灾、健康知识、社会主义核心价值观等为主题的科普讲座。

【全国科普日活动】 围绕“创新引领时代，智慧点亮生活”主题，9月18—20日，分别组织井龙街道新民社区、田心街道田心社区的社区工作者和科普志愿者集中在新民广场和踢金岭广场开展了“科普保健进社区”活动。由相关业务口共同进行科普宣传，活动设立科普咨询台、设立宣传展板60多块，展出社区禁毒、安全生产、环境保护、食品安全、应急避险、低碳节能、健康生活、防灾减灾以及创新创造等内容，受教育群众达到800人。

【国家级技术交流会】 10月初，石峰区科协联合机械工业信息研究院和株洲电力机车有限公司，开展第一届“田心杯”轨道交通金属加工技术交流会，全国21个省市自治区560多名科学技术工作者参加交流会，会议期间收到论文560篇，评出特等奖6个。

【青少年科普教育】 2019年，开展了“科普茶艺进校园”活动，分别在九方小学、清水塘学校、光明学校主办培训班，参与者达5000人次。此外，区科协与光明学校、九方学校、田心中学等三所学校合办科技节，给三所学校送去科普书籍，受到学校一致好评。2019年，区科协还先后为清水塘学校、先锋小学、曙光学校、杉木塘学校送去科普器材，有力地推动少年科技的推广。

【科技助企】 积极开展温暖企业活动，2019

年，区科协帮助辖区高科技企业壹星科技、九方铸造、博雅实业等 13 家园区科技企业成立了企业科协组织，促进了科协活动在企业全面铺开。

【基层科普行动计划】 2019 年，在国家级园区——田心高科园区成立园区科协。在辖区 5 个街道成立了科协组织，做到科协组织在辖区全覆盖。同时，根据中国科协以及省、市科协有关文件精神，做好了“基层科普行动计划”的落实，全面提升基层科协工作的整体水平。2019 年，区科协积极帮助沈家湾社区争创到全国示范科普社区，“云峰阁社区科普中国•社区 e 站”项目已上报（待批）。 （付 伟）

石峰区工商业联合会

【概况】 石峰区工商业联合会（以下简称石峰区工商联）是石峰区委领导下的人民团体和商会组织，是区委和区政府联系全区民营经济人士的桥梁和纽带，是区政府管理全区民营经济的助手。内设办公室、经联部、会员部、宣教部 4 个部室，人员编制 3 名，现有工作人员 7 名。

2019 年，区工商联坚持以习近平新时代中国特色社会主义思想为指导，围绕中心，服务大局，牢牢把握“两个健康”工作主题，积极践行“亲”“清”新型政商关系，切实发挥联系民营经济人士桥梁纽带和助手作用，努力为区域经济社会持续协调稳定发展献计出力。

【加强沟通与交流】 4 月，组织区相关部门、区内部分民企和商协会做好全国工商联来区开展民营经济发展及基层商会建设情况调研工作。7 月和 9 月，分别参与完成了“区商贸七条”“区房八条”政策的出台和修订。8—9 月，按照省、市工商联部署，组织开展了民营企业简政减税降费政策效果调研工作，撰写调研报告。11 月，完成《打造区域专业市场旗舰》专题调研活动。通过走访和调研活动，加强与民营经济代表人士的交流，及时了解掌握企业存在的问题，积极与相关部门对接，全力帮助企业排忧解难。同时，也有效促进了工商联事业的发展，起到凝心聚力、构建和谐的作用。

【宣教培训】 组织会员认真深入学习贯彻中共十九大和习近平系列重要讲话精神。7 月，邀请区委常委、区委统战部部长李立新给辖区民营经济代表人士讲授习近平在民营企业座谈会上的讲话精神。12 月，根据省、市工商联统一部署，组织民营经济人士学习中共十九届四中全会精神，增强民营企业家克服困难继续前进的勇气和信心。5 月和 9 月，推荐安排人选参加市工商联组织的民营经济代表人士赴知名高校和市委党校学习培训。全年培训民企负责人 60 余人次。

【会员活动】 为进一步提高会员质量和会员层次，拓展会员代表性，充分调动会员的积极性，经过前期走访和综合评价等程序，7 月上旬，召开了第四届四次执委会议，表决调整、增选四届执委会执委、常委、副主席，不断优化执委结构，扩大工商联（总商会）执委队伍。

【商会建设】 4—9 月，引导支持成立石峰区建筑业协会、石峰区房地产业协会、石峰区建材装饰材料行业协会和石峰区金属材料行业协会等 4 个行业协会，吸纳区域内上下游关联产业会员企业150余家，建立更加有效的政府与企业间、行业与行业间的沟通平台，在维护行业公平竞争秩序、资源共享、抱团发展等方面发挥了积极作用。12月，区工商联获批2018—2019年度全国“五好”县级工商联和湖南省“五好”县级工商联。

【光彩事业】 积极倡导民营企业“致富思源、回报社会”理念，立足光彩事业，倡导社会责任。7月6日后，石峰区多地出现城市内涝，受灾严重。在抗洪救灾过程中，石峰区民营企业家根据石峰区委、区政府的号召和安排部署快速响应，积极应对，第一时间投身抗洪救灾，以实际行动彰显担当。芙蓉建设集团、火炬工程、实力设备安装等企业先后组织员工参加抗洪抢险救灾工作。7月14日，石峰区工商联发出募捐号召，辖区内民营企业积极响应，共筹集善款和物资达50余万元。8—9月，根据省、市工商联部署，筹备开展“万企帮万户携手奔小康”行动，第一批组织23家民营企业报名参与。11月，23家民营企业开展“万企帮万户携手奔小康”上户走访帮扶活动。区工商联宣传发动民企参与抗洪救灾、捐资助学、关爱老人、扶贫帮困等社会公益活动，全年捐赠各类款物80万余元。

【中心工作】 从元月开始，联合区司法局成立法律服务团队，为博雅实业、金卫龙除虫药械、三湘福星园养老公寓等8家民营企业提供法治体检，并就发现的相关问题给出了解决建议和方案。8月，与区检察院组织开展一次法治护航民企发展法律服务活动。2019年，区工商联牵头协调解决万博珑改扩建项目及华晨化校项目周边道路建设、碧桂园江山一品项目劳资纠纷等矛盾问题，切实维护民企利益，推动了项目进程。9月份，区工商联与区住建局、循环集团等单位一道，组织承办区建设领域政情通报暨土地招商发布会，邀请区内外近60家行业相关企业参加。（黄 逑）

军 事

石峰区人民武装部

【概况】 石峰区人民武装部前身为成立于1960年的株洲市清水塘区人民武装部。2019年，石峰区人武部结合实际，认真谋划，精心组织，狠抓落实，在军分区和区委的正确领导下，部党委研究确定了“干一流武装事业、建一流动员队伍、创一流军事机关”的目标，形成“建强党委班子、抓实基础性工作、争创评比性活动、瞄准重要性任务、加强经常性宣传”的“1+4”（即：“1”是建强党委班子，“4”是抓实基础性工作、争创评比性活动、瞄准重要性任务、加强经常性宣传）工作思路，聚焦主责主业，坚持真抓实干，全面建设呈现良好发展势头。

【思想政治建设】 部党委始终坚持不懈用党的创新理论武装头脑，认真学习中共十九大、十九届四中全会精神和习近平新时代中国特色社会主义思想，牢固确立习近平强军思想指导地位，贯彻落实军委基层建设会议精神，确保发展方向不偏移、工作重心不游离。深入开展“传承红色基因、担当强军重任”和“不忘初心、牢记使命”主题教育，严格“规定动作”，严格标准要求，夯实听党话、跟党走的思想根基，厚植服务群众和担当作为的为民情怀。

【经常性思想教育】 2019年，石峰区人武部制定加强班子自身建设和干部、文职人员、职工管理措施，积极营造干武装、强武装的浓厚氛围。坚决彻底肃清“郭徐房张”流毒影响，认清严重政治危害，不留任何思想隐患和资料死角。切实强化经常性思想教育，广泛谈心交心，彰显人文关怀，极大地激发干事创业内在动力。

利用参加上级会议、议军会、专武干部集训、兵役登记、民兵整组等时机，对地方党政领导、专武干部进行学习教育。利用民兵训练、执勤、执行任务等时机，对民兵骨干和民兵队伍进行经常性教育。利用板报、宣传栏、网站、QQ群、微信群等形式，进学校、入社区、到企业，大力宣传国防知识，普及国防教育，提高全民国防意识。坚持“每周一评、每日一学”制度，每周一利用大交班时机讲评学习情况，每天早交班组织学习上级重要文电，确保人武建设不迷航、不偏向。

【民兵整组】 2019年是民兵调整改革的关键之年。区人武部严格落实省军区《民兵组织整顿工作实施办法》，区分3个阶段、8个步骤推动落地落细。针对辖区棚改拆迁多、企业关停多、人户分离多等特点，深入一线走访调研，宣讲政策、摸清底数、制定措施。注重“四个面向”拓展延伸（面向新兴企业渗透、面向高校延伸、面向平台公司拓展、面向执行任务融合），确保了“三支力量”编训合理、切实管用。4次组织集中点验，到点率均在90%以上，预建党组织和党员、退役军人比例均符合规定要求。认真贯彻省、市有关文件精神，协调地方财政投入95万元抓建街道武装部、村级民兵营(连)，基层武装阵地规范化水平稳步提升。上级在年度检查验收中给予充分肯定，湖南省军区曾两次转发石峰区人武部的做法。

【军事训练】 抓实战备能力，牢固确立战斗力标准，修订完善各类战备方案预案，规范战备值班秩序，配套战备物资器材，先后2次组织实兵行动演练。坚持基地轮训与单位自训相结合，参加演习，自觉把席位当战位，主动进入情况、进入角色，着力提高指挥素养。抽组2支基干民兵专业分队参加全省群众性练兵比武，锤炼素质，增长技能，建强队伍。开展“和平积弊大讨论大扫除”活动，根除后备后用、后备难用等“和平积习”，切实强化练兵打仗、备战打仗意识。

【安全管理】 按照“六个从严”(即：全面从严、长期从严、依法从严、突出重点从严、抓住全质从严、合力从严)“十个严防”(即：严防人员失管、严防车辆失控、严防枪支弹药丢失被盗、严防营院藏污纳垢、严防重要目标遭受袭击破坏、严防发生失泄密问题、严防食物和煤气中毒、严防酗酒滋事、严防火灾和触电、严防打骂体罚新兵)要求，切实加强经常性安全教育，利用交班会、行政会、党委会等时机，传达上级安全通报，分析单位安全形势，加强安全风险评估，时刻绷紧安全防范这根弦。扎实开展“条令月”活动和“百日安全活动”，从严抓好人员思想、战备值班、信息网络、车辆、枪弹、防间保密等重点管控，牢牢掌握安全工作主动权。对违规违纪苗头和安全隐患，露头就打，坚决纠治，不留情面。投入3万元，重新安装了办公楼、枪弹库、营院高清视频监控和报警系统，加装办公楼防盗门，充分发挥技防优势和监管效能。通过严格教育管理，保持高度安全稳定和集中统一。

【征兵工作】 2019年，石峰区人武部大抓精准征兵优化质量，突出高校征集“主阵地”，采取启动仪式、校园网、班务会等办法，广泛宣传发动。借助社区网格平台优势，直面群众发布征兵政策信息。坚持部队所需与地方所有相结合，依据任务指标、兵种去向，摸清应征青年计算机操作、汽车修理、工程机械等专业特长，积极探索部队专业需求与应征青年专业技能精准对接模式。南部战区要讯刊发了这一做法。注重廉洁征兵、阳光征兵，签订责任状，扩大监督面，确保满意度。2019年，征兵“五率”名列全市第一。新兵入伍后及时跟进，加强思想管理跟踪，与部队共同做好思想工作，年度征兵工作做到安全、顺利、廉洁。

【坚持党管武装】 2019年，坚持党管武装各项制度落实，认真组织召开全区党管武装书记述职和区委议军会议，进一步增强各级领导的国防观念和责任意识；区委理论学习中心组紧抓主题教育，专题学习习近平强军思想，集中观看《铁纪强军》《第一军规》等宣教片，组织参观连队建党旧址、秋瑾故居、市国防教育馆，抓党管武装定位准、站位高、摆位正。坚持做到武装工作重大事项研究、经费保障、矛盾困难化解“三个优先”，议军、述职、现场办公、“军事日”活动等制度常态落实，随军家属就业、军人子女入学、优抚对象政策待遇等问题有效解决。年底，区财政专项预算经费 400 万元，用于人武部办公楼升级改造。“八一”建军节深入开展“六个一”(即组织一次驻军单位走访，组织一次军地领导座谈，组织一次退役军人、现役官兵家属慰问，组织一次“最美军嫂”“最美退役军人”评选表彰，组织一次国防教育片集中观看，组织一次驻军官兵、退役军人问卷调查）系列庆祝活动，拥军优属氛围更加浓厚。积极融入网格化管理强武兴武的做法及经验，《中国国防报》头版头条给予报道。

【国防教育】 区人武部对在主要路口显要位置树立的国防教育宣传大型广告及时给予了更新；依托营区围墙制作国防教育展板，营造浓厚氛围；持之以恒协助抓好湖南汽车工程学院和湖南铁道职业学院国防教育实践营建设，广泛开展国防教育和军事实践活动；结合纪念“八一”建军节流芳园公祭活动，在广大民兵、群众中开展国防教育；新兵入伍前，召开盛大的批准入伍仪式，区委书记亲自与每名新战士合影留念，以示鼓励。

【参建参治】 区人武部积极主动参建参治，以有为赢有位，积极参加区委政府重大活动。从人文关怀入手，协助做好工作，走访慰问贫困军人和军烈属家庭，联系有利益诉求的退伍军人，召开退伍军人座谈会，解决退伍军人就业实际困难，为退伍军人搭建就业平台，切实为维护社会稳定做出应有贡献。积极参与脱贫攻坚工作，对结对帮扶贫困户、挂点帮扶贫困村，多次入户走访，确定帮扶措施。作为军事机关，组织带领专武干部、基干民兵两支队伍积极主动参建参治，积极组织干部职工和民兵参加抢险救灾，积极服务地方经济社会发展大局。协助做好涉军工作，走访慰问贫困军人和军烈属家庭，联系有利益诉求的退伍军人，组织召开退伍军人欢迎会、恳谈会、就业招聘会，解决退伍军人就业实际困难，为退伍军人搭建就业平台，切实为其做实事。

【重要军事会议】 3 月 15 日，区委书记、人武部党委第一书记张建勇，在人武部组织召开了驻区部队军地联席会议。会议听取驻区部队走访调研情况汇报，人武部和驻区部队领导就需地方党委、政府支持国防和军队调整改革要解决的具体问题进行了说明，地方相关职能部门负责人提出解决问题的意见和建议。会议就如何以实际行动支持国防和军队调整改革制定具体措施，对驻区部队需地方协调解决的具体问题列出整改清单，确保反映出来的问题件件有答复、事事有着落。会议对新形势下党管武装和随军家属安置、子女入学、驻区部队战备训练保障及营区周边安全管控等出现的新情况、新问题，进一步进行具体细化和规范，要求建立长效机制。 （李 溪）

法 治

政法委与综治

【概况】 2019 年，全区政法战线坚持以习近平新时代中国特色社会主义思想为指导，围绕中华人民共和国成立 70 周年安全稳定这条主线，坚持稳中求进总基调，全面推进政法领域改革、社会治理创新和全面依法治区，服务全区经济高质量发展，切实加强政法队伍建设，认真履行维护国家政治安全、确保社会大局稳定、促进社会公平正义、保障人民安居乐业的职责，较好地完成了各项工作任务。荣获全省社会治安综合治理先进县市区，石峰公安、区检察院、区法院和区司法局全部荣获本系统市级先进单位，区法院位居全省二类法院司法绩效工作第一名。

【重大活动安保】 全区各级各部门和区政法各单位聚焦中华人民共和国成立 70 周年大庆安保这一主线，坚持细致精致极致的工作理念，全警动员、部门联动、专群结合，狠抓工作落实，打赢了这场硬仗，实现了“五个坚决防止、四个确保”工作目标。同时，圆满完成了“全国两会”“北京园艺博览会”“中非论坛”“一带一路高峰论坛”等 11 个重大安保任务，妥善处置了株冶职工进京集访、柳化智成生活区停电、垃圾焚烧发电厂周边居民堵路等突发事件 40 起，开展安全保卫工作 69 次。

【大案要案攻坚】 按照区扫黑除恶专项斗争领导小组要求，区委政法委牵头全区各级各部门、区政法各单位，紧紧围绕第二阶段“深化整治年”的工作目标，坚持把依法打击黑恶势力和打网破伞打财断血同步进行，同向发力。2019 年，区委常委会、区政府常务会专题研究扫黑除恶专项斗争 4 次，召开全区扫黑除恶专项斗争会议 10 次，联合区委、区政府督查室对全区扫黑除恶工作进行 2 次专项督查，有效推动三级书记亲自抓、政法单位牵头抓、有关部门配合抓。同时，及时完成中央、省市扫黑除恶督导组先后开展的专项督导、回头看工作任务。专项斗争开展以来，全区累计核查问题线索 110 多条，侦办黑恶案件 8 起，抓获黑恶违法犯罪人员 99 人，移送线索 10 条，打掉涉及人员 2 人，查封扣押涉案财产价值 2700 万元，审结案件 12 件 66 人，扫黑除恶战果位居全市前列。

【体制机制建设】 顺利完成了区委政法委机关、区法院和区司法局内设机构改革；推进了

“捕诉一体”办案机制、审判权力运行机制和人民陪审员制度等司法体制改革。区委全面依法治区委员会办公室、区平安建设领导小组办公室、区维护稳定工作联席会议办公室组建运行。调整了区委政法委员会组成成员，配齐街道政法委员，平安建设和基层政法工作机制体制更加健全完善，职能更加优化，权责更加协同。

【推行基层社会治理新举措】 运用“网格化+信息化”功能，推进综治中心实体化建设，“1+4”多网融合系统平台初步搭建运行，启动森林防火、智慧校园、城管执法、物业管理等分中心建设。建立网格党建员、环保员、卫健员、应急员和两保员“五员合一”工作机制。落实网格“1+3”和“每月一日下网格集中办公”工作机制，2019 年全年累计受理各类网格事件 19361 多件，办结 19286 件，办结率为 99.6%。该做法受到中共湖南省委和中共株洲市委政法委高度评价，相关工作经验得到长安网、《中国改革报》等媒体推介。小区业委会、物业公司、养老机构和公共法律服务等自治组织作用发挥明显。

【政法队伍建设】 全区政法系统扎实开展“不忘初心、牢记使命”主题教育，引导全区广大政法干警进一步增强“四个意识”，坚定“四个自信”，坚决做到“两个维护”。主题教育开展以来，区政法各单位班子共查摆问题 123 个，立行立改 107 个，长期坚持整改 16 个，全区政法系统的政治生态明显改善，广大政法干警增强了守初心、担使命的思想、行动自觉，干事创业、担当作为，维护公平正义的斗争精神得到加强。2019 年，全区政法系统涌现一批先进集体和先进个人。如区检察院办公室荣获全省“信息工作表现突出集体”，井龙派出所荣获全省“枫桥式公安派出所”示范单位，区法院王健荣获“全国基本解决执行难先进个人”，石峰公安分局邹洲、张盛荣立“省公安厅个人二等功”。

【夯实禁毒基层基础】 扎实开展禁毒“6•27”全国青少年毒品预防教育工程，“8•31”社区戒毒康复工程，依法从严打击毒品犯罪，全民识毒拒毒防毒意识不断增强。特别是石峰区禁毒社康社戒管控率达 100%，工作经验受到省禁毒办高度评价和经验推介，禁毒工作群众满意度调查成绩连续三年跳跃式上升，2019 年排名全省第 68 名。

【平安石峰、法治石峰建设】 2019 年，区委政法委统筹协调区政法各单位，紧紧围绕建设更高水平的平安石峰、法治石峰目标任务，有效防范化解风险隐患、依法打击各类违法犯罪、切实维护社会大局安全稳定。以专项整治行动为抓手，压缩违法犯罪空间，净化社会治安环境。2019 年，石峰公安分局刑事立案 1539 起，打击处理 1095 人，先后开展打击“三贷三霸”、全区娱乐场所黄赌毒专项整治等各项专项行动，侦办“三贷三霸”案件 152 起，打击处理 150 人次，侦办黄赌毒案件 130 起，打击处理 332 人次。区检察院批准逮捕刑事犯罪嫌疑人 186 人；起诉 368 人；区法院受理刑事案件 220 件，审结 207 件。积极开展社会稳定风险评估工作，加强排查风险隐患，积极化解矛盾纠纷，加强重点人员管控教育，重点场所监管防控，切实营造安全稳定社会大局。2019 年，区委政法委开展社会重大稳定风险评估工作 12 件，区卫健局牵头对登记在册的 200 名肇事肇祸精神病人进行了以奖代补管控，发放资金 48 万元；区禁毒办牵头对 183 名社区戒毒（康复）人员，178 名涉毒高中风险人员实行一人一档专项管控；区司法局牵头对 103 名社区服刑人员、324 名刑满释放人员加强监管帮扶，实现特殊人群管控率达 100%；石峰公安分局牵头做好对辖区 73 家重点目标单位进行了管控检查。全区政法系统化解各类矛盾纠纷 2800 多件，调处成功率达 99%；持续开展平安单位、平安医院和平安家庭等系列平安创建活动，健全“四巡四防”工程，做实“一村一辅警”“两车物联”等平安建设工作。2019 年，评选出 1 万户平安家庭、2 家平安医院、6 所平安学校和 10 个平安单位；健全监督制度、法律顾问制度和重大执法决定法治审核等制度，持续加强法制宣传教育、公共法律服务和政府法制等工作，统筹推进法治政府、法治社会一体化建设。2019 年，区司法局牵头应诉行政案件 39 件，组织开展行政执法案卷评查 16 件，审查规范性文件、政府合同和行政合法性事件共 27 件；开展集中法治宣传 45 场，举办法治讲座 10 场，办理法律援助案件 235 件；实现 59 个机关事业单位法律顾问全覆盖，20 名执业律师进网格担任法律顾问；积极开展法制进校园活动，街道、社区村公共法律服务工作站点的规范化建设全部完成。

【基层社会治理现代化】 按照区委安排部署，以网格化服务管理为抓手，加快推进基层社会治理现代化。建立网格“五员合一”工作机制（即网格党建员、网格环保员、网格卫健员、网格应急员和网格两保员）；运用“网格化+信息化”功能，搭建了“1+4”多网融合系统平台（“1”即网格指挥中心，下设数字城管、森林防火、物业管理、智慧党建、智慧校园和河长制等分中心，“4”即综合治理、综合执法，市场监管、便民服务 4 个平台）。推进“最多跑一次”改革，全面梳理政务事项简政放权，推行网上流转办理，厘清 21 个单位 290 个职责不明事项，实现 59 个事项区级办、96 个事项街道办、41 个事项一次办。积极培育社会自治组织，引导居民小区成立业主委员会，引进物业公司；成立文化健康服务协会，推行民事民议和养老服务社会化等自治工作；开展公共法律服务进网格，签约家庭医生入户等服务。

【护航经济高质量发展】 区政法各单位积极发挥法治引领和规范作用，以产业项目建设年和温暖企业行动为抓手，更加全面、主动地服务企业生产经营、知识产权保护、清水塘老工业区企业搬迁改造重大项目、轨道交通城和美丽乡村生态环境建设。2019 年，石峰公安分局成立专班，负责全区重点项目施工环境优化和专项整治工作，处理各类施工矛盾纠纷 46 起，打击处理 5 人。区检察院制定了《株洲市石峰区人民检察院“温暖企业检察行动”实施细则》，开展企业大走访大接访、涉企案件专项监督等 7 项检察行动，共走访、服务企业 100 余家，提供法律咨询 22 件次，办理涉企公益诉讼案件 38 件，帮助企业协调解决难题 10 余项。区法院构建涉重点企业案件诉讼绿色通道，加强对辖区重点企业债权案件执行力度，切实维护胜诉企业的合法权益。依法审结湖南东钲交通设施公司和株洲金鹰实业公司破产清算案、株洲冶炼集团股份有限公司整体搬迁引发的系列劳动争议案件等一批涉企案件。区司法局为 12 家民营企业开展法制体检。化解各类涉企矛盾纠纷 27 件，为企业挽回经济损失 200 万元。（徐 杰）

公 安

【概况】 2019 年，石峰公安分局认真贯彻落实“五聚焦、五全面”工作部署，各项工作取得显著成效。2019 年分局荣获全省文明单位、全市政法工作先进单位、70 周年大庆安保先进单位、全省公安机关督察工作先进单位、绩效评估与队伍建设优秀单位。平安建设考评和集打斗争排名全市第一。全年共有 51 人立功受奖，副局长邹洲、张盛分别在大案侦破和大庆安保工作中荣立个人二等功，局长张伟文荣立抗洪抢险工作三等功。

【捍卫社会安全】 做实政治安全保卫。全面开展“政治安全、反恐防恐、风险防控、社会稳定、公共安全”五大保卫战。举办全省防范恐怖袭击大型综合演练，指导中车株机等 14 家重点目标单位开展反恐演练，实现“五个坚决防止、四个确保”的工作目标，维护了辖区稳定。做强风险排查防控，落实“党政主责、公安主力、部门主管、专班主抓”工作要求，加强对重点人员开展“五包一”教育管控，筑牢网络安全“防护墙”的篱笆。

【重拳出击】 摧毁 2 个黑社会性质组织、4 个涉恶团伙、2 个涉恶犯罪集团，破案 78 起，刑拘 92 名涉黑恶犯罪嫌疑人，移送涉黑恶保护伞线索共 3 条。侦办“11·08”孙锐等人“套路贷”黑恶势力犯罪案件，刑拘以主犯孙锐为首的涉黑恶犯罪嫌疑 19 人，破案 44 起，查冻扣押涉案资产 2000 余万元，此案被评为全市公安机关扫黑除恶专项斗争精品案例。破获部督“极简网络”系列电信网络诈骗案和“8·04”电信网络诈骗团伙专案，打掉 5 个电信网络诈骗团伙，抓获犯罪嫌疑人 41 人，推毁从提供诈骗平台到实施诈骗犯罪全链条。侦办部督民族资产解冻类诈骗案件。分局与市局联合侦办的“7·16”特大涉税部督专案，获得了公安部贺电表彰。破获省督“11·27”贩卖毒品案，缴获毒品冰毒及麻古共计 1.43 千克，扣押毒品运输汽车 1 台，移送起诉 32 名贩毒嫌疑人。破获省督觅你时空酒店开设赌场案，刑拘 6 人，治拘 53 人，没收赌资和非法所得 100 万余元。破获“1·09”“10·08”等现行命案 3 起，取得自 2004 年以来连续 15 年保持命案全破的优异成绩。破获石峰区苗木涉税专案、刘某持枪贩毒案等一系列案件。2019 年，共移送起诉涉毒犯罪嫌疑人 68 人，强制隔离戒毒 79 人，行政处罚 231 人，侦破毒品刑事案件 131 起，破案数排名全市第一。清网行动，分局涉毒类逃犯全部清零。全面完成大收治、大收戒任务，收治病残涉毒人员 41 名，收治率达到 100%，全年辖区未发生因涉毒人员引发的肇事肇祸案（事）件。

【深化转型升级】 主动对接企业，及时化解各类矛盾。依法处置各类涉及老工业区关停搬迁的违法案（事）件，化解安置居民和企业职工的不良情绪。处置湘天桥立体停车场、中车物流二期、碧桂园项目建设阻工，城发翰林府业主集访市政府等非法阻工、闹事滋事，非法集访上访等群体性事件 20 余起，为新城建设创造良好的治安环境。创建平安石峰，2019 年，共接处警 12765 起，立案刑事案件 1559 起，破案 655 起，破案率为 42.01%，其中现行刑事案件立案 1538 起，破案 625 起，破案率为 40.64%。破获系列砸汽车玻璃盗窃车内财物案、系列入室盗窃案等一系列民生小案。反电诈机制运行以来，接警止付案件 148 起，为辖区百姓和企业及时挽回经济损失百万元。调解矛盾纠纷 5025 起，调解率达 95.1%。对全区 762 名“两客一危”和 39 名校车司机车辆驾驶员进行吸毒尿检排查。检查易制毒化学品企业 67 家，责令整改 3 家，办理易制毒化学品行政案件 3 起。清查娱乐服务场所黄赌毒专项行动 12 次，娱乐服务场所 1167 家，查处违法犯罪嫌疑人 77 人。开展反恐、禁毒、反电诈等宣传活动，全年分发各类宣传手册 10 万份，石峰区是涉众积案 100%化解率的区县。改善民生服务，推树井龙派出所为全省首批 “枫桥式派出所”。通过优化办事流程、整合信息资源，为百姓和企业服务。全面推广“湖南公安服务平台”手机 APP，推进“智慧株洲”“雪亮工程”建设，在辖区学校、幼儿园校园周边新增摄像头 400 个。组织民警开展“迎峰远航”捐资助学活动，结对帮扶救助炎陵县 10 名品学兼优且家境贫寒的莘莘学子，弘扬正能量。面对洪水灾害，分局组织警力对辖区下河街、金盆岭等受灾严重地区派出警力 650 人次，警车 135 台次，在抢险救灾中转移安置 1289 人，捐款 4 万元。

【政治建警强警】 以政治建警为统领，大力开展“不忘初心、牢记使命”等主题教育实践活动。邀请学者为民警进行党课培训，组织民警观看红色电影《我和我的祖国》，到浏阳秋收起义纪念馆、秋瑾故居、十八洞村等市内外红色教育基地，开展主题教育活动。依托“学习强国”APP，智慧党建 APP，不断丰富“指尖党建”内涵。2019 年，分局为执法过程中受侵害的 5 名民、辅警，迅速启动维权机制，为其呈报 5000 元抚慰金，打击处理涉案人员。开展为期 3 个月的集中教育整训，对分局所有民、辅警突击进行吸毒尿检排查，坚持“层级管理，教育帮扶并重”的原则，大力查纠“四风”、执法领域痼疾顽症和违反“20 个不准”等重点问题，对 4 名违法违纪民警，依法依规进行处理，净化队伍风气，整肃队伍纪律。从优待警暖警心，对全局 189 名民警进行了职务套改，筹集资金发放省文明单位荣誉奖励工资。慰问住院、生育、退休等民、辅警共计 79 人次，发放慰问金 7.9 万余元。发放民警春节、端午节、中秋节、生日等传统佳节物资合计 71.28 万元。利用清明节、妇女节、青年节、建党日、重阳节等重要时间节点举行纪念活动，积极参与湘江健步行、气排球比赛。举办健康讲座、心理团辅等一系列活动，组织全局民、辅警赴曾国藩故居、彭德怀纪念馆春游，安排 5 批次 30 名优秀民警分别到浙江苍南、庐山、云南、厦门开展疗休养活动。举行为退役军人家庭集中悬挂光荣牌仪式。积极组织民警参与市局团购房活动，为分局 11 名两院生民警争取入住石峰区青年公寓，解决了民、辅警住房的问题。表彰励警提士气。在抗洪抢险、大庆安保、大案专案等重大行动中，启动战时慰问、战时表彰、送奖上门等活动，2019 年共计战时嘉奖 18 人，战时慰问 120 人次，发放慰问资金 15.95 万元。推树全市“五一劳动奖章”获得者罗镇湘、“中国好人”刘继忠等先进典型，提升了队伍的士气，激发广大民警的工作热情。 （吴飞燕）

交　警

【概况】 株洲市公安局交警支队石峰大队（简称石峰交警大队）成立于 1987 年 4 月。大队内设办公室、交通法制宣传中队、交通事故处理中队、秩序中队、第一执勤中队、第二执勤中队、第三执勤中队 7 个副科级机构，有民警 45 人，辅警 52 人，职工 4 人，其他聘用人员 5 名。全年围绕压事故、保畅通、强队伍、创满意、促发展工作中心，以事故预防为核心，以疏堵保畅为重点，以优质服务为中心，深入推进公安交管“四项建设”（基础信息化、警务实战化、执法规范化、队伍正规化），努力打造“便民、效能、法治、忠诚”四型警队。

2019 年，石峰大队紧紧抓住交通安全管理这条主线，强化队伍建设，着力提高队伍素质，营造鲜明的警营文化。在全力整治辖区交通秩序，努力优化经济发展环境等方面，取得突出成绩，涌现出包括省春运成绩突出个人、省公安交警国庆交通安保成绩突出个人等系列先进典型。先后有 6 名民警荣立三等功，5 名民警获得市局和支队嘉奖。

【交通事故处理】 2019 年，石峰交警大队全年接处警 6972 起，共发生道路交通事故 6140 起，简易程序处理 2037 起，占接警总数 29%；协商处结 2626 起，占接警总数 37%；上报一般处理交通事故 138 起，其中重大事故 13 起，死亡 13 人，受伤 632 人。与上年同期相比，上报交通事故 4 项指数情况分别为：起数下降 0.2%，死亡下降 13.4%，伤下降 11.5%，财损下降 0.3%。全年调解案件 115 件，成功调解 105 件，涉案金额 1100 万元，涉案当事人 210 人。年内未发生特大事故。全年刑事案件办理 122 起，抓获犯罪嫌疑人并移送起诉 115 人，在侦 7 起，行政拘留 31 人。

【开展秩序整治专项行动】 2019 年，大队根据株洲市公安局交通警察支队的部署先后组织开展“春运”交通秩序整治、交通秩序专项整治行动、危险化学品运输交通安全专项整治、预防重特大道路交通事故专项整治行动、道路交通安全大排查大管控大整治、突出交通违法集中整治等一系列的交通整治任务。突出城区交通秩序整治，严格查处各类交通违法行为，不断提高道路交通执法管理水平。全体民警充分发挥团结、奉献、创新、实干精神，争先恐后，勇创一流，圆满完成支队下达的各项工作指标。2019 年大队现场查处交通违法行为 25244 起，较上年同期上升 0.8%，取得较好的政治效果和社会效益。

【交通违法查处】 2019 年，全大队查处交通违法 88616 起（较上年同期上升 2.29%），其中：大、中型客车交通违法 105 起，校车交通违法 30 起，危险化学品运输车辆交通违法 258 起，无牌无证 1547 起，疲劳驾驶 3 起，酒驾 482 起（醉驾 116 起），机动车不按规定停车 5114 起。通过挂号信将《告知函》寄给车主 1000 余封，以督促车主主动到交警部门处理车辆违法信息。

【事故隐患排查】 2019 年，石峰交警大队以“压事故、保安全”为宗旨，严格落实道路交通安全隐患排查治理工作，加强事故预防，有效遏制了群死群伤和重特大道路交通事故的发生，确保辖区道路交通安全畅通，确保人民生命财产安全。全年大队组织人员多次对本辖区各道路进行实地排查，排查道路交通安全隐患路段 12 处，并形成报告报送政府。

【提案办理】 2019 年间，完成春运、两会、国庆等大型活动、会议及领导交通安全保卫任务

200多次。在区“两会”期间，收到各类建议提案件8件（其中人大建议4件，政协提案4件），提案涉及交通拥堵、摩托车整治、建设北路、先锋路、铜藕路、响天桥周边停车难等问题。件件做到落实“三见面”（三见面即办理前与建议意见的提议代表、委员见面，掌握所提意见、建议的真实意图；办理中与提议人见面征求对意见、建议办理的意见和要求；办理后与提议人见面回复对办理结果的满意情况，以提高办理的质量），百分之百回复提案人，且在规定时间内都答复完毕，代表、委员对办理情况满意率为100%。

【交通安全宣传】 2019年，在辖区范围内开展文明交通行动计划，向社会发放“情满旅途、平安回家”“礼让斑马线”等活动，创新宣传方式、借力主要媒体，扎实推进文明交通行动计划，强化交通参与者文明交通意识。联合教育部门，组织开展中小学、幼儿园文明交通“开学第一课”、暑假交通安全进校园宣传活动，增强中小学生交通安全自我防护能力。全年交通法制宣传结合走访企业、安全生产月等多项活动开展文明交通宣传活动19次，当面教育2000余人，培训教育3600人，组织学员参加文明劝导108次6000余人。在中央级媒体发表宣传报道8篇，省级媒体宣传报道243篇，公安部交通局调研报告1篇，市级媒体宣传报道424篇。

（苏　勇）

法　院

【概况】 石峰区人民法院系由原北区人民法院因区划调整更名而来，坐落于株洲市石峰区铜藕路106号。石峰区人民法院设有立案庭、刑事审判庭、民事审判庭、综合审判庭、执行局、政治部、综合办公室、审判管理办公室8个部门。现有政法专项编制67人，实有在岗干警63人，其中员额法官22人。

2019年，石峰区人民法院坚持以习近平新时代中国特色社会主义思想为指导，学习贯彻中共十九大和十九届二中、三中、四中全会精神，围绕“努力让人民群众在每一个司法案件中感受到公平正义”的目标，以“审判质量、效率和公信力提升年”活动为抓手，牢牢把握司法为民公正司法主线，全面推进新时代石峰法院工作实现新发展。全年收案4775件，结案4697件，结案率为98.37%，创历史新高。绩效考核列全省同类法院第二名，并被评为“全市先进法院”。党组成员、执行局局长王健荣获全国法院“基本解决执行难”工作先进个人。

【服务大局】 服务中心工作，着力防范和化解重大风险。区法院始终把审判执行工作放在区委、区政府工作大局中进行谋划，围绕区委、区政府工作部署，全力为石峰区产业转型升级及清水塘搬迁改造工作提供优质的法律服务。深入推进“五个一”“产业项目建设年”活动和“暖企”活动的开展，积极为企业发展排忧解难。构建涉重点企业案件诉讼绿色通道，审理了株洲洁净煤股份有限公司、中车株洲电机有限公司、株洲冶炼集团股份有限公司等辖区重点企业的案件。加强对辖区重点企业案件执行力度，积极主动帮助企业追讨欠款、挽回损失，切实维护胜诉企业的合法权益。加快处置“僵尸企业”，依法审结湖南东钰交通设施公司和株洲金鹰实业公司破产清算案。妥善处理了株洲荷花石灰水泥厂土地收储后系列纠纷诉讼、执行案件以及株洲冶炼集团股份有限公司整体搬迁引发的系列劳动争议案件立案受理的问题，没有发生极端信访事件和群体性事件。国庆期间，全院放弃休假集体加班，调解部分民事案件，为新中国成立70周年大庆营造了和谐稳定的社会环境。

*加强环保审判，打好污染防治攻坚战。*区法院落实习近平总书记“守护好一江碧水”殷切嘱托，积极开展“湖南环保•审判三湘行”专项活动，打好蓝天、碧水、净土保卫战。实行最严格的生态环境保护制度，充分发挥环境资源审判职能，推动执法审判与生态修复齐头并进。区法院公开审理了污染环境罪和非法捕捞罪两起生态环境保护的案件，在判处两案被告人刑罚的同时，环境污染罪刑事附带民事公益诉讼案件判处被告人承担环境应急处置费用、鉴定费、事务性费用共计 142 万余元，并通过市级新闻媒体向社会公众赔礼道歉；非法捕捞罪案判处被告人进行生态补偿，放流鲢、鳙鱼苗1600余尾。通过打造经典案件，有力震慑犯罪，提升环境资源审判公信力，维护公众环境权益，服务保障富强美丽幸福新石峰建设。

*加强综合治理，推进平安石峰建设。*做好基层综治工作，院领导多次带队到联点社区、企业走访，与群众座谈，帮助解决困难问题。开展送法进学校、进社区、进企业等活动30余场次，与株洲市第二中学共建“生涯教育体验基地”，组织大、中、小学生及校园小记者到法院实地观摩庭审，组织模拟法庭等活动，让法治意识深入人心。认真落实信访工作责任制，加强源头预防，不断畅通信访受理渠道，连续7年坚持执行每周二院领导接待日活动，处理群众来信来访 130 余人次，化解余清云等信访积案，无新增信访案件。

【执法办案】 *依法打击刑事犯罪，增强群众安全感。*区法院充分发挥刑事审判职能，认真贯彻宽严相济刑事政策，坚持依法惩处犯罪与保障人权并重，受理刑事案件220件，审结207件，结案率为 94.09%。严厉打击“两抢一盗”“黄赌毒”等犯罪，审理李某峰等17人开设赌场案、文某伟容留他人吸毒案，有效震慑犯罪分子，切实提升公众安全感。审理陈某梅侵犯公民个人信息案，该案系石峰区首例侵犯公民个人信息的案件，依法打击此类犯罪，保障了公民个人信息安全，从源头上预防和减少电信网络诈骗犯罪的发生。深入推进扫黑除恶专项斗争，审理被告人张某如等13人组织、领导、参加恶势力犯罪集团案件、谭某坪恶势力团伙案，审理与文某宏案相关联的“保护伞”案件。全年共审理涉黑涉恶及与保护伞相关联案件共12件66人，其中区法院审理的张某如等13人涉恶案，被省高院列为2019年度“严格裁判标准，精准打击黑恶犯罪，防止拔高、降格错误倾向”典型案件。出重拳“打财断血”，收缴罚金208万元，收缴非法所得2071.53万元，涉黑涉恶财产刑执行金额居全市基层法院第一。

有效化解民商事纠纷，保障经济社会发展。发挥民商事审判调节社会关系、定纷止争的作用，受理民商事案件2243件，结案2215件，结案率为98.75%。精准对接涉民生领域司法需求，妥善审理农民工工资案件、劳动争议、侵权责任纠纷、婚姻家庭、继承纠纷等涉民生案件，依法保护了妇女、儿童和老年人的合法权益。保护民营企业和企业家的合法权益，依法审理合同纠纷、与公司、证券、保险、票据有关的纠纷等案件。维护社会稳定大局，依法化解征地拆迁、劳资纠纷、楼房买卖等群体性热点民生问题，在执法办案过程中既严格执行法律，又善于灵活变通，在确保实体和程序公正的前提下，急事急办、特事特办。

全力破解“执行难”，推动社会诚信建设。区法院坚持日常执行与专项执行相结合，开展“夜间执行”“周末执行”，让胜诉当事人拿到真金白银，全力破解“执行难”，推动社会诚信建设。2019 年共受理执行案件 2272 件，已执结案件 2235 件，实际到位金额 1.2 亿余元。健全执行工作常态长效机制，完善网络拍卖、推行定向询价、网上委托评估，网络拍卖标的物 128 件，成交额 3108 万元。推进智慧执行、一键查控、一键网拍、一键文书生成，执行从立案到结案全程可视可控。加强社会各界联动，合力编织失信惩戒天网，构建“一处失信、处处受限”的信用监督和惩戒机制，依法向社会公布失信被执行人名单 301 人次，限制高消费 1033 人次，司法拘留 18 人次，移送拒执犯罪 7 件 4 人。

【司法改革】 努力完善审判权力运行机制。完成内设机构改革，法院内设部门从 15 个减少到 8 个，不担任内设机构负责人的干警全部到一线办案，真正做到干部能上能下，内设机构改革彻底、平稳、顺利，确保了机构精简、人员精干、事务精办。坚持主审法官会议制度，建立专业法官会议制度，完善审判委员会审议案件程序，统一法律适用、总结审判经验、讨论决定审判工作重大事项，保障程序正义，构建权责清晰的司法责任体系。加强“一站式”多元解纷机制、“一站式”诉讼服务中心“两个一站式”建设，优化了审判资源配置。坚持院、庭长办案常态化，带头办理重大、复杂、疑难、新类型及具有指导意义的案件，院、庭长人均结案 108 件，充分发挥示范效应作用。

大力提升审判管理质效。把规范管理作为巩固改革成果的重要方式，进一步提高审判管理、队伍管理和机关管理的规范化水平。完善了《司法绩效考核管理办法》，出台《案件办理预安销号工作暂行规定》等配套制度，将审判管理、财务核算、案款管理、人事管理等制度落到实处。坚持日常工作日常抓、日常工作日常化，规范办案节点流程，坚持“放权不放任、用权受监督”，各分管院长、庭长对分管的案件进行专业指导和把关。运用大数据思维强化审判运行态势分析，先后编印 12 期《审判质量情况效率情况通报》，加大案件督查督办力度，切实提高审判执行绩效，区法院司法绩效连续 3 个季度在全省同类基层法院中排名第一。

（罗 达）

检　察

【概况】 石峰区人民检察院在编在岗干警 41 人，机构改革完成后，设有办公室、第一检察部、第二检察部、第三检察部、政治部 5 个内设机构。

2019 年，区人民检察院以习近平新时代中国特色社会主义思想为指导，围绕“讲政治、顾大局、谋发展、重自强”的检察工作总要求和“稳进、落实、提升”的检察工作主题，高标准、严要求实现石峰检察工作新局面，先后荣获“全国检察机关文明接待示范窗口”“全省扫黑除恶专项斗争先进集体”“全市政法工作先进集体”“全市先进检察院”等荣誉称号。

【服务大局】 区人民检察院紧紧围绕新中国成立 70 周年大庆安保维稳主线，突出抓好扫黑除恶专项斗争和温暖企业检察行动，努力化解涉案矛盾，大力优化法治环境，促进经济社会高质量发展。突出扫黑除恶专项斗争，保障社会大局和谐稳定。2019 年全年批准逮捕涉黑涉恶案件 10 件 16 人，提起公诉 6 件 60 人，纠正漏捕 4 人，纠正漏诉 6 人，监督立案 3 人，纠正遗漏罪行 16 件次，在检察环节发现并移送“保护伞”线索 11 条。依法办理张某如等 13 人恶势力犯罪集团案；从熊某庭等 5 人涉嫌非法拘禁案中深挖出以孙某、冯某为首的 18 人涉嫌组织、领导、参加黑社会性质组织犯罪案（其中涉黑 15 人），依法批准逮捕 12 人（其中追捕 4 人，追诉 5 人）。依法严厉打击严重刑事犯罪，确保政治安全、社会安定、人民安宁。全年共批准逮捕各类刑事犯罪嫌疑人 186 人，起诉 368 人。始终把严重暴力犯罪、“两抢一盗”等多发性侵财犯罪和毒品犯罪作为打击重点，共批捕故意杀人、强奸、聚众斗殴等严重暴力犯罪案件 23 件 50 人，起诉 16 件 52 人；批捕盗窃、敲诈勒索、电信诈骗等多发性侵财犯罪案件 34 件 47 人，起诉 45 件 77 人；批捕毒品犯罪 57 人，起诉 58 人。贯彻宽严相济刑事政策、依法不捕 33 人，不诉 130 人，其中刑事和解 22 件 25 人。依法办理涉案金额 1.1 亿元的浦某琪等 18 人电信网络诈骗案等一批案情复杂、涉及面广、影响力大的案件。突出“温暖企业”检察行动，护航经济平稳健康发展。制定了《株洲市石峰区人民检察院“温暖企业检察行动”实施细则》，专项部署企业大走访大接访、涉企案件专项监督等 7 项检察行动。共走访、服务企业 100 余家，提供法律咨询 22 件次，办理涉企公益诉讼案件 38 件，帮助企业协调解决在项目进展、用地审批等方面的难题 10 余项，提升了企业的安全感、获得感、温暖感。

【改革创新】 坚持把改革创新作为推动检察事业发展的力量源泉，大胆探索，攻坚克难，为新时代石峰检察工作转型升级注入了强劲动力。稳步推进“捕诉一体”办案机制。出台《株洲市石峰区人民检察院关于试行刑事案件“捕诉一体”办案机制工作方案和工作规程》，将以前一起刑事案件分别由批捕、起诉或申诉三个部门办理转变为由一个机构、一个办案组、一名主办检察官负责到底的办案模式。全年以“捕诉一体”模式办理案件 61 件，为内设机构改革后全面推行“捕诉一体”新机制积累经验、打牢基础。积极适用认罪认罚从宽制度。落细落实律师值班制度、精准量刑建议等具体规定，依法高效推进认罪认罚从宽制度的实施。共适用认罪认罚从宽制度结案 76 人，占同期审查起诉案件审结人数的 47.2%；提出量刑检察建议 41 人，法院已判决 27 人，采纳检察机关量刑建议 22 件，采纳率为 81%。探索建立退回补充侦查案件综合监督机制。积极探索《退回补侦（继续侦查）案件综合监督机制》，该机制主要是通过区人大、区纪委监委、区委政法委和检察院共同对侦查人员及员额检察官的办案态度、办案质量开展综合监督。该机制试行以来，退补案件质效明显提高，2019 年全年公诉案件审结率达 93%，位居全市第二；员额检察官办案一次退补率下降 10%，延期率在 10%以下。

【履行四大检察职能】 积极适应刑事、民事、行政、公益诉讼“四大检察”并行的法律监督新格局，努力推进“四大检察”全面协调发展。强化刑事检察监督。加强对刑事立案、侦查、审判活动的监督，共监督立案、撤案 15 件，追捕 13 人，纠正侦查违法行为 22 件；提出抗诉 3 件，追诉漏犯 14 人、遗漏罪行 37 件次。在办理杨某敲诈勒索案中，深挖出刘某等 3 人恶势力犯罪，主犯刘某一审被判处有期徒刑九年；追捕的刘某、李某、廖某因跨国走私、运输、贩卖毒品，起诉后分别被判处死缓和有期徒刑十五年。认真办理职务犯罪案件，共受理监察委移送案件 5 件 8 人，提起公诉 4 件 7 人。刑事执行检察监督以期限监督为抓手，发出纠正违法通知书 16 份、检察建议 12 份，均已全部纠正并采纳，办理的暂予监外执行罪犯言某娜收监执行监督案被省检察院推荐参评全国精品案件。做实民事检察监督。共审查、办理各类民事检察监督案件 28 件，其中生效裁判监督 10 件（含提请抗诉 9 件）；积极开展支持起诉工作，共办理该类案件 13 件；推进民事执行活动监督，共办理执行监督案件 3 件；加大虚假诉讼监督力度，在办理孙某、冯某等 18 人涉嫌组织、领导、参加黑社会性质组织案中，发现本市某区法院办理的 9 起虚假诉讼线索，已向市检察院提请抗诉。做活行政检察监督，强化对行政机关依法履职监督，对有可能引发行政诉讼的案件开展风险评估，协助行政机关有效规避司法风险。如株洲市启享生态农业科技有限责任公司违规建造别墅监督案，依法监督行政机关妥善处理好违建房屋拆除以及土壤复绿后续工作。做优检察公益诉讼。2019 年全年共办理公益诉讼案件 48 件，其中行政公益诉讼案件 46 件，刑事附带民事公益诉讼案件 2 件。开展食品药品安全公益诉讼检察监督活动，对小餐饮店、网络点餐平台、农贸市场、学校周边等场所以及对监管部门是否依法履行监管职责开展审查监督，助力保障“千家万户舌尖上的安全”。

（郑　雅）

司法行政

【概况】 石峰区司法局成立于 1997 年 10 月，2019 年机构改革，根据《株洲市石峰区司法局职能配置、内设机构和人员编制规定》，石峰区司法局是区政府工作部门，为正科级。局机关内设办公室（区依法治区办）、法制股、社区矫正与公共法律服务管理股（石峰区社区矫正管理局）、人民参与和促进法治股。机关政法编制 10 名，7 个派出司法所共核定政法专项编制 14 名（含云田司法所 2 名、龙头铺司法所 1 名），2019 年有正式在编在岗工作人员 19 人。

【依法治区】 统筹推进依法治区建设。2019 年 4 月成立中共株洲市石峰区全面依法治区委员会，11 月 13 日召开全面依法治区委员会第一次会议，会议审议通过“两规则一细则”以及《学习枫桥经验，推进互联网+矛盾纠纷调解的实施意见》《石峰区全面推行行政执法公示制度执法过程记录制度重大执法决定法制审核制度实施方案》《关于进一步落实“谁执法谁普法”普法责任制的实施意见》等有关文件，为石峰区的依法治区工作奠定了良好的基础。

【法治政府建设】 深入贯彻落实《株洲市法治政府建设实施纲要（2015－2020 年）》，推动各行政机关按照“法定职责必须为、法无授权不可为”的原则，依法全面履行行政职能。石峰区“放管服”改革深入推进，“证照联办”改革全面启动。根据机构改革进程及时更新各部门“权责”清单并在政府门户网站予以公布，“减证便民”专项行动精简事项得到落实。出台《株洲市石峰区关于推行法律顾问制度和公职律师公司律师制度的实施办法》，区司法局通过招投标为全区59个机关事业单位统一聘用法律顾问团队，实现法律顾问全覆盖。

全面加强政府法制工作，4月接收法制办职能后，制定规范性文件和合同合法性审查流程，严格把关，合理建议。共完成规范性文件审查3件，制定出台3件，提出法律审查意见2条。审查政府及平台公司合同20份，提出法律审查意见102条。参与法律性事务协调16次。受理重大行政行为合法性审查4件，审结并出具审查法律意见书4件。组织评查行政执法案卷，评查案件16件。受理行政复议申请2件，办结2件。收到行政应诉案61件，审结61件。收到行政赔偿申请案件5件，办结5件。对区市场监管局开展食品药品监管执法司法督查。落实“三项制度”，对全区各行政执法单位的法制审核人员、配套制度建设情况进行了摸底调查。

【社区矫正】 2019年，全区新增社区服刑人员54名，解除矫正77名，在册社区服刑人员103名，实现社区矫正功能室视频监控全覆盖，无脱管、漏管。新增刑满释放人员37名，截至年底全区共有刑满释放人员324名，全部登记在册，并实施安置帮教。开展社区矫正社会购买服务，购买了教育、劳动、心理咨询、走访、资料整理等服务。

【人民调解工作】 9月17日举办“学枫桥、化矛盾、促和谐”人民调解专题培训，邀请全国十大人民调解专家、枫桥经验发源地浙江省诸暨市枫桥镇老杨调解工作室的杨光照同志到区授课，组织人民调解员、网格员、公安民警共400余人参加培训。依托区“欣石峰”APP，打造在线矛盾纠纷多元化解平台，组建网上矛调专家库。在区法院设立律师调解工作室，与区法院联合下发《民事诉讼案件诉调对接机制》。全年共排查调处各类矛盾纠纷515起，其中，区矛调中心调处矛盾纠纷33起，化解重大疑难案件2起。

【法治宣传】 强化领导干部关键少数的法治责任和法治思维，2019年区委中心组组织学习了《新时代的行政执法》《政法工作条例解读》《新时代国家治理的必然选择》等法治内容。组织全区102个行政事业单位（含二级机构）2047名国家工作人员参加2019年度学法考法，参学率、参考率、合格率均为100%。先后组织开展宪法主题宣传、送法进社区（村）、送法进企业、送法进学校、消费者权益日、信访法治宣传日、农村法治宣传月、“禁毒日”、宪法宣传日、“扫黑除恶”“三法”、公共法律服务“法润三湘”等法治宣传活动，累计举办各类法治讲座40场，开展集中宣传和咨询45场。通过每月主题党日、社区（村）志愿者入户宣传等活动，动员各类志愿者1500人次，走访居民12000户（次），共计发放各类普法宣传资料80000份。

【公共法律服务】 公共法律服务中心、站、点建设基本实现标准化。5个街道公共法律服务工作站45个社区（村）的公共法律服务点设有统一背景墙和工作站名牌标识。由区司法局统一制作公共法律服务工作台账并下发到各站、点，建立公共法律服务台账制度。安排律师和基层法律工作者到街道、社区（村）公共法律服务站、点担任公共法律服务志愿者。

做好公共法律服务中心和平台的值班、值守工作，在区政务中心开辟公共法律服务专区，设立法援律师和矛调中心值班点和人民调解室。安排专职工作人员在区公共法律服务中心和如法网平台值班、值守，确保及时回复广大群众的现场和网上咨询。设立司法鉴定咨询台，由湘润、铭鑫司法鉴定机构派驻2名人员，从9月份开始每周的一、三、五到区公共法律服务中心轮流值班。

切实抓好法律援助民生工程。区法律援助中心全年共办理法律援助案件 235 件，超额完成市级民生实事任务。实行刑事案件审判阶段律师辩护全覆盖，全年共办理刑事案件 107 件。

【基层基础工作】 完成机构改革工作。坚持准确把握改革方向、工作节奏和时间节点要求，整合原有工作职能与原政府法制办工作职能，高质高效完成了机构改革任务，各项工作有序开展。

规范人民调解委员会建设。加强对 5 个街道调委会、45 个社区（村）调委会的工作督查和指导力度，按照人民调解工作“八有”“六统一”的要求，对街道和社区（村）在调委会标识标牌、调解庭（室）标牌不到位、调解室设置不规范等问题，督促各基层单位整改到位。完成全区 90 名人民陪审员的选任工作。

根据湖南省司法行政指挥中心建设指南和相关技术要求，完成指挥中心平台建设、司法所监控点位建设和远程会见室的建设。（钱 婷）

经济社会管理

发展和改革

【概况】 石峰区发展和改革局为石峰区政府职能部门，履行综合研究拟定经济和社会发展政策，指导经济体制改革的职能，下设办公室、经济综合股、项目管理股、物价股，编制 12 名，其中行政编制 8 名、事业编制 4 名。

【主要经济指标完成情况】 2019 年，经济运行总体平稳。全年实现地区生产总值同比增长 1.3%（剔除株冶同比增长 10.2%），地方财政收入同比增长 1.86%，全社会固定资产投资完成 184.6 亿元，同比增长 13.7%，居民收入同比增长 8.6%；主要污染物排放达标。全年完成工业总产值 557.6 亿元，同比增长 11.2%，规模工业增加值 153.5 亿元，同比增长 13.9%(剔除株冶)。新增规模以上工业企业 14 家、高新技术企业 10 家。轨道交通产业总产值 532.9 亿元，占工业总产值比重达到 95.6%。产业创新能力不断提升，综合竞争力显著增强，成功引进湖南第一家国家先进轨道交通装备创新中心，IGBT 二期、乘用车电驱等一批项目开竣工。第三产业发展步伐加快。实现第三产业增加值同比增长 1.5%；实现社会消费品零售总额 68.3 亿元，同比增长 10%。中车物流基地投入使用，湘欧快线顺利开通，万博珑家居建材市场提质改造快速推进。农业稳步提升，农业总产值达到 2 亿元，同比增长 3%。大冲四季花海、九郎山综合旅游开发初见成效，接待游客接近 10 万人次。

【产业项目建设年】 2019 年年初，发改局组织全区各相关部门，对照市下发的目标任务，制定《石峰区“产业项目建设年”活动实施方案》，明确“产业项目建设年”的领导架构、目标任务、行动措施及责任分工等，为全年工作开展绘好蓝图。在此基础上，针对 60 个重点项目按节点绘制时间表、作战图、任务书，所有项目均明确至少一名区级领导对口联系、至少一个部门对口帮扶，做到任务和制度上墙，对标对表推进。针对发改局负责的项目攻坚组工作任务，对 129 个重点实施和引进转化项目实行一月一预安、一周一调度，严格对标销号，确保工作任务完成。严格实施“一单四制”制度，先后走访企业 35 次，全面摸排项目建设存在问题，下发交办函 41 个，交办问题 52 余个，撰写调研文章 3 篇，有效助推了项目建设。全年共完成开工项目 30 个（计划外开工 13 个），竣工项目 11 个；完成重点项目投资 109.76 亿元，其中产业投资 65.5 亿元，年度考核全市第一。

全年完成省“5个100”项目情况。石峰区共有11个项目纳入省“五个100”项目，其中重大产业项目1个、重大科技创新项目4个、重大产品创新项目5个。1～9月完成投资分别占年度计划163%、135%、106%；引进“500强”企业及科技创新人才任务均已完成。全年计划实施30个重点产业项目，完成投资65.5亿元，完成项目开工21个（计划外开工12个）；完成项目竣工7个（计划外竣工4个）。7个市重点项目，完成投资1.5亿元，占年度计划的110%，完成研发投入0.77亿元，占年度计划的111%。完成7个项目的引进转化和重大产品创新攻坚。4个市重点项目完成投资1.19亿元，占年度计划投资的108%。完成引进转化项目5个，超额完成年度任务。招商引资攻坚，全年引进招商产业项目37个，其中亿元以上项目18个，5亿元以上项目6个，10亿元以上项目2个。引进科技创新人才攻坚，全年完成科技人才引进62人，超额完成25人。及时沟通协调，认真组织完成每季集中开竣工及看学议活动，全年共组织完成集中开竣工活动5次、“看、学、议”活动2次，活动开展次数位于各县市区前列。发改局组织区直各部门进行2020年项目库建设的搜集整理工作，并对区内各平台公司及中车等重点企业进行走访调研，共包装策划项目40个，截至2019年年底，形成2020年石峰区市级重点项目（初稿），正在逐步完善中。2019年，产业项目建设年活动开展较好，年度考核排名全市第一。

【项目行政审批】 深化项目投资体制改革，严格规范各类建设项目投资审批，在规划选址、国土用地、环评、节能等各类前置条件通过审查的基础上，将重点建设项目纳入绿色通道予以急办快办，依法依规对各类项目实施审批、核准和备案，绝不逾越管理权限。截至2019年年底，共审批项目171个，核准11个，备案99个。积极做好投资项目在线审批监管平台建设。严格设施项目招标事项核准，核准招标事24个，核准招标事项项目招标率达100%。加大项目专项稽查，强化中央预算内投资计划执行。对2018年中央预算内投资项目、政府投资代建项目建设管理进行检查，进一步规范石峰区政府投资项目的管理。

【固定资产投资】 2019年，全区新增入库项目332个，其中5000万元以上入统项目47个，总投资134.33亿元；5000万元以下入统项目281个，总投资50.77亿元；房地产项目4个，总投资26.66亿元。固定资产投资累计完成184.64亿元，同比增长13.7%，其中：5000万元以上累计完成投资105.51亿元；5000万元以下累计完成投资47.54亿元；房地产累计完成投资31.59亿元。

【统筹争资引项】 做实项目包装策划，重点围绕全区基础设施、产业、民生等领域进行项目包装策划，深化与中车株机、中车株洲所等重点骨干企业的联系沟通，储备一批有潜力的优质项目，建设项目库，将一批投资规模大、带动作用强、社会效益好的项目纳入省市重点建设项目笼子。围绕国家政策，紧盯国家重点支持的保障性住房、基础设施、社会事业和节能环保等重点领域，加大与市、省，甚至国家发改委有关方面的沟通对接，瞄准中央投资项目的方向，统筹做好做优项目申报工作的服务指导，组织区直各部门推进2019年项目库建设的项目搜集和整理工作，并对区内各平台公司及中车株机等重点企业进行实地走访调研，了解实际需求，累计申报项目 16 个，争取中央、省预算资金 4600 万元。

【物价监管】 严格价费监督管理，抓好服务价格管理，积极完成 2019 年度行政事业性收费情况报告及审核工作；加强价格监督检查，抽查中小学校 3 所、幼儿园 2 所；加强价格认证工作，办理涉案物价格认证案件 45 件，总额 766 余万元，全部依法办结。

【企业搬迁改造】 清水塘绿心地区工业项目关停退出工作成效明显。已签订株洲华瑞实业有限公司（总部）的收储价格确认书，恒和实业转型到清水塘，已与清水塘投资公司就入园条件达成一致，腾龙资源、宏盛环保建材已关停退出，中海化工、硬质合金钽铌制品已关停。

【文明创建】 认真落实创文社会事业组牵头单位职责，按照迎检通知和下达的创文任务指标，及时调整更新成立新的社会事业发展专业组领导机构，抓总负责创文社会事业发展方面的任务调度、问题交办、组织督查等。全面梳理 2019 年社会事业发展专业组建设全国文明城市工作任务指标，细化指标分类，对标对表，科学进行责任分解，积极多方沟通协调，明确时间节点和工作要求，压实创文责任，传导工作压力，切实形成创建活力。建立上下联动、纵横交错的工作网络，牵头单位与成员单位各司其职、齐抓共管，严格落实工作有人过问、任务有人落实、问题有人解决的创建工作机制。突出重点督促各成员单位做好创文迎检准备，全面做好辖区各类医疗卫生服务机构的现场检查工作。同时，认真落实创建全国文明城市市场环境组成员单位工作职责，积极做好辖区示范街两侧各类商店的明码标价工作。

（黄　方）

人力资源和社会保障

【概况】 石峰区人力资源和社会保障局为区人民政府工作部门，内设办公室（财务室）、事业单位人事管理股、就业服务及劳动管理股、社保基金监督股 4 个股室。下辖区社会保险服务中心、区人力资源服务中心、区劳动保障监察大队（区劳动人事仲裁院）、区就业服务中心（清水塘企业职工档案中心）4 个二级机构。2019 年，区人力资源和社会保障局正式编制职工 27 人，其中机关行政编制 8 人。

2019 年，人社局全面贯彻党的十九大以来的会议精神和区委五届六次全会精神，结合政府工作报告，围绕“一极三区”总目标，按照“民生为本，人才优先”的工作主线，做了大量而富有成效的工作。

【社会保障】 2019 年，企业职工养老保险全区参保单位 698 家，参保人数 4 万人，基金征缴 41206 万元。新增参保人数 1321 人，为年度目标任务的 110%。退休人员 1.2 万人，发放退休金 28412 万元。机关事业单位养老保险全区参保单位 96 家，参保人数 4045 人，征缴基金 9949 万元。退休人数 1861 人，发放离退休金 10232 万元。失业保险参保单位 679 家，年末参保人数 16815 人。征缴基金 1228 万元，总支出 1694 万元。城乡居民养老保险总参保人数 8616 人，实际享受退休待遇人数 812 人。

【就业帮扶】 2019年，新增城镇就业10355人，为年度目标任务的112.55%。失业人员再就业4425人，为年度目标任务的110.63%；新增农村转移劳动力79人，为年度目标任务的112.86%。零就业家庭实现100%动态援助。全年为64人推荐贷款申请额905万元，帮助7名高校毕业生申请创新创业扶持补贴5.6万元，登记失业率为3.47%，实现了稳定的就业目标。

【开展调研】 投入120万元委托第三方专业机构进行全区失业人员和失地农民就业意向及企业用工意向调研，多管齐下摸清底子，建立相应的数据库。第三方专业机构湖南宏信人力资源管理服务有限公司对153家关停企业，以及5000余名企业下岗职工和1800余名失地农民进行全面摸排调研。掌握失业人员的真实需求及培训效果情况、企业用工需求和岗位特点、薪酬水平情况，以及基层工作人员在再就业服务工作中的实际问题与困难情况等数据。开设“石峰就业”微信公众号就业信息服务云平台。

【民生实事】 全区共承办株洲市民生100工程项目8大类44项考核指标，其中省民生实事项目8项，市民生实事项目32项，社会征集指标4项，全部完成或超额完成任务。2019年，城镇居民可支配收入为49590元，增长8.6%。

【职业技能培训】 2019年，开设2期西式面点技能培训班，培训100人。委托钻石职校开设了1期育婴师技能培训班，培训20人。9月，联合湖南铁路科技职业技术学院、湖南工贸技师学院分别举办1期电工和焊工类职业技能培训班，共有132名学员参加免费培训和订单式培训。11月，在国安职校、工贸技师学院和有色职院共开设14个班SYB创业培训，共计422人参加培训。12月，举办1期育婴师技能培训，共计有95名学员参加培训。

【促进部门联动】 积极对接市级层面，出台“市指挥部会议纪要”和“帮十条实施细则”，明确“区优化营商环境协调事务中心为主体、街道联动、区人社局监督”的关停搬迁企业再就业帮扶工作机制。

【设立清水塘企业职工档案中心】 2019年，设立“清水塘企业职工档案中心”，投入80万元资金，修建400平方米的标准化档案管理库房，可容纳清水塘企业职工档案15万册，提升了搬迁改造企业的档案管理工作，解决下岗失业人员的后顾之忧。

【就业培训工作领导小组成立】 成立以区委书记为组长、区长为第一副组长的“区就业培训工作领导小组”，整合资源设立“培训资金拼盘”，统筹全区的培训就业工作，打通培训与就业、企业与政府之间壁垒，解决及时在线的问题。在区委、区政府的支持下，配合相关部门积极推进“清水塘社区学院”的建设工作，以逐步解决培训办学主体不清的问题。

【举办大型招聘会】 2019年，全年举办4场大型清水塘老工业区搬迁改造专场招聘，共提供工作岗位上万个、达成初步就业意向1000余人。另外组织株冶、株化、昊华等多家企业下岗失业人员参加市人社局举办的市直机关公益性岗位招聘会，现场达成就业意向480人。

【工资及福利】 2019年，石峰区人社局完成了573人的工资关系异动、69名退休人员的退休审批，为14人办理丧葬费抚恤金审批。完成全区325名符合条件人员的工资晋级晋档审批；为38名符合政策人员发放了护理费、伤残保健金、遗属生活困难补助等各类福利费共计402203元。

【人才队伍建设】 完成科技创新人才引进62人，完成率为167.57%，完成引进创新型团队2个。积极稳妥地推进全区机构改革工作，配合区委组织部、编办出台了《石峰区机构改革人员转隶工作方案》，按照分门别类、把握节奏、精准推进的原则，首先完成了撤销单位的人员转隶到位。指导并配合区城管大队、治违大队完成了原有195名协管员的解聘和重新面向社会公开招聘130名协管员的工作。

【劳动保障监察与劳动人事争议仲裁】 2019年，劳动监察受理举报、投诉案件46件，已办结46件，在法定时间内结案率为100%。处理职工集体上访案件3起、突发案件5起、市12345市民服务热线交办件10起，涉及各项赔偿金额达151万元，涉及劳动者190名。展开专项检查5次，督促用工单位补签劳动合同48份，为102名劳动者补缴了社保费。劳动争议仲裁委员会受理劳动争议案件41件，涉及劳动者共计58人，涉及工资等款项93万元，结案41件，时效内结案率100%。 （刘 玺）

市场监督管理

【概况】 石峰区市场监督管理局于2019年5月14日挂牌成立，在原工商分局和食药监分局基础上组建，是区政府的组成部门之一。新组建的区市场监督管理部门整合原工商、质监、食药监局的职责，以及发改部门的价格监督检查，商务部门的经营者集中反垄断执法，科技部门的知识产权管理等职责。主要负责市场主体登记注册、市场秩序监督管理、宏观质量管理、产品质量安全监管、特种设备安全监管、食品安全综合协调和监督管理、药品医疗器械化妆品管理、计量和标准化工作、认证认可工作、知识产权促进和保护、消费维权、协助市级市场监管综合行政执法等工作。区市场监督管理局现有工作人员59人。

2019年，区市场监督管理局始终围绕服务“一极三区”建设的大局不懈怠，始终紧盯“六个着力、六个当好”的职责定位，全面推动改革大提速、职能大融合、监管大提效、服务大提质、能力大提升、队伍大团结，在“守护市场安全底线、助推产业发展高线”中彰显作为。获得“株洲市2018年度文明单位”“园林式单位”“石峰区计划生育工作综合治理优秀单位”“学校食品安全管理和校园周边综合治理成效明显单位”“招商引资成效显著单位”“‘四上’企业培育工作成效明显单位”等荣誉。石峰区商事制度改革的经验也得到省局、市局的肯定，被株洲市推荐为“推进质量强市工作成效明显单位”。同时，石峰区承担的创建湖南省知识产权建设强县项目，被省市场监督管理局（知识产权局）评为优秀验收项目。

【商事制度改革】 积极落实商事制度改革各项措施，全面落实注册资本认缴、证照分离、多证合一、一照一码、食品药品惠企政策等一系列改革措施，推进企业登记全程电子化和电子营业执照改革，推行全程无纸化“网上提交材料、网上审查核准、网上核发执照、网上自动存档、网上公示”的全流程电子化登记。企业开办时间压缩至2个工作日以内，对申请材料齐全、符合法定形式的个体工商户登记当场办结，企业设立登记1个工作日办结。食品经营、小作坊、小餐饮等许可的新发事项2个工作日办结。2019年，全区新注册登记企业369户，新增个体工商户2296户。截至11月29日，全区共有注册登记企业4383户，个体工商户12839户，农民专业合作社42户。全年共新核发食品经营许可证634本，新发小餐饮许可证244本、小作坊证2本。

【双随机、一公开】 全面推进“双随机、一公开”（在监管过程中随机抽取检查对象，随机选派执法检查人员，抽查情况及查处结果及时向社会公开）。2019年，全区共抽查食品及餐饮类市场主体136户，其中食品销售经营者80户，餐饮服务经营者47户，学校、托幼机构、养老机构等单位食堂7户，农贸市场1家，食品生产小作坊1家，发现有问题的20户，全部督促予以整改。抽查企业100家，6户个体工商户因住所失联被标记为经营异常，11户企业年报数据填写有误，2户企业在抽查前已注销，7户企业已停止经营，责令企业走注销流程。11户企业对在抽查中发现的问题及时予以改正。全年实现公示率100%。

【企业信用信息监管】 将信息公示作为信用监管的前提和基础，加强了涉企信息归集共享，加大守信联合激励和失信联合惩戒力度，对不按规定年报的企业，及时列入“经营异常名录”，并通过“国家信用信息公示系统”向社会公示。2019年，对外公示经营异常企业536户，严重违法失信企业219户，行政处罚信息公示率达100%，依法应当公示的信息记于企业名下的归集率达100%。

【专项行动】 按照区委、区政府和市局统一部署，深入开展“不忘初心、牢记使命”主题教育中开展整治食品安全问题的行动、无照经营专项治理、互联网广告整治、“保健”市场乱象百日行动、安全生产风险隐患“大排查大管控大整治”百日行动，着力护航国庆、中秋节、春节等重大节假日，和“三考”（高考、高中学业水平考试、初中毕业学业考试）等重大考试的食品安全，配合开展了非洲猪瘟防控、扫黑除恶、文明城市等工作，建立对市场、主干道及校园周边等重点区域的日常巡查制度。立案63起，其中：食品案件20起，药品案件18起，无照经营案件10件，商标侵权案件4件，广告违法案件4件，产品质量案件3件，无烟草专卖许可证案件3件，消费欺诈案件1件，移送公安行刑衔接1起。

【食品药品安全】 重点针对食品生产加工、食品流通、餐饮消费、药品经营、医疗器械经营等环节，开展日常监管，组织排查整治。完成餐饮服务单位量化分级评定1164户，餐饮服务单位实行明厨亮灶213家，其中学校食堂（含幼儿园）实施明厨亮灶率达到85%。制订并完成2019年抽检计划。共抽检食品及食用农产品1000批次，保健品20批次，其中不合格13批次，合格率为98.7%，处置率、公示率均为100%。完成快速检测30974批次。接到不合格（问题）检验报告12件，全部整改完成。积极推进“1641”项目：围绕“一张餐桌”，开展“六个专项”，实施“四大工程”，推进一个“光盘”活动。深入开展“护苗、护老、护康、护工、护农、护网”6个专项治理，重点实施“无照无证清零”“餐饮量化提级”“明厨亮灶”“示范创建”等四大工程，合力推动一个“光盘”活动，均收到一定的成效。

【消费者权益保护】 以“信用让消费更放心”为主题，加强《中华人民共和国消费者权益保护法》宣传，畅通投诉举报渠道，强化维权和执法监管协同联动，积极开展消费者权益保护工作。宣传引导强化维权意识。3月15日，区消费者委员会举行国际消费者权益日纪念活动，深入白马垅等农村集市开展消费维权宣传咨询服务活动，讲解消费者维权知识，传授识假辨假知识等内容，及时解答群众遇到的消费诉求和处置投诉举报。执法抽检净化消费环境，开展流通领域商品质量抽检、流通领域电取暖器专项整治活动、电动自行车消防安全综合治理行动和校园周边环境整治活动。开展47批次的流通领域商品质量抽查。对涉及抽检不合格商品的3户经营户均予以立案查处。对辖区内17所中小学校园周边进行了清查整治，开展了国庆、中秋节前市场检查，有效防止不合格产品流入市场。畅通渠道高效调解纠纷，全力加强“12315”处诉能力建设，扎实抓好非“12315”来电登记录入、签字负责制的落实。“12315”投诉举报热线共受理各类投诉、举报、咨询541件，办结率达到100%，为消费者挽回经济损失245.7万元，确保消费者申诉举报案件“事事有落实，件件有回音”。

【党建工作】 2019年，全局共开展党组理论学习10次，集中或分支部组织学习中共十九大精神12次，开展一系列“不忘初心，牢记使命”主题教育活动。参观秋瑾、杨得志故居，深入联点社区开展“学雷锋，见行动”志愿服务活动，赴炎陵开展教育基地学习培训并组织购黄桃献爱心帮扶活动，组织辖区内46个非公有制经济党支部进行轮训等。按照石峰区委、区政府的安排部署，坚持开展“每月一日大走访”活动，深入联点单位杉木塘社区发放宣传资料，结合主题党日活动，慰问该社区的困难党员和生活有困难的居民。 （谭京京）

自然资源管理

【概况】 株洲市石峰区自然资源局（林业局）于2019年机构改革由原国土资源局石峰分局和原规划局石峰分局合并成立。区自然资源局（林业局）设有办公室、财务室、所有者权益和开发利用股、监测和确权登记股、矿产管理和地质环境股、国土空间用途管制股、空间规划股、林业股、法规股、执法监察大队、清水塘中心所、土地征用石峰分中心12个职能部门。现有在岗干部职工36人，临聘人员12人，其中党员29人。

2019年，株洲市石峰区自然资源局（林业局）坚持以改革为动力，围绕服务区域经济高质量发展这一目标，稳中求进、进中争先，聚焦资源科学规划、资源保护和区域发展，全面推进自然资源管理工作，严格节约集约利用资源，切实改善提高服务保障能力，为区域经济发展提供有力支撑。荣获了株洲市文明单位等奖项。

【科学规划】 2019年，完成7个村的“两图两表一说明”、村庄综合现状图、村庄综合规划图、规划目标表、国土空间利用结构调整表以及图纸说明文字，制定方案初稿，确定村庄规划类型，完成评估工作。

【保障发展】 全力服务区“产业项目建设年”活动。2019年，共办理13宗土地出让手续，面积共计25.2公顷，办理铁建重工、经仕、中铁二十五局、中车株机研究所等4宗土地转让手续。完成轨道交通城储备地块五、轨道交通城储备地块六、轨道科技城工业地块六、三一重工株洲基地（石油智能装备块一、二、三、四）等项目的用地预审工作，总用地规模为67.13公顷。新增建设用地55.61公顷，其中农用地39.18公顷（含耕地9.29公顷），建设用地11.51公顷。全年共受理规划审批18件，其中，核发“建设用地规划许可证”6本，用地面积32.7公顷；办理“建设工程规划许可证”12本，建筑面积9.28公顷；报回土地21.98公顷。扎实推进第三次国土调查工作，已完成全区5个街道办事处、36个社区和9个村的全野外核查和社区边界核查工作，并将石峰区第三次国土调查成果资料提交到市三调办、省三调办、国家三调办复查。

【执法监察】 扎实开展全天候执法监察和卫片执法监督检查工作，及时发现、制止和查处违法行为。经核查，2019年合法图斑7个，监测面积50.5公顷；违法图斑1个，监测面积0.87公顷（耕地面积0.32公顷），已立案查处。动真碰硬开展打非治违，对全区范围内的7个矿产企业进行全面排查，无持过期失效采矿许可证开采和超深越界开采行为。立案查处一起非法开采案件，对非法开采当事人作出“责令立即停止开采、赔偿非法开采损失30000元，没收违法所得35000元，并处罚款50000元，共计人民币115000元”的行政处罚。扎实开展“大棚房”清理整治工作，经确定共4处违法违规大棚房（共7个棚），并对其中3处进行立案查处，现已全部进行拆除，拆除总面积0.18公顷，并恢复了耕种条件。严格进行违建“别墅”清查整治工作，2019年上报了8宗疑似违建别墅，经查，确定违建别墅2宗，已通过系统上报至国家相关部门。高效处置辖区闲置土地，武汉局下发的2018年闲置土地共23宗，面积151.38公顷。其中，整改到位16宗，面积147.16公顷，整改率97.21%。动态监测网显示石峰区疑似闲置土地28宗（2宗在云龙范围），面积146.87公顷，已全部核查完毕。其中，已竣工、已开工和已收回共11宗，面积80.62公顷，面积占比54.89%；未动工6宗，面积27.1公顷；划拨供地9宗，面积31.98公顷。深入推进扫黑除恶专项斗争工作，及时成立专项斗争工作领导小组，开展全区自然资源领域扫黑除恶专项斗争的线索摸排，对矿产资源开采、集体土地使用权、征地拆迁、不动产登记、土地整治项目等领域的黑恶势力和违法行为进行严厉打击，并将1起非法开采案件中涉黑涉恶线索分别向市局扫黑办、区政府扫黑办、区纪委进行汇报。

【地灾防治】 出台《石峰区2019年地质灾害防治工作实施方案》，认真做好地灾隐患点的巡查排查工作和汛期值班值守工作。2019年，共开展巡查次120次；及时处理市长热线、区网格平台派单共18起，并邀请416队专家及辖区办事处、社区到现场进行踏勘，现场指导应急处置工作，配合做好九郎山泉水塘易地搬迁选址工作；完成矿山地质环境治理备用金退还工作及九郎山上林寺吴家大岭滑坡的立项、财评工作。对长江经济带废弃露天矿山生态修复的8个图斑、12个点进行了现场核查，并组织群测群防人员、办事处、乡镇国土所等30余人开展地质灾害专业知识培训，切实增强防灾能力。

【服务民生】 狠抓不动产登记工作服务到位，2019年，共办理不动产登记业务224宗，其中注销登记181宗，土地转移登记1宗，变更登记5笔，查封登记3宗，土地所有权首次登记37宗。完成居（村）民建房审查15宗，发放村民建房用地批准书6本，发放乡村规划许可证6户；对清办、井办、铜办3个街道7个行政村“四类房”上户进行调查摸底认定，上报市整治办“违建房”38栋，总计违建面积1.02公顷，已拆除27栋，拆除面积0.92公顷。

【信访工作】 建立健全信访、法规有关制度，出台《关于做好联合接访、信访回复和行政应诉应复工作管理规定》，制定《石峰区自然资源局创建信访维稳工作“三无”单位实施方案》。2019年，共受理行政诉讼案件20起；收到上级交办和群众来信来访59件，其中，依申请信息公开2件，上级转办、交办信访事项17件，群众直接来信来访40多人次。区局逐一与信访人进行解释、沟通，均在规定时限内答复，做到事事有回音，件件有答复。

【党建引领】 全面领导，落实责任，积极开展支部“五化建设”，严格落实“三会一课”制度，逐层签订《党风廉政建设责任状》，压紧压实“两个责任”。强化教育，源头治理，深入学习贯彻上级文件精神，围绕“不忘初心，牢记使命”主题教育的党建工作重点，灵活开展“党课下基层”活动，邀请对口帮扶村建设村的村支部书记为党员干部上党课，组织观看教育影片、文明劝导以及“每月一日下网格集中办公”等活动，增强主题教育的实效性。加强廉政文化宣传教育。紧紧围绕廉洁自律这个主题，扎实开展“以案明纪，警钟长鸣”警示教育，认真开展廉洁从政自查自纠，自觉接受党员群众的监督。（辛雨橦）

统　计

【概况】 统计局是政府工作部门，正科级单位。下设经济社会调查中心和普查中心。共有编制18名，行政编5名，参公编5名，事业编8名。2019年，统计工作取得一定的成效，获得区2019年“文明单位”荣誉称号。

【夯实统计双基】 2019年，扎实推进统计规范化建设。积极传达贯彻落实中央、省、市精神，督促“四上”联网直报企业实现统计业务规范达标，要求各企业明确1名专职统计员负责统计报表，进一步夯实统计基础工作。联网直报单位统计业务规范达标率100%，专职统计员覆盖率100%。全方位提升统计业务素质。结合市局的部署，分行业、分批次、有针对性组织辖区200多名统计员参加业务培训，培训覆盖率100%。积极探索队伍建设新机制，建立统计雇员派驻和管理考核机制。招录10名政府雇员派驻到街道和行业主管部门从事统计工作，充实基层统计力量。积极开展统计普法宣传。利用业务培训、专题会议等机会向企业积极宣传《统计法》《统计违法违纪行为处分规定》等统计法律法规。多次召开专题学习培训，系统学习统计法律、法规。积极做好新增“四上”

企业申报工作。严格按照“先进库、后报数，要进库、走程序”的操作流程，从提前沟通、审查说明、材料补充等方面入手，2019 年年内全区新增“四上”企业 65 家，其中工业 14 家，批零住餐 22 家，服务业 10 家、房地产 2 家，建筑业 17 家。

【注重社会化统计】 2019 年，区统计局不仅注重自身统计业务能力提升，更注重与部门的沟通和对部门的服务，改革创新，大胆实践，主动作为，得到各职能部门的全力支持，全区社会化统计大格局基本形成。严格按照区委、区政府经济指标责任要求，相关职能部门主要领导亲自管，并指定分管领导和工作人员做好日常对接，形成部门统计有人抓、有人管局面。以企业联网直报为契机，强化部门配合协作，初步形成政府统筹、统计与部门统计职责明晰、分工协作、成果共享的统计监测体系。以个改企、小升规为突破口，密切与发改、科工信、财政、城建、商粮、税务、工商等职能部门沟通合作，建立监测预警、联合走访调研、信息交换共享等联动机制，各部门“一把手”高度重视统计工作，全力支持统计发展，营造合力共建社会化统计的和谐环境。建立全区“四上”企业季度统计联席会议制度，定期召开会议，掌握企业最新生产经营情况和行业趋势，精准把握行业动态，科学预判经济形势。

【服务全区经济】 2019 年，区统计局紧紧围绕区委、区政府的重点工作，认真实施统计监测，编印统计月卡、年鉴等统计产品，有效提高服务能力，确保各项主要指标如实反映全区经济发展状况。围绕公众关心、领导关注的问题，积极开展“下基层、勤调研、深分析”活动，撰写月度、季度、年度经济形势分析，为全区经济发展工作提供有效统计服务。牵头组织行业主管部门召开月度经济形势分析会，分析预判各行业经济指标，做好经济指标预判预警工作。

【住户调查】 住户调查是以家庭为对象，使用抽样调查方法，搜集各种社会经济统计资料，是统计工作的重要组成部分。主要统计居民家庭人口、住房、就业、耐用消费品拥有、现金收支、消费支出、食品消费、非现金收入等情况，为国家制定劳动力就业、社会保障、货币流通、商品生产和供应等政策提供依据。严格按照省、市的要求，以优化记账户记账习惯为中心，强化辅助调查员工作职能为重点，采用“日早晚公布，日审核返错、月收支对比，实时动态管理”模式，在习惯的建立巩固中，稳步推进电子记账全流程管理，提高记账数据质量，电子记账普及率达到 96%以上，居全市前列。心系记账户，定期走访，逢年过节上门进行慰问，召开座谈会，及时发放辅助调查员和记账户的补贴，确保记账工作顺利开展。

【党风廉政建设】 结合实际工作，制订年度工作计划，规范“三会一课”工作制度，认真执行党章和党内各项规章制度；把党的各项组织生活制度作为党员管理的有效形式。深入学习习近平总书记重要讲话，认真贯彻中央和上级党委工作决策部署及指示精神，严格落实领导干部“一岗双责”，加强统计舆情工作监控和处置。组织开展党组书记讲党课，组织支部党员干部认真学习党章党规、习近平总书记系列重要讲话、及时传达区委会议精神，精心组织学习中共十九届四中全会进行并开展了专题研讨。开展扫黑除恶专项斗争专题学习教育活动，组织党员群众关注“学习强国”“红星云”“石峰发布”平台。结合“不忘初心，牢记使命”主题教育，组织全局职工开展主题教育专题学习10多次，专题研讨4次。同时，按照在职党员进社区“五个一”要求，组织党员集中学习、听党课，开展民主议事和志愿服务。坚持开展每月下网格活动，深入基层一线，大力宣传中央、省、市各类重大会议和文件精神，宣传区委、区政府各项重点工作和最新惠民政策，切实解决基层实际困难，反映存在的问题。继续完善“每周一晚”主题学习活动，利用“每周一晚”学习平台，每月至少安排一晚为主题党日活动时间，重点围绕组织学习讨论、开展党性分析、民主评议党员、民主议事、志愿服务、帮扶慰问、缴纳党费等方面的主要内容开展活动，做好服务基层群众工作。推进“火车头精神”系列活动，深化“四个带头”，大力弘扬“火车头精神”，以基层党建为引领，召开会议、集中学习，深入开展了火车头精神大讨论。进一步完善“五化”党支部建设，以“爱我株洲、献计株洲，争做‘一谷三区’建设先锋”为主题开展研讨活动。

（毛　棋）

应急管理

【概况】 2019年，区应急管理局以机构改革为契机，坚持预防为主、防抗救结合，着力防范化解重大安全风险，坚决遏制较大灾害事故，取得良好成效。全年全区发生一般事故6起，同比下降40%；死亡6人，同比下降33%。年度考核在全市城区排名第二，石峰区2019年被评为湖南省安全生产工作优秀县市区，连续4年获此殊荣。

【监管机制】 坚持“安全第一、预防为主、综合治理”方针，全面落实安全生产“党政同责、一岗双责、失职追责”“三个必须”要求，制定实施了《石峰区委、区政府领导干部安全生产工作责任清单》、领导干部安全生产“五个一”制度和领导干部带队检查安全生产工作制度。修订《株洲市石峰区安全生产工作考核办法》《株洲市石峰区安全生产监管责任考核奖励标准》《株洲市石峰区安全生产工作季度考核细则》，对安委会成员单位实行一季度一考评、一通报，奖优罚劣。将安全生产工作纳入全区“五问工作法”考核，实行“一票否决”。调整成立防汛抗旱指挥部，构建“一办九组”工作模式，提高防汛抗洪效能。

【网格管理】 贯彻落实基层安全生产网格化监管工作要求，建立网格化信息服务管理平台，将安全生产工作压实到全区5个街道232个网格，明确236名网格员负责网格巡查，及时发现、处置并上报安全隐患。在此基础上，网格建群438个，全面覆盖社区（村），微信群人数达7.6万人，基本做到每家每户都入群，确保安全生产和应急管理重要通知公告快速传达到全区居民。

【安监执法】 按照省、市统一部署，开展“强执法防事故”行动。与天元区、醴陵市互派人员开展工贸行业交叉执法，通过相互学习借鉴，提高执法水平，督促企业提高质量安全水平。配合绿心地区工业项目退出中心工作，开展多部门联合执法。配合烟花爆竹经营门店关闭退出专项行动，开展专项执法，采取以奖代补方式，对全区 26 家烟花爆竹经营门店进行关停验收。

【隐患排查】 2019 年开展了安全生产隐患大排查大管控大整治百日攻坚。围绕危险化学品、烟花爆竹、工贸行业、交通运输、建筑施工、消防安全、特种设备等重点领域、重点企业、重点环节，开展安全生产隐患大排查大管控大整治百日攻坚，排查各类重大事故隐患 111 处，整改到位 110 处，挂牌督办重大安全隐患 5 处。推进重大隐患“一单四制”，对日常监督检查中发现或上级交办、群众举报、媒体曝光、其他部门移送、下级有关部门和生产经营单位报告的重大事故隐患，形成重大事故隐患清单，并对每项重大事故隐患治理任务实行交办制、台账制、销号制、通报制管理。依法关停金盆岭竹木产品交易大市场，协调督促四季天伦酒店消防安全隐患销号。

【重点管控】 将清水塘老工业区关停中小企业的设施设备和厂房拆除作为安全监管重中之重。聘请专家对中盐株化、五矿株冶等清水塘地区 33 家关停企业开展地毯式的执法检查，排查发现各类安全隐患 70 处。针对发现的问题，及时以书面形式反馈给企业，并采取约谈、处罚和取消其拆除资格等措施，全力确保设备清洗、拆除安全。2019 年，清水塘地区关停企业拆除和长株潭绿心地区工业项目退出过程中没有发生一起人员伤亡事故。

【应急处突】 2019 年，石峰区先后发生智成化工“4・22”脱硫塔、昊华化工黄磷储罐、中盐株化废旧仓库等多起危化品火灾事故，国庆前后发生多起山火。面对突发事件，应急部门第一时间赶到事发现场，协调有关部门组织力量进行处置，对接宣传网信部门，及时发布信息，积极引导舆情，回应社会关切。在 7 月份长达 10 天的罕见洪涝灾害中，全局人员轮流通宵达旦坚守在防汛抗洪指挥部，做好信息搜集、上传下达、抢险调度等工作。灾情过后，协助和配合响石岭街道与下河街居民见面，宣传灾害救助政策，维护社会稳定。

【宣传教育】 组织开展“不忘初心、牢记使命”主题教育，认真学习贯彻习近平新时代中国特色社会主义思想、习近平总书记关于安全生产和应急管理的重要论述，推进应急管理体系和能力现代化建设。邀请市局领导为全区党政领导干部授课，深入解读《湖南省党政领导干部安全生产责任制实施细则》，进一步强化党政领导干部“促一方发展、保一方平安”的政治责任。举办危险化学品、工贸行业负责人和安全生产管理人员培训各 1 次，企业安全意识不断增强。适应网格化管理新形势，对全区网格员进行了专题培训，组织和选送应急系统干部参加各类培训 50 人次，基层一线应急处突能力得到有效提高。利用“石峰发布”和网格微信群，定期推送安全应急知识。全国安全生产月和“5・12”全国防灾减灾日期间，制作各类安全教育展板和宣传横幅 50 余幅，向社会公众和相关从业人员发放宣传材料 5000 份，组织各行业领域开展安全生产知识讲座 50 余次，受教育者达 2 万人次。与消防大队联合组织相关部门和单位在原海利化工厂区开展了危险化学品事故处置综合演练，重点企业多次举办以企业生产安全为主题的综合应急演练活动，提高实战和应急救援水平。

【参与服务中心工作】 顾全大局，服从安排，积极参与清水塘老工业区搬迁改造和长株潭绿心地区工业项目退出等中心工作。在关停搬迁时间紧、土地收储任务重、企业职工安置难、历史遗留问题多等情况下，坚持因企施策，找准突破口，争取各方支持，牵头组织法院、评估公司、银行等单位，反复上门与企业谈判，耐心接待职工上访，共同做好政策解释和思想政治工作，妥善处理信访问题，完成盈德气体等清水塘地区企业关停搬迁和朝阳钢结构、石油储运等绿心地区工业项目退出工作任务，助推石峰经济发展转型升级。2019 年是机构改革年，应急管理局是新成立的政府工作部门，在人员数量偏少、结构不优的情况下，想方设法克服困难，采取走出去、请进来的办法，实施全员培训，提高整体素质，全局人员平均轮训 3 次以上。通过培训开阔眼界，拓宽思路，提升业务水平和工作能力。组织开展“不忘初心、牢记使命”主题教育，认真学习贯彻习近平新时代中国特色社会主义思想、习近平总书记关于安全生产和应急管理的重要论述，推进应急管理体系和能力现代化建设。

（肖晓笑）

消防救援

【概况】 石峰区消防救援大队前身为株洲市石峰区公安消防大队，武警序列为中国人民武装警察部队株洲市石峰区消防大队（副团级）。2019 年 12 月 31 日，根据中共中央《深化党和国家机构改革方案》《国务院机构改革方案》，石峰区消防救援大队正式挂牌。

【班子和队伍建设】 2019 年，石峰消防救援大队扎实开展“不忘初心、牢记使命”“学训词、铸忠诚、创新业、立新功”两大主题教育，深入学习习近平新时代中国特色社会主义思想和训词精神，开展庆祝中华人民共和国成立 70 周年升国旗仪式和为祖国送祝福，举行石峰区消防救援大队（站）挂牌仪式等系列活动。大队党委被评为全市消防救援队伍先进基层党组织、先进党委班子，所属消防站被部局评为“全国执勤训练工作先进单位”，全年共有 30 人次立功受奖。

【实战训练与灭火救援】 2019 年，以国家队、主力军为标准，着力打造专业化职业化消防救援队伍，深入开展全员岗位大练兵活动，扎实开展夏训、冬训练兵活动，取得较好的成效。中队与湘潭支队高新区中队开展夏训比武对抗，以 3∶0 成绩斩获全胜，在全市整建制中队比武对抗赛和基层指挥员指挥能力比武竞赛活动中，中队分别斩获整建制中队比武对抗赛冠军和基层指挥员指挥能力比武第一名。还举办株洲市石峰区 2019 年危险化学品事故处置综合演练，完成“1·10”铜藕路居民楼火灾、“4·22”智成化工脱硫塔火灾等事故的救援任务，有 27 名指战员在灭火救援中受到立功嘉奖。全年共接警出动 492 起，出动车辆 700 辆次，出动警力 5027 人次，抢救被困人员 21 人，疏散被困人员 281 人，抢救财产价值 1538 万元。

【火灾隐患整治】 认真贯彻落实《湖南省消防安全责任制实施办法》，切实履行“谁主管，谁负责”的消防安全监管职责。1 次提请政府召开消防专题常务会议，2 次区长办公会，将火灾防控工作纳入政府综治考评、创文工作日常督查检查和年度工作考核范畴，并将对下级部门的消防安全考核与安全生产考核合并同步开展。部署开展冬、春火灾防控工作、“排雷”行动、“大排查大管控大整治”百日行动、防风险保平安迎大庆消防安全执法检查等专项行动。共检查单位1392家，发现火灾隐患1137处，督促整改1144处,下发责令整改通知书612份，下发处罚决定书27份，责令“三停”单位3家，罚款18.57万元。依托石峰区网格管理制度，建立了部门、街道、派出所、网格员消防层级管理机制，通过部门对行业领域场所面上巡查，派出所网格民警对经营场所线上检查，网格员对城乡社区等点上监督自治，实现消防安全治理立体式覆盖。大队全年派遣消防检查任务6次，各部门、网格民警、网格员共开展消防安全到户检查1000余场次，整治火灾隐患200余处，上报火灾隐患68处。结合消防安全“排雷”行动，提请区政府向商粮局、文旅体局、卫健局等行业部门下发火灾隐患督办5份，形成政府牵头、部门主责、联合治理的火灾隐患整治模式，消除了四季天伦酒店、竹木市场、石峰区人民医院等一批重大火灾隐患，提升政府和行业部门消防安全责任落实，形成齐抓共管的合力。

【消防宣传教育】 大队创新宣传方式，全面提升消防宣传的覆盖面和普及率。通过消防宣传外包，走街入户，逐一宣传的形式，对老旧小区住户、老人进行消防隐患排查和消防安全提醒。利用消防站和消防科普基地开放活动，开展“百姓身边的消防安全”微课堂活动，以每月更新消防知识内容、辖区群众自主报名参加的形式，对家庭防火、火场逃生、隐患排查等内容进行培训。依托辖区电子显示屏、微信公众号、抖音等平台拓展宣传阵地，在社会面营造人人关注消防，人人参与消防的良好局面。2019年，大队主动上门为机关、团体、企事业单位开展培训100余次，开展微课堂6场，培训宣传员450人，入户宣传900场次，消防宣传覆盖人数达到6万人。

【基础装备建设】 稳步推进装备建设，科学制订车辆装备配备，优先配齐常用紧缺器材，全年为指战员配备个人防护装备120件套，灭火救援器材150件套，比武训练器材120件套，新购置一台32米云梯消防车投入执勤，消防装备不断得到更新。 （王玉强）

交通运输

【概况】 2019年3月，区交通运输局成立，下设二级机构区交通运输事务中心。主要贯彻落实党中央、国务院交通运输方针，制定辖区交通运输规划及政策，管理部分县乡道农村公路、水运码头及铁路整治等交通运输管理工作。局编制7人（行政编制4人、事业编制3人），实际到位3人。10月，区交通运输局党支部成立，共有3名党员。2019年，区交通运输局立足实际，励精图治、奋发图强，精干高效地开展了辖区一系列有效的交通运输管理工作。

【扎实推进铁路环境整治】 2019年12月完成28个高铁沿线安全环境隐患整治任务，区交通运输局被评为株洲市“2019年度铁路环境整治先进单位”。

【成功创建“全国公交都市”】 石峰区“公交都市”创建验收工作扎实有效，被株洲市委办、市政府办联合发文表彰为全市2019年度真抓实干成效明显的县市区，区交通运输局被评为“株洲市 2019 年度公交都市创建工作先进单位”。2019 年，株洲市被授予“全国公交都市”荣誉称号，成为全国第一个创建成功的地级市，具有标杆作用。在创建期间，开展大量工作，包括组织街道、社区公交站台文明劝导 100 多人次，“创建公交都市，提高城市文明”宣传 10 多处、公交出行民调工作 1 次。

【建设“四好农村路”】 交通运输局“四好农村路”工作在全市三季度农村人居环境考核中第一名、四季度第二名。在株洲市普通公路“提路况、清水沟”暨自然村通水泥（沥青）路建设百日攻坚战行动中，全部完成路面修补 260 平方米、水沟开挖 7 千米、疏通水沟 22 千米、自然村通水泥（沥青）路 2 千米的年度目标任务，获得市级奖励五万元。交通运输局高度重视、严密部署，全体干部职工放弃节假日休息，头顶烈日到现场督导，高效解决工作难题，全力保障了任务顺利完成。

【整治交通顽瘴痼疾】 2019 年，制定“整治交通顽瘴痼疾，保障出行安全”工作方案。为保护胜利成果，抓严抓实治超工作，及时建立治超长效机制，强化路面治超工作，健全“路警联合执法”机制，定期组织联合治超行动，70 周年国庆期间组织“迎大庆、保平安”联合治超专项行动；加强辖区 7 家重点货源监管，督导地磅、监控建设及平台联网；加强工作宣传，制作工作宣教展板 2 块、宣传牌 168 块、横幅 50 条，在交通要道电子屏滚动宣传。

【整治湘江非法码头渡口】 2019 年，督促市公交公司田心站场完成污水排放改造，接入市政污水井，从源头根治龙母河石峰区段的污水直排问题。辖区的 27 个砂石码头全部关停。

【公共设施基础】 2019 年建成九郎山城铁站的公交首末站场 1 个，投资 150 万元、面积 4000 平方米，解决了长株潭城际铁路与市内公交接驳的场地问题；建好长石村、秋瑾故居农村公交招呼站 2 个。

【推广 ETC 应用】 2019 年 12 月 17 日，通过早 6 点、晚 10 点的加班加点工作，辖区 4.4 万台车辆安装 ETC 设备，安装率排名全市五县五区第三名。

【建设物流、装备产业链】 2019 年 7 月完成中车物流产业园“湘欧快线”株洲国际货运班列项目招商。9 月，与三一集团签约石油智能装备与区域研发中心（总部基地）项目，总投资 50 亿元。

（常　剑）

土地事务服务中心

【概况】 2019 年 3 月 22 日，根据株石编委〔2019〕1 号文件精神，组建成立区土地事务服务中心，为区政府直属正科级公益类事业单位。土地事务服务中心设事业编制 13 个，设领导职务 3 名，其中主任 1 名，副主任 2 名，内设办公室、征地征收室、报批出让室。中心现有在编在岗人员 12 人，其中在编在岗事业管理编制 10 人，事业工勤编制 2 人。中心设立了基层党支部，有党员 11 人。

2019 年，土地事务服务中心与各相关部门、各街道特别是责任社区（村）一道，齐心协力，把压力转化为动力，创新方法，强化措施，不畏艰辛，工作取得喜人成绩。拿回批单 19 个项目，共 75.82 公顷（其中科研用地 17.78 公顷），比上年度增长 1.13 公顷，同比增长 1.5%。全年完成市下征地征收项目任务 26 个，其中集体项目 19 个，279.18 公顷。国有项目 3 个，7.04 公顷，完成清零扫尾项目 4 个，完成率为 100%。完成了湖南铁道职院、雪峰岭学校、雪峰岭公园共计 15 个项目以及 1001 座坟墓的迁移工作。完成土地出让和基础建设供地 105.43 公顷。完成用地出让 14 宗，共计 72.39 公顷。因工作完成出色，在全市征地征收工作年度考核中荣获二等奖。

【出色完成交办督办项目】 2019 年，市征拆办交办督办的 10 个重点督办清零扫尾项目和市领导批示交办的 19 个重点督办清零扫尾项目，其中石峰 9 个，除海利化工生活区棚户区、港务总公司生活区棚户区、株玻生活区棚户区及株洲港建霞作业区和中车大道长沙段 5 个项目，因资金无保障和征拆主体不合法等原因无法推动外，其余田心大道二期、九方路、田心大道补征地、中车大道二期 4 个项目交办任务全部完成，完成率达 100%。

【重点产业项目用地迅速推进】 株洲市委、市政府高度重视三一重工项目建设，要求石峰区供地 53.36 公顷，其中在项目入园协议签订 2 月内完成一期工业地块出让 20.01 公顷，商住配套用地出让 13.34 公顷，年内完成二期工业及基础配套用地征拆 33.35 公顷。至年底，已完成一期工业地块出让 20.01 公顷挂牌，商住配套用地 13.34 公顷具备挂牌条件。二期工业及基础配套用地征拆 29.81 公顷，涉征房屋 219 户，签约率达 100%。铁路物流综合基地项目一期 17.08 公顷，涉征房屋 48 栋，至年底，已完成签约 45 栋，签约率达 93%。

【项目清零扫尾成效明显】 2019 年，全面完成株洲市项目攻坚年办公室交办的道岔二期、清水塘城市公园、霞湾路和区政府交办的田心大道二期、南辅道、报亭南等 12 个项目的工程扫尾，保障产业项目建设年和基础设施用地。

（朱嘉澍）

清水塘关停企业事务中心

【概况】 2019 年 6 月，根据石峰区事业单位机构改革要求，原选矿药剂厂退休人员管理办公室更名为清水塘关停企业中心，为区政府直属公益类事业单位，正科级架构。核定全额事业编制人员 10 人。

【专项财政扶助】 中心成立后，为积极构建省级单位与地方政府合作桥梁，先后 3 次赴省中小企业服务中心进行对接，截至 2019 年年底，从上级共争取到专项财政拨款 200 万元。

【做好档案整理】 截至 2019 年 12 月，中心对原管理的选矿药剂厂人员档案进行分类整理，共规范整理档案 2313 本。 （贺 熙）

农业·农村·水利

【概况】 株洲市石峰区农村工作局于2001年11月成立，2019年4月更名为株洲市石峰区农业农村局，内设机构精简为办公室、农村办、农业产业办3个，所属副科级事业单位有区农业技术推广服务中心、区绿心保护事务中心、区河道事务服务中心3个，区农业技术推广服务中心于2019年6月更名为石峰区农业农村事务服务中心。石峰区现有耕地面积473.57公顷，蔬菜面积186.76公顷，6家农业合作社。

2019年，区农业农村局承担7项“民生100”工程。建设惠民综合服务中心（社）2个；扶持农机专业合作组织1家；新建、维修、改造农村机耕道50.69千米；抽检农产品1621批次；蔬菜等主要农产品检测合格率达到97%；10个村（社区）全部成立集体经济合作社；改（新）建农村用户厕所265户。

农业·农村

【人居环境治理】 2019年，全区有9个村全面建立“村为主”卫生保洁模式，在清水塘街道白马村率先推行智能垃圾分类回收。挂牌695户“最美庭院”，评选29户“最美庭院”示范户。畜禽养殖废弃物资源化利用率达到85%。大冲村污水综合治理一、二期工程建设完工，九塘村、白马村、九郎山村、茅太新村已全面实施治理工作。高标准绿化农村道路41.2千米。开展农村“四类房”整治，建立“四类房”台账155户，总面积2.03万平方米。实施茅九路9.8千米沿线“文化墙”建设。在九郎山村打造3处林荫休闲广场。完成大冲村、白马村、九郎山村乡邻空间站建设，茅太新村知青点乡邻空间站启动建设。将7个村村庄规划进行修编，2个村纳入城区规划。“大棚房”问题4处全部整改到位，恢复农田0.18公顷。全区农村人居环境整治工作荣获城区组一季度排名第一的好成绩。

【美丽乡村建设】 围绕九郎山片区美丽乡村建设，投资1500万元打造“四季花海”、小游园、秋瑾广场等景点。投入750万元，建设完成绿道一期、二期10千米。大力推进美丽乡村创建，茅太新村通过了县级美丽乡村示范村复核，日光农场•茅太基地建成；九郎山村成功创建市级美丽乡村示范村，并被评为“湖南省休闲农业聚集发展示范村”。

【绿心保护】 完成三期造林142.94公顷，实现绿心区域裸露山体复绿全覆盖，成功承办全省造林绿化工作现场会。完成绿心区域二期森林防火监控系统建设。春节期间，森林防火实现了“零报警”和“零火灾”。清明期间，开展“菊花换鞭炮，火源不上山”活动，发放3万多枝菊花。当年，全区未发生重大、特大森林火灾和人员伤亡事故。

【扶贫工作】 对口泸溪县扶贫制定了《石峰区支持泸溪县脱贫攻坚工作方案（2019—2020年）》，派1名干部到白羊溪乡挂职交流；安排9名老师支教；带领医疗方面专家进行专业技术交流指导，并捐赠了药物、医疗仪器等帮扶物资共计3万元；充分利用“互联网＋”电商平台，帮助白羊溪销售椪柑0.8万千克，价值1.04万元；为乡便民中心捐赠电脑2台；对泸溪贫困群众实施劳务订单培训。2019年，政府财政帮扶90万元，社会帮扶14.24万元，共计帮扶104.24万元。本区发动居民在中国社会扶贫网APP完成爱心人士注册，注册用户2.5万人，购买贫困地区产品价值220万元。

【动物防疫与畜牧水产】 2019年，出栏生猪0.33万头、出笼家禽10.5万羽、水产品1123吨。全区所有重大动物及家禽做到应免尽免，猪、牛、羊挂标率100%。扎实开展“非洲猪瘟”等动物疫病防控工作，严防疫情传入和扩散蔓延。按省规定禁养区内关停养殖场7家，绿心区内关停养殖场21家，退出生猪1867头，治理养殖污染1户。

水利

【水利建设】 全面完成防汛抗旱应急预案修订工作。编制完成《水库大坝安全鉴定报告》，对红旗、龙塘水库出具了安全意见书。确定6个水毁项目，已完成新桥出险点、电厂灰坝排水渠出险点等4个水毁项目的修复除险工作。启动茅太新、长石、霞湾新等村的水渠、沟塘清淤工程7个，启动茅太新村水渠生态治理工程，共投入720万元。完成夹坡、长塘等2座水库的提质改造。解决郭家塘村自来水饮水问题71户。2019年在全市水利建设质量工作中被评为A级单位。

【实施河长制】 引入民间力量参与河湖监督和治理工作中，已有环保志愿者50余名、民间河长6名。与株洲市民间清蓝环保志愿者协会组织宣传、实践活动15次，携手石峰区河长制工作委员会成员单位和5个街道河长办开展“生态石峰，保护水资源 你我同行”大型志愿者活动。开展“四乱清理”专项行动5次，共处理河湖问题32件。实施水域可视化智能监控项目，安装智能监控2个，结合九郎山绿心办大监控体系，将绿心地区的8座水库全部纳入监管范围，实现重点水域智能监控全覆盖。2019年在株洲市河长制工作考核中石峰区被评为优秀等次。

（唐 静）

工业与信息化建设

科技和工业信息化局

【概况】 石峰区科技和工业信息化局为石峰区人民政府直属工作部门，内设办公室、综合业务股和企业管理服务股三个股室。2019 年，面对严峻的国际形势和国内艰巨的改革发展任务，以及清水塘老工业区和“绿心”工业企业全面退出等多重挑战，区科技和工业信息化局自觉践行新发展理念和高质量发展要求，厚植优势，精准施策，精耕细作，确保促增长、保增长、稳增长，加快转型升级，全区工业经济保持稳中有进、进中有升的态势。

【工业运行情况】 2019 年，石峰区规模工业总产值为 557.6 亿元，同比增长 11.2%；规模工业增加值 153.5 亿元，同比增长 13.4%；新增“四上”企业 14 家；工业投资保持稳定增长，全年达到 83.9 亿元，为全区固定资产投资比重达 45.4%。区科技工业信息化局被省工信厅评为 2019 年湖南省中小企业运行监测工作先进单位。

【科技创新】 R&D 经费投入（上报数）完成 36.74 亿元；R&D 入统企业数完成 41 家；新增高新技术企业 13 家（合计 53 家），高新技术产业增加值增速为 16.5%；技术合同交易额完成 57.4 亿元；新增省级以上科技创新平台 8 家；财政科技支出增速完成 2.17 亿元，增速 55.7%，超过全省平均增速。

【规划引领行动有序开展】 组织完成《株洲市轨道交通产业发展规划（2019—2025 年）》的修编，通过株洲市委、市政府审定，根据专家审定意见，进行最后的修改完善，规划文本已提交到市里。编制《株洲市功率半导体产业链发展规划(2019—2025 年)》并完成第三轮修改。

【重点项目建设扎实推进】 重大科技创新攻坚：4 个省重点项目完成投资 10.57 亿元，为年度计划的 134.65%，完成研发投入 4.98 亿元，为年度投资的 167.11%。7 个市内重点项目，完成投资 1.5 亿元，为年度计划的 110%，完成研发投入 0.77 亿元，为年度计划的 111%。同时，完成了 7 个项目的引进转化。重大产品创新攻坚：5 个省重点项目完成投资 5.04 亿元，为年度计划投资的 105.4%，4 个市内重点项目完成投资 1.19 亿元，为年度计划投资的 108%。同时，完成了 5 个项目的引进转化。

【先进制造业集群培育成功入围】 根据《2019年制造业高质量发展专项工作的通知》文件要求，积极组织参加“国家先进制造业集群”评选（公开招标），成立株洲国联轨道交通产业服务中心，最终以分包第一名成功入围。2019年9月21日，工信部赛迪研究院在2019世界制造业大会制造强国建设专家论坛上发布《2019先进制造业集群白皮书》，全国仅10个先进制造业集群入围。

【平台建设成果初现】 国创中心。株洲国创轨道科技有限公司创新中心被评为国家先进轨道交通装备创新中心，成为全国第10家、湖南第1家、轨道交通装备领域第一家国家级创新中心。至年底，国创中心中试基地重点布局自主可控新型接触器等各类“卡脖子”工程等项目9个。南方中心。与军工七子以及相关平台机构紧密合作，打造在线综合管理平台，现已建成专利库11000余件，高校最新的科研成果库2000余件，高校专家智库100余人。哈工大爆气风机国产化项目、西工大IGBT铝碳化硅（AlSiC）底板项目、中科大电动客车整车智能消防系统项目、中南大学高温耐腐高纯半导体材料研发及生产4个项目已落地并公司化运作。国芯科技（功率半导体创新中心）。已成功创建“功率半导体省级创新中心”，正在朝着创建国家级创新中心迈进。

【产业链条不断完善】 2019年，石峰区已成功引入湖南派威科技有限公司、株洲鼎汉交通装备有限公司等34家轻资产企业。强化产业“强链、补链和延链”，负责对接新能源汽车动力产业链招商，截至2019年年底，已落地项目4个、已签约项目3个、在谈项目2个。

【成功举办株洲论坛】 成功举办2019中国国际轨道交通和装备制造产业博览会•株洲论坛，还配合企业举行了湖南省功率半导体产业对接会暨中国IGBT技术创新与产业联盟第五届国际学术论坛、2019年国家能源互联网大会、2019中国轨道交通车辆绿色与环保国际论坛等多场高层次、高规格的大型论坛及活动。

【营商环境不断优化】 2019年，深入开展“温暖企业”行动，为全区132家重点企业提供一对一服务，收集、解决企业各类问题401个。建成全市一流的营商环境协调事务中心，建成湖南省第一家全功能型异地城市候机楼，雪峰岭公园建成开园，戴斯酒店即将营业，区域生活和商务环境不断得到改善。2019年营商环境测评石峰区排名全市第一。

【党建工作持续推进】 深入学习习近平新时代中国特色社会主义思想，认真贯彻落实区委决策部署，党组书记当好“第一责任人”，其他党组成员按“一岗双责”要求，抓好分管领域意识形态工作。持续开展理论学习，把学习体会和成果转化为谋划工作的思路和促进工作的措施。利用石峰新闻网、石峰发布等及时发布信息，做好正面宣传，积极弘扬主旋律，传播正能量。

【安全生产抓实抓牢】 2019年，开展“防事故保安全”集中宣传活动和“安全生产月”活动，出安全宣传专刊12版，组织安全培训27次，领导专家授课15次，发布电子宣传标语300条次，通过网络形式宣传安全知识23次，有效提升了企业的安全意识和安全管理水平。开展安全生产风险隐患“大排查大管控大整治”百日行动和“防风险保平安迎大庆”消防安全专项行动、安全监管“强法制防事故”行动和领导干部带队检查安全生产工作等多个专项行动，切实做好企业安全管控。开展安全生产重大隐患“一单四制”工作，排查出11个重大安全隐患，并及时完成整治工作。对68家工业企业开展安全生产检查，共查出安全隐患264项，已完成隐患整治的256项，为全区安全生产的稳定运行打下坚实的基础。

【企业改革稳步推进】 2019年，8家已启动改革企业，应安置职工人数4679人，已安置4643人，安置率达到99.2%。7家企业完成资产处置。5家企业完成职工档案、财务档案和文书档案移交。8家企业完成了党员组织关系转移。5家企业已由市中级人民法院裁定终结破产程序。

（龙婉欧）

中车株洲电力机车有限公司

【概况】 2019年，公司本部下设一级机构49个，其中分公司5个、事业部6个、研究所2个、职能管理部门15个以及营销、研发、管理中心共11个，党群工作部门10个；全资、合资控股子公司共27家，参股企业14家。在册员工9333人（含各子公司员工），其中株洲本部员工7670人（含分公司员工）。有各类专业技术人员3970人，其中工程技术人员3077人。各专业系列高级技术职称人员586人，其中正高级职称人员103人。高级技师人员143人。公司株洲本部占地面积116万平方米；公司固定资产原值38.78亿元，净值21.51亿元，其中房屋资产166栋，建筑面积45.52万平方米，原值15.6亿元，净值9.69亿元；设备资产19682台，原值23.18亿元，净值11.82亿元，其中主要生产设备1856台，设备完好率98.60%。年内主营业务有电力机车、城轨车辆、城际动车组及磁浮车、轨道工程车、有/无轨电车等产业，新增科研项目145个，推进重大研发项目49个，被评为湖南省发改委批复组建双创园区示范基地，成功入选“双百企业”名单。全年实现营业收入230亿元（同比增长5.36%），归母净利润14亿元（同比增长11.5%）。

【工业设计再创佳绩】 公司一直坚持“始于颜值、成于细节、终于品质”的设计制造理念，工业设计屡创佳绩。2019年，公司自主设计的五模块储能式现代有轨电车获得素有“设计界奥斯卡”美誉的德国iF设计奖；公司工业设计中心获世界工业设计大会组委会颁发的“TIA十佳企业设计中心”。

【中国动车组进入欧盟市场】 欧盟作为全球轨道交通装备高端市场，对列车质量和可靠性有严苛的要求和准入门槛。当地时间9月18日，公司研制的中国首列出口欧盟动车组“天狼星号”抵达捷克，开始服务欧盟市场，标志着中国轨道交通高端装备产品获得欧盟市场认可。

【公司首获北美市场订单】 当地时间12月12日，公司与墨西哥蒙特雷地铁局签订26列轻轨车辆供货合同。列车将用于蒙特雷轻轨1号、2号、3号线。这是公司也是中国高端轨道交通装备产品首次进入墨西哥市场。

【公司动车组圆梦国内市场】 2019年，公司研制生产的两款动车组产品相继在国内市场投入运营，终于圆梦国内动车组市场。其中，CR200J型动力集中“复兴号”动车组先后在全国 6 个铁路局集团投入运营；CJ6 动车组获得设计和制造许可，实现批量交付，并于 12 月 24 日在长株潭城际铁路线上载客运营。

【公司党委荣获“中央企业先进基层党组织”称号】 2019 年，公司党委认真学习贯彻中共十九大精神和习近平总书记 3 次视察中车的重要指示，围绕中国中车党委“新时代高铁先锋工程”系列要求，全力打造“新时代、新株机‘四力一品’”党建“金名片”，扎实开展“不忘初心、牢记使命”主题教育，获得国务院国资委主题教育第一巡回督导组五个“扎实有效”的高度肯定。6 月底，公司党委被国务院国资委党委授予“中央企业先进基层党组织”称号。

【重要纪事】 2 月 28 日，公司召开一届四次职工代表大会。3 月 1 日，公司召开 2019 年党建暨党风廉政建设、反腐败工作会议。3 月 12 日，湖南省副省长吴桂英到公司调研。3 月 20—21 日，公司承办中国中车 2019 年度精益管理工作会议。3 月 22 日，湖南省副省长何报翔到公司欧洲子公司调研。4 月 10 日，团中央书记处书记徐晓到公司调研。4 月 11 日，公司与淮安市交通运输局、淮安市现代有轨电车经营有限公司举行“现代有轨电车自动驾驶技术研究项目合作协议”签约仪式。4 月 17 日，全国人大常委会委员、教科文卫委员会副主任委员殷方龙与全国人大常委会委员、教科文卫委员会委员、全国人大常委会副秘书长古小玉到公司考察。4 月 22 日，公司“轨道交通车辆转向架智能制造车间项目”顺利通过工信部专家验收。4 月 29 日，“中国梦•劳动美”第六届全国职工摄影展启动仪式在公司举行。5 月 22 日，公司与绿地城市投资集团有限公司签署战略合作框架协议。5 月 26 日，江西省委副书记、赣州市委书记李炳军一行到公司考察。5 月 29 日，公司承办 2019 年中国中车财经峰会暨工业和信息通信业管理会计案例发布会。6 月 19 日，公司在维也纳举行奥地利轨道交通技术联合研发中心揭牌仪式，并与柏林工业大学签订战略合作协议，与亚琛工业大学签订合作谅解备忘录。7 月 19 日，公司转向架事业部通过德铁 STBP2 焊接认证。7 月 22 日，公司获 8 台新加坡工程车增购订单。8 月 12—13 日，公司承办 2019 年国际智能制造与机械动力学学术大会。8 月 20 日，公司获签巴西淡水河谷（VALE）公司双源制电力机车订单。8 月 27 日，公司与中南大学签署列车动态气密性现场测试项目合作协议。8 月，国家重点专项“间歇式供电轨道车辆车载储能系统”在公司研制成功。9 月 11 日，公司获签匈牙利铁路货运公司干线电力机车与调车机车订单。9 月 14 日，湖南省人大常委会副主任、省总工会主席周农到公司欧洲子公司调研。9 月 18 日，公司研制的中国首列出口欧盟动车组“天狼星号”抵达捷克。9 月 24 日，国务院发展研究中心副主任王安顺到公司调研。9 月，公司试制完成首个全铝合金司机室动车车体。9 月末，公司成功中标广州地铁“十三五”部分线路项目，总金额 212 亿元。10 月 10 日，公司马来西亚城轨基地本地化生产的首列 ETS2 米轨动车组下线。10 月 17 日，上海地铁 18 号线首列车（全过程无人值守的最高等级全自动驾驶列车）下线仪式在公司举行。10 月 21 日，公司与马来西亚国家资源有限公司、乔治—肯特公司联合体（MRCBGK）重新签订 22 列 LRT3 无人驾驶轻轨车辆销售合同。10 月 28 日，中国中车党委书记、董事长刘化龙到公司调研，并讲授专题党课。同日，中国中车第三届职业技能竞赛暨中国中车第三届青年职业技能竞赛（国家级二类竞赛）在公司落幕。10月30日，深圳地铁8号线首列车下线仪式在公司举行。10月，公司出口马其顿货运电力机车通过欧盟TSI认证；公司轨道交通装备国家级工业设计中心通过工信部复核；公司250千米/小时速度级统型干线受电弓研制及其智能化研究项目通过国铁集团结题验收。11月8日，公司与路局合作的首个大功率机车配件中心——武汉大功率机车配件中心战略合作签约暨揭牌仪式在武汉大功率机车检修段举行。11月12日，公司与洛阳市签署战略合作框架协议。11月24日，公司召开大型质量安全教育大会，全面启动产品质量大反思、大检查、大整改活动。12月12日，公司获签墨西哥蒙特雷地铁局26列轻轨车辆订单。同日，湖南省委常委、常务副省长谢建辉到公司考察调研。12月18日，公司获签菲律宾国家铁路公司3列动车组订单。12月24日，公司研制的首列CJ6动车组（C7852次列车）在长株潭城际铁路线上载客运营。12月，公司中标中国香港铁路有限公司19台蓄电池工程车订单。

（俞鸣霞）

中车株洲电力机车研究所有限公司

【概况】 2019年，株洲所上下以习近平新时代中国特色社会主义思想和中共十九大及历次全会精神为指引，全面落实中国中车战略部署，聚焦“巩固、增强、提升、畅通”四大工作主题，坚定不移打好“巡视整改、双百改革、科技创新、产业开拓、管理提升”五大战役，经营业绩稳中有进，全年实现销售收入302亿元，同比上年增长2%，净利润完成中车考核指标，运营状态总体安全可控，获得中车突出贡献奖等5类共6项大奖，实现中车年度荣誉表彰大满贯。

【科技开发】 完成国家项目列车控制与信息服务网络技术攻关，多约束模型预测控制、环境感知、智能人机交互技术行业领先。国内首台3300伏全SiC牵引变流器完成研制，体积、重量降低30%。600千米/小时高速磁浮、高压电力电子变压器、图像识别、智能集成功率组件（PCU）、寿命预测与健康管理系统（PHM）、多流制网侧控制等前沿技术均取得重大进展。时速250千米标动技术平台成功构建，机车变流器2.0平台全面升级，推出高原、高寒多场景方案。智能驾驶技术在重载机车、智轨、矿卡等领域实现应用，填补多项行业空白。FAO系统具备工程化条件。全球下潜最深、功率最大的作业级电动ROV下线发布。基于自主IGBT芯片的750伏双面冷却模块达到国际先进水平。世界最长聚氨酯风电叶片生产下线。全球最大桩深旋挖钻机研制成功。高性能芳纶材料通过认证审核，获得航天市场“通行证”。“使命号”智轨电车新平台基本定型，安全性、可靠性、舒适性显著提升。

新增1个“国家企业技术中心”，新建中国城交协和湖南省两个轨道交通标准平台。2019年申请专利1176项，其中发明专利927项，主持或参与颁布国际标准8项、国家标准6项、行业标准6项。

【市场开拓】 2019年全年新签订单463亿元，同比增长28.4%。获得389台交流传动机车、

136 列动车组牵引系统订单，市场占有率均超过 50%。持续推进跨平台检修业务，实现检修服务收入 15 亿元。城轨牵引系统新签订单 65 亿元，市场占有率连续 8 年稳居国内第一。助力中车中标锡澄线 PPP 项目，公司城轨机电总包业务实现首单突破。LKJ-15C、机车自动驾驶、电子开关过分相获得批量订单。城轨和机车智能运维项目全面铺开。钢轨、双动力和大修打磨车等高端产品试用效果良好。永磁电机获得 3 条地铁应用业绩。智轨成功进入工信部首台套重大装备推广应用名录，全球首条运营线在四川宜宾开通，日均载客量超 3 万人次。新能源客车销量突破 7000 台，首入行业前三。风电整机销售收入比增长 149%，年度新签订单超百亿元。风电叶片销售收入同比上年增长 34%。汽车塑料件获得戴姆勒 6 亿欧元订单。乘用车电驱新进 8 家整车供应体系，首次获得海外订单。汽车传感器在手订单量纲超 1100 万只。直流组网电力推进系统实现首单突破。

【管理创新】 2019 年全年完成“十三五”战略询审、“十四五”规划调研，持续强化战略牵引力。建立科研立项管理机制，确立产品线清单及准入标准，提升了管理的规范性与科学性。大力推动“放管服”改革，发布 BOGE 固定资产投资差异化管控方案。创新推行人才管理新政策，启动人力资源共享中心试点。坚持全流程降本，年度降本金额达 3.2 亿元。大力开展“两金”压降，一年以上逾期应收账款及存货完成年度管控目标。强化质量整改与管理提升，质量损失率连续 7 年保持下降趋势。全面推行集采信息管理系统，集采总额达 156 亿元。强化战略审计，及时预警战略偏差，促进过程纠偏。

【深化改革】 2019 年，围绕“五突破、一加强、一提升”的改革目标，公司 28 项改革任务全面启动，多项改革方案获得上级批复，在“双百企业”阶段评估中获得中车 A 级评价。其中 PI 膜、智轨、芳纶、乘用车电驱 4 个产业混改方案成功获批。向中车上报了 7 个科创板备选项目，正在积极推进。在中车内部率先推进科技型企业岗位分红、员工持股、项目跟投等中长期激励措施，岗位分红获批实施。以智轨产业为试点建立创新业务跟投机制，为核心骨干团队持股参与公司增量业务孵化开辟通道。加快推进法人治理结构改革，推动外部董事过半数，积极争取中车的充分授权，努力构建现代企业法人治理体系。在时代投资、国变中心试点市场化选聘职业经理人，为推行“两制一契”积累了宝贵经验。

【党群工作】 株洲所创新实施“四个五”工作方法，高起点谋划、高标准要求、高质量推进“不忘初心、牢记使命”主题教育，实现了理论学习有收获、思想政治受洗礼、干事创业敢担当、为民服务解难题、清正廉洁作表率的工作目标。继续夯实党建工作基础，“三基”建设纵深推进，党员学习和干部教育得到加强，党群云信息化管理平台创新搭建，成功召开株洲所首届党建论坛和首届青年工作会议。以新中国成立 70 周年、建所 60 周年为契机，创新开展系列文化品牌活动，达到了传承历史、激昂斗志、鼓舞未来的良好效果。大力实施惠民工程，提高员工中餐补贴标准，成立 EAP“心灵驿站”，提质园区工作生活环境，积极满足广大员工对美好生活的追求和向往。强化监督执纪问责，党风廉政建设和反腐败斗争持续深化。全力做好巡视整改“后半篇”文章，落实整改决议，压实整改责任，下属全级次年度销号完成率达 94%，为推动全年各项工作提供了有力抓手。

【重要纪事】 1 月，由公司研发的“轨道交通永磁牵引系统关键技术研究与应用”及“高速铁路弓网系统运营安全保障成套技术与装备”项目，荣获 2018 年度国家技术发明奖二等奖。

2 月，公司国家轨道高分子材料及制品检验中心通过 DNV.GL 国际实验室认证。

3—4 月，公司总工程师冯江华荣获詹天佑铁道科学技术奖大奖。

5 月，时代新材高性能芳纶材料生产线成功通过 AS9100:2016 航空航天质量管理体系现场认证审核，获得航空航天市场“通行证”，成为国内芳纶纸基材料行业首家通过该体系认证的公司。

6 月，宜宾智能快运系统 T1 线开通试运行。

是月，公司举行所庆 60 周年系列活动，全面总结回顾 60 年辉煌历程。

7 月，公司在 2019 北京国际城市轨道交通展览会（MetroTrans）上全球发布全自主 CBTC（基于通信的列车自动控制）信号系统。这标志着公司具备为全球用户提供全面的城市轨道交通信号系统解决方案能力。

9 月，公司承办的 2019 年国家能源互联网大会在株洲隆重开幕，进一步彰显公司品牌影响力。

是月，公司再次中标华润电力 20 万千瓦风、华电 30 万千瓦，至此，公司 2019 年风电整机累计订单金额突破百亿元，总容量超过 300 万千瓦。

是月，装载公司核心系统的北京大兴国际机场线地铁上线运行。

是月，北京重工全新 TR600H 成功下线，为全球最大桩深旋挖钻机。

是月，SMD 超级水下机器人全球首发。它可以下到 6000 米深的海底，整机功率高达 400 千瓦，是目前世界范围内下潜最深、功率最大的作业级电动 ROV。

是月，中车联合体中标锡澄线 PPP 项目，时代电气负责该项目机电设备供应。

10 月，时代电气助力重载货运机车智能驾驶首发开行。

是月，第二十一届中国专利奖评选结果揭晓，公司斩获中国专利金奖 1 项，中国专利银奖 1 项，中国专利优秀奖 3 项，共获得中国专利奖 5 项。

是月，公司英国研发中心正式挂牌成立。

11 月，基于 CBTC 控制的列车全自动运行（简称“FAO”）信号系统顺利通过独立第三方安全认证，标志着公司在列车全自动运行领域取得重大进展。

12 月，公司新能源乘用车产业工厂建成投产，制造能力大幅提升。

是月，智轨电车获工信部“户口本”，荣登央视《我的祖国》MV。

【科技荣誉】 “高压大电流 IGBT 芯片关键技术及应用”获 2019 年国家技术发明二等奖。

“大容量高效离心式空调设备关键技术及应用”获 2019 年国家技术发明二等奖。

“时速 350 千米复兴号动车组动力与控制系统关键技术研究与应用”获 2019 年湖南省科技进步一等奖。

“大功率高性能轧机主传动系统关键技术及应用”获 2019 年湖南省技术发明一等奖。

“高能效大功率交流传动矿用电动轮车牵

引系统研究及应用”获2019年湖南省科技进步二等奖。

“大型净/污水处理自控信息系统研制”获2019年湖南省科技进步三等奖。

“电能质量测评与智能优化控制关键技术及装置研发”获2019年云南省科技进步二等奖。

“城市轨道交通列车节能优化控制与多车系统调度技术及应用”获2019年广西壮族自治区技术发明二等奖。

“时速350千米复兴号动车组网络牵引系统研制”获2019年铁道学会特等奖。

“HGCZ-2000型换轨车”获2019年铁道学会二等奖。

“和谐型电力机车无动力回送途中防寒取暖及防暑降温研究”获2019年铁道学会二等奖。

“LKJ设备运行监测管理系统”获2019年铁道学会三等奖。

“面向高铁线路维护的钢轨打磨车自主网络控制系统”获2019年铁道学会三等奖。

“既有AC380V供电客车结合修程直供电改造”获2019年铁道学会三等奖。

“自主8英寸高压IGBT芯片关键工艺技术、制造平台及产业化”获2019年中国电子学会科技一等奖。 （吴昌云）

中车株洲电机有限公司

【概况】 中车株洲电机有限公司（以下简称公司）是中国中车旗下一级核心企业。公司主要从事轨道交通、风力发电、工业驱动、新能源汽车驱动、输变电等领域电机、变压器专业化研制、销售及系统服务。2019年末，公司在册员工3966人（含各子公司员工），其中本部员工2578人。各类专业技术人员共1575人，其中工程技术人员808人。高级技术职称人员176人，其中教授级高工31人。公司总体实行“总部+事业部”模式的“平台化+专业化”的组织架构。本部宗地总数共计3宗，土地总面积为253600平方米，主要建筑物数量为17栋，总建筑面积为154754.87平方米。公司注册资本13.42亿元，净资产30.43亿元，总资产84.71亿元。全年销售收入80.97亿元，利润3.69亿元（归属母公司净利润）。

【科技创新】 全年科研项目共立项341项，其中2019年新立项224项、结转117项，国家级项目15项，公司级以上重点项目147项。项目主要分布在轨道交通、风力发电、高效电机、特种变压器和新能源汽车领域以及支持产业领域的基础技术和前瞻性技术。全年针对公司目前承担的国家及省级共计19个研发项目，积极申报政府相关奖励补助，截至10月底，本年度相关项目已获得政府财政资金支持共计1506.85万元。公司积极开展高端项目的深层次合作，与浙江大学、中车戚墅堰所等专业领域内优势单位共同申报“面向深远海的大功率海上风电机组及关键部件设计研发”“车用燃料电池空压机研发”“工程机械大扭矩轮毂驱动关键技术及应用示范”3项国家重点研发计划项目，内容涵盖风力发电机、工业特种装备、高速永磁电机等领域。截至2019年年底，全部国家重点研发计划项目均已通过预申报，并完成正式申报书提交及答辩。全年完成专利申报128件，其中发明专利80件，海外PCT专利申请15件。相比上年发明专利占比提升10%，海外专利占比提升50%。全年新立项国家标准4项、行业标准5项、团体标准2项。发布国际标准2项、国家标准 2 项、行业标准 1 项。完成报批国家标准 4 项、行业标准 1 项、团体标准 1 项。10 月 23 日，“连接世界 心动未来”绿色动力装备国际高峰论坛顺利召开，邀请来自全世界的动力装备行业专家齐聚株洲，共同见证中车株洲电机有限公司“升格十周年”主题庆祝活动的开展。论坛的报告环节邀请了行业顶尖专家和资深从业人员，其中，邀请了 4 位中国工程院院士以及来自日本、奥地利和西班牙的国际专家友人，为公司搭建了良好的技术交流和研讨平台，为公司品牌传播和形象提升做出了不懈的努力。

【市场营销】 在稳固既有市场的基础上，不断加快新产业新市场拓展。轨道交通业务，动集和标动产品实现在集团内客户和“复兴号”全系列车型上的全覆盖；时速 600 千米高速磁浮和混动工程车等高端移动装备获得订单突破；检修市场布局进一步完善。风电业务，蝉联国内永磁直驱市场占有第一；异步、双馈和中速永磁风电市场不断扩大；维保业务稳步推进；“两海”风电布局在福清和阳江取得阶段性成果。工业驱动业务，合资设立江西中车生一伦公司；实现工程机械、暖通、真空透平、特种装备等领域高、中端产品的全覆盖，成功进入川煤、陕煤、淮南矿业集团市场群。新能源汽车驱动业务，完成多家国内外重点客户的拓展，顺利通过采埃孚供应商体系审核；实现商用车和乘用车双线的批量供给。特种变压器业务，实现了在传统配电变、轨道交通和新能源变压器市场的全面突破。国际业务，实现海外订单飞跃式增长；土耳其轻轨、印度机车变压器等多个项目同步推进；完成欧洲分公司设立并获得澳洲公司可研批复，欧洲和澳洲市场布局初步完成。

【企业文化建设】 标准化、项目化推进企业文化工作；引入项目管理思维，依据企业文化专项活动和日常管理的特征进行分析和分工，并将具体工作流程进一步规范，形成标准化。严格落实《两级理论学习中心组学习制度》，结合实际，精心制定了 2019 年党委中心组理论学习计划。策划全媒体宣传“爆点”，增强企业对外影响力和品牌知名度。“五一”期间，以动车组装班获得“全国工人先锋号”为契机，邀请央视《焦点访谈》以“小工种 大作为”专题报道了公司牵引电机车间动车组装班，是公司首次登上央视重点专题栏目。9 月，策划开展了“中央省市媒体进企业”活动，重点聚焦公司时速 600 千米磁浮项目、TQ800 型电机和 A00-A0 级乘用车“三合一”高集成电驱动系统电驱系统平台中国高端动力。10 月，与新能源汽车驱动事业部开展的“突破科技，引领未来——新能源汽车高集成电驱系统新品发布会”和研究院开展的“‘连接世界 心动未来’绿色动力装备国际高峰论坛”，对公司新能源新产品和公司研发技术进行重点报道。全年获得多项荣誉，《创建内优外美受人尊敬的国际化公司》荣获“2018—2019 年度全国企业文化优秀成果一等奖”；董事长及总经理荣获 2019 年度企业文化建设功勋人物等荣誉；被评为中国中车 2018 年度“新闻传播贡献奖”“企业文化和品牌建设优秀企业”；荣获 2018 年度“株洲市思想政治工作创新案例二等奖”；被评为“2019 年度全国企业文化优秀成果一等奖”“2019 年度全企业文化建设典范企业”；被评为“全国企业文化先进管理者”和“公司精益改善提案二等奖”；在国家级刊物《管理学家》发表专业论文“基于企业文化的国企政工工作创新问题研究”。

【公司核心动力装备助力“绿巨人”开跑】 1月5日，装载了公司核心动力装备的时速160千米动力集中型复兴号“绿巨人”动车组，顺利完成昆明至蒙自首次试运营。

【公司在氢能源领域获得重大市场突破】 借助中国中车进军氢能源领域的东风，7月10日，公司与重庆一公司签订3000万余元的氢能源空气压缩机用高速永磁电机批量供货合同，标志着公司正式进入氢能源空气压缩机领域，也象征着公司十三五战略“1+1+5+X”中“X”在氢能源领域有望形成新的支柱产业。

【公司卓越QC小组被评为“全国优秀质量管理小组”】 8月6日，公司卓越QC小组以《降低动车组牵引变压器低压端子板报废率》成果被评为国内QC奖项最高荣誉“全国优秀质量管理小组”。至此，公司实现QC小组“国优”级别奖项“零”的突破。

【公司风力发电产品登陆“彩虹之国”】 在国家“一带一路”政策的指引下，公司通过与金风科技合作，借船出海，将所研制的新能源产品——2.5兆瓦直驱发电机机组登陆非洲最南端的“彩虹之国”南非。8月23日，首台风力发电动力装备成功在Excelsior项目中完成吊装。这是自2015年公司风力发电产品顺利进入欧盟市场后，直驱永磁技术首次进入南非市场。

【公司连续5年蝉联“全国企业文化优秀成果一等奖”】 8月5日，全国企业文化年会在北京举行，会上揭晓2018—2019年度全国企业文化优秀成果名单，公司荣获“2018—2019年度全国企业文化优秀成果一等奖”。10月17日，在2019年度“不忘初心 牢记使命——新时代中国企业文化建设的责任与担当”企业文化建设峰会上。公司荣获“2019年度企业文化建设典范企业”荣誉称号，公司董事长、党委书记周军军荣获“2019年度企业文化建设功勋人物”荣誉称号。这是公司连续5年蝉联“全国企业文化建设典范企业”荣誉称号。

【院士、专家齐聚株洲共话绿色动力装备未来】 10月23日，“连接世界 心动未来”绿色动力装备国际高峰论坛在株洲举行。来自业内产学研用的200余名重要嘉宾，包括中国工程院顾国彪院士、刘友梅院士、丁荣军院士、黄小卫院士，高校知名教授，国内外顶级专家，聚焦绿色动力装备技术研发应用，发布系列主旨演讲，共同探讨绿色动力装备未来发展趋势和方向。

【公司荣膺“国家知识产权示范企业”称号】 11月25日，国家知识产权局在官网发布《2019年度国家知识产权优势示范企业评审和复验结果公示》，湖南省10家企业上榜，公司凭借着领先的创新实力和知识产权管理能力在经过层层评审后，荣获“国家知识产权示范企业”称号。“国家知识产权示范企业”是国家知识产权局对企业的知识产权管理能力的最高评价，是知识产权管理方面的最高级别荣誉称号。

（周　娜）

株洲联诚集团控股股份有限公司

【概况】 株洲联诚集团控股股份有限公司系

全国3A信用企业、全国重合同守信用单位，先后荣获全国五一劳动奖状、全国企业管理现代化创新成果一等奖、全国模范劳动关系和谐企业、全国就业与社会保障先进民营企业、全国安康杯劳动竞赛优胜企业，湖南省新型工业化一等奖等荣誉。公司拥有国家企业技术中心、省级认定企业技术中心、省工业设计中心、省轨道装备冷却工程中心、省复合材料工程中心等创新平台，湖南省工业企业100强、制造业50强企业，“联诚及图”为中国驰名商标。

公司重点服务于铁路机车、动车组和城轨车辆三大领域，是国内轨道交通装备产业链中的重大关键部件供应商及部件行业领先者和区域产业集聚核心成员企业，也是国内最大的轨道交通部件制造商和供应商之一。2019年公司销售收入为34.16亿元。

【产品制造】 2019年，公司共交付567节机车和1462节城轨配套产品;完成外部客户2083台风机的交付；完成32套西门子MIREO冷却塔及394套顶盖及小件等海外订单交付；完成1163台份和谐机车检修及98216件路用产品交付。

【市场营销】 2019年，公司获160KM复兴号动车组、铁八等主机批量订单；外部新造市场突破千万元；风机等获得BST、京张高铁等资质；与西门子深化战略合作，海外市场创历史新高；获ART智轨车27列车体订单。

【技术研发】 2019年，公司完成技术创新项目142项，6项科研成果通过省级鉴定；参与1项国家项目申报并通过公示，获批15项省市级重点项目；参与4项国标发布及5项国/行标起草；申报专利170项。

【产业发展】 2019年，新设特装事业部等3个子公司；与德国威法达成涂料合作；天能电机成功拓展山河智能等新市场；湖南美德克斯获得新制及检修批量订单；湖南力诚参与2项行标起草，申报专利11项；美格美沃通过装备承制及国军标认证。

【基础管理】 2019年，完成集团信息化规划的编制发布，ERP实现正常运行；通过TS22163质量体系、EN15085、DIN6701 A1及安环健康等体系认证审核；组织开展“质量大反思、大整改”活动；实施应知应会及技能考岗。

（李春红）

中国铁建重工集团股份有限公司道岔分公司

【概况】 中国铁建重工集团股份有限公司道岔分公司（简称：道岔公司）隶属于世界500强企业——中国铁建股份有限公司旗下中国铁建重工集团股份有限公司（原中铁轨道系统集团有限公司）。

道岔分公司成立于2006年，是一家铁路道岔产品专业制造企业，公司地处湖南省株洲市石峰区建设北路523号，企业占地面积24.68公顷，拥有固定资产51158.32万元，主要生产高速、提速、普速、地铁、轻轨等各类道岔产品及配件，设计年生产能力为5000组/年，其中高速道岔生产能力1000组/年，提速、普速道岔生产能力为4000组/年，高锰钢辙叉及合金钢辙叉10000个/年。公司经过近14年的发展，创造了良好的企业效益和社会价值，公司业绩逐步提升，公司产品已经遍布全国，走向世界。

道岔分公司秉承中国铁建“诚信创新永恒，精品人品同在”的企业价值观，以创新为根本动力推进企业发展，以诚信为最大智慧赢得天下用户，造就对人类和自然充满关怀的产品和高素质的员工队伍。

公司管理体制机制健全，设有经营与服务中心、研究设计院、安全环保部、质量部、设备部、人力资源部、财务部、党政办公室、计划生产部、精益物流部、采购部、实验室12个职能部门，下设炼钢、机加、数控、质检、维修、组装等30个生产/辅助班组。

2019年，分公司各类在岗员工798人，有专业技术人才125人，其中教授级高级工程师3人，博士1人，高级职称22人，硕士研究生15人，本科生142人，一线操作员工80%以上毕业于大专院校。

2019年度实现产值12.64亿元，实现利润总额4.79亿元。全年共计完成道岔生产1849组，生产辙叉成品2849个。全年共完各类型道岔产品开发65个，专利申报23项，其中包括12项发明专利和11项实用新型专利。

【轨道装备产业扩能与制造智能化项目（道岔二期）开工】 11月21日，总投资10亿元的轨道装备产业扩能与制造智能化建设项目（道岔二期）开工。株洲市政协主席蔡溪，市委常委、市政府常务副市长何剑波，市人大常委会副主任冯建湘，市政协秘书长袁生华，石峰区委书记张建勇，区委副书记、区长邓元连，铁建重工投资总监申智方，道岔分公司总经理、党委副书记贾延春一同出席开工仪式。株洲市副市长谭可敏主持开工仪式。

道岔扩能项目（二期）是铁建重工道岔分公司在扩能改造一期的基础上，提升轨道体系产品生产供货能力，解决产能不足的瓶颈问题，缩小与竞争对手之间的差距，稳固“三足鼎立”的现状，争取更大的市场份额的关键保证。铁建重工道岔分公司将依法合规开展项目建设，尽快实现产业落地，建成投产。项目建设用地约7.34公顷，其中固定资产投资约3亿元，主要建设2.1万平方米标准化厂房及研发、仓库等配套设施，配置5000吨压力机等51台（套）关键设备。

项目建成后，铁建重工道岔分公司新增生产提速道岔240组/年、60千克/米普速道岔600组/年、50千克/米普速道岔1200组/年。仪式结束后，铁建重工道岔分公司总经理、党委副书记贾延春接受媒体采访。 （张新颖）

株洲九方装备股份有限公司

【概况】 株洲九方装备股份有限公司于1997年10月注册成立，截至2019年末，注册资本超过6100万元，其中自然人股份超过85%。公司为中国中车集团株洲电力机车有限公司（厂）改制企业，是轨道交通装备核心供应商，产品随整车销往国内外市场。公司为高新技术企业，拥有省级企业技术中心。公司先后通过EN 15085欧洲机车焊接质量标准体系认证、ISO/TS 22163铁路行业标准质量管理体系认证、DIN 6701黏接体系认证、OHSAS 18001职业健康安全管理体系认证、ISO 14001环境管理体系认证，拥有系统的质量管理与安全环保职业健康安全管理能力。

2017年以来，公司先后投资成立江苏九方轨道装备有限公司、株洲九方装备驱动技术有限公司、株洲九方因赛德技术有限公司、株洲顶维物联技术有限公司，分别从事工铁两用车、集成部件、内装、智能维保等轨道交通装备及其周边业务的开发工作，加之此前整合的株洲九方铸造有限责任公司共同构成九方装备集团公司，2019 年，九方装备集团公司共计实现销售 13 亿元，多项指标创历史新高。公司深谙技术引领市场之道，深耕轨道交通装备技术，公司拥有自主知识产权 95 项，其中授权发明专利 8 项，实用新型专利 52 项，为提升发展后劲不断储蓄力量。公司积极践行社会主义核心价值观，积极承担社会责任，多年来持续投资慈善事业，定点帮扶大横溪村；2018 年，公司向湖南中车株机公益基金会捐赠人民币 30 万元，2019 年向中车株机公益基金捐款 10 万元，同时通过采购物资对江西省泰和县革命老区开展精准扶贫，共计费用约 20 万元，共同做好慈善公益事业，助力产业扶贫。

公司积极建设企业文化，秉承“诚信、勤奋、学习、爱心”的核心价值观，培育“精工细作、精益求精、精打细算、认真负责”的制造文化，打造“工匠精神”，多名员工在全国及省市技能竞赛中获奖。公司重视思想政治工作，全面贯彻落实党的十九大精神，深入学习贯彻习近平新时代中国特色社会主义思想，牢固树立“四个意识”，自觉在思想上政治上行动上同以习近平同志为核心的党中央保持高度一致，坚决拥护中国共产党的领导，坚持党的路线方针政策，政治立场坚定。公司围绕促进经营发展开展党建工作，在班子建设、从严治党管党、支部“五化”建设等方面取得成绩，公司党委连续多年被评为先进基层党组织。公司与株机公司党委签订结对共建协议，探索拓展非公党建工作的新方法、新途径，全面提升党建工作水平，夯实党建工作基础。

【评为年度促进经济发展先进单位】 4 月 11 日，根据中共株洲市石峰区委办公室印发的《关于 2018 年度全区企业促进经济发展等工作先进单位的通报》，经由中共株洲市石峰区委、区政府研究决定，公司被评为促进经济发展先进单位，授予“企业贡献奖”“企业投资奖”两大奖项。

【技术中心被评为 2018 年度株洲市“青年文明号”】 2018 年，公司技术中心按照《株洲市青年文明号活动管理办法》要求，深入开展争创青年文明号活动，展现出良好的精神风采和积极向上的青春风貌，2019 年 4 月 28 日，公司技术中心被评为 2018 年度株洲市“青年文明号”。

【团组织及团员被评为多项共青团系统市级区级荣誉称号】 2018 年，公司团委认真履行共青团“组织青年、引导青年、服务青年”基本职能，团结带领公司青年努力工作，取得较好的成绩。2019 年 5 月，团市委授予公司制造中心团支部“株洲市五四红旗团支部”、铸造公司员工苏志雄“株洲市优秀共青团员”荣誉称号。团区委授予公司团委为“石峰区五四红旗团委”、驱动团支部为“五四红旗团支部”，公司党委副书记、工会主席朱毓龙为“石峰区关心支持共青团工作好领导”，公司员工宾雪莹、周巍为“石峰区优秀团干”，公司员工董庆松、李慧中、刘端、周梦雅为“优秀团员”荣誉称号。

【开展新进员工韶山红色之旅活动】 2019 年 7 月 6 日，公司人力资源部组织 16 名新进员工前往韶山开展为期一天的“感怀革命先烈，瞻仰伟大领袖毛主席故居”的红色之旅活动。此次红色之旅从毛泽东铜像广场启程，新进员工向毛泽东铜像默哀、鞠躬，表达对毛主席的敬仰；参观毛泽东故居，感受毛主席幼年时的生活环境；最后来到毛泽东纪念馆，让新进员工从毛主席一生的革命历程中深刻感受到中华民族波澜壮阔的革命史、艰难卓越的奋斗史、可歌可泣的血泪史。

【公司被评为 2019 湖南制造业 100 强企业】 2019 年 11 月，在由湖南省企业和工业经济联合会主办的湖南 100 强企业发布活动中，公司荣获“2019 湖南制造业 100 强企业”称号，党委书记资道清代表公司参加活动并领取奖牌。

【公司总工程师姜宇飞受聘专家委员】 2019 年 12 月 25 日，湖南省新型城市轨道交通标准化技术委员会（HUN/TC36）成立大会暨 2019 年年会在株洲九方大酒店顺利召开，公司总工程师姜宇飞应邀出席会议并受聘为专家委员。专家委员共 31 人，主要由政府、高校、业主单位、大型制造单位及设计公司等在城市轨道交通领域具备广泛代表性的单位代表组成。

【建成“车身稳定系统”工程技术研究中心】 2019 年 12 月 19 日，公司与同济大学联合申请组建的“湖南省‘车身稳定系统’工程技术研究中心”顺利通过省科技厅评审、认定。本年度株洲市获认定的省级工程技术研究中心共 7 家，公司以市排名第二的身份跻身省级创新平台。

平台依托公司技术中心开展相关建设工作，公司总工程师姜宇飞担任平台主任，同济大学陆正刚教授任副主任。平台组建了以陆正刚院长，中车株机首席专家杨颖、陈国胜，湖南大学车身稳定系统研究院教授张邦基等领衔的技术专家委员会和管理委员会。（李慧中）

大唐华银株洲发电有限公司

【概况】 株洲发电公司是大唐华银电力股份有限公司全资子公司。1994 年和 2003 年，大唐华银电力股份有限公司在拆除株洲发电公司前身湖南省株洲电厂（始建于 1955 年）老机组的基础上，全额投资建成 2 台 12.5 万千瓦发电机组和 2 台 34 万千瓦发电机组。2008 年 9 月，公司积极响应国家节能减排号召，提前关停了 2 台 12.5 万千瓦机组。公司现有装机容量 68 万千瓦。

【电量营销】 2019 年 1 月 22 日，公司在株洲市工商业联合会第十一届四次执委会上进行能源营销专题推介，2019 年，公司华银月度电量计划完成率 102.53%，高于平均 0.77 个百分点，排名第一。市场电销售量增长幅度排名华银公司系统前列。实际市场电量完成年度目标 117.81%，同比增长 296.25%。2019 年，在华银公司、地方党委、政府及部门的指导和帮助下，兄弟单位的大力支持下，公司全体干部职工共同努力争政策、抢电量、控煤价、降煤耗，多措并举，攻坚克难，实现了生产经营局面逐步向好，全面完成特困企业治理巩固期第一年各项目标任务。2019 年，公司完成发电量 26.86 亿千瓦时，月度电量计划完成率在华银系统领先，市场电销售量大幅增长，“两个细则”考核补偿工作成效显著，节能降耗小指标管控水平提升，实现了利润“出零米”。

【文明建设】 2019 年，公司连续保持全国文明单位、湖南省文明标兵单位，第 13 次荣获集团公司文明单位等荣誉称号。

【“三定”改革】 2019 年 3 月 18 日，公司召开第十七届职工代表大会第七次会议，审议、表决并通过了《公司“三定”实施工作方案》。公司稳妥推进“三定”工作，精简二级机构，优化干部队伍，出台中层管理人员退位让贤、末位淘汰机制，修订中层管理人员月度绩效发放办法，提升干部工作效能。

【3 号机 C 修】 2019 年 10 月 19 日至 11 月 9 日，公司安全、高效完成 3 号机组 C 级检修任务。公司 3 号机组 C 级检修，生产系统克服时间紧、任务重等困难，安全、高效完成常规标准项目，同时还完成两台磨煤机大修和氧化风管改造等多项非标项目。在华银公司秋检等检查中，C 修工作得到检查组的充分肯定。

【粉煤灰吨灰均价居华银公司系统企业第一】 1 月以来，公司抓住增发电量的有利时机，根据市场供求变化，采用抓大放小和价格杠杆的运作策略，使粉煤灰的销售收益最大化。据华银公司系统各电厂对标统计数据显示，公司 1 月份吨灰均价高于兄弟单位，夺得均价对标第一名。同时，通过公司上下的同心协力，已连续 7 年实现粉煤灰“零湿排”，为公司安全、环保创效，提高文明生产水平锦上添花。

【完成春节期间 4 号机组停备消缺】 为提高机组设备健康水平，春节期间，公司员工坚守岗位、全力奋战在 4 号机组停备消缺生产第一线。截至 2 月 10 日，提前 3 天圆满完成机组停备消缺工作，确保 2 月 13 日 4 号机组按计划顺利开机并网。

【综合废水改造项目顺利通过环保验收】 2 月 28 日，株洲市生态环境局到公司组织召开全厂综合废水改造项目环保验收会。验收会上，专家组听取了项目建设、验收监测和运行情况报告，经充分讨论、评审，一致同意通过环保验收，这标志着公司废水项目建设圆满完成，交付正式运行。同时，专家组建议公司进一步完善报告内容、加强现场设备运行维护管理，以及应急防范措施具体化。全厂综合废水治理项目包括脱硫废水处理工程、综合废水处理回用工程、含煤废水处理工程和工业冷却水回收工程等四个子项目工程。项目投入运行后，满足环评各项要求。据测算，年处理和综合利用废水能力达到 107.7 万吨，减少净水系统年处理水量 86 万吨。项目的实施，具有较大的环保效益，也改善了公司综合利用废水状况。

【开展重污染天气应急预案演练】 为进一步提高公司各部门对重污染天气预警后的应急反应能力，明确自身应急管控责任，提高各部门对突发事故的协调处理能力，及时有效应对重污染天气，最大限度地减少大气污染物排放影响，3 月 26 日，公司开展重污染天气应急预案桌面演练。

【发电部集控运行二班荣获湖南省“工人先锋号”称号】 4 月 28 日上午，湖南省庆祝“五一”国际劳动节暨表彰劳动模范和优秀工匠大会在长沙隆重召开，会议表彰了湖南省 2019 年荣获全国五一劳动奖章、奖状、全国工人先锋号的单位和个人等荣誉。公司发电部集控运行二班获得“湖南省工人先锋号”称号，班长彭建作为获奖代表参加表彰大会并上台领奖。

【公司集体和个人获得多项荣誉】 公司发电部集控运行二班被湖南省总工会授予“湖南省工人先锋号”，燃料管理部采制班被集团公司授予 2018 年度“大唐工人先锋号”，财务管理部被集团公司授予“2017—2018 年度青年文明号”，发电部汽机专工管炜被集团公司授予“2018 年度‘大唐杯’劳动竞赛先进个人”，燃料管理部梁经利被集团公司授予“2018 年度先锋班组长”称号。

【搬迁发展项目厂址选择专题评审会召开】 为贯彻落实新发展理念，深化供给侧结构性改革，推动华银高质量发展，5 月 16 日，大唐华银株电搬迁发展 2×1000 兆瓦煤电项目厂址选择专题报告评审会在株洲召开。评审会上，来自电力规划总院有限公司的专家分组从土建、规划、煤源、水工、化学环保等多方面对 4 个项目选址进行进一步优化比选。经研究分析，专家组认为，大唐华银株洲百万煤电项目此前开展的前期工作深入扎实，操作程序合规，原先初可研结论依据充分。湖南电力设计院推荐的将陈家塘厂址作为大唐华银株电搬迁发展项目首选厂址是合适的。该选址在水源、电厂出线线路等方面具有明显优势。具备铁水两种运输的条件，并具有符合《株洲县城市总体规划（2001—2020）》（2018 年修订）和《株洲县淦田镇总体规划（2019 年修订）》以及湖南省能源局关于湖南省“十三五”电力发展规划、靠近长株潭电力负荷中心、建设场地条件较好、码头距离厂区较近、铁路专用线接轨条件较好、取水距离较短、厂区场地土石方工程量较小、电厂初投资较少的优势，综合建厂外部条件较好，且有地方政府的大力支持。

【集团公司采制化专业决赛在株洲燃料培训基地圆满闭幕】 8 月 12 日，第十七届中国大唐专业知识和技能竞赛——燃料采制化专业决赛顺利完成各项赛程，胜利闭幕。

【“不忘初心、牢记使命”主题教育】 9 月 11 日，公司在月度工作会议上安排部署了“不忘初心、牢记使命”主题教育工作。公司为第二批开展主题教育的单位，此次主题教育从 9 月开始，11 月底基本结束。公司党委要求各级党员领导干部要将主题教育各项工作作为重大政治任务来抓。根据中央精神，贯彻守初心、担使命，找差距、抓落实的总要求，进一步用习近平新时代中国特色社会主义思想武装头脑，坚持抓思想认识到位、抓检视问题到位、抓整改落实到位、抓组织领导到位，达到使公司党员干部理论学习有收获、思想政治受洗礼、干事创业敢担当、为民服务解难题、清正廉洁作表率的效果。

【株洲百万煤电项目鮰鱼专题通过农业农村部评审】 10 月 10 日，由农业农村部长江流域渔政监督管理办公室组织的涉渔工程水生生态影响专题评价报告审查会在江苏无锡召开。会上，《大唐华银株洲退城进郊 2×1000 兆瓦煤电项目配套码头和取水工程对湘江株洲段鮰鱼国家级水产种质资源保护区影响专题论证报告》通过了农业农村部组织的专家评审。

【签订大唐华银风电项目框架协议】 10 月 11 日下午，在茶陵县 2019 年秋季招商引资项目签约仪式上，公司与茶陵县政府成功签署大唐华银风电项目框架协议，公司总经理欧艳清与茶陵县委副书记、县长江小忠现场签订协议。为了推动株洲电厂退城进郊项目，公司充分发掘茶陵县严塘镇、秩堂镇等地的风能资源，拟建一个10万千瓦的风力发电站。该项目的实施是践行华银公司新能源发展的重要举措，也是公司实现高质量发展的崭新台阶，具有重要的战略意义。（张金喜）

株洲天桥起重机股份有限公司

【概况】 株洲天桥起重机股份有限公司成立于1999年，其前身是1956年成立的株洲起重设备厂，2010年12月，在深圳证券交易所成功上市（股票代码：002523）。天桥起重是全球最大电解铝专用起重设备制造商，是目前国内唯一专业从事高端起重装备研发和制造的上市公司，是我国南方地区最大的桥、门式起重设备制造商。公司拥有省级工程技术中心、省级企业技术中心、院士工作站，总资产30亿元，员工1600余人。“天桥起重”下辖株洲天桥起重配件制造有限公司、株洲优瑞科有色装备有限公司、株洲天桥舜臣选煤机械有限公司、杭州华新科技有限公司、杭州华新机电工程有限公司、浙江天新智能研究院有限公司、湖南天桥利亨停车装备有限公司、株洲天桥嘉成智能科技有限公司、株洲天桥奥悦冰雪科技有限公司等九家控股子公司。

多年来，公司秉承“先进制造，专业典范”的企业愿景，已成为业务范围涵盖物料搬运、钢铁及有色金属冶炼、环境保护、冰雪制冷、港口站场装卸、智能装备、风力发电等领域的企业集团。公司致力为客户提供高端、智能物料搬运装备、港口站场装卸装备、有色冶炼装备、垃圾分类处理和燃烧发电装备、选煤机械、立体停车库、冰雪制冷装备、风力发电设备的研发设计、制造、销售、维保等整体解决方案。公司产品的销售市场和服务范围覆盖亚洲、欧洲、美洲和非洲等多个国家和地区。

【科技创新】 公司现有湖南省物料搬运工程技术中心、省级企业技术中心、院士工作站等科技创新平台，拥有从海外回国的博士、硕士及中高级工程技术人员242名。公司与中车株洲电机公司合作开发的“大功率牵引电机智能制造生产线”获得工信部“智能制造示范工程”项目资金支持。2019年公司牵头的“面向有色金属浇铸机器人作业系统”入选国家重点研发计划，是湖南唯一由企业牵头的入选项目。全年争取国家、省、市科技计划项目立项12项，新申请专利5项；授权发利6项、实用新型专利9项、软著专利2项。

【转型升级】 公司加快从传统起重装备向高端、智能装备转型升级的步伐，2019年控股子公司华新机电狠抓技术创新，开发了螺旋卸船机等新产品，推动了垃圾吊进入环保领域。控股子公司天桥舜臣成立了天桥环境公司，进入垃圾焚烧发电装备领域。控股子公司天桥嘉成强化与中铝、中车、中核、湘钢等单位合作，公司制造的湘钢5G智能天车成功实现从北京遥控操作。控股子公司天桥利亨深化与中科利亨的合作，创新投资运营模式，完善产品研发体系，拓展立体公交车库应用市场。控股子公司天桥奥悦真空高温造雪机成功进入2019年进博会，打造了公司“城市冰雪嘉年华”项目品牌。公司铝电解多功能天车，依托国家“一带一路”战略布局，首次出口意大利，进入了欧美市场。

【开创国内钢铁行业首例 5G 技术实景应用】 公司与华菱湘钢、湖南移动、华为共建5G智慧工厂，在2019年9月12日的签约仪式上，天桥起重开发的天车远程集中控制系统和五米宽厚板厂废钢吊运智慧天车示范项目，进行了现场演示。此项目由“操控端+5G 网络+天车”3部分组成，操作人员可在远程操控椅上实时操控炼钢区废钢跨天车，进行卸车、吊运装槽、配合检修等作业。这是5G技术在全国钢铁行业的首次落地，也是5G技术实景应用到全国钢铁行业的第一例。

【首创国内渣包缓冷智能天车系统】 天桥起重子公司天桥嘉成博士团队结合赤峰云铜渣包缓冷工艺和个性化定制需求，自主研发的渣包缓冷智能洒水无人天车系统，集渣包自动吊运、智能移动洒水、协同调度管理等多功能于一体，提升了生产效率、降低了现场作业风险，实现了国内该项技术“零”的突破。（李　郡）

中铁株洲桥梁有限公司

【概况】 中铁株洲桥梁有限公司隶属于中国铁建股份有限公司下设的中国铁建大桥工程局集团有限公司，公司拥有桥梁工程专业承包二级、建筑工程施工总承包三级、市政公用工程施工总承包三级、钢结构工程专业承包三级、环保工程专业承包叁级和施工劳务资质，是国内预应力混凝土制品行业中集施工、研发、生产为一体的领先专业骨干企业。2000 年通过ISO9000 质量管理体系认证，2009 年通过环境管理体系和职业健康安全管理体系认证，2008年被认定为高新技术企业。公司始建于1958年6月，2003 年 7 月改制，现隶属中国铁建大桥工程局集团公司。公司驻湖南省株洲市建设北路487号，本部占地面积15.54公顷。公司主要生产桥梁系列（包括制梁、运梁及架梁）、混凝土轨枕系列；地铁轨枕、管片等系列产品，以及混凝土外加剂、桥梁轨枕钢模、钢结构件等附属产品。具有承担铁路综合施工项目、桥梁施工项目、市政施工项目的实力，年施工生产能力15亿元。

2019年年末公司在册员工1322人，公司领导班子成员 6 人，组织架构为小机关、大板块模式。机关设13个职能部室，三大板块设轨枕板块、桥梁板块、兰州装备分公司。公司在全国各地设有 16 个项目部（分公司），另设有桥梁施工筹备组、桥梁预制筹备组。有劳服系统集体企业（工业实业公司）共10个。公司注册资金10000万元，资产总额8.74亿元，固定资产总额2.76亿元，流动资产6.46亿元，净资产2.06亿元。公司拥有各种机械运输设备1063台（辆），机械设备原值 14400.16 万元，净值3791.94 万元，动力装备率 6.93 千瓦/人，机械设备总功率 8781 千瓦，技术装备率 2.99 万元/人。

2019 年，面对保供紧张、资金紧缺、在手任务不足、多项目工期不可控等诸多不利因素的挑战，公司上下真抓实干、奋力拼搏，保持了企业健康稳定的发展势头。全年新签合同额1.5792亿元，实现营业收入4.4507亿元，实现净利润 693 万元。国有资产保值增值率149.18%，净资产收益率 39.48%，产值利润率

14.40%。

2019年，公司“一种涵洞接长施工中既有路基的防护结构”科研成果喜获国家“实用新型”专利；相继成功取得五项企业资质；查汗淖项目铁路专用线工程二次获得业主贺电和表扬通报；鄱阳制梁场受到EPC总包项目部通报表扬；张吉怀项目、怀化制梁场受到局项目部通报表扬和奖励；在集团公司先后举办的乒乓球、羽毛球、气排球联谊赛上，获得多个集体单项冠军和10类个人单项一、二、三等奖好名次；在中铁建股份公司“庆祝新中国成立70周年暨第七届书香铁建女职工”读书系列活动中，有多个作品或一、二等奖；公司女工委被股份公司工会评为“2018年度先进女职工组织”荣誉称号；公司各驻外项目有多人荣获集团公司2018—2019年度“青年岗位能手”称号、局项目部“先进个人”称号。

【职工队伍】 2019年年末，在册员工总数1322人，离退休人员2187人。在册人员中：内部退养289人，其他非在岗员工403人，在岗员工630人。在岗员工中主业系统541人，辅业系统89人。在岗630人中，干部（含干部岗位工作人员）257人，工人373人。在册人员中有大专及以上399人，中专46人，高中236人。有高级职称41人，中级职称62人，初级职称102人，有一级建造师14人，二级建造师12人，其他注册类人员7人，注册安全工程师4人。

【人力资源】 制定下发《机关部室机构调整及中层管理人员编制的通知》《公司中层干部管理规定（试行）》《公司待岗员工管理办法》《公司薪酬实施细则》《机关员工考核管理办法》《待岗员工管理办法》等系列办法，以大板块小部室的管理理念，完成机关机构调整和人员精简，将16个部室整合为13个部室，机关人员由120余人减员至66人，对教培中心非在岗388人进行了清理。坚持党管干部、党管人才原则，干部提拔任用程序严谨规范，新提拔中层干部19人，完成科级干部档案专项审核工作50余人，组织20人参评并通过职称评审，首次拓展网络招聘渠道并取得初步成果。完成薪酬套改实施新的薪酬体系，有效地调动了职工工作积极性，2019年工资发放5123.57万元。社保管理方面，五险二金全年应缴4003万元，因资金短缺实际缴纳2887.75万元。积极与地方政府对接，充分利用对困难企业的帮扶政策，申请争取困难企业稳岗补贴1000万元。全年组织举办各类培训班74期，培训学员2164人次，在职员工参训率81.9%，员工考取证书或注册共95人。

【工程施工】 公司有16个项目部（分公司），主要分布在湖南、安徽、贵州、内蒙古、浙江、天津、江西、宁夏等地。其中：制（架）梁项目5个，轨枕项目6个，管片项目1个，铁路项目1个，装配式建筑项目1个。2019年在建项目11个，收尾项目3个，各项目部共生产普通轨枕629185根，双块式轨枕96101块，地铁轨枕200705块，弹性支承块12084块，岔枕277.55组、外购普枕204659根、箱梁61孔、T梁9孔、架设箱梁41孔、完成路基主体工程48012圬工方、完成路基附属工程16735圬工方。总计完成产值4.68亿元，完成集团公司年度计划5亿元的93.6 %，其中完成施工产值1.64亿元，工业产值2.65亿元，外购轨枕产值0.39亿元。

【企业管理】 2019年，公司先后制定或修订各类管理办法45个，完成公司章程修订，规范管理，夯实基础。创新管理理念，提高工作效率。搭建办公平台大力推行无纸化办公，上线“钉钉”办公系统，实现审批网络化、会议视频化，推动公司日常事务管理流程化、规范化和高效运转，有效地减少了管理费用。改革用人机制，改变机关作风，大力推进机关“三定”工作落地，实行新的薪酬管理体系，激发员工活力。有序推动“三重一大”决策运行系统建设任务，实现法人和管理主体全级次覆盖，运用信息化手段规范了企业的决策机制和监管程序。狠抓项目管理，高度重视项目评估、效益策划、减亏扭亏、责任考核，新上项目快速进场，高质高效打造标杆，重塑企业形象，也为任务承揽和拓展施工领域打下良好基础。启动大集体改革、离退休人员社会化管理移交工作，加快“三供一业”移交改造实施，使企业轻装上阵。清理整合完成15家非法人单位注销工作，完成集团公司下达的清理整合工作目标。成功申报取得市政公用工程三级、建筑工程施工三级、钢结构工程三级、环保工程三级和施工劳务 5 项资质，为公司拓展经营承揽范围，实现经营业务多元化，奠定了坚实基础。

【项目管理】 2019 年，公司变管理为服务，侧重建章立制、信息归纳、监督考核、严细管控，促推项目良好发展，制定下发了《工程调度管理办法》《生产督导管理办法》《施工组织设计管理办法》等 6 个工程管理制度，全方位督导项目规范运作；2019 年新中标 3 个项目全部上场，包银铁路项目、昌景黄项目以最快速度完成上场动员、纲要策划、详细策划、施工组织设计编制和评审。银川制梁场、鄱阳制梁场在“落实标准化开工条件”专项活动考核评比中受到昌景黄铁路（江西段）工程总承包项目部表扬，黄山制梁场也紧跟其后，三个项目的高效高质推进，为公司项目管理和项目建设树立了榜样，起到很好的示范引领和促进作用。查汗淖项目施工生产组织有力，项目工程建设总体施工完成既定目标，3 个多月完成 4000 多万元的产值，多次获得业主发函表扬，项目完成减亏治亏目标。

【财务管理】 逐级签订“两金”压降、清收清欠责任书，出台清收清欠管理办法，定期召开专题会、促进会，成效显著，完成清收老款 1.2291 亿元。严控收支，积极推广电子承兑和商业承兑、重点关注大额资金回笼充分盘活存量资金、严控调剂款管理。推行提质增效新举措，追回江边拆迁遗留未结欠款 1260 万元，清理处理制品分公司轨枕节约近 70 万元，剥离制品分公司降低采购成本节约 383 万元，解除与蓝天物业公司合同每年节约物业费 100 多万元，改造制品分公司养护池每年节约燃动费 50 万元，砂石车间工业用电改居民用电每年节约 10 万元，推动电商集采规范财务处理流程，大力压减各项非生产性开支。税务创收明显，公司税务评级连续三年评为 A 级，2018 年缴纳的房产税全额退回并且调整了土地税纳税基数，每年可为公司节约土地税 23.12 万元，银行信用等级继续保持 AA + 。

【安全质量管理】 通过逐级签订安全包保责任书，建立和落实风险分级管控和隐患排查治理双重预防工作机制，全年无较大生产安全危险性事件，无各类人员伤亡事故；编制和修订 9 个安全质量管理文件，补充完善“三标一体”管理体系程序文件，进一步规范管理；顺利完成本部产品生产许可证核发申请及取证和三个项目的产品取证认证，通过“三标一体”管理体系监督审核、安全生产许可证变更；组织并监督各项目部（分公司）开展专项和季节性安全教育培训，全年各生产单位组织安全培训共107次2081人；坚持隐患排查治理不放松，保持对现场安全高压管控态势，日常安全检查与定期专项安全生产大检查相结合，全年各生产单位开展安全检查共74次，查出安全隐患161项并及时完成整改。组织开展了“安全月”和“质量月”活动，共420人参与答题活动，积极组织开展QC小组活动，公司有2项QC成果参加集团优秀QC成果评选。

【科技创新】 新产品开发完成了渝怀二线一渡一交组合岔枕、交叉渡线岔枕和1676毫米宽轨距轨枕的生产技术研究，确定新制组合模型方案及新制底板方案；完成老Ⅲb枕模型改为ⅢFC型轨枕模型改制方案；参与编制CECS标准《重载铁路高性能混凝土耐久性技术规范》正式立项；参加中铁检验认证中心组织的轨枕类产品CRCC认证细则修订和轨枕按批抽样检验实施方案讨论，编制轨枕厂、板场及T梁场的投标技术标模板和《高速铁路箱梁预制场建设标准化图集》；完成装配式建筑调研并掌握装配式建筑生产工艺技术；完成C50、C60配合比及耐久性试验并取得中铁认证中心合格报告。公司“一种涵洞接长施工中既有路基的防护结构”“一种FC16型预埋铁座分开式定位装置”“一种地铁长轨枕横向预留孔的成孔装置”获得国家知识产权局颁发的实用新型专利证书。

【党群工作】 扎实开展党委中心组理论学习，开好专题民主生活会，高质量完成“规定动作”。组织广大干部职工参加新中国成立70周年系列活动，组织践行艰苦奋斗大讨论，公司领导到机关本部和基层联系点讲专题党课13场次，培训党员300余人次。坚持“三会一课”，党员活动日、组织生活会和党员民主评议等制度。及时完成基层党组织调整和换届选举工作，配齐配强党组织负责人，全年发展6名党员、5名预备党员转正。组织13名基层党支部书记参加股份公司和集团公司的支部书记培训。

立足宣传平台《株桥动态》并创办《株桥快讯》，对公司各类重大事件和民生进行跟踪报道，讲好株桥故事，传播株桥声音，展现株桥形象；开展项目企业文化规范建设，指导建设职工综合文化娱乐室，陶冶职工情操，丰富职工文化生活。在股份公司“庆祝新中国成立70周年暨第七届书香铁建女职工”读书活动中，公司表演阅读作品“寄明月”舞蹈获一等奖，肖箭摄影作品《新思路》获一等奖并被《中国铁道建筑报》8月29日第3576期选刊发表；李雄晖书画阅读作品《女郎和鹦鹉》获二等奖；胡建沅摄影作品《最美她力量》获三等奖。

筹措资金15万元，在本部创建“翰墨香书屋”，开办女职工活动场所；为驻外项目部建设职工综合文化娱乐室，增添娱乐设施，增添食堂操作间设备，改善就餐环境；成立龙均爵志愿者服务队开展志愿服务活动；冬季投入35800元为西北片区项目部配备防寒衣物93件，送去猪、羊肉折合资金31364元，增强职工的获得感、幸福感；坚持开展“精准帮扶送温暖，凝心聚力促发展”活动，及时走访慰问、发放扶贫帮困金；职工文体活动丰富多彩，开展庆“三八”女工趣味运动会和爬山运动，参加集团工会女工“大桥书香•文明家庭”活动，报送舞蹈视频、绘画、征文、摄影获得四项大奖；组队参加市总工会“壮丽七十年，奋斗新时代——

我和我的祖国”株洲市百万职工同声唱暨第七届职工健步行活动；参加集团第二届“舌尖上的项目部”厨艺大赛获奖；举办了公司第十一届气排球比赛；公司体育馆每周开放三次组织职工气排球训练和乒羽球训练、每晚组织女工健身锻炼。公司女子气排球队获集团公司第二届联谊赛冠军，获得集团公司第三届职工乒乓球比赛团体第一名、羽毛球比赛团体第二名。

紧紧围绕庆祝新中国成立70周年、纪念五四运动100周年，以“青春心向党•建功新时代”为主题开展了一系列活动；与人力资源部合作开展“导师带徒”活动，新结队师徒6对；以“号”“手”建设为主线，开展“抓安全、强管理”青年成长课堂；查汗淖项目团支部围绕施工一线攻坚克难，以青年总工翁建龙为首技术人员的工法获实用专利一项，青年突击队在项目正线道岔顺利插入接通中展现作为，获得业主发函表扬；组建龙均爵志愿服务队，拓展“青”字号品牌工作内涵；依托“五小”创新等活动载体，充分发挥团员青年生力军和突击队作用，兰州分公司孙树茂荣获2018-2019年度集团公司“青年岗位能手”称号；张吉怀制梁项目团支部组织委员熊飞鹏获集团公司“优秀共青团干部”称号。

【纪检监察】 通过签订《党风廉政建设责任书》，发放《“一岗双责”工作日志》，组织干部职工观看警示教育片，专题解读条例规定、廉洁谈话等一系列措施，将“一岗双责”落到实处；对中层干部提拔采取全程纪实手段，多种渠道引进各类人才，形成干部能上能下工作机制，为公司选人用人提供可靠依据；项目专项巡察持续开展，全年先后3次对7个项目开展党内政治巡察和专项巡查，共查阅资料489份，组织个别谈话42人次，发现问题86个，移交问题线索23个，提出整改意见35条并督促全部完成整改；查办违反党纪政纪案件核实问题线索19个，参加集团纪委纪律审查工作10人次，发放各种纪规读本合计1042册，开展爱国主义教育和党风廉政警示教育系列活动，全年受教育干部职工共计541人次。

【“三供一业”移交改造】 各项工作齐头并进，移交改造快速推进。与株洲市电业局、自来水公司、石峰区政府及市国资委等单位积极协调，完成供电改造住户资料收集移交，代理签订约7000份供水供电合同，完成全部住户的割接分离工作，供电职能全部移交株洲市电业局，开始办理清算手续；供水改造完成一、二、三生活区室外主管网的敷设及加压站工程、水表安装，完成供水用户割接分离；物业移交方面与国资委签订降造补充协议，物业职能移交石峰区物业服务指导中心，完成物业改造工程的设计、招标开始进场施工。“三供一业”移交改造专项资金拨付电业局2385.3万元，自来水公司952.7万元，物业2540.4万元，3年过渡费965.4万元。 （胡建沅）

中车特种装备科技有限公司

【概况】 株洲中车特种装备科技有限公司（以下简称“公司”）设财务运营部、物流部、综合管理部、智能制造部、市场营销中心、项目管理中心、技术中心等4部3中心。2019年末，公司在岗总人数402人，其中参保329人，劳务派遣73人，6人拥有高级工程师职称。全年实现销售收入4.8亿元，净利润2140万元，较上年度分别增长 4%和 33%。

【党建工作】 积极推进党建工作与经营工作深度融合，继续深化“两学一做”学习教育活动，在全体党员中开展“不忘初心、奋勇前行”的主题教育，使“两学一做”学习教育活动在日常经营工作中不断常态化、制度化。全年共组织开展党支委会学习提升活动 14 次，召开党员大会 11 次，党小组会 14 次，党课学习 17 次。不断激发公司员工的初心和使命，加强党员梯队建设。公司现有党员 89 名，下设 6 个党小组。公司新增入党申请人 11 人，积极分子 3 人，确定为发展对象 7 人，发展预备党员 8 人，预备党员转正 2 人。公司党支部切实贯彻落实上级党委要求和党员发展计划，不断提高发展党员质量，加大对党员教育管理。充分发挥党组织在把关定向、政治保障的主导作用，在支持经营管理层依法行使职权的同时，积极参与企业重大问题决策，严格按照“三重一大”程序，履行决策程序，充分发挥党支部在重大决策中的领导作用。

【市场营销】 2019 年，公司坚持市场拓展勇于自我加压，订单指标分解到人，全年新开优质客户 10 家，收获大觉山独轨观光列车项目订单。紧抓“一带一路”倡议契机，周密筹划，创造性地拿下韩国双轨旅游车零部件出口订单，产品首次逐鹿海外市场。围绕目标项目全力出击，国内首列悬挂式单轨专列驶入“网红地——长沙文和信广场”。专注客户需求特色定制，湖南首列充满文化色彩的双轨旅游专列亮相伟人故乡“花明楼”。稳步守好“根据地”，积极拓展“新战场”，索道缆车产业首次开展海外战略合作，逐步发力。深耕轨交配套装备领域，实现智能制造产业首登亿元平台。引入市场资本成立合资公司，实现激光钣金产业升级。

【技术研发】 2019 年，着力提速高端、新型产品研发进程，加强高端技术人才引进和培育，在高端单轨车领域坚持探索，在技术创新体制机制建设方面持续优化。单轨除冰车试验速度达到 10 千米/小时，并完成全线除冰试验，解决单轨旅游产品冬季冰冻气候条件下无法安全运营的问题，填补了国内相关领域的技术空白，获得中车集团科技成果鉴定。40 千米/小时储能式全景高端车的成功研制，使公司在 40 千米双轨领域占据主导地位。完成长沙文和信项目悬挂式列车的研制，从设计到交付仅用 3 个多月，并采用自动驾驶技术运营，顺利实现了国检验收和系统运营的时间节点目标。结合公司产品特点，自主研制的区域通讯防撞系统技术（移动闭塞技术），目前已成功应用到六盘水、三爪仑等多个项目。瞄准客户痛点定制开发，智能制造完成 18 项新产品研发，如主机厂铝合金车体焊缝打磨、车轴激光清洗等项目已经投入试用。重载 AGV、智能工具柜，电动大巴智慧消防等智能产品均已完成产品试制定型，通过省级工业设计中心、省级轨道车辆设计中心评定，高技术产品军团硕果盈枝，技术创新动力澎湃，绿色智能、自动安全的新理念、新技术和创新基因愈加丰富。

【质量安全】 2019 年，坚持规范体系认证，维护质量体系有效运行，注重信息化建设，深入开展质量安全大检查、大整改活动。严格把控实物质量控制，月度一次交验合格率≥99%、月度外购（协）产品质量问题跟踪处理完成率≥88%的整体目标基本完成。以强化安全生产责任落实为重点，务实基础，细化责任，深化隐患排查治理，以法制化，标准化、规范化，系统化的方式推进安全生产，实现了“零死亡、零伤害、零事故”的安全目标。加大安全违章考核力度，严格落实三级安全责任制，强化全员安全意识，从源头、过程严格监控。建立和完善外协、采购、承包商安全管理体系，强化管理，降低风险，防止事故，全年无新增职业病和轻微伤事故，确保安全形势保持稳定。

【基础管理】 全年着力内部管理提升，推进战略目标落地，深入开展提质增效，内部管理适应战略发展主动优化。质量攻关、精益管理、人力资源体系、核心人才储备、企业文化建设等工作进一步优化提升，风险管控能力不断加强。新聘大学生和社会人才 61 人，核心人才储备不断夯实。技能大赛硕果累累，3 人分别获得株洲市第二、第三及第五名、3 人获得湖南省第一名、3 人获得全国第二名的好成绩，同时有 3 人获得湖南省技术能手称号。推动游乐和智能装备研发生产基地土地已完成交付，新基地的建设工作完成前期工作。加大企业宣传，以客户和市场为导向，形成立体式、互动式的外宣新媒体矩阵，极大提升了公司在中车集团和国内形象的知名度，对内极大地鼓舞了员工士气自豪，对外为公司市场开拓、获得政府及总部资源支持提供强劲支撑。加强企业文化建设，以丰富多彩的文体活动，启迪员工心智、关爱员工生活、活跃企业氛围，让基层员工、困难员工、青年员工，与企业共荣共享，营造一个健康和谐企业氛围。

【重要记事】 3 月 12 日，中车集团副总经济师、产投财务总监到公司调研考察，公司原董事长黄正强、公司总经理顾发根等陪同考察。

4 月 27 日，经过世界纪录认证机构英国总部认证官 Alex 现场认证，公司螺旋盘升跨座式单轨桥成功被认证为世界最高的螺旋盘升跨座式单轨桥。

5 月 19 日，公司与江西大觉山景区集团签署独轨观光列车采购合同，并在江西大觉山举行重大项目签约仪式，中车控股党委书记、董事长马克湘，公司总经理顾发根等代表公司参加了签约仪式；5 月 30 日，中车集团副总裁、财务总监詹艳景一行到公司考察指导工作，中车控股党委书记、董事长马克湘，公司总经理顾发根等在家高管陪同考察，詹艳景一行参观了公司生产现场旅游观光车和 10000 瓦激光切割机，并提出了一些宝贵意见。

7 月 16 日，公司被评为湖南省科技厅、省委宣传部、省科协联合颁发的“湖南卓越创新企业”。

9 月 15 日，公司与大觉山旅游投资公司签订 1.26 亿元大觉山独轨观光列车系统合同，公司再次在国内斩获超亿元旅游交通市场订单。

10 月，员工朱昌盛、刘武聪、汤敏获得湖南选拔赛职工组切削加工智能制造单元安装与调试赛项一等奖，同时获得优秀团队奖，3 人均荣获“湖南省技术能手”称号；10 月 29 日，与韩国 RS Tech Co.，Ltd.公司签订双轨观光车合同，公司产品首次逐鹿海外市场。

11 月，朱昌盛、刘武聪、汤敏获得 2019 年中国技能大赛——第三届全国智能制造应用技术技能全国大赛二等奖。（欧阳柳）

商贸和粮食

商　贸

【概况】 石峰区商务和粮食局成立于1997年，其前身为石峰区商业贸易局。2005年，因机构改革易名石峰区商务局。2015年10月，因政府机构改革更名为石峰区商务和粮食局。2019年，经区委机构编制委员会办公室审核，单位主要职能有拟订全区商品流通和餐饮、住宿、娱乐等服务业的有关规定和实施细则并组织实施；承担商品流通业和商贸服务业（含餐饮业、住宿业等）的行业管理工作；提出促进商贸中小企业发展的政策建议。监测分析市场运行和商品供求状况，组织实施重要消费品市场调控和重要生产资料流通管理；负责流通产业结构调整和连锁经营、物流配送、电子商务等现代流通方式的推广，培育发展城乡市场；指导全区流通领域信息网络和电子商务建设。负责全区招商引资工作；协调、调度全区签约项目的履约落地工作；指导全区外商投资工作；承担全区对外经济技术合作工作等。2019年，区商务和粮食局在职干部11人，退休职工13人。内设综合股、招商股、综合业务股，下设股级公益一类事业单位商粮服务中心。

2019年，全区共完成社会商品零售总额68.66亿元；新增“四上”企业完成任务15家；实际到位外资17599.11万美元，为年计划的105.51%；内联引资630742万元人民币，为年计划的106.13%；实现外贸进出口总额3438万美元；2019年，全区共引进45个项目，投资额达100亿元，区商务和粮食局被评为湖南省招商引资工作先进单位。

【商业】 2019年7月，石峰区出台了《石峰区商贸服务业扶持发展政策（试行）》（简称“商贸七条”），调动辖区商贸服务业企业的积极性和热情度，强力推进石峰三产业发展与建设。2019年区对商粮局培育任务14家。全年共完成15家：其中建筑业1家、株洲大汉钢铁供应链有限公司等批发业5家、株洲宗庆贸易有限责任公司等零售业9家。完成了铜塘湾农贸市场改造、天源农贸市场和好厨邦农贸市场清水塘明德店“菜篮子”工程提质改造；配合协调做好万博珑家居市场改造工程、口岸大厦装饰招商，园区小天鹅戴斯酒店、方糖小镇等商贸综合配套完善工作。

2019年7月，中车物流湘欧快线通过海关验收，正式开通运营，全年共发运班列16列，货值3.5亿元，并实现第一列“湘欧快线”商品进口，共进口总价值382万元的俄罗斯原木，未来将依托平台优势，着力打造中车物流产业园及特色木材加工专业园；依托铜锣湾B型保税物流中心，成功引进台湾商品城项目，加快跨境电商平台的搭建。同时台湾青年联合会、两岸青年创新大联盟、两岸青年创新区块链联盟等相继进驻园区，搭起了海峡两岸的“连心桥”；积极配合中车株机公司参加第一届“中国—非洲经贸博览会”的相关事宜，为企业畅通渠道提供保障。

【招商】 2019年，招商引资工作围绕主导产业优势，紧扣“建链、强链、补链”要求，深入实施“1+3+4”（即：“1”即轨道交通核心主导产业；“3”为口岸物流、IGBT、新能源汽车动力等轨道交通配套关联产业；“4”是清水塘转型、建筑及房地产、商贸三产、文旅休闲4个方面的新型和传统产业）八大产业链精准招商。每条产业链实施“六个一”工作机制，围绕“四个一批”，引进、开竣工、策划、培育了一批项目。项目涉及智能制造、精密仪器、大数据、总部经济、商贸三产等领域，技术含量高，产业业态丰富，产业结构得到优化。制定实施“轻资产招商8条”，围绕三大主机企业打造上下游配套“2小时供应圈”，建立完善主机企业2000万元以上供应企业商目录库，精准开展轻资产招商。2018年至2019年年底，已引进轻资产企业55家，着力推动石峰经济高质量高效益发展。主动对接粤港澳大湾区，组织参加“港洽周”、“厦洽周”、己亥年海峡两岸炎帝神农文化经贸交流系列活动，成功筹办工信部直属高校科研成果对接暨石峰区八大产业链招商项目集中签约仪式和石峰区轨道交通产业对接大会暨百日攻坚重点产业项目集中签约活动。南方中心与工信部直属七大高校实现科研成果转化合作、石峰区政府与湖南铁道职业技术学院及湖南铁路科技职业技术学院建立长期、紧密、全面的战略合作关系。

【专业市场】 *万博珑家居建材购物广场。*2009年9月建成开业，2017年成交额10亿元，是石峰住宅产品大市场的升级版，共有营业铺面260个。2013年，成功运营电子商务平台，组建了万博珑电子商务网站，对建材、家居产品开展网上销售、配送，有力地抢占市场份额。2018年万博珑启动二期改扩建，截至2019年年底，土方及桩基工程已完成，正在进行主体建设施工，建成后将打造集智慧家居、商业商务、文化娱乐为一体的商业广场。

*铜锣湾家居广场。*总建筑面积90972平方米，其中已销售34656平方米，还有56720平方米未出售，仍有相当大的开发利用空间。引进20余家国内一线家具企业入场，主要经营精品时尚家具和家居产品，2019年成交金额2亿元。

*株洲商城（原五金机电市场）。*以经营五金、机电产品为主。2012年12月，引进株洲灯饰城项目，进一步丰富产品门类。自开业以来，在省内外已产生一定的知名度，商铺入驻率逐步提升，市场交易规模不断扩大，2019年成交额超7亿元。

全区拥有餐饮企业多家，为清水湾酒店、彭厨石峰店、粟厨、李记私房菜等。

粮 食

【概况】 由于区情、区况和行政职能的现实情况，石峰区没有粮食收购网点和粮食收购企业，也不具备粮食仓储物流设施，主要职责是做好地方粮食储备和管理工作。按照市政府要求，区的地方储备粮任务为1000吨，全权由湖南神农米业有限责任公司代储管理。经协商，区商务和粮食局与湖南神农米业有限责任公司签订了《区级储备粮代储合同》，并明确市商粮局、区财政局、市农发行作为监管方。2019年，重点抓好了 1000 吨区级储备粮的入库确认验收，确保库存数量、质量和储存安全。完成1000吨储备粮的轮换，经现场检验，符合储备质量标准，轮换损耗均控制在合理范围。

【粮油企业】 石峰区现有粮油加工企业金湘江油脂厂和绿美米粉厂 2 家。

【粮食安全】 2019 年，石峰区严格执行粮食流通统计制度，确定专人负责，按时上报各种粮油统计数据。制定了《石峰区粮食应急预案》，完善应急指挥体系和应急供应网络。已确定 5 家应急供应、加工网点，其中粮油加工企业 2 家，大型超市 3 家。巩固了唐朝食府、金湘江油脂有限公司放心粮油示范餐饮企业和示范加工企业的监管工作。形成以商务和粮食、农业、食药监、工商、卫生等多部门联动的粮食市场监管机制，对粮食生产、流通、消费等环节及时开展监督检查。全年共开展食品安全专题宣传活动 4 次。加大安全生产监管和成品油市场秩序专项整治工作，截至 11 月，对辖区商场、超市、农贸市场、专业市场等重要场所开展安全专项检查 25 次，检查生产经营单位 96 家，联合应急管理局、工商局、清水塘街道、派出所等部门取缔白马垅 1 家非法加油站。

（贺 敬）

财政·税务·审计

财 政

【概况】 2019 年，是近年来财政运行中矛盾最深、困难最多、压力最大的一年。面对着国家大规模减税降费、大幅压减非税收入规模、产业转型阵痛减收等一系列严峻挑战，财政局紧紧围绕区委、区政府的决策部署，坚持新发展理念，贯彻实施积极的财政政策，纵深推进财税体制改革，在全区开展财政效能提升行动，全力服务保障“产业项目建设年”活动和“温暖企业行动”，支持打好“三大攻坚战”，助推全区经济社会可持续高质量发展，取得了较好成效。在全省市县财政日常管理工作中被评为 AA 级地区；在全省地方预决算公开核查中排名第四；在全省行政事业单位国有资产年度、月度报表编报工作中获得全省通报表扬；在全市县市区财政总决算和部门决算工作中被评为全市先进单位；在全市住房公积金管理工作中被评为全市先进单位。

【财政收入】 2019 年财政收入增长虽然全面放缓，但一般公共预算支出增长 13%，民生和社会事业支出增长 16.4%，支出保障更加有力。严格控制一般性支出。全区一般性支出压减 29%，公用经费实行限额管理，办公费、印刷费、会议费、公务接待费分别下降 17%、9%、33%、68%。持续改善民生福祉。民生领域支出达 19.29 亿元，较财政收入增长高出 18 个百分点；对困难家庭和特殊人群补助增长 10%～66.7%不等。积极助推产业项目建设。园区建设产业扶持支出 2.2 亿元，占财政总支出的 10%。引导金融机构对区小微企业提供信贷支持；兑现“房八条”“轻资产招商”“轨道双创园”、经济发展、人才等政策资金 4214 万元。

【财政支出】 坚持以问题为导向，推动财政管理水平不断提高。推进财政管理改革。搭建分线、分块、分类的预算绩效管理平台；建立责权利相匹配的财税分权管理机制；推行会计代理记账改革，建立统派统管机制。建立结余结转资金动态管理机制。加大存量资金盘活力度，盘活存量资金 8858 万元，收回各类结余结转指标 8000 万元。提升财政管理水平。打造“阳光财政”，预决算公开工作全省排名第四；完成财政投资项目评审 509 个，审减金额 1.35 亿元，审减率达 10.87%；完成政府采购项目 145 个，节约资金 762.15 万元，节约率为 2.68%。

【财政管理】 坚持以问题为导向，推动财政管理水平不断提高。推进财政管理改革，搭建分线、分块、分类的预算绩效管理平台；建立责权利相匹配的财税分权管理机制；推行会计代理记账改革，建立统派统管机制。建立结余结转资金动态管理机制。加大存量资金盘活力度，盘活存量资金8858万元，收回各类结余结转指标8000万元。提升财政管理水平。打造“阳光财政”，预决算公开工作全省排名第四；完成财政投资项目评审509个，审减金额1.35亿元，审减率达10.87%；完成政府采购项目145个，节约资金762.15万元，节约率为2.68%。

【债务管理】 创新措施手段，落实化债计划，政府债务风险得到有效管控。积极向上争取资金。最大限度地争取新增债券1.54亿元，增长22.22%；争取上级补助资金5亿余元，有效保障重点项目资金需求。严守政府债务风险底线。建立健全债务风险应急处置工作机制，制定化解债务“七条措施”；成功完成20亿元公司债转售、发行20亿元公司置换债及4亿元PPN，建立多方互保的“化债共同体”。

（罗留霞　张　如）

税　务

【概况】 2019年，是石峰税务征管体制改革后运行的第一个完整年度。全局干部担当奋进、积极作为，以汗水浇灌收获，以实干笃定前行。区税务局被国家税务总局评为全国税务系统“先进集体”，被省文明委复查（认定）为“湖南省文明单位”，被省税务局评为全省税务系统机构改革“四合”示范单位、全省税务系统基层党建工作示范点，被市税务局评为2019年度绩效管理先进单位。

【党建引领】 区税务局切实进一步压实责任，加强党对税收工作的全面领导。成立党建工作领导小组和党风廉政建设领导小组，严格贯彻落实领导班子成员“一岗双责”，坚持党委集体领导制度和民主集中制原则，认真贯彻新形势下党内政治生活若干准则，进一步完善党委议事规则和决策程序。组织开展15期党委理论学习中心组集中学习，党委书记为全局党员干部上党课2次。

深入开展“不忘初心、牢记使命”主题教育，先后召开3次领导小组专题会议，组织中心组集体学习研讨7次，班子成员走访征管一线和企业50余次，形成调研报告7篇，讲专题党课11场；开展谈心谈话200余人次，征集整理意见建议7类20条，认真开好对照党章党规找差距专题会、调研成果交流会和专题民主生活会；扎实推进11类39项主题教育专项整治，27项已整改到位，协助上级整改12项。落实党支部主题教育“五个一”要求，统筹兼顾持续推进“六项行动”。

严肃党内政治生活，开展“不忘初心、牢记使命”“减税降费党旗红”等主题活动，推进支部五化建设，统筹开展组织生活。严格落实党的组织生活五项基本制度，实行党员积分制管理，按季开展“四星一岗”评选。大力实施素质提升工程，政治理论学习比重达30%。推进正风肃纪。坚定不移推进制度治党，领导班子成员及各部门负责人集中签订《全面从严治党责任书》和《党风廉政建设责任书》，将主体责任向基层传导压实。开展落实中央八项规定精神、减税降费、扫黑除恶等专项监督治理10

余项，实施税收违法案件“一案双查”2件，开展日常作风纪律检查26次，发布监督执纪通报11份，运用监督执纪“第一种形态”累计进行提醒谈话、批评教育、责令检查等17人次。

【减税降费】 2019年，举办15期36场纳税人学堂，培训纳税人16000人次，向纳税人发放区局编制的《落实减税降费、促进经济高质量发展税收政策指南》，做到培训面的全覆盖。利用ITS系统，清理核实各项风险数据，推送并处理纠正14844户次。全年开展2次减税降费工作的督导检查，开展减税降费专题调研，确保减税降费红利效益最大化。

2019年累计办理小规模纳税人预缴退税3000笔次，落实企业所得税汇算清缴研发费加计扣除94户14.8亿元，高新技术企业、软件企业分别享受优惠政策减免1.76亿元、2亿元，房土两税困难减免45户4400万元，普惠性退税1399户7672笔59.62万元。全年共落实各类减税降费9.6亿元。

【税费收入】 2019年，区局抓好收入规划，严肃收入纪律，彰显税务担当。全年共接收164家行政事业单位的社保费征缴工作。行政事业单位残保金征收面达99%，区局被评为代征工会经费劳动竞赛先进单位。2019年，通过风险管理系统评估和核查纳税户1745户，补交各种税费及滞纳金7300余万元。风险评估贡献率达到2.4%，评估核查面34.62%，高于市局2%和5%的指导任务目标。全年共组织县市两级税收23.18亿元，同比增加8900万元，同比增长4.03%，税收总量50.72亿元。征收社会保险费21557万元，缴库率保持在98%以上，居全市前列。入库两个附加14295万元，水利建设基金1902万元，残保金684万元，工会经费1482万元，文化事业建设费14.5万元。

【税收执法】 区局进一步夯实征管基础，全力以赴推进金三并库工作，清查漏管户156户，核实欠税户273户，追缴欠税4600万元。完善《石峰区税务局金三（并库版）常用工作流指引》和《石峰区税务局主要征管业务流程图（并库后）》，严格审查扣缴义务人报送的三代手续费资料。

进一步推进依法行政，加大执法监督力度，贯彻重大事项审理制，纳税评估和重大事项审理共计达10户次，审结率达100%。推行法律人才建设，落实法律顾问工作，积极开展公职律师培养使用，推动行政执法“三项制度”落实。

进一步强化各税种管理，落实小规模纳税人退税，认真推动深化增值税改革。企业所得税核定征收35户，汇算清缴年报申报率100%。落实好个税扣缴客户端申报工作，申报率和准确率均完成100%。规范环保税征收，加强建筑施工扬尘环保税征管，入库环保税310万元。

进一步抓实专项管理，对11户中车成员企业进行税收风险分析和应对，查找税收问题2200余万元。加强增值税发票管理，严格审批最高开票限额，累计接受异常凭证查询125笔，完成系统推送本地核查任务220笔。组织开展房地产行业税收专项清理，自查并补缴税款合计1700余万元。抓好跨区域涉税事项调查工作，全年通过筛选对80余户报验登记户进行调查，有效降低了企业的涉税风险。

【优化营商】 创建办税服务“3+3”模式，组建3个实体办税厅和24小时自助办税厅、电子税务局体验厅、应急办税厅组成的办税场所体系，并成立由各部门中坚力量组成的15人专业团队，在征期派驻大厅为公众和纳税人提供面对面咨询服务。

规范所有涉税事项的办理，精简资料报送。推动纳税信用评价，对5065户纳税人进行等级评定。推动信息公示，对各类信用信息评定结果自决定之日起5个工作日内在区局门户网站张挂，并联合政府相关部门切实发挥联合激励惩戒作用。推动“银税互动”，免费为企业提供低成本融资服务渠道，帮助辖区内21户纳税人申请了贷款共计1129万元，助力中小微企业轻装上阵。建立涉税诉求和意见快速响应机制，共受理市局各级服务热线转办的涉税投诉37笔，限时办结率和处理满意率均达到100%。

【规范管理】 加强四合建设，积极开展各层级谈心谈话200余次，收集整理各类意见20余条，疏导化解苗头性问题。启动净水改造工程、防水工程和护坡工程，修缮改善食堂、宿舍硬件，改善办公场所环境，提升后勤服务水平。组织开展拔河、登山、足球各类比赛，组织参加书法、美术、摄影比赛、区政府职工运动会和市局文艺会演，均取得佳绩，增强了职工的集体荣誉感和团结协作精神。将210名干部全部纳入“医疗互助”，21名住院干部全部享受到了全数医疗补助；慰问安抚新退休干部8人，开展婚丧生育和大病慰问38人次；在三季度分批组织区局在职和离退休干部进行身体健康检查，充分体现了区局的人文关怀。

完善干部培训机制，出台全年培训工作方案，制定区局干部教育培训考评奖惩办法，规范每月非征期周五下午的全员集中培训，全体在职干部全年参加业务培训平均超过45课时。积极鼓励青年干部参加“三师”考试，共通过税务师30门，通过注册会计师1门。抓好绩效管理，完善区局绩效考评细则，精简绩效考核指标，强化数字人事。

制定完善行政制度47个，强化重点工作督察督办，出台基层减负清单，提高办文办会水平。规范督察内审，针对税务系统深化“放管服”改革、个人所得税改革等政策落实和执法情况开展多次督察，核实税收执法疑点任务283户次，行政管理风险疑点12条，追责3人次。规范资产管理，完成新机构财务资产并账，预算上实行同城同待遇，促进单位经费保障水平均衡发展。加强预决算执行进度考核，规范“三公”经费，压缩公用经费，确保人员经费，严肃财经纪律。抓好信息化建设，优化系统网络和设备资源配置，按要求开展各类改造，确保网络安全畅通。（龙 文）

审　计

【概况】 2019年，区审计局认真贯彻落实区委、区政府和上级审计机关对审计工作的要求，不忘初心，牢记使命，不断提高人民群众的幸福感。全局共计完成审计及调查项目105个，完成率为102%。其中：财务类审计项目22个，查出主要问题金额142518万元，管理不规范金额141169万元，应归还原渠道资金100926万元；完成工程类审计项目83个，总送审金额35320万元，核减金额2591万元，综合核减率达7.33%。移送上级主管部门案件线索8起。区审计局被市审计局评为全市审计业务工作先进单位、审计工作目标管理良好单位。被石峰区评为文明建设先进单位，另外还获得2018年度悦▪读机关称号。区审计局创新性地开展的株洲循环经济投资发展集团有限公司2017年度资产、负债、损益及管理情况审计项目被评为株洲市2018年度优秀创新项目。另外区审计局开展的株洲市石峰区选矿药剂退休人员管理办公室刘立辉同志任期经济责任审计项目被评为湖南省2018年度表彰项目。

【依法依规开展审计】 区审计局认真做好“三定”方案的起草和报批工作，推动审计职能的优化整合。成立了区委审计委员会，并顺利召开区委审计委员会第一次会议，区委审计委员会办公室的各项工作正有序开展。重点关注财政运行风险，加强对地方政府性债务的审计监督，推动政府性债务风险的防范与化解工作。2019年，区审计局在经济责任审计实施过程中，从“三定”方案着手，重点对领导干部任期内各项经济指标完成情况、重大经济决策的实施及效益情况、依法行政情况、个人廉洁自律情况等进行审计，注重发现有法不依、执法不严及未严格执行财经纪律等问题。通过审计，在完善干部监督管理机制、客观公正评价干部业绩、促进领导依法行政和廉洁自律等方面发挥重要作用，为考察任用干部提供科学依据。区审计局秉承“围绕中心，服务大局”的理念，对石峰区审计局政府投资建设项目试行全过程造价咨询顾问服务。从区承担政府工程项目的建设单位中选取5～6家作为顾问单位，由局班子成员每人负责1～2家单位，从项目的立项、财政评审、政府采购（招投标）、现场管理、概预算变更、结算办理等提供全过程的顾问服务，要求每个月进行现场走访一次，发现问题及时提交局务会议讨论，并及时与建设单位进行交流，提出纠偏建议，督促其改正到位，将问题消灭在萌芽状态，促进参建各方规范建设程序、提高管理水平，促使国家建设资金经济有效使用。2019年，区审计局共计安排6个村的财务收支审计，重点审计村级各项财务收支的真实、合法和效益性，以及基层组织主要负责人遵守廉政纪律和财经纪律情况，找准问题、处理问题、解决问题，做到对违法乱纪事件“零容忍”，通过审计移送案件线索7起。帮助村搞好整章建制，完善财务管理制度和财务基础工作，促进规范财务管理，维护基层政权的稳定。2019年7月底，全区各相关建设部门已完工但未按规定及时办理竣工结算的项目总计173个，区审计局通过组织召开项目送审工作会议，制定下发了《规范石峰区政府投资建设工程结算审核的通知》，督促各建设单位按时送审。截至2019年12月19日，各建设单位送审项目76个，未送审项目97个（正在内审45个）。2019年，区审计局以夯实基础为抓手，促进内部管理不断规范，先后规范整理了近十年的审计档案，并移交区档案馆，并将审计相关法律法规纳入全员学习计划，每周二利用“每周一晚”的读书活动组织集体学习，重点学习审计法及其实施条例、国家审计准则、审计财经法规等法律法规，做到知法懂法、知法用法，并结合审计业务工作，组织审计人员进行审计业务的学习和审计业务讨论交流，先后安排局班子成员到上海国家会计学院参加业务培训，强化班子领导能力。同时选派刘园园到市审计局进行法制审理跟班学习，提升了区审计局审理水平。

【提高审计工作实效】 不断改进工作方式，创新工作方法，以达到“提升审计质量，提高审计效率”的双赢效果。区审计局针对大型项目、历史遗留问题项目，采取联合审计结算模式，由区审计局联合中介复审机构组织项目建设单位、施工方、监理方、初审（跟踪审计）单位五方集中办公，把结算资料核对、取证、复审、复核等工作同步开展。提高审计效率，缩短结算时效，施工单位对审工作只需一次完成，并有效控制了廉政风险，提高审计的准确率。特别是针对金盆岭土壤治理项目的特殊情况，区局只用 8 天时间就完成平时需几个月才能完成的审计结算。创造了“石峰审计速度”。2019 年，区审计局重点对学前教育资金、就业资金开展绩效审计，确保民生资金的安全性和效益性。取得很好的效果，提高人民群众的幸福感、获得感和安全感。2019 年，审计整改工作成功纳入“五问工作法”考核，实现预安到月，考核到季，推动审计整改工作落到实处。三季度，区审计局派出三个督促组，对已达到整改期限的 8 家单位、105 个审计发现问题进行了审计专项整改督促，审计查出问题涉及金额 2254.37 万元，已整改落实金额 2254.37 万元，审计发现问题全部整改到位 105 个，整改率为 100%，审计报告所提出的审计建议 52 条，全部被采纳，采纳率为 100%；全年出台相关制度及办法 13 项。

【打造过硬审计干部队伍】 2019 年，区审计局以开展“不忘初心，牢记使命”主体教育活动为契机，积极配合区委巡察组对区审计局的巡察，区审计局查摆了差距和不足，深刻剖析思想根源，努力提升审计队伍素养，推进全面从严治党落到实处。坚持以习近平新时代中国特色社会主义思想为指导，紧紧围绕“守初心、担使命、找差距、抓落实”的总要求，认真开展学习研讨，扎实进行调查研究、交流座谈，并形成了 3 篇调查报告，认真检视查摆问题，从思想深处找原因，从制度机制堵漏洞，并积极整改落实。按时召开支部大会、支委会、组织生活会和民主评议党员，积极开展“不忘初心、缅怀先烈”主题活动，同时组织审计人员每月开展一次“大走访”，了解民情民意，为社区党员讲党课，把党的建设与创一流审计干部队伍相结合。推动主题教育往深里走、往心里走、往实里走，确保主题教育高起点、高标准开展。积极配合巡察工作，认真研究、制定、细化整改措施，坚持立行立改，落实整改工作方案。通过落实巡察整改要求，完善相关制度，形成长效机制，确保坚持党的领导、加强党的建设、落实全面从严治党方面有了新的提升。区审计局高度重视党风廉政建设，从建立完善各项制度入手，专题开展廉政教育，并扎实开展廉政谈心谈话，时刻敲响廉政警钟，确保审计人员依法履职、廉洁从审。同时对部分招标入围政府投资项目工程造价咨询服务、财务审计服务的中介机构开展廉政回访检查，同时对审计组关于落实中央“八项规定”精神和审计“八不准”“四严禁”工作纪律情况进行监督，在社会上树立良好的审计形象。

（曾文伟）

城乡建设与环境保护

城市建设

【概况】 石峰区住房和城乡建设局于2019年4月随机构改革而设立，与石峰区人民防空办公室合署办公。为石峰区人民政府工作部门，正科级行政单位，机关核定行政编制10名，内设综合管理股、技术法规股、城市建设管理股、住房保障管理股、人防事务管理股5个股室。下设全额事业单位区城乡建设技术服务中心，编制4名，其中主任1名。

2019年，区住建局紧紧围绕"一极三区"总目标，以产业项目建设年为抓手，统筹各方力量，突破工作难点，全力推进市政基础设施和产业配套设施建设，推进城乡环境整治、社会民生服务，住房和城乡建设工作稳步发展，为区域经济社会发展打下了硬环境基础。

【道路建设】 区住建局统筹推进产业项目建设年设施配套30个计划项目实施，全年完成投资约39亿元，株洲桥梁厂片区基础设施提质、湘江流域石峰段水系污染治理、清水塘城市公园等9个计划新开工项目顺利开工。计划内5个竣工项目中的绿心保护三期造林、雪峰岭公园、湘江流域石峰段水系污染治理工程提前圆满竣工。田心大道、株冶路于年底前完工。加速推进交通畅通三年行动，小街小巷计划任务提前增量完成，区域交通微循环体系完成规划编制和项目库建设，新增D177订制公交线路顺利开通，辖区居民出行更加便利。

【美丽社区建设】 区住建局顺利推进全区棚户区改扩翻工作。湘安三分公司（一）（二）生活区、建陶与三水厂宿舍区、电炉厂小区共计548套房屋翻修改造焕然一新。老旧小区提质改造有序实施。石桂小区、二医院生活区等小区共计776户居民房屋修缮一新。先锋、杨古老、金盆岭、南峰等社区人居环境全面改观。"三供一业"移交改造强力推进。派驻精干力量，力促玉兰、翠竹、邮电二期、株所红旗路小区、选矿生活区等企业分离移交职工生活区设施改造基本完成。

【乡村建设】 2019年，全区农村人居环境整治明确"四类房"整治任务数为117户，档案录入率100%；工作开展率100%，整治完成率100%。区住建局不仅全面完成年度目标任务，而且不是一拆了之，创造性地打造出体现乡村特色的乡邻空间站，体现了时代回忆和历史记忆的乡村知青点恢复以及倡导乡风文明的最美庭院示范点建设等整治亮点。

【水体环境治理】 2019 年，区住建局对全区水体环境治理分项推进，转入扩面提升新阶段。污水直排治理告一段落，金盆岭高排渠、金盆岭排渍站两处生活污水直排口整治顺利竣工，标志着白石港内河石峰岸线责任范围生活污水直排治理任务圆满完成。黑臭水体整治全面发力，完成荷叶塘干渠、人民路至白石港主排渠治理工程，新民路主排渠黑臭水体整治在年底前开工。管网设施建设长驱直入，完成湘天桥污水收集管网敷设和报亭北路污水提升泵站建设。防洪排涝项目落地竣工，完成先锋安置小区排水渠改造扩容，城市防洪排涝能力得到提升。完成大坝街、铜塘港、枫树坪、人民北路等处易涝点管渠清淤维修，实现保畅度汛，城市内涝明显减少。雨污分流设施建设顺势而为，结合改扩翻、“三供一业”、老旧小区改造全面实施雨污分流，源头治理转为攻势。

【人防建设】 区住建局辟光明学校人防宣传教育基地，采用文字宣教、广电视屏、现场操控等方式，推动涵盖国防教育、人防教育、应急救援、现场体验等内容的人防知识宣传教育进学校、进社会、进社区。辖区内外国语学校、枫叶中学等学校多次组织开展中小学校、社区人防知识宣教活动，推动人防知识普及。11 月 1 日完成省、市安排的试鸣任务，并与教育局一起按市里要求组织外国语学校的全体师生进行了防空袭演练，收到良好效果。

【提高工作效能】 2019 年，区住建局承办市、区两级人大、政协提案建议 19 件，其中市级 3 件，区级 16 件，答复满意率 100%。“12345”投诉件 118 余件，做到了件件有反馈，事事有回音，回复率 100%。全年共完成“马上就办”交办单 13 件，完成政府交办件 55 件。

【党的建设】 2019 年 3 月，政府机构改革，明确城建、人防合署办公。区住建局党员人数增至 34 名，退休党员比在职党员多，为确保基层党建全覆盖，向上级党组织请示报告，分设了在职党员党支部和退休党员党支部，并根据相关文件精神，分别制定支部学习、活动的管理制度，让所有党员特别是退休党员都能够参加支部学习和活动。退休支部全年共组织学习 3 次，外出学习 2 次，让退休党员在退休后既能受到党的继续再教育，又感受到党组织的关怀。举办了廉政教育党课和《党员 127 条禁令》学习讨论，组织参观动力谷和市规划展览馆，“七一”期间组织党员赴湖南党史陈列馆、雷锋纪念馆参观学习，并开展建设系统党的十九届四中全会精神宣讲活动。在民主建设方面，全年共计开展领导班子民主生活会 2 次，支委会 16 次，党课 6 次，党员大会 6 次。 （周 慧）

城市管理

【概况】 2019 年，根据《关于印发〈株洲市石峰区城市管理和综合执法局职能配置、内设机构和人员编制规定〉的通知》文件精神，经株洲市编委、区委、区政府批准，石峰区城市管理和综合执法局列入区政府工作部门，为正科级。

2019 年，区城市管理和综合执法局下辖区城管执法大队、区环境卫生服务中心、区市政维护服务中心、区治违大队（并入城管大队统一管理）4 个事业单位。局机关下设综合办公室（加挂园林绿化股）、财务股、考评督查股、法制审批股 4 个内设科（股）室。主要负责全区城市管理和综合执法工作的组织指导、监督检查和考核考评工作，负责市容市貌、环境卫生、市政公用设施运行的监督管理工作，负责拆违控违、数字化建设管理和园林绿化维护管理。区城管局被评为 2019 年度株洲市文明单位；区城市管理行政执法大队荣获 2019 年度抗洪防涝救灾先进集体；区城管局在石峰区第三届职工运动会篮球比赛中荣获亚军。时代新城二期、亿都新天地成功被评为市级园林式小区。

【城管与综合执法】 2019 年，为深刻贯彻落实习近平总书记关于“城市管理应该像绣花一样精细”论述精神，石峰区积极推进城市管理和综合执法重心下移改革，成立以区委书记为第一组长，区委副书记、区长为组长的石峰区城市管理和综合执法重心下移改革工作领导小组，并制定具体的改革实施方案。5 月 1 日，城管大队重心下移工作正式完成，原 195 人城管协管员全部解聘，采取劳务派遣方式面向社会进行公开招聘 130 人。截至 2019 年年底，向街道派驻城管队员 101 人、环卫职工 29 人，绿化职工 10 人，实行“双重管理”。将城管工作与网格工作相融合，建立起网格化城市管理执法模式。街道作为大网格，由派驻部门负责；单个社区为小网格，由网格人员（派驻城管人员）负责，构建横向到边、纵向到底的城市管理和综合执法体系。

【贯彻实施《条例》一周年】 2019 年是《株洲市城市综合管理条例》（以下简称《条例》）实施一周年，区城管执法大队认真开展《条例》周年宣传贯彻系列活动，通过上门发放宣传资料、设置展板展台、开展趣味问答、微信群在线宣传等形式，创造性地进行《条例》宣传贯彻，确保特色鲜明、亮点纷呈。活动共计出动城管队员 300 余人次，发放宣传册页 1000 余份。党员干部深入先锋社区各个网格，为社区居民讲解《条例》，同时，街道城管办队员进社区宣传《条例》；城管队员上门入户宣传，让门店熟知《条例》；在石峰株百、清石广场等重要窗口，向广大市民宣传《条例》；城管进校园，通过开展趣味问答、情景模拟的方式，请学生、老师、家长自觉参与城市管理；将《条例》送进渣土企业，讲解《条例》，让渣土公司规范建筑垃圾运输秩序，打好蓝天保卫战。

【抗洪救灾】 2019 年 6 月中旬开始，全市进入紧张的抗洪备战模式。区城管局立即启动应急预案，严格执行 24 小时防汛值班制，建立防汛值班群，做好防汛日志登记。区城管执法大队安排执法队员 24 小时巡视河道，发现险情立即组织队员冒着暴雨装载沙袋，为河堤加高加固通宵值守，累计出动队员 1000 余人次、车辆 200 余次、动用舟艇 30 台次。区市政维护中心及时处理新白石港路、时代大道南辅道路积水和众多树枝倒伏在地等问题。区环卫服务中心督促各作业公司对路段积水、泥沙、杂物、生活垃圾等方面开展灾后清淤工作，并对受灾区域做好灾后清淤消毒。截至 7 月 15 日 16 点止，共出动环卫工人 1628 人/次，洒水车 161 车(次)，清运车 120 台，平板车 69 车（次），钩臂车 98 车（次），吸粪车 4 车（次），侧挂车 4 台，扫把 895 把，铲子 331 把，处理城区受污面积达 23.8 万平方米，清理城区垃圾约 790 吨。

【中队规范化建设】 按照“规范化、标准化、制度化、正规化”要求，清水塘街道、响石岭街道分别投入30余万元、58万余元完善清水塘街道、响石岭街道城管中队的机构建设、基础设施、标志标识等，并添置办公桌、空调、电脑和沙发等办公设施，为队员们提供良好的办公和临时休息场所。除此之外，加强派驻街道工作的人员的培训，明确了派驻街道人员责任分工，全面提高城市管理工作效率。

【便民服务设施建设】 经实地勘查、前期调研，在智汇路建设约400平方米的便民疏导点，累计投入25万余元，通过堵疏结合的方式规范“流动摊贩、占道经营”管理。同时，借用株洲市清水塘投资有限公司智汇路的收储闲置土地，建成一个占地约1100平方米的便民停车场，新增停车位30个，并在智汇路沿线人行道加装隔离桩，规范管理停车秩序，从根本上解决居民“停车难”的问题。

【重点区域专项整治】 2019年，以响石岭步行街、湘天桥片区、田心片区、沈家湾社区、五金机电市场等地区为重点区域，整治出店经营、游商、牛皮癣等市容问题。结合实际工作，调整工作时间，强化夜间巡查监管，在重点区域进行定点定人定车管理，确保白天、晚上执法全覆盖。全年共开展整治行动200次，劝导出店经营行为684次，下达整改通知书250份，登记保存物品334件，出店经营、占道经营、游商共立案190起，处罚8万元。

【大气污染防治】 2019年，区城管局针对露天烧烤（餐饮）油烟整治、渣土车辆运输管控、垃圾露天焚烧整治等工作打出一套“组合拳”，全力以赴改善城区空气环境质量。石峰区副区长彭梁定期督查辖区内工地情况，区城管局、城管大队班子成员每周带队巡查，帮助解决企业重点、难点、热点问题。严厉查处渣土车辆不按照规定路线行驶，污染路面等行为，共计组织专项整治20次，出动执法人员500人次，配合处理12345市长热线及数字化案卷问题198起，立案51起，处罚金额30万元。整治露天烧烤油烟污染，严厉打击夜宵出店经营，油烟直排等违法行动，取缔了田心火车头烧烤点，对九郎山露天烧烤场进行了强力拆除，劝导夜宵出店经营行为800处，登记保存物品132件，立案54起，处罚67700元。严控露天焚烧垃圾、秸秆现象，建立一级巡控机制，动态微信群，各街道抽调1～2名城管队员进行实时巡查，区级城管进行全天候考评，全年及时发现并扑灭焚烧秸秆、焚烧垃圾53处，立案10处。切实增强机械化作业和人工清扫保洁力度，延长了抑尘车作业时间，晚上机械化作业时间提前到22:00作业，增加城区7条国控点周边路段的冲水次数和清洗频次，并安排巡查人员24小时轮值，确保人工清洗的质量。

【校园周边市容与秩序管理】 在落实城管助学岗、加强市容环境管理工作基础上，在全区范围内19所中小学（幼儿园）校门口安装了监控系统。监控系统与教育局既有的学校监控信息一同实现存储，同时逐步将监控信息接入到城管部门和交警部门信息平台，最终助力城管助学岗、交警执法等综合管理工作。

【门店广告牌集中整治】 2019年制定了《石峰区城区主干道楼宇违规招牌、广告牌整治行动方案》，成立工作领导小组，认真部署，落实具体工作事项。加强与物业部门的协商，在广场（如响石广场铜锣湾商业广场、清石广场北都大厦、五金机电市场），安装集约式广告牌。加大宣传户外广告相关法律法规力度，劝导业主对违规招牌、广告牌自行拆除整改。与无法自行拆除的业主签订委托书，由大队出动执法队员，雇佣专业施工人员，租用专业车辆和设备配合街道中队进行集中拆除。共计摸底违规广告招牌 279 块，下达整改通知书 182 份，发放告知书及宣传资料 1000 份，拆除 239 块，面积 8740 平方米，立案 43 起，处罚 19000 元，消除了道路两侧空中视觉污染。

【人行道违停整治】 2019 年 6 月，人行道违停处罚系统启动，城管大队开展人行道违停专项整治工作。在城区主次干道、广场、窗口单位等重要区域“贴单”。通过城管大队特勤直属中队与街道各中队合理排班，抓好重点路段（区域）和八小时工作之外空档期的违停整治工作，尤其是傍晚时分，加强整治力度，确保人行道畅通。全年共发放宣传资料 8000 份，劝离人行道违停车辆 4000 台，“贴单”上报 3900 条，处罚 37 万元，违停车主通过微信平台缴费 10 万元。

【“非洲猪瘟”防控】 为切实做好“非洲猪瘟”疫情应急处置，严防疫情传入辖区，城管大队持续开展“非洲猪瘟”防控工作。组织队员向辖区内餐饮企业发放条例宣传册，动员餐饮企业积极、主动参与餐厨垃圾收运等工作，严禁其向养殖户提供泔水和餐厨剩余物。加强路段巡查，依法依规查处非法运输的餐厨垃圾，及时劝导餐饮门店将外置的餐厨垃圾容器放置店内。与区公安、区交警、区畜牧局配合，执行 24 小时值班制度，实行三班倒。至 2019 年 12 月，共发放餐厨垃圾规范宣传册 3699 册，收运、转运餐厨垃圾 488044 千克，瀚水公司出动餐厨收运车收运商户 133678 家。

【违建普查】 2019 年，区城管局组织各街道、各部门迅速行动，开展实地走访、调查核实，并按照一级对一级负责的原则，确保违法建筑普查数据的全面性和真实性。在开展违法建筑实地踏勘的同时，由街道组织治违执法人员进行摄像或摄影，填写表格建立基本信息，做到“一处一表、一处一照片、内容详细”。区拆违控违领导小组办公室建立数据库，分门别类进行登记造册、统计汇总，落实专人管理，确保普查信息安全、准确。据普查统计，全区 5 个街道办事处 45 个社区（村），现存违法建设共计 3533 处，违法建设总面积约为 127841.41 平方米。

【控违拆违】 2019 年，全区共计控制和拆除违法建设 350 处，总面积 132749.45 平方米。年度市级交办任务及申报任务全面完成。推进控违拆违工作的有序开展，成立“石峰区控违拆违工作领导小组”，出台了“石峰区控违拆违工作实施方案”，明确各街道办事处、社区（村）和绿心办为辖区内违法建筑的巡查与监控主体，负责辖区内违法建筑的巡查、监控、发现、报告、劝阻、制止、拆除及资料制作等。区自然资源局是违法建设性质的认定主体。区城市管理和综合执法局是重大存量违法建设的拆除主体，区控违拆违领导小组是违法建设治理工作的考核监管主体。各责任主体、成员单位，协同合作，全力以赴。

【小区违建整治】 2019 年，结合“三供一业”

改造，大力推进小区违建整治。全区“三供一业”改造关联企业22家，小区65个，涉改小区数量为全市之最。实行先破后立，有序推进。破是拆除违建，立是提质改造。辖区将治违作为小区“三供一业”改造的前提条件，先完成治违的小区先实施提质改造。通过治违先行，以此腾出小区公共空间，进而精准实施提质改造，优化小区整体环境。发挥基层党组织作用，动员老党员、厂矿老领导支持并参与小区违建整治工作，带头或自行拆除违法建设。街道和社区在上户做居民思想工作的同时，企业积极参与进来并要求职工配合政府开展治违工作。通过企业委托政府对所属小区的违章建筑进行拆除的方式，既大大缩短法定拆违的程序时间，又有效消除了小区居民的抵触情绪。时刻从居民角度出发，将有情服务贯彻拆违全过程。在拆除前，设置物品保管处，将待拆违房屋内的物品予以集中保管；在拆除过程中，做到即拆即清，防止建筑垃圾带来的安全和环境问题；在拆除后，对确实生活困难的居民提供相应的过渡性用房，解决燃眉之急。截至11月，共拆除小区违法建设面积22438平方米，制作小区违建整治案卷文书157份。全年超额完成2019年小区违建拆除计划6800平方米，完成率达到330%。

【创建无违建社区（村）】 聚力“查、控、防、拆”，坚持“零容忍”，全力作为，重拳出击，实现了社区（村）治违全覆盖、无盲区，确保社区（村）治违工作积极稳妥有效推进。组织街道、社区（村）全体工作人员、网格员及发动社会力量参与社区（村）违建集中整治行动，通过粘贴公告、登门入户、发放告知信和在业主委员会、楼栋长大会、党员大会上宣讲等多种方式，全方位宣传治违工作，形成广泛的治违共识，营造良好的治违氛围。以街道为主体，以网格为单元，组织专员对网格内的（社区）村进行拉网式排查，全面摸清网格内社区（村）违建情况。同时，各街道与自然资源局等部门进行有效对接、相互对照、相互补充，对重报、漏报、错报的违建情况进行实地核实。根据排查情况，建立“一户一档”台账，为后续整治工作打好基础。石峰区历来高度重视控违工作，建立健全“各方联动、主动预防、动态管理”的控违工作格局，通过城管队员日常巡查、网格员适时巡查、社区（村）安保人员错时巡查、数字监控实时巡查，对社区（村）违建行为进行动态监管，切实从源头上遏制社区（村）违建行为。按照“发现一起，处置一起”原则依法拆除违章建筑，尤其是对顶风抢建、影响恶劣的“重点户”“钉子户”，坚决予以拆除。违建整治全过程做到有理有据、依法拆除，注重做好群众思想工作，把各种政策讲在前，把保障措施做在前，把问题矛盾化解在前。对拆违过程中的“钉子户”，甚至无理阻挠、暴力抗法的，组织相关职能部门联合执法，依法强制拆除。2019年，全区45个社区（村）已经有32个社区（村）启动“无违建”社区（村）的创建工作，启动率达到71%。

【庆祝第24届环卫工人节暨表彰大会】 石峰区城市管理和综合执法局于11月8日在石峰区南方中心一楼会议厅召开了庆祝第24届环卫工人节暨表彰大会。对在市容监察、环境卫生、园林绿化、市政维护“四位一体”工作开展以来爱岗敬业的11个先进集体（单位）和46名环卫战线先进个人进行表彰，号召大家学习、弘扬环卫工吃苦耐劳、无私奉献的精神，用环卫工人的精神引导市民树立卫生意识，尊重环卫工人劳动成果，自觉爱护环境，把石峰区文明城市建设推上新的台阶。

【厕所革命】 2019年，石峰区顺利完成了“新建驿站31座、改造公厕23座、开放社会公厕30座”的任务，在全市五区中建成率、开放率排名第一。从功能上实现休息、饮水、嗅联网智慧系统、无线Wi-Fi、体重仪、急救药箱、手机充电、公益雨伞、图书漂流角、帮助走失老人小孩寻找家人等基础便民及温情人文服务。

【环卫车辆升级换代】 截至2019年5月份，石峰区共清理淘汰37辆手续不齐全、不符合技术规范要求的车辆（其中垃圾收集车9辆、垃圾收运车5辆，机械化作业车23辆)；投入1724万元购置新车67辆（其中垃圾收集车35辆、机扫车15辆、人工清洗车5辆、水车12辆)，基本满足现行石峰区的环卫作业要求。督促中标作业公司在车辆上安装GPS系统，将所有车辆设备按要求配备到位。新的车辆投入后，增大清扫面积36万平方米、全区机械化清扫率达到88.61%。

【“四位一体”模式】 石峰区第四轮环卫市场化作业采用市容监察、环境卫生、园林绿化、市政维护“四位一体”模式，并在此基础上以街道为标段新引进了5家作业公司参与全区城市管理。5月份，新公司入场以来，各部门积极探索“四位一体”运作模式、全区城市管理工作展现新的面貌。5个标段5个公司中标，签订3年合同，每年总金额4623万元。

【市政道路与排水管网维护】 截至2019年年底，累计修复区管市政沥青道路15700平方米，完成行道修补11500 平方米，更换侧平石1500米，处理排水堵塞点72处，其中39处动用了吸粪车、疏通车等大型疏通工具。督促街道进行每月2次清理全区井盖内淤泥、杂物。各街道通过排查和对排水井盖的日常清淤处理，及时发现排水管道的堵塞点，并采取相对对策及时疏通。2019年道路雨污水井检查清理污泥约200吨。

【植树节活动】 2019年3月12日是我国第41个植树节，在全民义务植树运动38周年之际，石峰区分别于3月11日和3月12日组织市政协全体机关干部和区四大家在职县级领导400余人在白马垅村和长石村义务植树点开展植树活动，共种植香樟和杜英约6000棵。

【推进绿荫行动】 辖区雪峰岭城市公园采取“整体规划、分期建设、整园验收”的原则进行建设。项目以生态休闲文化为主，轨道科技文化为辅的定位，着力打造一个集“森林氧吧+轨道文化展示+体验式户外休闲”于一体的动静功能分区的市级综合性公园，打造成可示范的“城市双修”项目。项目一期32.88公顷已于2019年5月开园，新增绿地面积32.84万平方米。

【强抓绿化养护】 2019年8月，完成2019—2020年度城市园林绿化养护服务合同的签订。在做好基础养护工作的同时，严格按照市局行道树木及绿篱的日常修剪标准，完成对响石响田路、响石广场、清石广场、建设北路、铜霞路、时代大道、田心立交、迎宾大道等路段的绿篱草坪修剪、刷白、治虫等基础工作。国卫国园国文复审期间，按照工作要求组织养护单位对建设北路、响石响田路、田心立交等重点路段进行相应补栽补种。对辖区内现有绿化带，无人管理小区内枯死树木情况进行初步摸底，并对部分枯死树木进行了采伐更新，清理枯死树木 80 棵。2019 年，全区共投入 118 万元，元旦、春节、“五一”、国庆布展 10 个节点，美化了城区的节日环境。

【打造“微绿化”景观】 2019 年，石峰区绿化管理部门在重宾线路、驿站周边和广场等重要节点，采取补植、补种耐阴地被，更换老化苗木，种植大量草花增加绿地色块，提升了石峰区整体绿化景观效果。建设路与白石港路、先锋路交叉口等处补栽梅色石竹 3000 株，楠峰广场种植石竹 480 株，菊花 600 株，紫叶甘蓝 400 株。联诚路补栽大叶栀子 50000 株，一串红 20000 株，百日草 14973 株，孔雀草 22000 株，石竹 18000 株，矮牵牛 14615 株。响田西路补栽石竹 640 株。铜霞路驿站补栽石竹 1280 株，菊花 1280 株。田林路驿站周边补种赤楠球、茶花球、红枫，提质面积 350 平方米。田心立交栽植扶芳藤、吉祥草、麦冬草等植物，提质面积 3300 平方米。 （颜淑婷）

工程建设服务

【概况】 2019 年 3 月，石峰区工程建设服务中心成立，为区政府直属公益一类正科级事业单位，核定事业编制 10 名。主要职能为负责承担区政府委托建设的非经营性政府投资工程项目的代建业务，履行项目业主职能；参与编制政府投资工程项目年度建设计划；参与区内非经营性政府投资工程项目的设计、招投标等技术业务的指导，并承担相关事务性工作。在岗职工为 4 人，其中事业编制 4 人。

【运行情况】 单位运行基本正常化。2019 年 9 月人员基本到岗后，“三定”方案，办公场地，单位法人登记，财政预算账户开设，专户开设，人员初步分工，办公电话、办公设备安装采购，单位行政牌、去向牌安装，内部发文收文等程序设定，工会设立，网格平台开通及使用，兼职财会人员配备等日常工作完成。办公场地及相关软硬件基本到位，相关账户开通，基本满足工作需求。

【建立健全项目建设制度】 区工程建设服务中心制定《石峰区政府投资项目承代建管理办法》和项目建设内控程序，编制各类合同范本，规范收发文、用章审批、项目资料领取、合同审签等程序，为中心的正常运转打下基础。

【黑臭水体治理情况】 根据中央、省、市环境治理工作部署以及省环保督察组发现问题的整改要求，为提升区域居民生活环境，解决污水直排湘江问题，促进河流生态恢复和水环境改善，2019 年重点推进荷叶塘排水渠黑臭水体治理、人民北路至白石港排水渠黑臭水体治理和新民路口主排渠水系黑臭水体治理 3 个黑臭水体整治项目实施。荷叶塘排水渠黑臭水体治理长度 900 米，区域汇水面积约 70 公顷，项目总投资约 900 万元。人民北路至白石港排水渠黑臭水体治理项目治理长度 6.5 千米，纳污面积 30 万平方米，项目总投资约 1100 万元。荷叶塘排水渠黑臭水体治理和人民北路至白石港排水渠黑臭水体治理项目年底竣工验收。新民路口主排渠水系黑臭水体治理项目治理长度 6.5 千米，纳污面积 13.4 平方千米，项目总投资约 1.2 亿元。新民路口主排渠水系黑臭水体整治项目完成前期设计、预算、财评等工作，预计 2020 年 11 月实现项目竣工验收。

【老旧小区及棚户区改造】2019 年实施石桂小区、二医院生活区、床单厂生活区等老旧小区改造 854 户，总投资约 1366 万元。实施三水厂生活区、电炉厂生活区、床单厂棚户区改扩翻改造 569 户，总投资约 1138 万元。改造后小区杂、乱、脏，配套设施老化等问题得到解决，小区面貌焕然一新，美化和改善了小区居住环境。

【易涝点治理情况】2019 年实施先锋安置小区排水渠改造，年底建设完工，项目改造排水渠 344 米，总投资约 350 万元，解决了先锋安置小区区域雨期内涝严重的问题。

【市政交通基础设施建设情况】2019 年实施的基础设施建设有化机小巷提质改造工程和长株城际铁路九郎山站公交首末站新建工程。化机小巷提质改造工程中标价 125 万元，2019 年已完成总工程量 30%。长株城际铁路九郎山站公交首末站新建工程总投资约 192 万元，2019 年 10 月开工建设，12 月底完工。

（鲁新华）

房屋征收

【概况】 株洲市国有土地上房屋征收处石峰中心（简称石峰中心）于 2011 年 6 月成立，主要负责石峰区范围内国有土地上房屋征收与补偿相关工作。在编人员 10 名，其中主任 1 名，副主任 1 名，科员 8 名。内设综合科、业务科、预算及资金管理科和档案室。

【提高自身素养】 2019 年，石峰中心通过多种形式，学习一系列理论热点和政策热点，不断提高自身修养和政策理论水平。在业务知识上，重点学习《株洲市国有土地上房屋征收与补偿实施办法》等理论知识和业务知识，不断提高依法行政能力。在思想教育上，重点学习了“两准则一条例”以及有关共产主义理想信念，社会主义核心价值观等方面的内容，以党章为根本遵循，既为广大党员和领导干部梳理看得见、够得着的高目标，又划出党小组和党员不可触碰的底线，也对党小组和党员领导干部失责必问、问责必严提出明确要求。

【增强工作实效】 2019 年，石峰中心坚持以推进房屋征收、保障项目建设用地为重点，逐户走访、讲政策、讲民生、讲感情、把政府的决心和信心送到，多途径、多角度、多渠道，采取灵活的方式方法来推进征收工作。

2019 年，石峰区共有市级考核的 11 个征收项目，涉及征收面积 115397.9 平方米，被征收户 1098 户。为了有效推进工作进度，针对 5 个街道分别成立征收实施小组，常驻街道，明确责任。完成了东门棚户区项目、北星棚户区项目、湘天桥棚改、藏龙路城中村、响石广场旧城改造项目、铁路物流基地工程、石峰湘江大桥东桥头城中村 7 个项目的征收任务，涉征房屋共计面积 70397.87 平方米，涉征户数 535 户。深化“项目清零”专项行动，截至年底，先锋路地块、D1 地块、H3-89 地块签约率达到 100%，实现清零。湘江风光带项目石峰段完成资金审计及决算工作。

2019 年，严格按照财经纪律和工作规范，做好补偿资金的使用和管理工作。在资金拨付方面，征收补偿资金根据工作进度，提前和项目部联系，确保协议签订后以最快的速度将补偿资金补偿给被征收人。在征收资金管理方面，采取分类管理，专款专用，确保征收资金按期足额支付给被征收人。在资金补偿方面，按照统一设计的补偿清单和补偿安置协议，对每一户的补偿情况均进行严格审核，在审核中发现有违于补偿政策的现象均进行纠正处理。全年未发生过因补偿资金不规范拨付而引发的矛盾纠纷。

解决征收拆迁工作中的疑难问题，既是工作的重点，也是中心的工作难点。包括涉访涉诉问题，一些“难缠户”的问题和历史遗留问题等。上半年，在局领导和区委、区政府的坚强领导和强力支持下，协调解决秋瑾故居袁友泉户、D4 地块大风车幼儿园、响石广场余清、先锋棚改乔申桃等共计 6 户的疑难问题，推进征收工作。

中心不断巩固和扩大“不忘初心、牢记使命”教育成果。认真落实党风廉政建设，不断加强机关作风建设，教育和引导干部职工加强团结，廉洁自律，2019 年，单位内部未发生违反廉洁自律和不团结的现象。（段雅芬）

环境保护

【概况】 2019 年机构改革后，株洲市环境保护局石峰分局更名为株洲市生态环境局石峰分局。株洲市生态环境局石峰分局和环境监察大队合并，“两块牌子、一套人马”。设综合办公室和四个中队。在编人员 22 人，退休人员 6 人，实行片区管理。主要工作职能是贯彻执行环境保护法律法规和方针政策，对辖区的环境保护工作实施监管。承担环境现场监察、污染纠纷调处、环境稽查、应急处置及环境投诉热线日常处理等工作。

【严把审批关】 在日常工作中，坚决做到五个“一律不批”，即：对超过污染总量控制指标、生态破坏严重的项目；不符合环保法律法规和国家产业政策的项目；选址与规划不符、布局不合理的项目；群众反映强烈的项目；以及污染防治技术不成熟的项目一律不批。2019 年，共审批建设项目 84 个，其中报告书类项目 1 个，报告表类项目 83 个，登记备案 79 个，切实把好了项目审批关，为石峰区环境与经济的快速、协调发展提供优质服务。

【水污染防治】 开展黑臭水体整治工作。完成新塘沟畜禽养殖场黑臭水体治理，配合区住建局完成人民北路至白石港排水渠和荷叶塘干渠（上游）2 个黑臭水体整治项目。督促循环公司基本完成湘天桥片区污水管网、田心高科园污水管网 2 个污水管网建设。扎实推进田心高科园环境整治，确保污水集中处理设施及在线监控设施稳定运行，实现污水管网全覆盖、完成雨污分流。开展农村生活污水治理工作。全区 9 个行政村已分别制定生活污水整治方案，按要求完成了 4 个村（大冲村、白马村、九郎山村、九塘村）的生活污水治理。

【大气污染防治】 工业废气污染防治方面。联合经信、工商、药监等部门和街道制定了整治散乱污企业方案，开展散乱污企业整治专项行动，取缔散乱污企业 3 家。督促九方铸造有限责任公司、华晟实业有限公司和中车株洲电机股份有限公司完成 VOCs 治理工作。督促华新混凝土有限公司和固废垃圾回收有限公司完成无组织排放治理。

*机动车尾气污染防治方面。*每月按期联合区交警大队开展机动车尾气执法检查 20 次，总共检测 110 台车，共对 29 辆尾气不达标的车辆进行处罚。

*油烟污染防治方面。*通过摸底调查区域内餐饮户为 340 家，截至年底，6 灶台以上的 18 家大型餐饮店全面安装了高效油烟净化装置且定期由专业队伍进行排烟管道的清洗，3～5 个灶台的 67 家中型餐饮店均按要求安装油烟净化器和定期进行清洗，2 个灶台以下的小型餐饮户全部安装专用排烟管道。

【土壤污染防治】 开展农村环境综合整治。完成辖区内 9 个行政村及农村环境综合整治整区推进项目验收工作，完成禁养区内夏明亮养猪场退出工作。加快土壤治理和生态修复。完成金盆岭土壤治理项目；基本完成铜霞片区土壤治理工程、清水片区土壤治理工程 2 个土壤治理项目；完成袁家军加油站后山废渣场治理；启动了荷花片石洞治理，鑫达冶化场地修复。严格固废管理。辖区内医疗废弃物安全处置率 100%；危险废物产生单位规范化管理达标率 90%以上，经营单位规范化管理达标率 100%。全面落实《清水塘老工业区环境综合治理工作方案》，严格督促企业制定遗留污染物处置方案，加大清水塘老工业区开展回头看频次，认真做好已关停企业废渣、废气、废液等危化品处置工作，完成了恒河、盈德气体等企业“三废”的安全处置；完成“清废 2019 行动”中株冶铁渣的安全处置、原东方红乳胶厂拆除遗留建筑垃圾和旗滨地块建筑垃圾清运工作。

【环保督察反馈问题整改】 长株潭绿心地区工业企业退出是中央环保督察的共性问题，也是省环保督察的交办问题，石峰区在绿心地区有 57 个工业项目，2018 年已经完成 52 个工业项目退出，剩余 5 个经省两型委同意延期至 2019 年完成，2019 年，分局派驻执法人员全力以赴，于 11 月完成了剩余的众恒建材等 5 个工业项目的退出。

【网格化监管】 根据《株洲市网格化环境保护监管实施办法》和《随机抽查制度》等文件精神要求，积极制定实施办法，做好环保设备设施运行监管工作。按照交叉检查和重点企业每月检查一次，一般企业每季检查一次的要求，2019 年全年环境监察 500 余次，双随机抽查企业 142 家，日常监察企业 200 多家。

【调处污染投诉】 2019 年，分局按要求使用“12369”环保举报平台和环境信访系统，按规定履行信访、举报工作职责。接到投诉件后及时处理，按时反馈办理结果，未有逾期未办结案件。全年共计办理各类环境信访案件 0 起，区人大建议 0 起，区政协提案 2 起；接投诉案件 470 余起，出警率 100%，群众满意度达到 95%以上。

【环境执法】 根据双随机抽查制度，2019 年全年双随机抽查出动 500 余次，抽查企业 142 家，日常监察企业 200 多家，立案 37 起，处罚金额达 101 万元，到位金额 76 万元。株洲长远智造不正常使用大气污染物处理设施和曾稳成偷排重金属超标废水2件案件移送公安，拘留2人，追究刑事责任2人，对环境违法行为形成了有力震慑。

【基础工作】 分局贯彻落实《国务院关于开展第二次全国污染源普查的通知》精神，已基本完成第二次全国污染源普查工作，目前正在进行档案整理。建立健全了网格化监管机制，在全区划定232个网格，每个网格员都规定了环保职责。

【“不忘初心、牢记使命”主题教育】 分局认真开展“不忘初心，牢记使命”学习教育专题活动，成立“不忘初心、牢记使命”主题教育领导小组，确定学习清单、问题清单、整改清单，制定学习计划，每周至少一次集中学习并研讨，确保主题教育落到实处取得实效，以讲党课、听专家宣讲、干部例会学习、自学等形式，引导全体党员干部认真学习《习近平总书记对湖南工作重要指示精神学习要点》《习近平关于“不忘初心牢记使命”论述摘编》等原文原著以及习近平总书记系列重要讲话，严格按照省、市“不忘初心、牢记使命”主题教育学习活动要求，率领全局干部职工参加了市生态环境局聘请丁建平教授关于《不忘初心、牢记使命、砥砺前行、明初心、守初心、坚定理想信念》和贺岭文教授关于《习近平同志关于机关党建重要论述》的党课，促使党员干部增强了“四个意识”，坚定“四个自信”，落实“两个维护”。

紧密结合分局工作实际，分门别类找准问题，积极研讨，有针对性地解决问题，真正把党的思想抓在日常，严在经常，在分局内形成良好的党风。为了搞好环境保护工作，开展在职党员进社区网格，积极与网格员对接，解决网格存在的实际困难和问题。狠抓队伍廉政建设。坚决杜绝“索、拿、卡、要”等不良行为，坚持做到文明执法。积极配合、协助纪检监察部门的各项工作，认真开展对干部职工的喜丧活动和涉企涉矿的专项清查，做到不包庇、不纵容。深入推进党务、政务公开，增加工作透明度。党支部坚持将党费收缴和支部有关情况及时向全体党员公开或说明，确保党员干部职工的知情权、参与权，同时，为落实生态环境部、省市政府关于政务公开工作的要求，分局以建设项目环评审批、“三同时”验收、行政案件为重点，加强信息公开，强化公众监督，从源头上杜绝了腐败倾向，从根本上预防了腐败。通过一系列的查整活动，提升了全局执法人员的廉政、勤政意识，改善了服务质量，提高了工作效率。

（屈凤伶　周洁珍）

园区建设

株洲循环经济投资发展集团有限公司

【概况】 株洲循环经济投资发展集团有限公司于2008年成立，现股东为株洲清水塘循环经济工业区管委会、株洲市国资委和中国农发重点建设基金有限公司，实际控股人为株洲清水塘循环经济工业区管委会。注册资本25亿元，公司从无到有，从小到大，总资产由2011年的4亿元起步，现已发展到280亿元，主体信用评级AA级。集团下辖循环置业、循环资源、循环资产管理、株洲绿色九郎文化旅游、株洲北城物业、田心教育公司6家子公司，控股公司有株洲轨道交通产业公司，参股公司有株洲市清水塘投资集团、株洲南方环境治理有限公司。公司是石峰区园区开发建设的投融资平台，担负了园区基础设施建设、土地收储开发、产业导入、环境治理及生态修复等职能，为清水塘老工业区搬迁改造、轨道交通千亿元产业发展、九郎山“绿心”生态保护与修复等工作做出了巨大贡献。

2012年，公司全面启动清水塘环境综合整治工作，为改善清水塘的生态环境跨出了坚实的第一步，为后续发展奠定了基础，并于2013年成功将清水塘环境污染综合治理项目推入世界银行贷款项目库（2014—2016财年）。2014年配合株洲市政府将清水塘推入国家城市老工业区搬迁改造试点（23家之一）项目。同时，为筹措建设资金，公司在积极推进传统银行融资的基础上，不断开辟融资渠道，创新融资模式，2014年公司债市主体信用评级达到AA级。2015年获批国家发改委农发重点基金，打通资本市场直接融资渠道，并在上交所成功发行12亿元公司债券，成为中国银行间市场交易商协会注册会员，2016年在深圳簿记建档成功公开发行经国家发改委批准的14亿元公司债券。公司从2014年初的37亿元的资产规模做起，至2019年末，资产总规模现达到246.43亿元，账目资产负债率控制在68%以内，五年增加近210亿，增加近7倍。

【债务及风险化解】 2019年度公司累计融资获批78.56亿元，其中已到位56.81亿元。支付到期债务本息共约74.75亿元（包括结构化到期及配资部分），其中还本66.38亿元，付息8.37亿元。并在多方努力下成功发行20亿元置换债和4亿元PPN；成功完成20亿元公司债的转售、11.5亿元公司债以及8亿元PPN兑付事宜。

【市政工程】 2019年集团公司在建道路共计

17 条，总长度 9.121 千米，总投资额 13.66 亿元，天桥路、重桥西路 B 段、日新路已竣工通车，田红东路、株所支路一期、报亭南路、雪峰五路、禾田路等年内可通车，田心轨道交通城路网骨架基本形成，为区域高质量发展奠定了较完备的路网基础。土方平整工程共计 11 个，其中 6 个地块（火炬工业炉、九郎山地块、九方装备 C 地块等）已竣工验收。总投资额 1.22 亿元，其中建安工程费 1.07 亿元，累计完成产值 8543 万元。杆线迁移工程共计 22 个，其中已完工项目 9 个。总投资约 2148.22 万元，累计完成产值 1118.7 万元。环境治理项目 2 个，金盆岭区域土壤污染治理工程、湘天桥截污干管均已完工。

【民生项目】 公司筹资 1.15 亿元，对湘天桥、天源、九圆等老旧农贸市场进行提质改造，2019 年重点改造天源农贸市场及铜塘湾农贸市场，铜塘湾农贸市场已于 11 月 15 日复市，天源农贸市场在 12 月底复市。改造后的农贸市场软硬服务全市乃至全省领先，静态投资 5000 多万元建设的雪峰岭公园、清水塘广场开园开放，湘天桥立体停车场主体建成，公司社会效益及大局担当充分彰显。

【经营项目】 口岸大厦主体工程建设已完成，正在进行消防竣工验收。目前引进 2 家主力店，其中裙楼一家已成功签约海立方，株洲海洋公园将成为清水塘生态新城第一家入驻企业；塔楼一家正在与维也纳酒店进行合同签订，以此带动其他商家入驻，力争在 2020 年 7 月开业。砂石码头拟定推进思路与方案，抓紧时间与相关部门、责任单位协调费用承担，力争砂石码头尽快启动运营并启动永久砂石码头选址前期对接工作。白马幼儿园将于月底将基本完工，预计 2020 年 1 月中旬全面完工；十六中幼儿园已于 12 月中旬正式启动建设；先锋幼儿园已具备进场条件，待前期工程验收完成后进场施工。

【土地报批】 2019 年完成了雪峰小镇 B（学校）地块（0.42 公顷）、铁桥棚户区一地块（0.13 公顷）、铁桥棚户区二地块（0.95 公顷）的土地报批工作。年底计划完成田心东城中村地块、井龙社区城中村地块及雪峰小镇项目 L 地块、M 地块、H 地块、主题商业街地块等 12 个地块 22.64 公顷的土地报批工作。

【土地征拆】 已完成交地 3 个项目共计 13.77 公顷，其中时代雅园三期储备地块 6.53 公顷、时代国际居住小区 6.82 公顷、雪峰小镇 B 地块（学校）0.42 公顷。完成 5 个项目的倒房，迁坟共计 79 座，并启动 12 个项目，2019 年年底完成报亭南路、雪峰小镇 N 地块交地；时代大道南辅道、荷花家园储备地块全部房屋腾房、倒房。

【土地出让】 2019 年 7 月成功出让时代雅园三期地块（9.51 公顷）、10 月成功出让雪峰小镇 B 地块（2.25 公顷），土地成交价共计 5.35 亿元。年底预计出让华联储备用地（1.09 公顷）、雪峰小镇 N 地块（4.69 公顷）、井龙安置小区二期地块（2 公顷），完成 10 亿元的成年度目标。

【资产移交】 根据公司与区政府于 7 月份签订的《资产与债务转换协议》，移交资产共计 105 处，已全部完成移交，其中第一批资产（14 处）已完成过户手续办理，第二户资产（37 处）正在过户手续办理中。“三供一业”资产移交工作有序推进，移交资产共涉及21家企业（14家央企，7家省企）。公司严格按照“三供一业”指挥部要求，先后启动了条件相对成熟的广铁集团报亭社区公租房、大坝街公租房及“336”处平房、株机、株冶、中车集团株洲电力所机车厂二部（中车株洲所）、中国能源建设集团、湖南省电力设计院有限公司株洲电力设备厂非经营性资产移交工作。根据公司与清水塘公司于2017年签订的《资产移交协议》，原则上按照移交资产与债务相等的规定，顺利于12月初完成与清水塘公司第二批12个亿的资产移交，有效地降低公司资产负债率。

【市场转型】 为理顺公司土地报批、征拆和出让相关事务，加快推进重点项目建设，更好地完成政府项目投资任务、提升管理水平、节约投资成本，公司撤销了招商运营部、资产管理和征拆部，成立土地资产经营中心；为缓解业务骨干短缺的现状，优化人力资源结构、提高管理水平、提升整体效能，面向社会公开招聘，对人力资源进行一次优化。

修订《薪酬绩效管理办法》，建立与集团战略发展相适应的绩效管理机制，坚持绩效导向，强化绩效与薪酬挂钩，充分发挥绩效的激励和导向作用，推进集团持续稳定发展；公司于2019年制定《非标项目供应商名录库管理办法》。从而降低公司经营风险和中介成本，提高非标项目供应商的服务质量和资源共享能力。

修订《薪酬绩效管理办法》，建立与集团战略发展相适应的绩效管理机制，坚持绩效导向，强化绩效与薪酬挂钩，充分发挥绩效的激励和导向作用，推进集团持续稳定发展；严格落实绩效考核结果，发挥绩效导向作用，让每个员工干好干坏、干多少不一样，杜绝吃大锅饭的现象，公司于2019年9月对各部门进行一、二季度的绩效进行考核，并对考核不合格的人员进行降职降薪调岗处理。

公司把铜霞路三期提质改造项目作为代建工程试点项目，让工程管理部门从一个用钱的部门转化成一个赚钱的部门。简化行政审批流程，增加企业项目管理过程中的自主权，提高效率方能提高效益，打破现在吃大锅的弊端，实行项目负责制责权利相匹配，增强员工的积极性、参与性。（刘懿予）

田心高科技工业园

【概况】 田心高科园是株洲国家高新区“一区三园”组成部分之一，于2000年由国家科技部批准成立。2010年，由省发改委批准，以园区为核心扩展建设轨道交通城，规划总面积为38.7平方千米(其中石峰区规划范围面积约24.7平方千米)。

园区以轨道交通装备制造研发为主导产业，是国家轨道交通装备高新技术产业化基地、国家轨道交通装备制造创新型产业集群试点、国家战略性新兴产业区域集聚发展试点。截至2019年年底，园区拥有轨道交通领域各类创新平台85家，其中国家级13家、省级48家，国家企业重点实验室3家、国家工程实验室1家、国级轨道交通装备创新中心1家、国家级工程技术（研究）中心4家、省级工程技术（研究）中心12家，2名中科院院士、42名国家级科技专家、5000余人的研究生以上学历专业人才队伍，以及52项国际标准制定权。聚集中车株机、中车株所、中车电机等轨道交通产业企业100余家，其中规模以上工业企业61家，过百亿元企业2家，过十亿元企业6家，上市公司7家，本地配套率达 90%，形成了集轨道交通产品研发、生产制造和营运维保、物流配套于一体的完整产业链，是国内规模总量最大、综合实力最强、技术最先进、配套最完善的轨道交通装备产业发展集聚区。

2019 年，园区以中共十九大精神为指导，认真贯彻落实市委、市政府《关于进一步加快园区转型升级和创新发展的若干意见》，紧紧围绕“产业项目建设年”活动和“温暖企业”行动，扎实推进各项工作，成效显著。在全市园区升级一、二、三季度考核中均获得二等奖，在全市园区营商环境综合评价中排名第一。

2019 年，园区主要经济指标平稳增长，园区实现技工贸总收入 600 亿元，同比增长 9%；实现轨道交通总产值 532.9 亿元，同比增长 12.7%。固定资产投资 120 亿元，同比增长 20%；进出口总额达 6.1 亿美元。项目建设速度加快，新引进 5000 万元工业项目 22 个，新开工 5000 万元工业项目 16 个，新竣工 5000 万元工业项目 14 个。要素保障及时有力，全年累计出让工业用地 5 宗，总面积 15.45 公顷。完成工业用地报批一宗，共计 17.77 公顷。完成动态储备产业项目用地 12.4 公顷，新开工建设标准厂房 19.6 万平方米，新竣工标准厂房 7.16 万平方米。

【产业实力日益提升】 2019 年，产业链条不断完善。紧紧依托三大主机企业，围绕打造轨道交通全产业链条，大力开展“9685”精准招商和轻资产招商。全年共引进重点项目 20 个，其中500强项目7个。产业质量不断提升。IGBT、新能源电机、轨下制造等拓展产业成长迅速，襄阳电机、时代电气乘用车电驱项目先后投产，IGBT 二期、IGBT 汽车封装项目陆续开建。产业生态不断优化。积极申报轨道交通国家先进制造业集群，成功举办第二届“田心杯”创业大赛，组建区营商环境协调事务中心，有效整合就业培训、人才服务、政策咨询、审批代办等职能，城市候机厅正式营业，雪峰岭公园建成开放，金盆岭公园启动建设，戴斯酒店即将营业，方糖小镇投入运营，实现了园区吃、住、行等“全方位、一条龙”服务。

【创新活力持续增强】 园区积极采取厂房代建、设备代购、资金代投模式，大力扶持平台发展壮大。2019 年 1 月，国创科技创新中心成功认定为国家先进轨道交通装备创新中心，9 月成功中标轨道交通装备国家级产业集群，10 月中车电机“湖南省新能源汽车电机工程技术研究中心”挂牌成立。在平台效益方面，新能源汽车电机工程中心已成功研发客车电机、物流车电机及乘用电机等系列产品，涵盖 4 个平台 40 余款，超过 1 万台新能源汽车电机在全国稳定运营。IGBT 创新中心完成发明专利 11 项，编制团体标准 8 项，2 项科研技术已实现成果转化。南方中心正式投用，积极对外联络招商，截至 2019 年年底，已有 20 多个项目在积极洽谈。

【改革发展深入推进】 试点亩产效益评估，明确亩产营业收入、税收等 8 大入园约束指标，根据评价结果综合运用租金、物业费、园区增值服务等市场手段奖优罚劣，倒逼企业高质量发展。已有 3 家优秀企业获百万元礼包，1 家不达标企业被黄牌警告并上调租金和物业费。园区管理体制机制改革。通过建立健全“1+3+2+N”园区工作模式，有效整合田心高科园（“1”）、发改、经信、商粮（“3”）、 金融办、营商环境服务中心（“2”），街道、财政等（“N”）工作力量，入园集中办公。突出了高科园党工委党建引领作用，入园企业均成立了党组织，归口高科园党工委管理。管委会干部实行全员竞聘上岗，园区 4 个科级领导岗位、7 个一般干部岗位均面向全区公开竞聘，实行目标考核，绩效管理。

（覃 磊）

轨道交通产业服务中心

【概况】 根据《中共株洲市委办公室株洲市人民政府办公室关于印发〈石峰区机构改革方案〉的通知》和《中共株洲市委机构编制委员会办公室〈关于石峰区机构改革涉改科级事业单位调整的批复〉》文件精神，石峰区轨道交通产业服务中心（简称区轨道交通产业服务中心）于 2019 年 3 月 14 日成立，为区委正科级直属公益一类事业单位。

区轨道交通产业服务中心主要职责是：围绕轨道交通产业全球发展态势和最新方向，国家和省级层面宏观政策，以及全国轨道交通产业集聚地先进经验和做法，编辑轨道交通产业信息资讯，为区委决策提供智力支持。配合株洲动力谷发展研究中心开展涉及轨道交通产业发展的调查研究有关工作。完成区委交办的其他工作。

区轨道交通产业服务中心事业编制 4 名，其中设主任 1 名，副主任 2 名。 （陈 翔）

轨道科技城建设

【概况】 2019 年，株洲轨道交通产业发展股份有限公司，紧紧抓住建设世界一流“中国动力谷”的战略机遇，按照区委、区政府加快工业强区建设的精神，扎实推进项目建设，全力抓好精准招商，大力推进创新链、产业链、资本链、服务链深度融合，产业招商、项目建设与运营、融资化债、内部管理等方面都有了新的突破。到 2019 年末，公司资产总额达到 27.73 亿元，股东权益 5.94 亿元，负债总额 21.79 亿元。全年营业总收入 1624.45 万元。

【项目建设稳步推进】 建设项目是园区筑巢的核心工作，公司把这项工作作为重中之重，精心安排，合理调度。时代电驱、襄阳电机、南方中心、科研中心 1～5 楼装修工程全部完工并交付使用。中国动力谷•轨道交通创新创业园三期时代基地 2 万平方米标准厂房全面建成，九郎山基地 2.2 万平方米标准厂房完成主体工程，井龙基地、茅太基地已进场施工。

【产业招商精准高效】 公司围绕轨道交通“9685”精准招商行动方案以及“1+3+4”产业链精准招商方案，加强园区宣传，扩大园区影响，加大园区招商力度，实现多个“第一次”。第一次引进世界 500 强外资企业，西门子［交通技术（北京）有限公司株洲分公司］落户园区；第一次引入上海方糖（创业服务有限公司）整体招商的新模式；第一次实现了株洲走出去的轨道交通产业九方和荣（宁波市江北九方和荣电气有限公司）的实体回流；北海世纪、万新轨道、嘉骞机电、晟科莱特、风驰机械 5 家轻资产企业成功转为实体。全年共引进企业 54 家，其中轨道交通装备、新能源汽车、新材料等战略性新兴产业企业 14 家，新增出租面积 6.5 万平方米。入园企业达 133 家，园区累计租赁面积超 25 万平方米，已建成面积总出租率达到 70%，园区总产值突破 16 亿元，税收近 1 亿元，带动就业达到 2000 人。

5 月 21 日，邀请园区 70 余家企业召开了“石峰区轨道交通创新创业园高质量发展推动大会”，对税收缴纳及纳税强度突出以及年度税收增幅突出的企业实行厂房租赁、物业减免等方面的奖励，减免金额达到 115.7 万元。针对园区低效企业启动淘汰机制，清退与园区产业规划不符的旭磊环保；通过对原博羿 C4 厂房腾笼换鸟，引进骏发入驻后，单位面积产值效益实现较大的增长。在考核机制的推动下，国铁、鑫阳、博锐电气、沃尔新材料 4 家税务未在石峰区的企业均完成了税务变更，将税务迁入园区。

【运营服务扎实有力】 通过统筹园区开发建设和运营管理，逐步提升了园区综合竞争力。不断完善园区配套服务功能，在园区内推行网格化管理，对园区企业反馈的事件做到件件有着落，事事有回音。全面启动智慧园区建设，以信息技术为手段、智慧应用为支撑，建设“一站式”企业服务平台、总控指挥中心、园区门户及管理系统、智能化运营平台和园区公众服务平台，使园区管理服务等更高效便捷，园区管理平台系统已完成线上订餐、订房、物业报修等服务功能的开发。通过综合智慧能源项目，开展分布式光伏建设，有效缓解园区用电压力，电表智能化改造正式启动。营商环境服务中心全面建成并投入使用，城市候机楼作为湖南省首家 2.0 版异地城市候机楼于 9 月 20 日正式运营，小天鹅戴斯酒店项目、人才公寓及食堂改造提质项目正在积极推进。

2019 年，公司与株洲昕晨信息科技有限公司开展战略合作，运营株洲轨道交通装备配套服务平台及株洲市轨道交通装备产业集群窗口平台。全年，平台新增入驻服务机构 45 家、服务专家 150 余人，开展“株洲市轨道交通行业质量管理提升经验交流会”等公共服务活动 15 次，服务企业 300 余家，参加人数 400 人。其中，株洲市轨道交通装备产业集群窗口平台在湖南省中小企业公共服务平台中排名第一。

积极推进各类项目申报工作，完成“2019 年度湖南省中小企业发展专项资金项目”“2019 年株洲市智能化技术改造项目”等 8 个项目申报工作，到位项目资金 304.41 万元。由公司参与投资组建的株洲国联轨道交通产业服务中心，申报先进轨道交通装备产业集群专项项目获得国家工信部拨付专项资金 1600 万元。

【融资投资多源有效】 为保障项目建设、满足公司发展资金需求，2019 年，公司努力克服国家对平台公司融资政策收紧的影响，积极拓展融资渠道，融资到位 2.635 亿元（不含协助循环集团部分）。积极落实政府隐性债务化解工作要求，2019 年公司共计化解债务 1.5 亿元，已全部归还（国家开发银行贷款）。公司积极推进组建轨道交通产业基金的相关工作。已完成基金公司“株洲思通达轨道交通产业合伙企业（有限合伙）”注册，执行事务合伙人为“江苏润垚资产管理有限公司”。基金总规模 5 亿元，首期规模 8100 万元，第二期募集至 5 亿元。

【自身建设不断增强】 在转型改革的关键时期，公司制定了五年战略规划和三年行动计划，进行战略性的布局并定下明晰的发展目标。对内部架构进行了调整，使公司能够更适应市场化方式运作。在工程管理部率先试点薪酬绩效改革，充分发挥绩效的激励和导向作用。通过“每周一晚”及2019年全民阅读“书香株洲·爱心无限”公益活动，营造学习氛围，形成“好读书、读好书”的良好风气；定期举行工作经验分享活动，在提升员工素质的同时，搭建交流平台。开展素质拓展、健步行及职工运动会等一系列文体活动，丰富了企业文化。

（丁　攀）

社 会 事 业

教 育

【概况】 2019 年，区教育局完成机构改革，使人员结构更加合理，管理更加灵活高效。区教育局内设局办公室、人事政工股（监察室）、基础教育股、学前教育和社会力量办学股（综治安全股）、教育督导室 5 个职能股室和区教育教学研究指导中心、区教育技术装备站、区教育实践活动中心、区教育会计核算中心 4 个二级机构。2019 年，全区有义务教育公办中小学校 14 所（其中初中 3 所，小学 11 所）。民办义务教育学校 2 所，在校中小学生 19493 人。幼儿园 49 所，其中公办幼儿园 11 所，民办幼儿园 38 所，在园幼儿总人数为 8645 人。全区在编教师 891 人。年内，石峰区获得“湖南省平安校园先进县市区”荣誉称号；区教育局在市局组织的“咱们教育有力量”中小学生文艺会演中获突出贡献奖；在人居环境整治工作中，“垃圾不落地”活动连续两季度获全市单线第一；在“新时代好少年”主题教育读书活动中，被教育部关工委评为先进集体。

【学前教育】 2019 年，石峰区分类施策，加快补齐学前教育短板。投资 2100 万元开工建设 3 所公办幼儿园（先锋、白马、十六中），建成后可新增公办园位 490 个。与 8 所原企业幼儿园签订联合举办公办园框架协议，新增公办园位 1500 个。购买普惠性民办幼儿园园位 4632 个。年内公办园在园幼儿占比达 32.08%，公办园和普惠性民办园在园幼儿占比达 75.46%。

【中小学教育】 2019 年，区教育局坚持“五育”并举，不断完善全面育人体系。开展主题班会创新案例分享交流活动，九方小学《国旗飘飘》德育课程在《湖南教育》《中国德育报》等媒体刊载。成功举办区第五届“火车头杯”中小学生足球比赛和株洲市中小学生“咱们教育有力量”石峰区专场展演。抓好教育资助，落实一人一案，辖区内小学适龄儿童入学率达 100%，小学年辍学率控制为 0，初中阶段入学率达 100%，初中年辍学率控制在 0.5%以内，三类残疾儿童义务教育入学率达 100%。15 所中小学开展“3 点半”校内课后服务，教师和学生参与率分别达 93%和 78%。区域内全面消除大班额。

【民办教育】 2019 年，区教育局全面加强民办培训机构监督管理。开展专项治理整治，全面摸底排查登记在册和无证无照的校外培训机构，整改登记在册校外培训机构 2 家，整治无证无照校外培训机构 6 家，大大优化了民办教育发展环境。在全区广泛宣传全民终身学习活动周，采用讲座、培训、观摩、座谈等多种形式，推动各学校和民办培训机构资源联合行动。加强对民办外国语石峰学校的管理和合作，加快实现在入学招生等方面与公办学校同等对待，促进民办义务教育发展。

【改善办学条件】 2019 年，石峰区持续优化教育布局，推进义务教育新学校和标准化学校建设。雪峰学校主体工程开工建设，投资 2.39 亿元，规划开设 30 个班，提供学位 1500 个。投入 1100 万元新建的曙光小学综合楼投入使用，扩容学位 270 个。新改建中小学幼儿园食堂 62 个，购置直饮水设备 102 套，16 个公办中小学幼儿园食堂被评为 A 级。4 所学校塑胶运动场改扩建项目完工并投入使用，实现区属校园全覆盖。

【教师队伍建设】 2019 年，区教育局多措并举，大力提升师资水平。制定《石峰区师德师风建设工作方案》，举办全区师德师风培训会，开展田心片区师德师风报告会，持续加强师德教育。在 14 所中小学校推广实施“量补质奖”，增大薪酬分配差额，实行“积分管理”考核，进一步完善教师管理考核机制。完成聘中面谈考察，调整 10 名校级干部，优化管理队伍。公开引进 23 名优秀教师，及时有效补充和优化了教师队伍。发放骨干教师津贴 177 万元，班主任津贴 75 万元，市级学科带头人津贴 25 万元，教师节评选表彰“株洲好老师”5 名、“优秀教师”等先进个人 108 名，进一步营造尊师重教氛围，持续提高教师获得感。

【教育督导】 2019 年，区教育局深入推进教育督导工作。严格落实校长目标管理绩效奖，细化考核方案，发放管理目标奖金 137 万元，进一步增强教育督导“新动力”。强化专项督导，坚持问题导向，深入开展春秋季开学、校园安全、规范办园行为、中小学校违规办学等专项督导，强化结果运用，坚持奖励与问责并重，着力构建教育督导“新格局”。组织 10 位督学参加国家、省级培训，钟桢、王婷、文芬 3 位督学的督导论文获市级奖励，不断提升督学队伍的素质。

【教育改革创新】 2019 年，区教育局大力创新育人途径，积极推进区域教育改革创新。各中小学幼儿园积极申报推广具有地域和学校特色的教育创新项目 19 个。其中，曙光、清水塘小学和株机幼儿园 3 个优秀项目获区级优秀。九方小学教育改革创新项目《足球育人的路径探索》，获株洲市“十大优秀教育改革创新项目”奖。区教育局获得株洲市“十大优秀教育改革创新项目”遴选优秀组织奖。

【教育科研】 2019 年，区教育局重点围绕课堂和中考，开展区域中小学各学科课程研修班培训项目，提升教师专业素养，提高区域教育质量。举办“株洲市石峰区教育优质发展高级研修班”，邀请 8 名华中师范大学教授为 120 名教师进行了为期 4 天的培训。在湖南省首届“建功新时代”青年教师教学竞赛中，石峰区青年教师袁岳峰获省级初中数学一等奖，戴嘉等 4 位选手获市级奖励。加强中考质量过程管理与督导，全区中考 AAAAA 率、合格率明显提升，普高上线人数较 2018 年增加 90 人。

【校园安全】 2019年，石峰区深化平安校园创建，实现安全生产零事故。联合多部门齐抓共管，率先完成区属校园安防“三个100%”，率先完成禁毒教育进校园“两个100%”。完善联合风险评估和预警、安全隐患排查和处置机制，全面划设校园周边交通标识、标线、标牌，设置防冲撞栏，牵头开展4次以上交通顽疾、无证摊担、占道经营等突出问题的联合专项治理，不断提高校园及周边安全防范水平。落实《石峰区中小学学生食堂管理实施细则》，实现校园食堂视频监控系统全覆盖，持续加强食堂食品安全管理。开展7次校车安全专项整治，实现校车管理公司化、集约化、智能化。强化安全教育，深化“一校一品”，提高师生安全防范意识。

【教育信息化建设】 2019年，石峰区有数字校园12所，2020年将实现数字校园全覆盖。推进教育信息基础设施建设，教育城域网络出口由300M扩容到3G，在田心中学、九方小学建设22个智慧教室并交付使用，采购更新各校学科仪器和教学设施设备。深入开展“一师一优课”活动，上传675节课，其中15节课被评为市优，彭奋、唐文灿和夏芳老师的优课被评为省优。进一步完善空间应用，55个教师和班级空间获市级奖励，2个学校空间（先锋小学、曙光小学）、6个网络名师工作室（区教育信息化（言洁琼）工作室等）获市级优秀。提升创新与实践能力，35幅电脑制作作品和9个A类青少年机器人作品获市级奖励。提升网络与计算机应用安全防范水平，完成信息系统等级保护定级与备案，坚持每日教育网络安全监测，实现教育平台网络全年安全零事故。

【党建工作】 2019年，局党委所辖党组织（支部）17个，党员551人。扎实开展主题教育，党委班子开展3次专题集中学习研讨，形成5份调研报告。开展主题教育学习交流会，参加学校学习研讨10余次、主讲6次党课。持续加强支部“五化”阵地建设，石峰外国语学校党支部成功创建株洲市民办学校党组织“五化”建设示范点。开展党员教师“戴党徽 亮身份”进课堂活动，建立党员帮扶、监督长效机制。丰富组织生活，组织参观“一馆一中心”、开展“七一”赴怀化警示教育活动。坚持每月一日下网格集中办公，帮助联点新建社区（村）新增健身器材、扩大活动场地。

（高世龙）

档　案

【概况】 1997年8月，株洲市区划调整原北区档案区志局更名为石峰区档案区志局，局、档案馆“两块牌子、一套人马”，合署办公。1998年5月，设立石峰区档案区志局，属区政府直属的参公事业机构，加挂石峰区档案馆的牌子。2019年，根据《中共株洲市石峰区委办公室职能配置、内设机构和人员编制规定》，石峰区档案区志局更名为石峰区档案馆，为区委办公室所属正科级公益一类事业单位，对外加挂区党史和区志研究室牌子。核定全额拨款事业编制6名，其中馆长1名，副馆长2名。主要职责为研究拟定档案工作规章制度；负责档案法律法规的宣传、组织实施工作；负责拟订发展档案事业的近期和远期规划，并组织实施；负责全区的修志工作，为组织地方志的资料及收集和编纂、出版工作提供服务；负责区内党史资料的收集、整理、编撰工作。截至2019年，区档案馆舍建筑面积450平方米。其中库房面积350平方米，两个库房，一个爱国主义教育基地展厅。可容纳档案资料10万余卷册。馆内设全宗110个，馆藏档案69751卷/345870件。印鉴、奖旗、奖牌、礼物、产品等实物档案560件。馆藏资料1311册，由图书、报纸杂志等组成。

【提高档案指导水平】 区档案馆工作人员认真学习习总书记的系列讲话精神和党的十九大精神以及对档案工作的要求，不断提高档案工作人员的政治素质。年初在区12楼会议室举办全区档案基础业务知识培训会。专门聘请档案专家详细讲解了档案收集、归档、整理等有关内容。区直机关、事业单位、办事处、市直驻区各部门、各项目指挥部共90余名档案工作人员参加了培训。对部分区直部门，重点项目部如清水塘企业搬迁改造、清水塘棚改、企业破产改制等进行档案业务具体指导。对清水塘148家搬迁企业下发了《关于加快做好清水塘老工业区搬迁改造企业档案收集、整理、鉴定工作的通知》并派专人下到企业进行档案业务指导。利用“6·9国际档案日”，开展了形式多样、内容丰富的宣传活动。活动以悬挂横幅、展示图片、设立咨询台以及发放档案宣传资料等方式，对档案法律、保管利用等知识进行现场宣传，向社会各界群众分发档案知识问答宣传资料1000余份、印发《中华人民共和国档案法》600余册，制作档案宣传板报5块，完成了市局下达的“新中国的记忆”档案征文10篇。

【发挥档案服务功能】 针对档案库房容量不足的弊端，2019年区档案馆对馆藏档案进行重新整理倒库，提高了档案库房的容量，保证了区各重点项目、部门档案能安全顺利接收进馆。加大了对行业档案的监管和指导，力促有关单位加强行业档案工作力度，做到及时整理归档，管理规范，按规定移交区综合档案馆，推进了档案资源建设。对区机构改革撤并单位的档案管理进行指导，并陆续开始接收进馆。安排一定的人力财力参与保证产权变动过程中档案处置工作，指派专门业务人员指导、协助项目指挥部，对征地拆迁、工程建设档案进行专门的整理，并设立独立库房保管。收集重大活动资料，拍摄重大活动照片。2019年已逐步接收清水塘搬迁改造关停的湖南隆科肥业有限公司、湖南海利株洲精细化工有限公司等6家改制破产企业的文书、死亡失联人员、会计凭证、会计报表等档案共计2547卷。档案馆主动拓展档案服务范围，推行便民措施，简化工作流程，完善服务平台，优化窗口建设，使群众查档更加便捷。清理规范性文件，优质高效地为各单位工作提供信息参考，通过婚姻、林权林地确权、人事等档案资料、照片为人民群众贷款、林地纠纷、退休、参加养老保险等提供了可靠的依据。全年共接待档案利用1763人次，提供档案复制件5870份，做到无一例投诉。

【加强档案编研工作】 档案馆充分利用档案信息资源，挖掘档案利用价值。将馆藏和散存于各立档单位的民生档案进行认真梳理，摸清馆藏民生档案种类和数量收集、建档。建立了林地林权、职务任免、婚姻、公证等不同种类民生档案专题目录，并对其进行数字化统计，更好地为广大人民群众提供高质量、便捷的服务。编辑共有19个部类，60万余字《石峰年鉴（2019）》。年鉴编辑工作自2019年3月召开启动动员和培训会议后，全区各承编单位积极行动。经过精心组织，顺利完成征稿、组稿、修改、校对、出版、印刷等一系列工作，已正式印刷出版。积极推进《石峰区志》前期准备工作，已抢救性收集清水塘地区 86 家单位的相关资料。完成《石峰党史》的印刷、出版工作。

【加速档案信息化进程】 2019 年区档案馆加大信息化设施建设，先后投入近 10 多万元购置了电脑、档案数字化专业扫描仪、专用服务器进行软件升级，重要信息及档案工作信息做到及时上报石峰政府网站更新。加强纸质了档案数字化。按照数字化加工标准要求，建立完善了数字化加工流程，严格把关，做好档案全文数据的挂接校对。聘用专业人员开展目录录入、数据扫描，对馆藏的婚姻档案、文书档案集中进行扫描，已建立 39.70 万条馆藏全部档案的案卷目录数据库和文件级目录数据库；完成了馆藏全部照片档案和部分音、视频档案全文数据库建设；婚姻档案扫描工作全部完成，已实现部分馆藏档案查阅全文数据即查即“印”，提高了档案查询效率，受到社会各界和群众的好评。

（何颖沙）

文化旅游体育

【概况】 石峰区文化旅游体育局是区人民政府组成局，主管全区文化、旅游、体育工作。负责全区文化、旅游和体育事业发展规划并督促实施情况；指导、协调、配合和组织全区性文化和旅游活动，发展和繁荣文化旅游事业；推动全域全民健身体育发展，开展“扫黄打非”工作；承办区委、区政府和上级机关交办的其他重大事项。石峰区文化旅游体育局下设一个二级机构：区文化馆。

2019 年，区文旅体局不断加强干部队伍建设，着力提高文化供给能力，广泛开展群众文化体育活动，推动文旅融合创新。2019 年多次获得株洲市安全生产考核先进单位以及石峰区政府绩效考核一类单位，多次组织参加湖南省全民健身活动比赛屡获佳绩并被评为株洲市区直机关单位唯一的“优秀组织奖”，二级机构区文化馆原创的多个节目获得省市级金奖，秋瑾故居获批为“湖南省级文物保护单位”。

【围绕民生强化公共文化服务】 以“微民生”“微服务”为出发点，完成九郎山村、大冲村、田心村社区等地的“门前三小”示范点建设，完善清水塘城市公园、雪峰岭公园配套健身设施，将文体服务与“乡韵石峰”乡邻空间站、社区居家养老服务中心、小区驿站等场地相结合，推动部门协作，共同发力惠民生。

【突出载体建设打造“书香石峰”】 2019 年，新增图书 2 万册、接待读者 11 万人次，文献流通 5 万余册次；举办阅读活动 78 场，参与读者 9000 余人；推出“绘本奇妙夜”品牌活动；收集地方文献 440 册，开展石峰作家交流 3 次；新建 “24 小时智能书屋” 3 所，仅清水塘广场书屋单月图书流通量就达 1400 册。

【突出品牌特色组织群众文化活动】 区文化馆注册团队 67 支，队员 1500 余人，全年接待 4 万人次，召开文艺座谈会 3 次；组织“元宵喜乐会”、“欢乐潇湘”文艺会演等多次大型活动；开展“文化家家亲•送戏进社区”、“乡韵石峰•送戏下乡”群众文化活动 15 场；支持并指导文艺团队为环卫工人、军人、社区老人等群体举办专场演出；广泛开展“我们的节日”、“湖湘文化进万家”、“我是雷锋家乡人”等文化志愿活动。

【紧扣人民生活开展文化文艺创作】 创作网格化小品《相亲》、朗诵《火车头礼赞》、舞蹈《漫云女子不英雄》等原创节目，为石峰精神点赞；原创舞蹈《快乐的小面师》和小品《相亲》代表石峰区参加全省“欢乐潇湘”展演，获金奖；打造以创文、平安创建、扫黑除恶为主要内容，以快板、三句半、朗诵为主要形式的节目，在基层演出，加深群众印象，服务中心大局；区常春艺术团获2019年湖南省广场舞比赛冠军和全国社会指导员交流展示会一等奖。

【积极推进文化和旅游融合】 配合相关部门完成全国知名作家在秋瑾故居的采风活动；接待各种参观和研学团队150多支，群众15万人以上。2019年4月，秋瑾故居成功获批湖南省文物保护单位；增设婚俗博物馆、新群中学校史馆和秋瑾槐庭书院，完善了安全设施。2019年9月起将秋瑾故居移交至绿色九郎公司运营，帮助公司积极向省、市申报项目和资金，强化故居讲解和专业运营力量，纳入九郎山文化旅游产业园项目，整合资源做大做强。成功培育住宿业四上企业两家。

【全民健身全面推广】 区文旅体局先后完成全国第七次体育场地普查工作；完成第五次国民体质监测工作；完成全区健身器材摸底统计工作，协调省、市体育部门下拨健身路径4套、健身驿站4套，采购健身路径13套。制定健身器材管理办法，杜绝后续无人管理的现象；维修健身器材24套，为所有社区配备一套球类器械；举办石峰区首届社区趣味运动会，近400名群众踊跃参加；组织区直机关干部参加全市曳步舞、健身气功、篮球、乒乓球比赛，石峰区荣获区直机关组唯一的“优秀组织奖”，曳步舞获一等奖，健身气功获二等奖，篮球获亚军，乒乓球获男子团体亚军和男子单打冠军；组织广场舞、排舞、健康养生舞、围棋、象棋、轮滑等公益培训；联合区总工会承办职工健步行和职工运动会，群众体育事业有了长足的发展。

【文旅市场和谐稳定】 石峰区文旅体局每月对辖区内33家网吧、13家旅行社、2家星级宾馆开展安全检查、文明创建和“扫黑除恶”工作；配合市文化执法大队打击网吧、歌舞厅等违法经营活动10次；协调相关部门对重点体育营业场所开展检查4次。

【参与中心工作】 区文旅体局作为入企组，全面完成2019年4家清水塘企业搬迁和绿心地区工业企业退出任务。

（张琰浠）

卫生健康

【概况】 石峰区卫生健康局，为区政府直属工作部门，承担全区卫生健康事业发展、深化医药卫生体制改革、疾病预防控制、卫生健康综合监督执法、计划生育管理服务、基本公共卫生服务、妇幼保健等职能。机关行政编制11名，工勤人员编制2名。内设办公室（职业健康股）、卫生健康股（基药股、区卫生应急办公室）、人口监测与家庭发展股、爱卫工作股（区爱国卫生运动委员会办公室）4个股室。下辖区妇幼保健计划生育服务中心（加挂区妇幼保健院牌子）、区疾病预防控制中心、区卫生健康综合监督执法大队、区老年健康服务中心、区卫生健康系统会计集中核算中心、5个街道社区卫生服务中心、区人民医院。

2019年，区卫生健康局所属事业单位核定编制224人（不包括区人民医院），实际在编在岗职工127人。辖区各类医疗卫生机构121家，其中综合性医院3家，专科医院6家，社区卫生服务中心（站）7家，村卫生室13家，公共卫生机构3家，门诊部、诊所等84家，共设病床1665张；有卫生技术人员2299人，其中执业医师688人，占29.92%，注册护士947人，占41.19%；村医10人，占0.4%。

【党建引领】 2019年，卫健党工委带领下属7个党支部，138名党员，深入学习贯彻习近平新时代中国特色社会主义思想，全面开展“不忘初心、牢记使命”主题教育，提升了党员干部忠诚干净担当意识。针对卫健系统行业特点，以“双培”为抓手，着力突破“两张皮”现象，将2名业务骨干发展为党员，将3名党员培养成业务骨干，做到党建与业务工作同谋划、同部署、同落实、同督查，丰富了党建内容。加强党风廉政建设，突出党建引领，全面落实“一岗双责”，2019年，开展谈心谈话、廉政教育20余次。

【绩效考核】 2019年，区卫健系统全面推行绩效考核制度。年初与区财政局、区人社局联合下发公卫机构和社区卫生服务中心绩效考核方案两个文件，明确考核内容、方式和结果运用。召开动员大会，选派第一书记，科学设置岗位，合理调配专技人员。创建了各单位内部岗位绩效积分竞争考核机制和局对各单位季度考核竞争，二次绩效分配机制。达到四个效果：职工积极性得到充分调动，由工作激情不足转变为抢事做；各单位收入与同期相比得到大幅增长，1～11月，5个社区卫生服务中心业务总收入1298万元，较上年同期分别增长92.3%；职工待遇得到大幅提升，人均每月同期增长1200元，单位内部职工绩效差距达到3000元。部门之间创先争优局面已经形成。

【深化医改】 推进分级诊疗。政府印发《石峰区做实家庭医生签约服务工作实施意见》，鼓励专家进社区，医联体内二级、三级医院专家117人到社区卫生服务中心坐诊共88场次。建立绿色通道。辖区医联体成员单位对家庭医生签约对象在挂号、就诊、检查、住院等方面提供快捷通道并给予优惠政策。实施双向转诊。辖区医联体成员单位与基层医疗机构建立双向转诊机制，畅通上下转诊自由和绿色通道，上转病人1529人，下转康复对象62人。对口培训指导帮扶。组织开展公卫实操、服务系统等各类专业培训班，协调医联体专家进行技术支持和业务指导，充分发挥“互联网＋医疗教育”理念，基层医护人员通过华医网线上学习平台学习业务知识。

【民生实事】 全力实施惠民实事。完成了农村适龄妇女“两癌”免费筛查1900人（任务数1800人），孕产妇产前免费筛查1661人（任务数1350人），救助严重精神障碍患者21名，完成200名重精患者监护人奖励对象的摸底造册及奖励发放。做好“城乡统筹、幸福株洲”工作。实行“巡诊+上门”联动机制，推进家庭医生签约服务，为群众提供更加优质和便捷的基本公共卫生和医疗服务，签订基础服务包19550人，在辖区25个巡诊点开展巡诊480次，服务20000余人次。举办健康知识讲座112次，发放健康宣传资料50000份。医护人员进网格普及健康知识覆盖率达到100%。

【计划生育服务管理】 强化指标管理。2019年，全区共有户籍人口出生1834人，其中政策内出生1824人，符合政策生育率为99.45%。全区户籍人口出生中男孩937人，女孩897人，出生人口性别比104.46。全员人口数与公安匹配率为92.49%；业务数据上报及时率为93.62%。网格化三关联比为88.99%，村直报比例为83.37%。借助网格平台推进计生工作。计生工作纳入全区“五问工作法”绩效考核范畴，结合区网格中心，开展网格“五员”考核，严格落实“网格外无派单、网格外无考核”，强化对网格卫健员的培训、检查与考核，使基层计生服务更便捷、更贴心。落实计生利益导向机制。2019年度新增农村奖扶对象44人，特别扶助对象86人，全区农村奖扶对象累计524人，特别扶助对象累计632人（包括手术并发症12人），完成往年“两扶”人员年审及每月“城镇独生子女父母奖励”新增、退出录入。全面落实惠农惠民补贴资金发放“一卡通”。积极加快推进母婴室建设。以二医院示范母婴室改造为模板，联手区总工会、区住建局等单位，规划万博垅市场及大型农贸市场的母婴室建设，2019年，有2个助产机构和5个社区卫生服务中心均已配置母婴室。落实计生特殊家庭重病大病住院护理补贴，已享受补贴人数87人，发放补贴16.47万元。

【老龄服务】 做好老年人优待工作。严格按照标准条件和程序，定时定点办理“老年人优待证”4062本（新办3319本，遗失补办689本，损坏补办1本，更换53本）。开展“老年健康宣传周”和“敬老月”活动。加强老年法和常见老年人慢性病预防的宣传，制作宣传资料6000份，在活动中免费发放相关药品2000元，免费检测血糖、血压，并提供康复理疗服务券100张。

【妇幼保健计划生育服务】 母婴安全创新低：2019年石峰区无孕产妇死亡，5岁以下儿童死亡4例（含云龙示范区2例），死亡率为1.46‰。开展危重孕产妇死亡评审及应急演练，每季度同步联合市妇幼保健院和辖区危重孕产妇急救中心，组织孕产妇高危筛查工作。出生缺陷持续降：出生缺陷发生率54.72/万，同比下降44.73%，落实出生缺陷三级干预措施（婚前医学检查、孕前优生检查、叶酸增补、新生儿疾病筛查和听力筛查），对辖区助产机构和社区卫生服务中心进行出生缺陷专项督导，并对辖区孕产妇进行了出生缺陷防控调查。妇幼健康有保障：做好孕产妇系统化管理，2019年全区孕产妇1932人，活产数1938人。积极开展儿童保健工作，全区0～6岁儿童11983人，3岁以下儿童6586人，2019年全区0～6岁儿童保健系统管理率为96.01%，3岁以下儿童系统管理率为93.36%；预防艾滋病、梅毒和乙肝母婴传播，接受艾滋病抗体检测孕产妇数729人、梅毒检测数729人、乙肝表面抗原检测729人，阳性率分别为0.14%、0.55%、5.90%。

【疾病预防控制】 传染病防控有序开展。2019年全区未发生任何突发公共卫生事件，传染病发病率较上年同期下降约20%。全区疫苗接种率提高明显，特别是部分二类疫苗接种率较上年同期增加了30%～80%，推进入托入学新生预防接种证查验及疫苗补种工作，有效建立了学校全人群的传染病防护屏障。进一步加强了结核病防控定点医院、区县、街道、村的四级防控体系。组织卫健系统开展突发公共卫生事件应急演练，以田心街道社区卫生服务中心发现一起登革热输入疫情为背景，对病例发现与先期处置、疫情接报和现场调查处置、转运与救治、疫情确认发布、响应终止等环节进行了演练，着重展示了石峰区卫健系统在信息报告、联防联控、医疗救治、疾病防控、生物安全、风险沟通等方面的能力和水平。慢性病防控稳步进行。不断巩固省级慢性病示范区创建成果，新增3个健康社区、2个健康学校、2个健康单位、2个健康餐厅、2个健康食堂共11家健康示范点，新增1家无烟单位。慢病监测工作卓有成效，累计登记肿瘤病例6115例，连续五年荣获省肿瘤登记工作先进奖，荣获国家癌症中心肿瘤登记工作优秀奖。以“四进”方式深入开展健康宣教，全年组织各种健康教育宣传活动20次，自创科普说唱作品《共同防控那艾滋病》，获株洲市健康科普大赛二等奖，获全省疾控系统“科普大赛十佳能手”。检验能力不断提升。添置了原子吸收分光光度计、原子荧光分光光度计、气象色谱、离子色谱、紫外可见分光光度计等仪器，检测能力不断提升，圆满完成盐碘质控样、HIV 抗体初筛质控样、梅毒抗体检测质控样、农村饮用水等检测任务。

【卫生健康综合监督执法】 扎实开展公共场所卫生专项督查行动。重点在生活饮用水卫生、住宿场所、游泳场所、保健市场、净水器市场等方面开展专项督查，对全区的10家二次供水、直饮水单位进行全面监督检查，全区128家住宿场所卫生监督实行量化分级管理，重点对“无证经营场所”“生活美容”“保健市场乱象”等问题进行摸排查处。深入开展医疗监督执法。打击非法行医，规范诊所26家，整改诊所诊疗条件14家，查处2例医疗卫生违法案件，开展扫黑除恶专项检查，查处3例无证行医案件，立案2起，结案1起，没收违法所得2070元，罚款2500元。打击“两非”，开展“两非”机制建设检查，并与荷塘区、芦淞区卫计执法局开展联合执法“两非”线索排查专项行动，共排查了9家医疗机构，办结2个“两非”案件，共处罚人民币57200元。2015年至2019年，全区共有违法生育244例，完成多孩立案39例，完成社会抚养费征收2.4万元，移送法院强制执行案件3个。按时按质完成国家“双随机”抽检任务，2019年，石峰区国家“双随机”抽检单位共109家，除7家单位因停业而关闭，其余102个抽检任务，均按时保质保量将监督信息实时上传至湖南省卫生监督信息系统，其中查处30例违法案件，已结案30起，共处罚人民币17800元。

【基本公卫】 老高糖管理：全区65岁以上老年人体检任务数为17634，体检人数16920人，健康管理率为64.29%。全区高血压管理任务人数14490人，高血压患者体检人数12106人，体检率为84%；糖尿病管理任务人数4880人，体检人数4618人，体检率为95%。健康教育服务：各社区卫生服务中心开展了形式多样的健康教育宣传活动及各类健康讲座，健康教育印刷资料12种，中医内容有6～7种。预防接种服务：全区建证建卡率均为100%；国家免疫规划疫苗接种情况，查含麻疹类疫苗的第二剂次接种率均达到了95%以上。严重精神障碍患者管理：全区2019年国家严重精神障碍信息系统患者在册人数 1078，全区在册患者服药率为99.34%，在册患者规律服药率为82.85%。

【无偿献血】 将无偿献血工作纳入精神文明建设和政府绩效考核范畴。制定印发《石峰区2019～2020年无偿献血工作实施方案》，对各单位献血任务指标和团体预约献血作明确规定。开展以“人人享有安全血液”为主题的第15个“世界献血者日”宣传月活动。宣传月活动中，组织讲座20余场，宣传展板共25块，宣传品发放4000余份，宣传手册300余份。利用各种媒体进行广泛宣传。在社区医疗机构学校张贴标语海报，展示宣传专刊，发放宣传册。组织街道在社区开展无偿献血知识宣讲。全年无偿献血达1320人/次，血液量396000毫升。

【爱国卫生】 开展“除四害”工作。结合“爱卫月”宣传开展春季“除四害”行动，有效控制四害密度。7月份洪涝过后，积极开展防疫、消杀、灭虫等工作，组成8支消杀小分队，累计派出卫生应急人员280人次，完成消毒面积1.9万平方米，消毒药物数量达1200升，配送消毒药剂、灭蚊药、防护用品200余箱。开展卫生创建工作。2019年上半年出台石峰区卫生创建工作实施方案，组织街道、社区（村）开展创建工作，成功申报1家省级卫生村、1家市级卫生村。开展农村改厕工作。深入推进农村“厕所革命”，开展农村厕所调查摸底，核清核准了农村厕所基本信息，全面掌握农村厕所底数。制定石峰区农村旱厕整治方案，开展集中整治行动，已改建150个，拆除39个。

【计生协会】 推进计生协组织建设。2019年，开展了社区（村）标牌悬挂全面清理督查，117块村级机构牌匾，只保留了62块，村居“计生协会活动室”“计生协会办公室”以及计生宣传专栏得以保留。“基层计生协会员之家”示范点建设有力推进，其中杨古老社区的“计生协会员之家”全面按省计生协文件要求筹建并挂牌。举办以“关爱计生家庭，助力健康石峰”为主题的计生协“5•29”会员日宣传服务活动。5月20日，石峰区计生协联合区关工委、区民政局等多家单位在沈家湾社区举办“让爱回家.同城生日会”大型公益活动。5月初至6月中旬，围绕计生协会员活动日，各级计生协会共开展综合性宣传服务活动15场，开展义诊、健康体检活动11场、走访慰问群众210人，开展健康知识、文明礼仪知识课堂5堂，发放宣传资料5000余份，展出板报35块。服务受众近10000人。做好“四有四助”（有病助治、有贫助扶、有忧助解、有老助养）工作，开展生育关怀行动精准帮扶计生特殊家庭。向620位计生特扶对象和12位手术并发症患者购买了综合保险和住院护理保险。实现特扶家庭春节、生日慰问100%覆盖，全年用于关爱慰问计生特殊对象慰问资金总计达70万元。扎实推进计划生育基层群众自治工作。着眼全面两孩政策的新任务、新要求，面向需求，创新管理，通过群众自治的方式，鼓励引导群众按政策生育、实现有效衔接，良性互动。推进“诚信计生”，组织群众依法修订村规民约，引导育龄群众与社区（村）委会计生协会签订“诚信计生协议”，促进群众负责，有计划地安排生育。2019年计划生育群众自治工作获得省级荣誉：成功创建了1个“全省县级计生协会员之家”示范点；响石岭街道计生协荣获“全省乡级计划生育群众自治先进单位”，2个村居计生协获得“计划生育群众自治先进单位”。

（肖勤勤）

表 8 2019 年石峰区医疗卫生机构一览表

序号	机构名称	机构地址	法人姓名	机构类别	经营性质	床位数（张）
一、医院						
1. 综合医院（3 家）						
1	株洲市二医院	响田东路 269 号	周　恕	三级综合医院	非营利性医疗机构（国有全资）	600
2	株洲市中心医院田心院区	株洲田心东门	蔡安烈	三级综合医院	非营利性医疗机构（国有全资）	236
3	株洲北雅医院	株洲市石峰区湘天桥	周自力	二级综合医院	非营利性医疗机构（企业改制）	220
2. 专科医院（6 家）						
1	株洲市康复医院	湖南省株洲市石峰区铜藕路 37 号	陈　健	二级康复医院	非营利性医疗机构（企业改制）	360
2	株洲智成医院	湖南省株洲市石峰区铜藕路 360 号	胡银发	二级其他专科医院	非营利性医疗机构（企业改制）	350
3	株洲海福祥老年病医院	株洲市石峰区建设北路 489 号	周小辉	二级其他专科医院	非营利性医疗机构（私有）	300
4	株洲市石峰区人民医院	株洲市石峰区湘天桥 2 号	袁子谷	二级暂缓待定	非营利性医疗机构（国有全资）	120
5	湖南株洲化工集团有限责任公司医院	株洲市石峰区清水塘株化生活区内	傅方金	二级其他专科医院	非营利性医疗机构（企业改制）	150
6	株洲华肤皮肤病专科医院	株洲市石峰区红旗北路 69 号	蔡贞恩	一级专科医院	非营利性医疗机构（私有）	100
二、基层医疗卫生机构						
1. 公共卫生机构（3 家）						
1	株洲市石峰区妇幼保健计划生育服务中心	株洲市石峰区铜霞路 1555 号	艾立珠	公共卫生机构	非营利性（政府办）	0
2	株洲市石峰区疾病预防控制中心	株洲市石峰区铜霞路 1555 号	刘　杰	公共卫生机构	非营利性（政府办）	0
3	株洲市石峰区卫生健康综合监督执法大队	株洲市石峰区铜霞路 1555 号	张　华	公共卫生机构	非营利性（政府办）	0

续表 8

序号	机构名称	机构地址	法人姓名	机构类别	经营性质	床位数（张）
2. 社区卫生服务中心（站）（7 家）						
1	株洲市石峰区清水塘街道社区卫生服务中心	石峰区清水塘街道人才劳动力市场	唐常青	社区卫生服务中心	非营利性（政府办）	30
2	株洲市石峰区井龙街道社区卫生服务中心	株洲市石峰区新民路	朱　艳	社区卫生服务中心	非营利性（政府办）	30
3	株洲市石峰区响石岭街道社区卫生服务中心	石峰区响田西路	石　锋	社区卫生服务中心	非营利性（政府办）	30
4	株洲市石峰区田心街道社区卫生服务中心	株洲市石峰区田心曹家巷	罗明珍	社区卫生服务中心	非营利性（政府办）	30
5	株洲市石峰区铜塘湾街道社区卫生服务中心	株洲市石峰区铜霞路 1555 号	吴震江	社区卫生服务中心	非营利性（政府办）	10
6	株洲市石峰区田心街道叫鸡岭社区卫生服务站	株洲市红旗北路 289 号	唐　俊	社区卫生服务站	非营利性（非政府办）	0
7	株洲市石峰区响石岭街道白石港社区卫生服务站	石峰区建设北路 7 号	杨明清	社区卫生服务站	非营利性（政府办）	0
3. 村卫生室（13 家）						
1	株洲市石峰区井龙街道办事处九郎山村卫生室	株洲市石峰区九郎山村	凌贵红	村卫生室	非营利性（政府办）	0
2	株洲市石峰区铜塘湾街道长石村卫生室	石峰区铜塘湾街道长石村	冯凯亮	村卫生室	非营利性（政府办）	0
3	株洲市石峰区铜塘湾街道新桥村卫生室	石峰区白马新桥村	李志军	村卫生室	非营利性（政府办）	0
4	株洲市石峰区井龙街道新明村卫生室	石峰区井龙街道新明村	袁丽宇	村卫生室	非营利性（政府办）	0
5	株洲市石峰区铜塘湾街道清水村卫生室	石峰区铜塘湾街道清水村	冯秀连	村卫生室	非营利性（政府办）	0
6	株洲市石峰区铜塘湾街道建设村卫生室	石峰区白马建设村	袁常辉	村卫生室	非营利性（政府办）	0
7	株洲市石峰区井龙街道郭家塘村卫生室	石峰区井龙街道井龙村安置小区	郭水仙	村卫生室	非营利性（政府办）	0
8	株洲市石峰区清水塘街道九塘村卫生室	石峰区清水塘街道九塘村	龚利芝	村卫生室	非营利性（政府办）	0
9	株洲市石峰区铜塘湾街道霞湾村卫生室	石峰区霞湾村	刘　洋	村卫生室	非营利性（政府办）	0
10	株洲市石峰区清水塘街道大冲村卫生室	石峰区清水塘街道大冲村	吴清华	村卫生室	非营利性（政府办）	0
11	石峰区井龙办事处荷花村卫生室	石峰区井龙办事处荷花村	吴建国	村卫生室	非营利性（政府办）	0
12	株洲市石峰区响石岭街道石峰村卫生室	株洲市建设北路 63 号	楚继纯	社区卫生服务站	非营利性（政府办）	0
13	株洲市石峰区清水塘街道大华村卫生室	石峰区清水塘办事处大华村	刘导明	村卫生室	非营利性（政府办）	0

医疗保障

【概况】 2019年4月，石峰区医疗保障局成立，核定行政编制3名，为区政府正科级工作部门，主要职能为基本医疗、药品采购、医疗服务价格和医疗救助。下设区医疗保障事务中心，核定全额拨款事业，编制4名，为副科级公益类事业单位。正式在岗职工为8人，其中行政编制4人，事业编制4人。2019年，区医疗保障局被评为石峰区重点工作绩效评估社会发展部门优秀单位。

【党建工作】 区医保局坚持政治引领、党建先行，推进党建工作标准化、规范化、科学化。2019年，以开展“不忘初心、牢记使命”主题教育为契机，实现机关党建与队伍建设融合推进。充分发挥党建引领作用，通过主题党日、每周一晚理论学习和“学习强国”自学等形式，严格党内生活，营造良好的政治生态。通过做好谈心谈话、批评与自我批评，有效提升了党组织的凝聚力、战斗力、向心力，队伍整体素质和服务能力明显提高。

【基本医保参保】 截至2019年底，石峰区城乡居民医保参保93558人，职工医保参保148442人，参保覆盖面达到100%。

【基金收支】 2019年，城乡居民医保（原新农合）基本医疗保险基金全年收入1557万元，支出1708万元，年末滚存结存588万元。

【医保待遇提标扩面】 2019年4月，石峰区开始执行城乡居民（原“新农合”）特殊病种门诊待遇，对43种特殊病种患者门诊医疗费用给予适当补助。截至12月底，共有78人享受特殊病种门诊待遇21万元的补助。2018年实行特殊药品政策，2019年，全区共有47人享受特殊药品待遇40万元的补助。

【跨省异地就医直接结算】 2019年2月，石峰区成功实现异地就医直接结算，系株洲市各县区中成功结算的第二例。全年成功实现异地就医直接结算4人次，补偿基金3.5万元。

【医保基金监管】 2019年11月，区纪委、区医保局、区卫健局联合出台《关于深化打击欺诈骗保专项整治行动的实施方案》，成立了以区纪委副书记任组长，卫健局、财政局、医保局负责人为成员的打击欺诈骗保专项治理工作小组。区政府在财政极为紧张的情况下，特批20万元作为打击欺诈骗保专项治理工作经费。区医保局联合区纪委、区财政，通过政府购买服务的方式，与有资质的第三方机构合作，联合开展医保基金日常监管和专项稽核。

【医疗救助】 2019年下半年，医疗救助工作由民政部门正式移交区医保局。通过网格平台受理、审核医疗救助689人次，为符合条件的662人次发放医疗救助资金158.4万元。2019年10月，全区共资助低保、特困供养和重度残疾人员4177人参加2020年城乡居民医保，资助金额104.43万元。特殊人群基本医疗保险参保实现全覆盖。

【城乡居民大病再次补偿】 2019年，继续执行城乡居民大病再次补偿政策。石峰区有城乡居民大病对象589人次，享受大病再次补偿金

额达到484万元。（洪 玮）

石峰区文学艺术界联合会

【概况】 石峰区文学艺术界联合会成立于2013年3月，为全额拨款正科级事业单位。2019年12月，召开了第一届文代会，通过选举产生了文联领导班子，完善了相关组织机构。

区文联成立7年来，团结引领全区广大文艺工作和文艺爱好者积极作为，取得良好业绩，三次被评为省年度先进集体，两次在全省作经验交流，文艺队伍不断壮大，现拥有作家、书法、美术、摄影、音乐、诗词和舞蹈7个文艺协会组织，会员近千人。

【打造名人书法展厅】 1月7日，根据区委领导批示，为提升秋瑾故居文化底蕴，邀请高洪波、胡抗美、彭见明、鄢福初、王跃文等20余位全国文化名人创作秋瑾诗词书法作品，并在槐庭书院进行长期展示。

【开展“清水塘故事”主题征文活动】 2月1日至28日，通过《株洲日报》《株洲晚报》、石峰发布面向社会广泛征稿，收集作品70余篇，部分作品通过石峰发布专栏定期对外发布。

【调研清水塘老工业区】 3月27日，组织万宁、聂鑫森、叶子蓁等22位本土知名作家走进清水塘老工业区开展实地调研、座谈。用文字记录清水塘转型升级的新风貌，留住株洲老工业区的历史印记。市政协副主席、市文联主席周煦惠参加采风座谈并讲话。

【建设石峰文艺阵地】 1～4月，根据区委常委会议精神，依托秋瑾故居，打造“石峰区文学艺术创作中心”，形成集工作陈列、书法、美术、文学创作于一体的文艺阵地，展现了石峰文艺人在各级文联和区委、区政府领导下所走过的历程、变化和成就。5月正式对外开展文艺活动交流。

【邀请全国著名作家走进株洲石峰】 5月21～24日，邀请20位全国著名作家走进石峰，深入秋瑾故居、清水塘老工业区、中车株机读读书吧采风创作，弘扬株洲城市精神。活动期间，市委书记、市长及市区两级相关领导全程参与和陪同交流。22日，在秋瑾故居举办全国著名作家株洲采风创作活动启动仪式，组织百架古筝合凑“我和我的祖国”；观摩石峰区文学艺术创作中心并挥毫泼墨；在中车株机读读书吧开展全国著名作家面对面现场交流会。

【区舞蹈家协会成立】 9月26日，石峰区舞蹈家协会成立暨授牌仪式在区文化馆举行，区文联主席黄波为协会授牌。首届区舞蹈家协会主席文平，常务副主席陈艳辉，副主席分别为孔婷、钟媚听，龙治国担任秘书长。

【区文联经验在全省推介】 10月25日，在全省文联工作座谈会上，石峰区文联的经验材料《在服务大局中大有作为》在会上交流推介。

【编辑出版《魅力九郎山·传说故事》】 由区委宣传部、组织部牵头，区文联、清水塘街道和绿色九郎文化公司收集整理出版《魅力九郎山·传说故事》，该书图文并茂，分《风物传说》《地名故事》《秋瑾史话》三辑，反映了九郎山的人物风情、民间传说和秋瑾的故事。该书由团结出版社9月出版发行。

【编辑出版《蝶变·筑梦清水塘》】 为记录清水塘搬迁改造波澜壮阔的一幕，石峰区委宣传部、区文联先后组织《蝶变清水塘2016——棚户区改造摄影图片展》《蝶变清水塘2017——清水塘老工业区企业关停搬迁摄影图片展》《蝶变清水塘2018——工业叙事主题美术作品展》《蝶变清水塘2019——俯瞰石峰无人机大赛》四届主题展览和“清水塘故事”主题征文，并编撰出版《蝶变·筑梦清水塘》一书。

该书32.3万字，分《岁月留声》《株洲印象》《清水遗梦》《山河情怀》《时代印记》五章，收录作品68篇，其中部分作品已在国家和省（市、区）级刊物发表，作者中有中央、省、市主流媒体记者和省内外著名作家。株洲市委书记毛腾飞和市长阳卫国分别为本书题写寄语，市委常委、宣传部部长聂方红作序。12月中旬由团结出版社出版发行。

【制作影视片《我们都是追梦人》】 为配合全区首届文代会召开，宣传、展示区文联成立以来的工作成效，制作影视片《我们都是追梦人》，该片全长8分钟，通过讲故事的手法，以7个文艺协会的成立为主线，反映出区文联成立以来的各项工作。

【召开石峰区第一届文学艺术界代表大会】 12月18和19日，石峰区文学艺术界第一届代表大会召开。会议选举出第一届委员会委员37名，在一届一次全体委员会上，黄波当选为主席，贾雪萍、叶建平、李锐、张湘东当选为兼职副主席，赵骞当选为秘书长。

区委书记张建勇在开幕式上作了《紧跟新时代，肩负新使命，奋力谱写石峰区文艺事业繁荣发展新篇章》的讲话，区委副书记李红在闭幕式上作了《奋力推动文艺事业大发展大繁荣》的讲话，区文联主席黄波作了《紧跟时代，锐意进取，为石峰文艺事业大发展大繁荣而努力奋斗》的工作报告。开幕式、闭幕式由区委常委、宣传部长刘文星主持。

株洲市政协副主席、市文联主席周煦惠、市文联副主席娄雷、市文艺界知名人士、兄弟县（市、区）文联领导、辖区部分企事业单位领导及区直各部门主要负责人参加了开幕式。

会议期间表彰了一批先进单位和先进个人，举办了《魅力石峰》书法美术和摄影两个艺术展览。（黄 波）

石峰区残疾人联合会

【概况】 石峰区残疾人联合会2004年从民政局分离单列，为独立核算的正科级单位，核实正式编制4人。区残联内设办公室、业务科、残疾人劳动就业中心。区残联的主要职责职能是：履行法律赋予的职能，管理发展残疾人事业，代表残疾人的共同利益，维护残疾人合法权益。团结教育残疾人，为残疾人服务。

【精神病防治与康复】 从2008年开始，区残联对精神病残疾人给予服药补助。对符合政策条件要求的贫困精神病残疾人，到规定医院及时就诊、按期服药的，每人每年给予500元左右的服药补贴。

【推进网格化管理】 积极与区网格中心、帮扶中心对接，完成8个项目的网上申报办理事项。包括：①残疾人及其家庭子女助学；②残疾人机动轮椅车燃油补贴；③残疾人辅助器具适配；④精神残疾人服药补贴；⑤精神残疾人住院补贴；⑥残疾人创业扶持补贴；⑦农村残疾人阳光增收补贴；⑧一极三区•助残保障项目。

【“城乡统筹•幸福株洲”】 2019年，实施“三社联动”残疾人居家托养服务项目。通过政府采购，为150名困难残疾人提供形式多样的居家服务。

【残疾人康复服务】 2019年，为48名脑瘫、孤独症残疾儿童提供康复救助，为348名精神病患者提供免费服药服务，为47名住院精神病患者提供救助。

【“民生100工程”】 开展贫困残疾人家庭及托残机构无障碍改造工作（市任务10户）。筛选对象，公示名单，对21户贫困残疾人家庭开展“个性化”和“人性化”的无障碍改造，完成目标任务210%。开展残疾人职业技能和实用技术培训（市任务90名，其中职业技能培训60名，农村实用技术培训30名），已开展三期培训，共计培训90人，其中职业技能“特色面点速成”培训30名，农村实用技术培训30名，辅具组装及维护培训班30名。积极开展农村残疾人阳光增收计划项目（市任务30户），通过网格申报、上户了解对象家庭情况，根据实际情况挑选出30名农村残疾人纳入阳光增收计划项目，实施物资和技术帮扶。开展残疾人辅助器具适配服务（市任务80件），2019年已完成100件器具的免费发放。

【凝聚社会力量扶残助残】 与长沙一家自助售货机公司对接，为困难残疾人提供增收支持。与铜锣湾17.5影城对接，为辖区残疾人观影提供优惠。与福建一家粮油公司对接，为部分残疾人家庭捐赠了一批食用油。

【繁荣残疾人文体事业】 利用残疾人节日做好残疾人宣传工作。第29个“全国助残日”，在石峰区康复医院进行了一场别开生面的助残文艺会演。组织开展了中华人民共和国成立70周年残疾人才艺展示大赛。在全省残疾人文化周活动中，获市残联优秀组织奖。

（胡佛斌）

石峰区红十字会

【概况】 石峰区红十字会于2014年8月15日成为独立建制，为正科级单位，列入群团组织序列管理。

2019年，石峰区红十字会以习近平新时代中国特色社会主义思想为指导，紧紧围绕区委、区政府中心工作，结合石峰区区情，以弘扬“人道、博爱、奉献”的红十字精神为己任，依法履行“三救、三献”等工作职责，做到了在参与应急救护上有新作为，服务和保障民生上有新作用，推进社会文明上有新办法，提升能力上有新突破，社会公信力塑造上有新气象。全年较好地完成了各项工作任务。

【队伍建设】 结合“不忘初心、牢记使命”主题教育活动，深入开展“石峰号”主题党员日活动，全面落实从严治党。2019年，区红十字会以“不忘初心、牢记使命”主题教育活动为契机，认真学习习近平新时代中国特色社会主义思想，领会石峰区建设“一极三区”新目标内涵实质，进一步创新学习方式，开展好“主题党课”，实抓“三会一课”，持续开展“不忘初心、牢记使命”主题学习教育。利用“每周一晚”的学习时间，积极参加区委宣传部“每季大讲堂”等专题活动，深刻领会习近平新时代中国特色社会主义思想内涵。通过一系列的政治学习，坚定了大家的理想信念，鼓足了工作干劲。同时，区红十字会全面贯彻落实从严治党新要求，强化党风廉政建设的主体责任和监督责任，落实整治形式主义、官僚主义的工作要求，坚持谈心谈话制度，保持风清气正的良好风范。2019 年参加卫健局联合党支部、党小组集中学习 12 次，研讨 3 次，区红会机关集中学习 12 次。参与“石峰号”党员主题日集中下网格活动 12 次。

【核心工作完成情况】 2019 年，区红十字会紧密联系石峰区区情，始终围绕省政府《关于促进红十字事业发展的实施意见》文件精神，开展“三献、三救”等项核心工作，较好地完成了市红十字会部署的任务，全年工作呈现新的发展态势，取得了一定的工作业绩。

切实履行红会职责，着力推动无偿献血的宣传和发动工作。2019 年，区红十字会联合区卫健局大力开展无偿献血宣传和发动工作，助力区卫健局完成市对区无偿献血 1320 人考核任务。

认真开展湖南省红十字人道救助金救助工作。2019 年全区完成了 18 人的救助申请，为需要救助的居民提供及时、通畅的申报渠道，充分展现红会“人道、博爱、奉献”的风采。

积极开展红十字应急救护培训工作。根据市红十字会年初工作安排，全年共完成了专题应急救护培训 12 场，在辖区内的学校、街道、老年大学等场所，开展了相应的“应急救护”“珍爱生命、拒绝毒品”等专项主题活动，1000 余人参加了活动。

开展“三社联动，幸福株洲”志愿者活动。2019 年 4 月，市红十字会党组书记、常务副会长顾晓芳一行到到石峰区清水塘街道开展“社区居家养老”调研工作，为石峰区开展“三社联动、幸福株洲”活动提供了思路。区红十字会经过几番磋商，结合实际情况，与“红十字人间快乐志愿服务大队”和“株洲市蓝天防灾减灾暨应急救援促进中心”签订了具有专项技能培训和志愿服务项目协议书，及时开展了相应的培训和志愿者服务，为居民创建美好生活提供有力的保障。全年共开展“三社联动、幸福株洲”志愿者活动 3 场，开展“三献”专题宣传 4 场，应急救护专项培训 4 场。

区红十字会持续开展“爱心手环”“光明行动”等公益助老项目。针对辖区有轻微痴呆及行动不便的老年人定制发放“爱心手环”，手环上标有佩戴人家庭住址和家人联系方式，能够帮助走失、突发意外老人尽快联系家人。截至 2019 年 11 月底，共订制发放手环 546 条。同时，区红十字会在辖区内为贫困白内障老人开展“光明行动”，全年共为辖区内的 22 名白内障患者进行了免费的复明手术。

积极开展“博爱送万家”活动，大力提升红十字会的公信力。春节前夕，区红十字会积极向上级红十字会联系，争取到 110 份“博爱送万家救济物资”，其中包含大米、食用油以及居民生活必需物资。同时，自筹 2 万余元现金，进行春节送温暖活动。把这些钱物及时发放到辖区困难群众手中，帮助弱势群体解决生活困难，让他们过上祥和欢乐的春节。

（崔明娅）

物业服务指导

【概况】 2019 年，根据石峰区委、区政府的职能调整，将原建管办与原城管局物业办合并成立石峰区物业服务指导中心。同时成立街道物业管理办公室，配备专职工作人员负责辖区内物业管理工作，并规定每个社区的网格员兼管基层的物业管理工作。

【全力推进“城乡统筹．幸福株洲”创新行动】 2019 年，石峰区范围内应完成“城乡统筹，幸福株洲”无物业管理小区业主自治行动的考核小区为 16 个（响石岭街道办事处 4 个，铜塘湾街道办事处 3 个，清水塘街道办事处 3 个，田心街道办事处 3 个，井龙街道办事处 3 个）。到 2019 年年底，16 个试点小区均已完成四个季度的考核任务，建立健全收费机制，其中 3 个试点小区引进了物业公司，12 个小区开展业主自我管理工作，1 个试点小区由单位管理，确保了保洁保安保运转的基本物业服务工作。

为巩固以及全面推动石峰区“城乡统筹，幸福株洲”无物业管理小区业主自治行动，区物业服务指导中心从三个方面开展工作，加强调度全区的物业管理，建立物业管理全区调度工作例会制度，每半月召开一次，会议采取到小区实地查看并现场解决问题的形式进行。加强工作联系和指导，内部划分 6 个工作小组，联点 5 个街道和收集考核资料，推动并确保圆满完成“城乡统筹•幸福株洲”的考核任务。强化调度全区的物业管理，从二季度开始，对各街道物业管理进行考核排名，并将考核结果以简报形式向区委、区政府进行报告。助推 16 个试点小区软件和硬件建设，一方面通过为 16 个试点小区统一安装太阳能路灯，改善小区公共设施设备；另一方面通过统一制作并安装公开栏，公布试点小区组建业主委员会全过程以及业主自治收费收支情况，提高工作透明度。

根据市、区幸福办“城乡统筹•幸福株洲”的工作部署，中心制定了物业管理实施方案和全区物业作战图，拟定街道物业管理考核评比办法（试行）和无物业管理奖励办法（草案），开展全区无物业管理小区业主委员会组建工作，制订作战图计划。截至 12 月底，作战图计划内已组建 135 个小区业主委员会，作战图外组建 14 个小区业主委员会，全区共有 149 个小区组建业委会，基本完成作战图拟订的工作计划。

【稳步推进物业管理平台建设】 为加强“三供一业”小区物业管理，中心委托互联公司搭建“三供一业”移交项目视频监控联网系统分平台，通过财评，并正式与互联公司签订合同，9 月中旬进场施工，10 月下旬工程全部完成，11 月完成视屏监控联网系统的调试工作，12 月完成 4 个“三供一业”小区（已完成改造施工的小区）视屏监控系统联网。至年底，物业管理平台通过验收正式运行。

【为小区住宅加装电梯】 在 2019 年年底，石峰区既有住宅加装电梯工作已有 3 台（2 个小区 3 个单元）电梯已开始动工，3 台电梯（1 个小区 3 个单元）通过区级现场勘查，以及市专家施工设计图图审工作和市职能部门联合审查，预计在 2020 年年初开始施工。

【全力推动公益诉讼活动】 为解决石峰区物业收费难的问题，中心组织各街道物业办在10月中旬召开了物业管理公益诉讼专题调度会，通报了全区物业服务收费现状和物业服务收费难存在的问题，研究提起物业欠费公益诉讼对象的标准，并要求各街道上报2名恶意拖欠物业管理费的人员名单。中心已与区人民法院对接好各项工作，已将相关恶意欠费名单移交与法院，区法院正在走相关公益诉讼流程。

【加强业务培训】 加强业务培训，提高基层物业业务能力。5月21日，在区政府报告大厅组织召开物业管理工作业务培训会议，邀请省住建厅和市住建局资深专家讲课，讲解新颁布的《湖南省物业管理条例》以及有关业主自治行动的知识。全区街道分管物业的主管领导、物业办工作人员，以及社区网格长和网格员近400余人参加了培训，有效提升了物业工作人员的业务水平。为了有效地引导群众主动参与到小区自治工作，中心从6月份开始，督促各街道根据自身实际情况，通过座谈会案例研讨、集中组织观看视屏、聘请讲师授课等多种形式，积极开展辖区内业主委员会成员入职培训以及宣传小区自治工作，培育业主自我管理能力，优化全区物业行业发展环境。12月27日，中心再次组织召开全区物业管理业务培训会议，邀请专业律师，围绕小区物业管理所涉及的法律法规、业委会等相关知识进行授课，用以提高全区物业管理人员的业务素养。

（吴敏骅）

街 道

清水塘街道

【概况】 清水塘街道位于北纬 27° 88′ 23″ ～27° 95′ 01″，东经 113° 04′ 83″ ～113° 10′ 55″。地处石峰区北部，东与井龙街道接壤，东南与响石岭街道相连，南与铜塘湾街道为邻，西与湘潭市岳塘区昭山乡毗连，北与长沙市雨花区交界。辖区东西直线距离 5.3 千米，南北直线距离 7.5 千米，总面积 21.02 平方千米。其中陆地面积 19.78 平方千米，占 93.5%；水域面积 1.2 平方千米，占 6.5%。2019 年，清水塘街道辖井坳、沈家湾、湘天桥、花果山、报亭、果园、华垅 7 个社区，大冲、白马和九塘 3 个建制村，下设 324 个居民小组、41 个村民小组。人口 40798 人，其中户籍人口 27293 人，流动人口 13505 人。

清水塘街道现有在编在岗人员 24 人，事业编制人员 17 个，行政编制人员 13 名，工勤人员 3 名。网格员 52 名，划分为 40 个网格。街道党委下设 6 个基层党委，2 个党总支，49 个党支部，有共产党员 3100 人。

2019 年，坚持以习近平新时代中国特色社会主义思想为指导，紧扣高质量发展要求，全面贯彻落实区委、区政府的各项决策部署，大力弘扬“火车头精神”，深入推进区域化党建、网格化管理、美丽乡村升级、美丽社区建设，较好地完成了各项工作任务。辖区人居环境、生态环境、经济环境持续提升，区域转型发展初见成效。

【党的建设】 清水塘街道充分发挥街道辖区党员多、退休党员素质较高、组织能力较强等诸多优势，夯实基层基础，凝聚共建合力。抓牢抓实“不忘初心、牢记使命”主题教育，严格落实“学习教育、调查研究、检视反思、整改落实”四个环节，对全街道 57 个基层党组织和广大党员进行了一次初心使命的精神洗礼。坚持开门抓主题教育，把主题教育与服务群众紧密结合，为群众解决路灯不亮、下水不畅、安全隐患等关系群众切身利益的忧心事、烦心事 700 余件，产生了实实在在的成效，得到了省委指导组的高度认可。

夯实阵地基础，狠抓基层党组织“五化”建设。在 7 个社区党群服务阵地全面提质扩容的基础上，围绕便民、亲民，将井坳、华垅、湘天桥三个社区阵地改造为办公服务敞开式、低台式、一站式服务窗口。以“五化”建设为抓手，在街道机关支部、报亭社区党支部、大冲村第二党支部、井坳社区网格党支部、火炬物业党支部等5个示范点带动下，全年有45个基层党支部全面完成“五化”建设。

严把党员“入口关”，严格发展党员程序，推行发展党员全程纪实，坚持成熟一个，发展一个，2019年共发展党员8名。严把党员干部作风关。完善相关规章制度，党工委班子带头落实党风廉政建设“一岗双责”责任制，党工委书记多次与班子成员和机关、社区（村）干部开展廉政提醒谈话。加强线索排查，完成有关党员干部问题线索调查2起。开展作风督查6次，通报2人。紧盯重点时节、关键领域，开展“雁过拔毛”式腐败问题专项整治，驰而不息纠治“四风”、治陋习，党员干部作风进一步好转。严把问题整改关。积极配合区委第七巡察组做好绿心片区3个村和1个涉农社区的巡察工作，扎实抓好巡察整改。约谈社区、村干部12人次，诫勉谈话2人。

【文明创建】 为扎实做好文明城市复检工作，2019年，清水塘街道党工委、办事处高度重视全国文明城市创建工作，切实做到强化领导，夯实责任，确保全国文明城市创建工作顺利开展。成立了由街道党工委书记、办事处主任为组长和副组长的创建工作领导小组，并下设办公室和7个社区具体工作小组，对辖区实行责任制，定期检查、指导和督促，全面形成以“党工委为核心，各部门为基础，居民群众为主体，社区单位共同参与”的文明创建方式。明晰职责，强化督查督办，确保了文明城市建设的各项工作有条不紊开展。通过广泛开展新时代文明实践活动，调动辖区居民参与全国文明城创建的积极性、主动性和创造性，营造全民参与创建的良好氛围。

*加大宣传提高居民知晓率。*5月，新增社会主义核心价值观、文明健康有你有我等公益广告500余块，更新破旧宣传栏及公益广告70余处，有效地提高了居民群众对全域化文明城市的知晓度；加强活动开展，提高群众参与率。组织机关干部进社区开展核心价值观教育、基层宣讲以及环境保护等新时代文明实践活动，有效地引导广大市民树立文明、健康、科学的生活方式，养成良好的生活习惯。指导社区、村完成新时代文明实践站的建设，大力推进社区文化、广场文化建设，不断提高群众的文化修养和审美情趣，努力营造欢乐祥和、健康向上的城市文化氛围，街道7个社区和3个村均已完成新时代文明实践站建设并挂牌。加深示范引导，提高支持率。通过开展文明评选、最美庭院、移风易俗和科技、文化、体育、卫生、法律“五进社区”活动，不断深入创建工作，在全社会形成崇尚先进、学习先进、争当先进的风尚，形成关爱他人、扶贫济困、诚信友爱的风尚，形成自强不息、爱岗敬业、开拓创新的尺度，大力倡导移风易俗，积极推进“婚事新办、丧事简办、余事不办”，整治大操大办现象。加快环境建设，提高群众满意率。加快推进“三供一业”改造、老旧小区改造和农村人居环境整治等专项工作，使广大群众着力改变家庭不良卫生习惯，优化居民生活环境。真正使全国文明城创建工作成为教育人、引导人、塑造人的过程。

*加强环境建设，创造优美的居住环境。*清水塘街道党工委立足于创建整洁、文明的工作生活环境，坚持不懈地抓好环境卫生综合整治。坚持做好城市保洁和管理工作。继续加大街路清扫力度，实施全天候保洁，实行生活垃圾日产日清，实施常态管理和突击整治相结合，定期组织志愿者对重点路段集中整治，清理卫生

死角。强化责任意识和属地管理，加强对居民、商户、建筑企业的教育、管理，与相关责任人签订责任书，杜绝乱扔乱倒、乱贴乱画、随意倾倒建筑垃圾的现象。抓好农村人居环境整治工作。对辖区村大力抓好清洁家园、清洁水源、清洁田园。做好农村垃圾堆放点、抓好房前屋后和庭院卫生，确保家园清洁；加大河渠沟塘清障清淤、截污治污力度，确保水源清洁；积极动员志愿者、党员参与到清垃圾、清污水、清粪污、改陋习等为主要内容的村庄清洁行动中来，带动广大村民群众增强家园的意识。

科学防治，有效降低“四害”危害。组织社区对城中村、城乡接合部和居民区的明沟暗渠实施清理，清除“四害”滋生地。迎检期间，城中村文汉堂两次经省预检病媒生物均获得好评。按照“五统一”“三饱和”原则，开展全方位、大面积以灭鼠为重点的春秋季除“四害”活动。联合金卫病媒生物公司修补毒饵站 200 个，投放除“四害”药物 400 千克，全面喷雾消杀 2 次。联合辖区的物业公司，对绿化带开展了修剪除虫和消除蚊蝇行动。

【安全生产】 街道党工委书记殷彬、街道党工委副书记、办事处主任付铁琪对安全生产工作高度重视，多次开会专门研讨，对认真贯彻“落实安全生产主体责任年”、开展“大排查、大管控、大整治”三大行动做出明确要求，并亲自带队督查。强化安全生产主体责任，每季度开展一次安全生产工作会议，社区村安全监管员、企业负责人及安全监管员参加安全生产法学习，机关干部进行安全生产警示教育。安监站工作人员于 5 月下旬及 6 月上旬分两批参加了湖南省安监 2019 在新执法系统培训，熟悉新系统的操作，参加培训人员全部考试合格。4 月 25 日街道召开安全生产会议，各个区、村及企业负责人、烟花鞭炮门店负责人参会，会上与各责任单位签订安全生产责任状，明确社区、村的安全监管及隐患排查、发现、报告责任和企业的主体责任，把责任落实到人头。健全了安全监管网络，明确社区、村、企业安全生产专员。截至 12 月底，开展安全执法检查 100 次，合计 200 人次，检查经营单位 100 家，排查发现安全隐患 64 处，全部责令整改到位。安全重点行动工作按季推进，第一季度严管严控狠抓烟花鞭炮经营销售和企业安全生产。根据区安委会的工作部署，街道确定以消防、烟花爆竹为排查整治内容，把开展春节、两会期间安全生产大检查、大排查工作和烟花爆竹“打非”清剿行动很好地结合起来，按照“全覆盖，零容忍，严执行，重实效”的要求，制定了《关于组织开展领导干部带队督查春节和“两会”期间安全生产工作方案》《清水塘街道安全生产隐患“大排查大管控大整治”百日行动工作方案》《2019 年安全生产监督执法计划》，落实了社区（村）、企业在春运、“两会”、清明节、“五一”期间安全生产值班制度。二季度全面开展安全生产宣传活动。5 月，在清石广场和沈家湾社区前坪组织开展了“5·12”防灾减灾宣传活动，6 月，开展“安全生产月”宣传活动，10 月，开展“国际减灾日”宣传活动，共发放资料 700 份，为群众讲解防灾减灾和安全生产知识，增强人民群众的防灾减灾意识和素质，提高灾害应对能力。

消防网格化排查稳步推进，街道向社区（村）传达了株石安〔2019〕5 号《关于开展“防风险保平安迎大庆”消防安全执法检查专项行动的通知》，与各社区（村）签订消防工作责任状。全年共排查单位 112 家，对辖区内各门店是否有消防安全管理人、消防安全管理制度，是否存在火灾隐患，是否配有消防器材、消防出口进行了全面摸底。对于责令整改的单位统一报送区消防大队督促整改落实。

实施温暖企业行动和协税护税工程，全年培育“四上企业”4家，实现协税护税300多万元。开展安全生产风险隐患大排查、大整治，为企业发展保驾护航。组织地毯式执法检查30次，排查整治企业、铁路、道路、小区等较大安全隐患11处，全年未发生一起安全责任事故，保障了街道平安稳定的发展大局。

【计划生育】 创新工作机制，探索管理服务新模式。加强流动人口管理、促进均等化服务工作。街道在湘天桥农贸市场设立了流动人口服务管理室，每周二、周五，街道卫计办流管专干现场办公，负责市场内流动人口信息上报、异地办理生育证、组织人员参加生殖健康检测及健康知识讲座等事宜；配备楼层协管员负责市场各楼层流动人口信息采集；更利用街道社区卫生服务中心的优质技术力量和先进硬件条件，为流动人口提供高效便捷、经济优质、安全的社区卫生计生服务。社区卫生服务中心流动人口健康档案建卡率得到显著提高。

加快城乡统筹，提升城乡居民幸福指数，推进公共卫生精准服务。清水塘片区内坐拥北雅医院、株化医院、清水塘街道社区卫生服务中心等优质医疗机构，配备专业医联体专家服务团队，整合服务管理职能。整合辖区内资源，将各社区村各个网格作为基本公共卫生服务的“一线”阵地，将专业医疗技术人员全面深入各个网格，在居民小区、人口集聚地、各单位、物业管理处、养老机构（居家养老点）、日间照料中心增设流动询诊点，定期开展巡诊服务。以网格为单位，以妇女、儿童、老年人、慢性病患者、残疾人、贫困居民等为服务重点，以解决社区主要卫生问题、满足基本卫生服务需求为目的，融预防、医疗、保健、康复、健康教育、计划生育技术服务功能等为一体，开展有效、经济、方便、综合、连续的基层卫生服务。专业医师在各医疗机构进行排班坐诊，落实家庭医生签约服务，建立居民健康档案。以妇女、儿童、老年人、慢性病患者、重疾精神病患者等人群为重点，为辖区常住人口建立统一、规范的居民健康档案。完整记录居民基本信息、主要健康问题及卫生服务情况，及时更新内容并实现信息化动态管理。在人居数量较多的村、居、企业、市场和学校等主要场所设置健康教育宣传栏和资料发放点，定期开展卫生和计划生育基本公共服务政策宣传活动，举办传染病防治等健康知识讲座，组织关爱居民健康义诊活动，提高人口健康素养。2019年开展巡诊服务39次，为居民提供服务1971次，面访8448人次。家庭医生签约3815人，完成个性包签约253人。新建576份健康档案，完成居民个人健康体检1526人次。新增孕妇159人，发放保健手册102本，电话随访1280人次，高危孕产妇管理148人，追踪随访及结案率100%。免费发放叶酸24人，开展孕妇课堂6次，听课人数120人次，发放健康教育资料10000份。0～6岁以下儿童系统保健管理人数1938人（含流动），入园体检105人次，辖区幼儿园儿童免费体检1259人，新建接种卡105人，实行预防接种信息化管理的儿童总数为2326人。组织开展“高血压防治”“结核健康知识”“预防接种是儿童的保护伞”等健康教育讲座6次，“结核病知识宣传”“麻风病宣传”“世界卫生日”进行了6次义诊，还到各村卫生室、幼儿园、小学进行结核病知识的宣传。管理精神病人239人，体检30人。

积极开展优生优育工作。街道的免费优检工作进展良好，街道全年总任务数40对，实际完成41对。奖励扶助人数111人，计生特殊家庭人数134人。

【农村农业】 “三防”工作成效明显，森林防火工作扎实有效。2019年，加大了森林防火宣传力度，在人员密集场所和进山主要路口悬挂横幅标语，发放知识手册4200份，安排流动宣传车在各村之间巡回宣传，提高了人民群众的防火意识和知晓率。制定《清水塘街道办事处森林防火应急预案》，进一步完善了工作机制，梳理了工作流程，把责任层层落实到人。安排专人对防火设备进行维护、维修，将区农村工作局配备的护林员安排在辖区内的重点区域进行巡查和值班，形成宣传预防为主，营救扑灭为辅，横向到边、纵向到底的森林防火工作机制。为加快新农村和秀美村庄建设，保护绿心区生态环境，汛期来临时，全面规范开展了河长巡查工作，履行河长责任。健全和完善了防汛抗旱预案、防汛抗旱和水库值班表，安排专人实行24小时值班。对辖区内的水利设施进行督查，做到了有河道问题“早发现、早处理、早解决”。为防汛工作提供了可靠的组织保障。与各村、社区干部上门做好惠农政策的宣传并发放惠农补贴项目告知书，同时将惠农补贴资金明细条送到每一户补贴对象手中，确保农户对补贴政策清楚明白。发放惠农补贴总面积为115.15公顷。按照市区两级的工作部署，2019年全区的农机年审工作安排在本辖区进行。6月10日，街道办事处积极配合市农机局和区农村工作局完成了全区农用车辆的年审工作，共年审农用车辆14台。

聚焦绿色发展，乡村面貌焕然一新。依托公司化运作，以大冲村美丽乡村建设为中心，围绕秋瑾故居和民俗文化打造美丽家园，带动白马、九塘协同发展，乡村振兴按下“快进键”。大力推进农村人居环境整治。班子成员联点包片，带领全体机关干部利用双休、节假日开展大下乡、大走访，与党员群众齐劳动，共商议。完成“四类房” 整治 28户，旱厕整治26户，新修沟渠2630米，疏通沟渠2600米。深入贯彻习近平生态文明思想，加强自然资源执法管理，严厉打击处理开山毁林行为，完成卫生片区执法整改。守牢耕地保护红线，对大棚房、违规别墅地毯式清查，平稳拆除九塘绿心片区违建别墅 5 栋。大力开展植绿护绿行动，对毛九路等村级主干道进行全面绿化，荒山全面复绿，加强森林防火宣传和巡查，农村片区呈现出山美水美的美丽画卷。打造乡村文化名片，搜集挖掘村史文化，编撰三个村的村史。以九郎山风物传说为题材，搜集编撰出版《魅力九郎山之传说故事》一书。以大冲、白马乡邻空间站为平台，举行以“乡村振兴战•党员作表率”为主题的“农村共产党员户”挂牌活动，开展了“最美庭院”示范户评选。通过“挂牌子，亮身份，立标杆，做表率”扩大宣传效果，发挥了榜样力量。

【市容环境整治】 进一步加大对辖区范围内重点区域的整治，对湘天桥、沈家湾两个重点片区安排值守队员每天早晨6:30开始清理早市，加大市容管理力度，效果明显。为管理湘天桥街道摩托车、非机动车乱停放的问题，城管中队已在街道相应的位置画设了专用于摩托车、非机动车停放的区域。为解决辖区内夏季夜市夜宵摊点的问题，中队安排队员每天晚上19:00—23:30轮流值守，同时已经上报规范夜宵摊点经营时段和区域的申请，疏堵结合，从根本上解决问题。自人行道违停处罚系统上线，中队对辖区内机动车违停管理力度持续加大，7月开始至年底贴单337台次，机动车违停有了明显改善。制定了作业公司和社区环卫作业情况考核方案和标准，并严格予以执行，环卫人员每日路段巡查问题并上报微信群进行处理。启动辖区范围内的卫生费收缴工作。街道分管领导带领街道与各社区联点的城管队员到每个社区参加“三员”工作协调会。已与辖区内所有网格员、片区警员进行联系，建成三员工作格局，网格平台交办的危树砍伐事项已全部处理，同时已将网格问题清零行动一一落实。

【便民服务】 始终以“以人为本，服务至上”为宗旨，2019年，政务中心前台共受理各类事项31425项，即办件2752项，流转件2135项，咨询件1713件，其他日常件24825件，办结率98%，做到了零投诉。前台共设四个综合服务窗口，均可受理就业、社会救助、社保、退管、计生、老年证办理等事项，即办件做到“一件事一次办”。同时较好地完成了上半年退役军人的信息采集录入工作，共采集1500人。完成政务中心标准化建设。政务中心不断完善软硬件设施，根据标准化建设的需要，窗口放置工作人员台签，配置了指南架、“互联网+”监督查询机，新增设了便民服务柜等，方便了办事群众。进一步完成了各项制度，规范办事程序，推行首问责任、限时办结、一次性告知、责任追究、考核等制度。提升服务效能，优化服务流程。全面实行“前台一口受理、后台分类流转、即办件现场办结、流转件网上联动、线上线下协同服务”的运行模式，提高服务效能，强化办事作风，提高群众满意度。推进政务中心与网格中心的有效结合，确保两条线相辅相成，相互配合，使各项事务办理审批流程通畅。

做好就业创业服务工作。全年新增城镇就业人员1600人，组织382名就业困难人员参加了市、区举办的现场招聘会。及时发布招聘信息，在大厅显示屏上进行滚动播放。为企业排忧解难，做好就业援助，在时间紧、任务重的情况下为株冶集团失业人员381人办理了就业、失业证。同时协助专业人力资源公司开展了辖区内的998名失业人员再就业信息摸底工作。完成廉租房申请办理。做好社保政策的宣传，增强群众参保意识，扩大社保覆盖面。完成社保补贴办理186人，城乡医保5060人，城乡养老保险认证183人。全年接待档案查询565件，对档案进行规范、有序的整理，有效提高了档案管理质量。截至年底，共接管128家企业退休人员9604人。为退休人员建模认证680人次，接待退休人员养老金问题查询服务730人次，申报养老金账号信息修改681人次、工龄修改4人次。申报退休人员传统认证49人次，补办退休证6本。协助料理丧事120起，申报死亡停保126人次。医保异动停保申报33人次。帮助家属申领丧抚费6999192元。日常接待各类查询及政策咨询1000余人次。规范机制，各类社会救助工作井然有序。截至年底，办理新申请低保15户，城乡低保专项整治取消不符合低保条件的78户，特别关注困难家庭贫困情况，加大社会救助力度，办理临时救助36人、大病医疗救助101人。同时做好城乡、特困低保家庭的银行账号变更及惠民资金一卡通系统低保信息录入559人。

【网格化管理】 深化网格化基层治理模式。充分发挥网格“一中心四平台”作用，开展“网格开放日”、“五进专项行动”、网格问题集中整治、网格员能力大提升培训等系列活动，让居民参与到网格化基层治理中来。2019年网格事件登记共2100余条，结案2100余条，结案率98.87%。政务中心前台共受理各类事项近70000项，办结率98%，实现零投诉，零积压，真正实现了“一件事一次办”。开展清水塘片区下岗失业人员一对一帮扶，实现再就业250余人。落实惠民工程，探索共治共建共享新路子。完善小区基础设施，美化亮化居民生活环境，全年共完成基础设施提质、便民设施建设等惠民实事项目29个。实行“三社联动”，完善居家养老服务，成立街道社工站和社区日间照料中心，夯实居家和社区养老服务基础，激发社会组织活力，推进全街道社会治理社会化、网格化、法治化、智能化、专业化，切实提高人民群众的幸福感、安全感、获得感。

【基层综治】 学习落实“枫桥经验”，夯实一方治安基础。加大矛盾纠纷排查化解力度，先后化解湘天桥立体停车场、华晨项目、“三供一业”改造等多起施工矛盾，力争把矛盾化解在最基层。2019年，街道实现了零进京、零集访，确保了一方安定祥和。街道被评为全市“三无”创建工作先进单位，花果山社区被评为省级和谐社区。

【重点工作】 引导群众关心、支持、参与经济社会发展，打造共治共建共享的社会治理新格局。狠抓“三供一业”改造服务协调工作，开展违建大整治、资产大清理、基础设施大提升专项行动。班子成员分片包干，党员干部带头，发挥居民党员和楼栋长的先锋模范作用，完成广铁、株冶、株化生活区600余处共1.5万平方米的危房及违建整治工作，做到无一起强拆、无一起冲突、无一起上访。消除了公共安全隐患，提升了小区环境质量。“三供一业”“四位一体”工作在全市成为典范。抓牢征地征收，完成清水储备地项目前期工作，确保了征拆进度。一周内全面完成北星棚改，原化校片区旧城改造185户前期工作全面完成。抓实小区业主自治，实行挂图作战，全面完成24个小区业委会成立和改选工作。对锦云小区、广汇小区和清水小区等无人管理小区进行物业管理指导，发动小区党员及居民积极参与小区卫生大扫除活动和小区“平安家庭”评选活动。株冶、株化、广铁和中成等小区居民自我管理、自我服务意识不断增强。 （徐 麟）

响石岭街道

【概况】 响石岭街道位于株洲市石峰区西南部，东与田心街道相邻，南与芦淞区贺嘉土街道毗连，西同铜塘湾街道相接并与天元区嵩山街道隔江相望，北与清水塘街道接壤。辖区东西直线距离3.7千米，南北直线距离3.7千米，辖区总面积8平方千米。其中陆地面积7.2平方千米，占90%；水域面积0.8平方千米，占10%。

响石岭街道地处长株潭“两型社会”建设前沿，京广铁路、湘黔铁路贯穿全境，湘江、白石港河流经其境，交通优势和区位优势十分明显。石峰区委、区政府坐落在街道辖区内，是石峰区的政治中心。2019年末，响石岭街道辖白石港、杉木塘、金盆岭、李家冲、万泥塘、先锋、响石岭、新建村、杨古老、云峰阁、石峰头 11 个社区居委会。居民户 25867 户，居民 64422 人。2019 年，街道荣获了“株洲市全国第四次经济普查先进集体”“株洲市抗洪救灾先进集体”“省级计划生育基层群众自治先进街道”等称号。

【党建工作】 响石岭街道通过建立并落实党工委书记抓党建工作机制，发挥好党工委“头雁作用”，发动广大党员积极参加组织生活。2019 年，街道党工委书记带头讲党课 3 次，带头参加党员活动 30 余次。各联点领导依托“石峰号主题党日”和“一周一次主题走访”活动分别指导社区开展党员活动 20 余次。2019 年，街道共创建杉木塘、金盆岭等五个“五化”支部示范点。通过以点带面、连线成片，全面提升基层党的组织力，促进 52 个基层党组织党建工作全面进步。通过对 11 个社区 72 个网格的党员人数进行摸底，统筹设立网格党支部 31 个，顺利完成网格支部委员会选举工作。通过下社区走访、去现场调研等方式，推进响石岭社区党委和子民融资党支部软弱涣散党组织整顿工作，截至 2019 年年底，基本整顿到位。加强党内关怀，着力帮扶困难党员，经摸底调查和走访确定省级党内关怀帮扶困难党员 1 人、市级党内关怀帮扶党员 3 人，区级党内慰问困难党员 55 人。通过街道整体提质改造，引进现代化设备，为职工塑造了一个良好的工作环境。全年建立健全街道各项规章制度 11 个，强化了机关全体人员的“规矩意识”。通过建立党工委会第一议题制度，逢会第一个议题必学习近平新时代中国特色社会主义思想及中央省市区重要指示精神，并围绕主题教育，组织 3 场专题讲座、3 次专题考试，班子成员讲党课 13 人次，完成了主题教育规定的动作和创新动作。

【信息网格化】 按照区委区政府要求，通过每周召开网格化工作例会、街道网格中心定期对各社区网格员随机进行工作督查等方式，督促每名网格员按照 AB 岗设置要求熟练掌握网格内所有事项信息，包含人口、两新组织、特殊人群等各类信息。依托每月一次大走访、“1+3”工作机制和每月上户为居民代办一件事，了解居民所需，对居民迫切需要解决的问题及时进行上报处置。通过落实网格中心工作人员轮流跟班制度，找准网格员工作的难点、痛点，寻求解决办法。截至 12 月底，街道网格化管理中心累计上报、派遣和处置事件 4670 件，办结 4640 件，申请延期事件 1 件，办结率达到 99.4%。街道政务服务中心通过网格化管理平台受理或由网格员为居民代办的事项达到 5103 件，同时自 2019 年 4 月开始“12345”市长热线从平台派单以来，共收到 293 件，均 100%按时办结。街道政务服务中心通过网格化管理平台受理或由网格员为居民代办的事项达到 3990 件。通过将“精细化管理、精细化服务”的网格化管理思路理念，贯彻到城市管理各项工作中，切实解决了居民到政府办事“门难进、脸难看”的问题，真正为居民办事提供了便利，为实现“最多跑一次”奠定了基础。2019 年，杉木塘社区完成了“一口式”受理信息化规范化场地改造。

【征地拆迁】 清水塘棚改二期项目（集体）D1、D2、D3 地块，征地面积 12.09 公顷，涉征 210 户房屋，2 家集体企业，共 212 户，截至 12 月，已签约 115 户，倒房 101 栋。先锋路棚户区建设项目（集体土地），征地面积 1.52 公顷，于 2017 年 9 月 15 日发布拟征地公告，2018 年 10 月下旬正式入户协商，涉征 33 户，截至年底，街道已完成该项目签约 18 户，倒房 14 栋。竹山储备地块，涉征土地1.4公顷，街道范围内涉征3户，于2017年9月29日发布征地公告，至2019年12月，集体土地上房屋已完成签约任务。金盆岭土壤治理项目，已完成土地调查及土地各项补偿和房屋拆迁，并顺利交付循环公司进行土壤治理施工。二桥东桥头城中村改造项目，已于2017年11月发布征收公告，涉征3户（含1家企业），已完成全部房屋签约倒房工作。株洲铁路综合物流基地储备地项目（简称广铁物流项目），已于2019年6月启动，街道范围内共有2栋房屋，于8月14日完成签约清零，并完成腾房倒房。2019年，街道实地勘察了10余处申请危房重建、老旧危房修缮加固、老旧小区棚改的地区。

【服务民生】 2019年，街道办事处着力做好民生工作，争取为各类人员提供最好的服务和最大的帮助。在推进金盆岭竹木市场综合整治工作中，街道、社区党员干部主动担当作为，督促32户经营户在一个月内全部自行关停并拆除退出，彻底消除了影响区域消防安全23年的一处“顽疾”。在“三供一业”改造中，已完成66个小区业委会组建和改选，其中20个已经引进物业公司或挂靠清洁公司，27个启动了2019年度物业收费。完成小区违章建筑拆除10036平方米，为小区改造创造了良好条件。做好了“三供一业”小区施工环境维护。在白石港河街抗洪救灾中成功转移受灾人口720人，没有发生一例人员伤亡和房屋倒塌事件。春节期间，街道对辖区10户困难老人家庭进行了走访慰问，另外对辖区60岁以上高龄老人进行了再摸底和上门走访调查。经过摸排，60岁以上老年人人数为13527人，其中失能伤残613人、贫困老人154人、空巢老人189人，80岁以上高龄补贴发放1691人。彻底摸清了高龄老人的现状和他们的困难与需求，做好他们的心理安抚工作。为了全面推进社区建设，充分发挥社区在基层工作中的作用，为群众办事提供方便，街道成立了社工站，配备了两名社工人员，经常到社区进行业务指导和督促。为了推进社区的民主管理和民主监督，调动居民参与的积极性，指导和督查公开的时间和内容。春节期间走访慰问优抚对象和贫困居民290人次，发放慰问物资100份、慰问金102300元，发放现役军人优待金414000元。及时完成了对退役军人的登记并经常与他们进行沟通，了解他们的诉求并尽量帮助他们解决实际问题。利用爱耳日、全国第28次助残日、全国第24个爱眼日、关爱残疾人健康等活动，发放贫困残疾人家庭需要的残疾人辅助器具——助听器、轮椅、闪光门铃等。各社区建立健全了残疾人康复规章制度，建起了康复档案，填写康复需求调查表，并进行了康复需求汇总。2019年，共发放残疾人两项补贴462420元。

【城管工作】 2019年，区城管局进行体制改革，响石岭街道派驻中队于2019年5月1日正式成立，共有36人。2019年，开展专项整治行动200余次，出动队员3000余次、劝导教育10000余次，对占道经营下达口头整改通知5000余人次，下达限期责令整改通知书100余份，登记保存物品100余件。对重点区域的重点整治成效初现，有效改善了市容环境。应市城管局要求，进一步规范辖区内店招牌、广告牌，7月底到8月初，响石岭中队对辖区内的违规店招牌、广告牌进行了全面摸底，统计违规店招牌、广告牌100余处。上户劝导自拆，不能自拆的下达责令整改通知，委托中队拆除的签订委托书。至 12 月底，已累计开展 20 余次整治行动、出动队员 200 余人次、下达《限期责令整改通知书》50 余份。拆除违规店招牌、广告牌 100 余块、拆除面积 2000 平方米。在石峰区违规店招牌、广告牌拆除工作中起了带头作用。针对辖区内主次干道人行道车辆违停现象，持续强化巡查力度，定人、定岗、定责，及时发现及时处理，疏导结合有效管控，确保响石岭街道辖区内的主次干道畅通。

2019 年，信息采集协管员共上报系统立案 49776 条，处置 49713 条，结案 49583 条，结案率为 99.61%。微信举报立案处置共 164 条，市民通过微信公众号上报立案的结案率为 100%。夜宵摊点共上报立案 388 条，处置 388 条。非法小广告共上报立案 612 条，处置 612 条。部件问题案卷共上报 756 条，包括建宁驿站的维修、维护，果皮箱的维修、更换和市政设施（响石岭街道道路的修补以及行道树中危树、枯树的砍伐、补种）维护，视频上报 4233 条，处置率为 100%。响石岭辖区内的数字案卷上报数是石峰区最高的，通过队员的努力，处置率名列前茅。2019 年处理网格平台事件 197 件，接收受理“12345”投诉 400 余条。响石岭派驻中队非常重视市民反映的问题，在接到平台事件和投诉后，都会安排人员第一时间解决。2019 年无逾期处理事件。执法案卷立案 74 件，独立完成结案的有 64 件，移交特勤中队 10 件，在一定程度上有效规范了经营环境，维护了市容市貌整洁。依托网格和数字化工作平台处理各项事件约 300 条，并将城管工作重心下移前的遗留问题全部解决。砍伐危树约 110 棵，维修损坏路面约 1000 平方米，安装太阳能路灯 12 盏、普通路灯 3 盏，清理了辖区内 27 条道路的所有雨水井。“三供一业”改造拆除违章建筑，先后对选矿生活区、华馨家园小区、藕塘小区、广铁物流株洲北站生活区、桥梁厂五生活区、杨古老二公司、仁和小区和金地佳家旺等地的违章建筑进行了拆除，共计控制和拆除违法建筑 292 处，总面积达到 10036 平方米。受理并办结“12345”市长热线关于违章建筑督办案件 47 起，办结群众举报投诉 5 起。对违章建筑零容忍，让出城市“生命线”，还城市一片整洁。11 月对杉木塘无出店经营“示范街”和建设北路人行道无违停“示范街”，进行了多次集中整治，且定人、定岗、定责及时汇报路段情况，在 11 月的市局考评中取得“双第一”的好成绩。

【卫计工作】 2019 年度，街道卫计工作扎实推进，收集办理、审核及录入城镇独生子女父母奖励新增对象资料 836 人，办理申报计划生育特别扶助对象资料 27 人，建立了计划生育特殊家庭帮扶“双岗”联系人情况表，新增农村部分计划生育奖励对象 6 人及独生子女保健费 20 人。组织优生检查对象 72 例，并及时对所有对象进行孕前、孕期的随访服务，对辖区内需要使用避孕药具的育龄妇女进行统计和发放工作。根据上级指示，将失独家庭住院护理保险纳入失独家庭帮扶工作的总体部署，给予经费和政策保障，让失独家庭充分了解保障内容，享受保障政策。街道享受失独家庭护理补贴共计 65 人。全面有效地实施宫颈癌、乳腺癌筛查工作。组织辖区内的农村适龄妇女，到街道社区卫生服务中心进行“两癌”免费检查，参加“两癌”筛查的妇女共 300 余人，提高“两癌”早诊早治率。社区卫生服务中心卫生专业人员与街道 72 个网格建立联系制度，确保每一个网格有 1 名卫生专业技术人员提供健康知识宣传、咨询、转诊等服务。至 2019 年底，街道社区卫生服务中心实现家庭医生签约服务制度全覆盖，网格员参与家庭医生签约服务团队。在街道辖区建立流动巡诊点，在日间照料站、养老机构、居民小区等人群聚集场所，定期开展医疗巡诊服务。至2019年底，全区65岁以上老年人、残疾人、计划生育特别扶助对象等重点人群，实现“应签尽签，应巡尽巡”，居民在区域医疗联合体内就诊人数比例达到90%以上。全年开展巡诊及下社区活动200余次，服务居民5000余人。落实基本公共卫生服务项目，累计体检老年人、高血压、糖尿病患者等重点人群近5000人。落实家庭签约服务工作，累计签约基础包5000多人次、个性包300多人次，签订免费服务协议12000多人次，并切实落实签而有约服务。

【安全生产】 2019年，下发《响石岭街道关于开展“防风险保平安迎大庆”消防安全执法检查专项行动的通知》《响石岭街道关于开展安全生产风险隐患“大排查大管控大整治”百日行动的通知》，成立以街道主要领导为组长、分管领导具体负责、各社区积极参与的消防安全执法检查专项行动工作领导小组，集中力量对网格内大型商业综合体、商场市场、“多合一”场所、劳动密集型企业、公共娱乐场所、群租房、宾馆饭店、高层建筑、文博单位、养老院、医院、寄宿制学校、新型工业园区、施工工地等14类重点场所开展消防安全隐患排查。着重排查10类突出问题，明确具体责任人员负责排查，辖区企业共签订消防安全自评自查自改公开承诺书36份，发现并上报17处消防安全隐患。在安全生产风险隐患“大排查大管控大整治”百日行动中，组织执法行动32次，共出动执法人员37人，检查生产经营单位37家，排查并整治3处重大安全隐患。组织各部门精干力量，联合消防、公安部门开展烟花鞭炮专项检查，对辖区所有超市、商贸店、鲜花店等临街和居民集中区域门店一家家逐户排查，并对店主讲解有关安全生产法的知识和非法经营烟花鞭炮的危害，对在清查中发现门店非法经营鞭炮的予以收缴，共清查门店10余家，收缴烟花鞭炮50余封，于12月完成了辖区内6家烟花鞭炮经营店的清退工作。每月开展危化、涉氨液氨粉尘爆炸、存在重大安全隐患企业和其他重点监控企业的安全生产大检查。对检查中发现的问题，严格执法手续和程序，严厉执法，不放过任何一个存在安全隐患的安全死角。全年共检查和排查企业41家，共下发执法文书20余份，下达责任整改指令50余条。（袁 娇）

田心街道

【概况】 田心街道因境内的田心电力机车厂而得名。位于北纬27°87′64″～27°54′07″，东经113°13′31″～113°14′56″。地处石峰区东部，东与荷塘区明照乡接壤，南与响石岭街道相连，西与清水塘街道为邻，北与井龙街道接壤。办事处驻东门社区。辖区东西直线距离2千米，南北直线距离3.7千米，总面积9.8平方千米，其中陆地面积9.7平方千米，占总面积99%；水域面积0.1平方千米，占总面积1%。

境内汉朝时属长沙国。三国时属东吴建宁郡。唐朝时随株洲并入湘潭县。宋、元、明、清至民国时期仍属湘潭县。1949年8月，属湘潭县一区株洲镇。1951年6月，属郊东区。1959年6月，设立田心区人民委员会。1960年7月，设立田心城市人民公社，与田心区人民委员会合署办公。1970 年 1 月，撤销田心区，设立株洲市东区，属东区。1997 年 7 月，株洲市调整区划，属石峰区。

2019 年街道辖田心、东门、北岭、泉塘湾、叫鸡岭、南峰及田心村 7 个社区居委会，下设 178 个居民小组，11 个村民小组，常住人口 4.5 万人。街道党工委、街道党工委直属党组织 23 个，党员总数 871 名。

田心街道是全国和谐社区建设示范街道、全国五好基层关工委先进集体、湖南省社区商业网点示范区域、株洲市文明先进单位、株洲市学习型党组织。有全市第一个街道政务厅，开通了全市第一条社区服务热线，组建了全市一流的社区党校、市民学校、社区团校，建成街道图书阅览室、档案室等文教设施。翠竹、馨柳、怡园、金桂等小区被评为国家省级物业管理优秀住宅小区，是首批全国创建文明社区示范点和湖南省文明社区。

2019 年，田心街道始终坚持以习近平新时代中国特色社会主义思想为指导，全面贯彻区委全会精神，围绕区委确定的“打造工业小镇、建设魅力田心”总目标，坚持抓实党的建设、抓紧项目攻坚、抓好网格化管理、抓牢企地共建，不断提升自身管理水平和党员干部能力素质，推动街道各项工作再上新台阶。

【扎实推进主题教育】 始终将政治建设摆在首要位置，以高度的政治自觉坚决做到“两个维护”，切实增强“四个意识”，忠诚担当、主动作为，党的建设各项工作不断加强。严格按照党中央和省委、市委、区委部署要求，坚持“四个贯穿始终”，推动“不忘初心、牢记使命”主题教育扎实开展。先后负责召集参加区分组集中学习研讨 3 次，开展先模事迹视频教育 3 次，专题研讨 13 场。坚持把理论学习、发现问题和解决问题紧密结合，围绕党的建设面临的紧迫问题、“三供一业”提质改造、三大攻坚战、网格化管理和业委会组建等重点工作开展调研，形成调研报告 8 篇，着力解决主题教育中发现的群众难题难事 18 件。凸显党建引领作用。大力弘扬“火车头”精神，做实主题党日活动，坚持“学”“做”并行，先学先做，党员干部先锋模范作用得到进一步发挥和体现。充分发挥基层两委班子战斗力，凝聚党员、楼组长等骨干力量，积极协调解决小区内部矛盾，推进小区自治工作顺利开展。

【深化党风廉政建设】 严格落实“两个责任”，进一步完善制度建设，制定完善《田心街道党工委议事制度（试行）》《田心街道请假（外出）报告制度（试行）》等 8 项制度，推动“两个责任”落地生根。

【征地拆迁】 完成新苏国贸、南车国际居住小区（175 地块）、轨道科技城商住配套 3 个项目共 22 户集体签约，其中南车国际居住小区项目（175 地块）已全部完成签约倒房和土地青苗补偿，办理交地 7.09 公顷。完成了铁东路项目和雪峰小镇 B 地块（雪峰岭学校）前期工作以及田红东路项目的开工。

【经济指标保质保量】 2019 年，完成固定资产投资项目 24 个，项目总投资共计入库 34275 万元，完成投资额 23797 万元。全力做好协税护税，截至三季度末，提前完成全年度 400 万的指标。完成全国第四次经济普查共 779 家企业、19 家大个体数据的走访、核查与登记，任务数量和质量都名列全区第一，受到市、区两级经普办的高度评价。

【公共管理】 积极落实区“三供一业”改造工作要求，做好辖区内小区的拆违工作，街道、社区干部全体出动，通过五轮上门逐户做工作，确保小区拆违顺利进行。全年共计拆除私搭乱建135处，合9000平方米。完成云杉、新苑、南苑小区“三供一业”和老旧小区提质改造工作，完成九圆农贸市场改造。天源农贸市场改造正在进行中。依托“1+3”网格化工作模式，进一步提升环境卫生管理工作效果。全年开展大型整治行动70次，着力解决影响环境的重点和突出问题。实行挂图作战，扎实推进居民自治，将工作任务分解到每一个班子成员，实行销号制，明确时间节点，压实责任，扎实推进小区自治工作。全年共计完成业委会组建33个，1个无物业小区引进物业公司管理，辖区内无人管理小区年底前全部实现管理自治化、规范化。

【延伸服务】 网格化管理不断完善，网格员队伍素质及服务能力得到提高，石峰区首届“石峰杯”网格员职业技能竞赛，取得网格长、网格员组双冠军、一个季军、一个单项冠军以及网格长和网格员最佳人气。2019年以来，通过网格平台共上报事件3775件，结案3771件，结案率99.9%

【“城乡统筹·幸福株洲”扎实推进】 引进株洲市种子社工、株洲晚报义工联合会、大同社会工作服务中心等社会服务，截至年底，已累计开展各项社会活动50次;组建网格微信群106个，共计约18000人入群。邀请社区、物业、专业人士等关键人入群，打通服务的“最后一公里”。

【民生实事】 结合街道实际，通过票决制确定完成惠民项目28个，投入资金约150万元。用好网格应急资金，砍伐危树70棵，疏通清理污水、雨水井2100余个/次，修补道路410余处，共计950平方米，新铺沥青道路120米，更换井盖8个，清理化粪池15个。新装路灯52盏。处理围墙、护坡开裂及路面沉降等安全隐患5处。

【和谐稳定社会大局】 街道上下始终绷紧安全生产这根弦，通过围绕“防风险保平安迎大庆”和“一单四制”工作主题，扎实开展“大排查大管控大整治”百日行动及安全宣传“安全生产月”“国际减灾日”活动，使广大群众和生产经营单位的安全意识进一步提高，确保了全街道安全生产零事故、森林火灾零事故。严格落实“五包一”值守制度，联合田心派出所对投资受损人员逐一进行思想疏导，确保了新中国成立70周年大庆期间无一人赴省进京非访。全年共调处矛盾纠纷57起，调处成功57起，调处率为100%。 （黄 丽）

铜塘湾街道

【概况】 铜塘湾街道位于北纬27°85′44"～27°89′02"，东经113°04′08"～113°11′19"。地处石峰区西北部，东临石峰大道与响石岭街道相连，南隔湘江与天元区栗雨街道相望，西与湘潭市岳塘区双马镇接壤，北与清水塘街道交界，办事处驻响田西路336号。境内汉代属湘南县。南朝齐始并入衡阳县。唐代属湘潭县。民国时期属湘潭县东一区昭阳乡。1949 年后属湘潭县一区株洲镇。1951 年从湘潭县划入株洲市属郊北区。1956 年撤乡并区属清水乡。1957 年成立人民公社，属朱田镇公社。1958 年 3 月属清水塘办事处。1959 年属清水塘区。1970 年 7 月后分属北区和郊区。1997 年 5 月撤销北区、郊区，分属石峰区的清水乡和清水塘街道。2001 年清水乡和荷花乡合并成立白马乡，部分属白马乡。2005 年石峰区区划调整，撤销白马乡设立铜塘湾街道。辖区东西直线距离 7 千米，南北直线距离 4.2 千米，总面积 30.74 平方千米。其中陆地面积 29.84 平方千米，占 97%；水域面积 0.9 平方千米，占 3%。至 2019 年，辖有铜塘湾、杨梅塘、清水塘、丁山、清竹、清霞、映峰、湘河 8 个居委会，建设、长石、霞湾新村 3 个村委会，街道共有居民小组 91 个，村民小组 45 个。辖区户籍人口 3.2 万，常住人口 2.8 万，流动人口 377 人。

街道党工委下设 4 个基层党委，40 个党（总）支部，其中社区（村）党（总）支部 30 个，非公企业党（总）支部 8 个，机关党支部 1 个，退休干部党支部 1 个，党员 1398 名。

2019 年，闲置土地处置率高，土地节约集约利用、全省信访工作“三无”创建、“城乡统筹、幸福株洲”建设、清水塘提质改造、“民生 100”工程 5 项工作被株洲市委、市政府表彰奖励。还荣获了株洲市信访维稳工作“三无”单位创建活动先进单位和株洲市城市管理工作先进街道。

【党的建设】　2019 年，街道始终把党的政治建设摆在首位，认真贯彻落实新时代党的建设总要求，切实加强党对一切工作的领导。发挥街道“大工委”作用，整合辖区单位资源，结合特约监督员意见和建议办理、解决问题 47 个，有力推动区域共商共治共建共享。强化阵地建设，全面完成 26 个党支部“五化”建设。扎实开展农村党员冬春训，自筹资金 2 万元，组织 210 名农村党员深入学习习近平新时代中国特色社会主义思想，做到受训全覆盖。深化主题党日活动，组织开展党员志愿服务 146 次，增强了党员的归属感和荣誉感。

扎实开展“不忘初心、牢记使命”主题教育，依托社区日间照料中心，突出“三个一”破解老党员作用发挥难的经验做法被市委向省委主题教育办推介。结合主题教育，推进省重点项目三一重工用地征拆，形成“党建引领在一线、党旗飘在乡邻间、党员冲在最前沿”的工作经验，省委主题教育办常务副主任、省委组织部副部长蔡建和，省委主题教育第三巡回指导组组长朱建纲先后到三一重工项目指挥部调研，对街道的做法给予高度肯定。大力开展软弱涣散党组织整顿，在丁山社区创新开展“五大行动”，通过发挥基层党组织和党员作用，推进老旧小区拆违、小区业委会选举、环境卫生整治、“熟人社区”和亲民式党群服务中心建设，实现“旧貌换新颜”。

【项目建设】　2019 年，合力攻坚克难，征拆工作创造了新速度。街道全年续征和启动新征项目 14 个，完成房屋签约 456 户，倒房 393 栋，交地 66.7 余公顷。石峰大桥东匝道、第三方环境治理、重金属综合治理工程 B 和清水塘大桥 4 个项目 6 月底清零，绿地科创园项目如期实现交地，清水塘新城“六路一桥一塘”基础工程建设有序推进。三一重工项目仅用 38 天就完成一期 136 栋房屋签约，52 天完成了项目二期 219 栋房屋签约，签约率达 100%，签约速度创石峰之最。12月25日，省委书记、省人大常委会主任杜家毫亲自参加并宣布三一、绿地项目同时开工，标志着清水塘新城建设翻开了新篇章。街道征拆工作多次得到市、区领导的点赞，被株洲市评为2019年度清水塘新城建设征拆腾地先进单位。

【民生实事】 聚焦民生难点，群众幸福感得到了新提升。2019年，圆满完成街道西办公楼改造、丁山社区办公楼改造和长石村乡邻空间站建设，启动湘河社区党群服务中心、清水塘社区居民活动中心建设，铜塘湾社区日间照料站、都市兰亭养老驿站正式运营。坚持无情关停、有情操作，想方设法帮助职工实现再就业，先后举办育婴师、电焊工等培训班，累计实现职工再就业9000多人。针对企业关停搬迁后职工居住小区设施陈旧、无人管理等问题，引导组建22个小区业委会，实现居民自治。全面完成32个惠民项目，自筹资金200余万元，改造小区道路7100多米，安装路灯375盏，极大改善居民生活环境，被区委推荐为2019年度市抓落实先进单位。

【网格管理】 深化网格管理，构建基层治理新格局。继续探索网格化管理方式方法，延伸服务触角、提高行政效能。推行网格员与党建员、环保员、卫健员、应急员、两保员“五员合一”模式，充分整合辖区人力资源，发挥人员最大效用。实施网格员“错时入户”工作法，提高网格员入户效率。结合“城乡统筹·幸福株洲”、业主委员会组建、家庭医生签约、平安创建等开展网格服务活动，加强网格事件办结能力，2019年共受理登记处置事件2099件，结案2085件，结案率99%。强化网格管理，完善网格化工作例会等制度，全年召开例会36次，解决问题192个。组织开展8期“五员”专项培训和1期网格员专项技能比武竞赛，4名网格员在区技能比武决赛中获得优异成绩。

【生态环保】 抓实生态环保，打造宜居环境。以“治垃圾、治污水、治厕所、治村容村貌”为重点，扎实开展农村人居环境整治行动，湘河社区在全区率先实施农村生活垃圾分类试点工作。评选最美庭院431户，整治四类房60处、旱厕39处，清理违章建筑7362平方米，绿化道路10千米，植树1000余棵，村容村貌大为改观。加快“四好”农村道路建设，硬化道路700米，修补路面910平方米，疏通沟渠6600米，新开挖沟渠3600米。协调推进清水塘区域环境治理项目建设，配合做好清水湖、铜塘湾、映峰片区和世行借地治理等生态修复工作，关停3家非法养猪场，环境质量不断提升。

【经济建设】 2019年，深入推进“产业项目建设年”活动和温暖企业行动，配合落实惠企政策，党政领导带队深入基层，开展安全生产大检查60次，排查安全隐患189处，整改率100%。街道安全形势总体平稳，全年未出现重大事故。积极开展轻资产招商行动，完成固定资产上报入库项目12个，累计完成投资额2亿元，完成税收446万元。深化农村集体产权制度改革，着力发展壮大村级集体经济，3个村级合作社全部挂牌成立。

【政法综治】 充分发挥网格管理的信息优势，及时掌握维稳动态，落实“五包一”责任机制，做到早发现、早处置、早化解。以开展“三无”街道创建活动为抓手，加大信访案件处理，共回复网上信访 63 件、网上投诉 66 件，办理息访息诉 2 件，利用区矛调中心平台解决征拆历史遗留问题 2 个，全年未发生赴省、进京非法上访情况。深化平安创建工作，与 1200 名党员签订“不涉黑涉恶承诺书”，处理纠纷 55 起，及时处理中央扫黑除恶督导组交办件 7 件并做好问题整改落实。2019 年，街道被评为全省信访工作基础业务“百佳业务规范单位”、全市信访维稳工作“三无”单位创建活动先进单位。

（张叶佳）

井龙街道

【概况】 井龙街道成立于 2005 年 2 月，位于北纬 27° 89′ 67″ ～27° 91′ 52″ ，东经 113° 11′ 09″ ～113° 14′ 71″ 。地处石峰区东北部，东与龙头铺镇相连，南与田心街道为邻，西与清水塘街道毗邻，北与长沙市雨花区跳马镇接壤。辖区东西直线距离 3.6 千米，南北直线距离 2.2 千米，总面积 23.65 平方千米，其中陆地面积 21.15 平方千米，占 89%；水域面积 2.5 平方千米，占 11%。2019 年末辖有新民、时代、井龙 3 个居民委员会，茅太新村、九郎山、郭家塘 3 个村民委员会，辖区总人口 20439 人。下辖 5 个党总支、22 个党支部，共有党员 710 人。

2019 年，井龙街道坚持以习近平新时代中国特色社会主义思想为指导，紧紧围绕区委制定的“一极三区”总目标，通过“五问工作法”考核统筹抓紧抓实基层党建、征地征收、网格化管理等重点工作，街道整体工作水平和群众满意度稳步提升。

【党建工作】 用好党建引领大方法，促党员干部从思想到作风转变。坚持党建引领，旗帜鲜明讲政治，坚决贯彻区委制定的发展战略，坚决落实区委明确的任务要求，以开展“不忘初心、牢记使命”主题教育为契机，通过抓基层打基础，党建引领作用更加凸显。做细基础工作。扎实开展“石峰号”主题党日，全面实行“三会一课”全程纪实，认真组织农村党员冬春训、入党积极分子培训等活动，提升了党员干部的理论水平。严把党员入口关，培养入党积极分子 13 人，确定发展对象 7 人，如期转正 14 人；严把党员出口关，开展民主评议党员，处置不合格党员 1 人。全面完成 15 个党支部“五化”创建验收及软弱涣散党组织科能金属党支部的整顿工作；切实加强社区（村）后备干部队伍建设，共选拔 14 名德才兼备、群众公认、具有发展潜力的后备干部。抓严作风建设。坚持“严管就是厚爱”原则，开展集体廉政谈话 2 次，个别廉政谈话 10 余次。经常性开展作风检查，对街道工作纪律和参加人居环境整治加班纪律进行通报 8 次，对网格化管理中 2 名存在作风不实问题的社区干部进行通报批评。压实从严治党。研究部署党风廉政建设和反腐败工作 7 次，对落实“两个责任”“互联网+监督”宣传、廉政风险排查等重点工作进行了专题研究部署。加大党风廉政学习教育和宣传力度，通过主题课程、知识抢答、观看警示教育片、微信群推送典型案例等多种形式，不断强化干部廉洁自律意识。充分运用监督执纪“四种形态”，立案党员 7 人，处理党员 2 人。

【项目建设】 抓好项目建设主战场，促发展后劲从量大到质优转变。全力以赴开展“产业项目建设年百日攻坚”行动，打好征地征收清零扫尾和新项目开征攻坚战。2019 年，街道发扬加班加点、连续作战的吃苦耐劳精神，精心准备、精细研究、精准施策，主动汇报对接，逐个化解难题，先后拔掉田心大道二期周某 3 户、轨道科技城九方路凌某某、轨道交通装备研发及产业化蒋氏兄弟 2 户等几个困扰多年的硬钉子，实现了轨道交通牵引装备部件生产基地、南辅道二期、井龙社区储备地等 14 个项目清零交地。全年共签约 50 户，倒房 65 栋，为轨道交通装备制造产业项目落地和轨道科技城道路基础设施顺利施工打下基础。

【基层治理】 解好基层治理方程式，促为民服务由粗放向精细转变。强化大数据思维，围绕“四个空间”，全面推行网格化基层治理。事件全办结。建立并执行“网格化事件每周清零”制度，依托“三张清单”，充分发挥“1+3”平台作用，引导“老百姓自己的事情自己办”，从根本上和源头上解决了很多民生问题。全年共办结网格事件 1000 余件，事件有效办结率达 100%。数据更精准。不断规范平台建设，完善“大数据”，通过日常走访、宣传带动等方式，网格员将网格服务触角延伸至每家每户，微信群到户率实现 100%。服务有创新。创新“网格化+信息化”政务服务平台，建成了街道便民服务中心和社区规范化、信息化场所。认真借鉴“枫桥经验”，全面革新社区传统“坐班”工作方式，实行轮流值班制度，实现网格员为民服务“全科”化。同时完善实施帮（代）办制度，为特殊群体提供“上门办”等帮代办服务，真正实现了“群众办事更便捷，问题处置更快捷”。

【环境整治】 打好综合整治攻坚战，促环境品质从外在到内涵转变。四步工作法提升农村品质。坚持“街村联动、配足力量，分片包干、责任上肩，宣传先行、统一思想，顺应自然、突出特色”的四步工作法，把农村人居环境整治作为街道的品牌工作高位谋划、强势推进，规划建设 2 个乡邻空间站，关停拆除 3 家烧烤场，打造 8 处“一组一景”，评选出“最美庭院”10 户示范户。结合水体综合整治，整治 21 处污水，完成 4 处黑臭水体整治，拆除修缮 102 处“四类房”，拆除改造 61 处旱厕，3 个村全部完成垃圾处理农户付费收费工作，农村环境品质不断提升。三个着力点改善城市面貌。主动适应城市管理重心下移的趋势，实行分片包干责任制，压实环卫保洁公司责任，加大巡察力度，着力整治出店占道经营、渣土污染和违章停车三大问题，以点带面，形成辐射效应，市容市貌大为改观。两个结合版完善小区管理。加大基层治理能力建设，广泛引导和发动社会各界力量积极参与社会治理，按照“政府监管、市场主导、业主自治、管理有序”的原则，组建了时代雅园、芙蓉丽景、新明综合楼等 7 个小区自治业委会，引进 5 家物业公司。结合“不忘初心、牢记使命”主题教育，解决了时代国际小区下水道淤堵、阳光爱琴海小区进出安全等一批群众反映的热点问题，小区管理日渐精细。

【民生工作】 下好和谐稳定一盘棋，促民计民生从帮困到解需转变。保障民安。着力做好新时期信访工作，注重“增量遏制”和“存量化解”的结合，积极调解，对接各方，全年化解 6 起信访积案，在新中国成立 70 周年等特护期间，组织地毯式排查，努力化解矛盾纠纷，荣获株洲市 2019 年度“三无”单位创建达标乡镇。牢固树立安全生产“责任重于泰山”的理念，扎实开展安全隐患排查治理，全年开展 92 次执法活动，通过企业自查、街道检查发现并整改 29 处安全隐患，全面完成 5 家有证烟花爆竹商店关闭退出工作。改善民生。就好业，积极推进就业政策落实，及时对接专业部门，借助网格平台，进行信息推介共享，完成新增城镇就业 1609 人。兜好底，全面落实残疾人惠民政策，更多残障人士生活康复有了保障。坚持动态管理，畅通进出通道，新增城乡低保 2 户 2 人，取消城乡低保 7 户 17 人，做到“应保尽保”。积极开展“欢乐潇湘”“送戏下乡”等群众文化活动，精心打造集党建文化、文娱休闲、民风教育等多种功能于一体的休闲文化小景点，丰富群众文体生活。淳化民风。开展 4 次法治宣传活动，评选 550 户“平安家庭”，社会治安环境不断好转，群众文明素养逐步提升。

（李建利）

石峰区主要机构部门负责人名录

区委及其工作部门负责人

中共石峰区委（株洲清水塘循环经济工业区党工委）

书　记　张建勇
副书记　邓元连
副书记　李　红
常　委　汤小红（女）
　　　　李立新
　　　　刘文星
　　　　李　军
　　　　钟水根
　　　　宋长征
　　　　张建武
　　　　朱　斌
　　　　丁步亭

区人大常委会

党组书记、主任　屈邵阳
党组成员、副主任　周立君
　　　　罗　艳
副主任　单湛君（兼）

区人民政府

党组书记、区　长　邓元连
党组副书记、副区长　宋长征
党组成员　朱　斌
党组成员、副区长提名人选　丁步亭
党组成员、副区长　张伟文
　　　　贺建平
　　　　周文安
　　　　欧　雷
　　　　言晓军
　　　　彭　梁
党工委委员、管委会副主任　江洪治
　　　　乐　翔

区政协

党组书记、主席　颜曼文
副主席（兼）　曾　嵘
　　　　娄　健（女）
党组成员、副主席　龙　峰
党组成员、副主席（兼）　谢　洁（女）
区人民法院党组书记、院长　刘新文
区人民检察院党组书记、检察长
　　　　李云开

株洲国家高新区田心高科技
工业园党工委书记 钟碧武
管委会主任 李登岗
管委会副主任 娄　健（女）

区纪律检查委员会、区监察委员会

书记、主任 汤小红（女）
常务副书记、区监察委员会
副主任 廖辉亮
副书记、区监察委员会副主任 占忠建
常委、区纪委案件审理室
主任（兼） 程卫国
常委、党风政风监督室主任（兼）、
区监察委员会委员 唐　娜（女）
常委、纪检监察室主任（兼） 黄彦裴
区纪委常委、区监察委员会委员 冯　静
区监察委员会委员、二级主任科员 胡敏波
区监察委员会委员、二级主任科员 刘泰文
区纪委信访室主任 陈海伟
区纪委、监委二级主任科员 胡　婕（女）
区纪委、监委二级主任科员 何　涛
言　畅（女）
区纪委、监委三级主任科员 陈玉清
区纪委、监委四级主任科员 丁晓耘
区纪委、监委四级主任科员 黎传荣
田心街道原党工委委员、
纪工委书记 焦国元

区委巡察领导小组办公室

主　任 曾　敏（女）
副主任 黎晓东

区委巡察组

组　长 袁　智
刘　辉（女）
副组长、四级调研员 孙道明
副组长 肖　鑫

区委办公室

主　任 朱　斌
副主任 黄红英（女）
文　武
陈建峰
区委办督查专员、督查室主任（兼） 钟　江
区委办四级主任科员 马修婷（女）

区档案馆（区党史和区志研究室）

馆　长 翁雄伟
副馆长 刘君燕（女）
曾　晖

区委组织部

部　长 李　军
常务副部长、四级调研员 李俊杰
副部长、区非公有制经济组织
和社会组织党工委书记（兼） 刘　志
副部长、区老干局局长（兼） 张　莉（女）
区委组织部二级主任科员 方政红
区委组织部主任科员 苏志红（女）
区委非公有制经济组织
和社会组织党工委副书记 姚紫阳

区委机构编制委员会办公室

主任、区委组织部副部长（兼） 胡建红（女）
副主任 彭慧颖（女）

区委宣传部

部　长 刘文星

常务副部长　朱　晖（女）
副部长　侯　璨（女）
　黄永兵
四级调研员　胡应群
一级主任科员　黄　萍（女）
区融媒体中心主任　林　琳（女）

区文学艺术界联合会
党组书记、主席　黄　波（女）

区委网络安全和信息化委员会办公室
主　任　魏丽华（女）
副主任　李茜倩（女）

区委统一战线工作部
部长、区政协党组副书记　李立新
副部长　张　健
副部长、区民宗局局长（兼）　张璟铭（女）
二级主任科员　张焕新

区委政法委
书记、二级调研员　钟水根
常务副书记、四级调研员　倪小波
区纪委机关派驻政法委纪检组长　程靖闳（女）
副书记　刘治国
政治部主任　徐　杰
二级调研员　李义华
四级调研员　张今笑
四级调研员　吴小海

区轨道交通产业服务中心
主　任　陈　翔
副主任　阳　学
　余小兵

区委党校
校　长　唐夏芳（女）
副校长　曹　莉（女）

网格化管理服务中心
主任　周　明
副主任　肖志武
　章雯璐（女）

区政府办公室
党组成员、政府办党组
书记、主任　文　志
党组成员、副主任，四级调研员　晏建回
党组成员、副主任　夏春来
　彭　泉
党组成员、督察专员、督查室主任（兼），
四级调研员　汤利春
党组成员、副主任　陈　哲（女）
副主任　吴　萍（女）
　曾彦琼
四级调研员　蔡　东
区经济研究中心副主任　何　平（女）
　翁天波

区发展和改革局
党组书记、局长　黄　斌
党组成员、副局长　叶庆强
　黎志刚
一级主任科员　刘海军
二级主任科员　杨长江

区教育局
党委书记、局长　韦　娜（女）
党委委员、副局长、二级主任科员　何自力

党委委员、区纪委机关派驻教育局
纪检组长 奚志宏
党委委员、区人民政府教育督导室
主任督学、二级主任科员 邓石军
党委委员、副局长 禹继来
丁婷婷（女）
四级调研员 达世进
周自平
李　拥
一级主任科员 刘　继
教育教学研究指导中心主任 刘　忠

区科技和工业信息化局
党组书记、局长 陈　明
党组成员、副局长 唐志强
党组成员、副局长、二级主任科员
王　强
二级调研员 张经科
三级调研员 郭　忠
四级调研员 殷富强
四级主任科员 谭丽红（女）
方宏宇（女）
阳立斌
区原科学技术局党组成员、副局长
易　辉（女）

区民政局
党组书记、局长、区社会组织
党工委书记、四级调研员 唐　军
党组成员、副局长 何元平
杨湘黔
二级主任科员 吴晓辉
四级主任科员 蒋　玲（女）

区慈善事务服务中心
主　任 吴晓谊（女）
干部（副科级） 皮友芳（女）

区司法局
局　长 李文波
党组书记 易铁军
党组成员、副局长、二级主任科员
张　能（女）
党组成员、副局长 胡　毅
四级调研员 那　伟
向　前
一级主任科员 王玉安
主任科员 袁　龙
二级主任科员 唐伟其
周彦岑
侯首鸿（女）
二级主任科员（清水塘街道司法所所长）
龙　华
四级主任科员（井龙街道司法所所长）
周　鹏
四级主任科员（铜塘湾街道司法所所长）
毛检军
四级主任科员（响石岭街道司法所长）
张　翕

区财政局
党组书记、局长 张沙洲（女）
党组成员、副局长、管委会财政局
副局长 王菊香（女）
财政局党组成员、区纪委机关派驻
财政局纪检组组长 彭迎科
党组成员、副局长、二级主任科员
周　青

党组成员、副局长　张钊培
总会计师　周文君（女）
四级调研员　陈雁峰
四级主任科员　瞿　敏（女）
李　莎（女）
区乡镇财政服务中心主任　汤　丽（女）
区乡镇财政服务中心原主任　欧阳时吾（女）
区国库集中支付核算中心主任　蒋素英（女）

区人力资源和社会保障局

党组书记、局长、区委组织部副部长（兼）
黄文斌
党组成员、副局长　程晒花（女）
杨　萍（女）
三级调研员　周　晋
二级主任科员　吴浩谊
三级主任科员　宾陵花（女）
沈德忠
区人力资源服务中心主任　简　莉（女）
区社会保险服务中心主任　宋　娟（女）
区劳动保障监察大队大队长　贺校明
区劳动保障监察大队二级主任科员　王　芳（女）

区自然资源局（林业局）

局　长　谭玉明

区住房和城乡建设局（人民防空办公室）

党组副书记、局长、四级调研员　雷春明
党组书记、区人民防空办公室
副主任　贺　涛
党组成员、副局长　李　斌
党组成员、总工程师、二级主任科员
黄宏富
一级主任科员　易建华
二级主任科员　贺子发
二级主任科员　沈文斌
二级主任科员　邓涵予（女）
四级主任科员　徐松灿（女）
副主任科员　鲁　穗
区城乡建设技术服务中心主任　龚志红（女）

区交通运输局

党组书记、局长　董　勇
副局长　郭东明

区农业农村局

党组书记、局长　李　阳
党组成员、副局长、一级主任科员
龙慧英（女）
党组成员、副局长、二级主任科员
谭　琳
党组成员、总农艺师　程　璐（女）
二级主任科员　袁建政
覃翔中
李福春
文　慧（女）
区农业农村事务服务中心主任　陈子腾
区绿心保护事务中心主任　阳华东
区河道事务服务中心主任　尹煜尔

区商务和粮食局

党组书记、局长　杨　凌
党组成员、副局长　潘黎波
杨　洁（女）
一级主任科员　王铁山
一级主任科员　冯跃能（女）
二级主任科员　袁　维
三级主任科员　黄绛仙（女）

区文化体育和旅游局

党组书记、局长　王环宇
党组成员、副局长、二级主任科员　袁艺文（女）
党组成员、副局长　刘　斌
二级主任科员　文红卫（女）
三级主任科员　李红艳（女）
区文化馆馆长　谭娟芳（女）

区卫生健康局

党组书记、局长、四级调研员　刘纲德
党组成员、区纪委机关派驻卫生和健康局纪检组长　吴晓明
党组成员、副局长　肖　伟
袁　湘
杨　照（女）
四级调研员　胡进平
一级主任科员　何湘华
二级主任科员　倪　铭（女）
二级主任科员　凌　波
二级主任科员　易应良
四级主任科员　蒋　佳（女）
区妇幼保健计划生育服务中心主任　艾立珠（女）
区疾病预防控制中心主任　刘　杰
区原政务服务中心党组成员、副主任　尹毅华

区审计局

党组书记、局长　丁建国
副局长、一级主任科员　张迎春（女）
党组成员、副局长、二级主任科员　付宁花（女）
区投资审计中心主任　谭旭琦

区退役军人事务管理局

党组书记、局长、一级主任科员　宋　彪
党组成员、副局长　周　磊（女）
党组成员、副局长、二级主任科员　罗剑斌

区应急管理局

党组书记、局长、四级调研员　朱长喜
副局长、一级主任科员　邓元满
党组成员、副局长　朱正光
三级调研员　彭自兴
二级主任科员　林永雄
二级主任科员　梁　虹（女）
四级主任科员　刘声琪

区城市管理和行政执法局

党委书记、局长　康久清
党委委员、副局长、四级调研员　颜　宇
党委委员、副局长、二级主任科员　邓平荣
殷　文
主任科员　刘明辉
区环境卫生服务中心主任　翁友文
区环境卫生管理处主任　佘　理
区城市管理行政执法大队四级主任科员　周亚南
陈　平

区市场监督管理局

党组书记、局长　汪海峰
党组成员、副局长、二级主任科员　王　钢
王小军
党组成员、副局长　江广念
王　东

谭桂寿
四级调研员 刘汉祖
一级主任科员 胡亚鹏
苏红伟
吴　刚
汤　荡
二级主任科员 宋晋闽
莫　建
廖　陈
三级主任科员 方　慧（女）
四级主任科员 何志伟
张益华
副科级干部 黄　照

区统计局

党组书记、局长 田　亮
党组成员、副局长、三级主任科员
赵　蕾（女）
党组成员、副局长 钟　莎（女）
三级主任科员 刘清奇
区经济社会调查服务中心二级主任科员
沈红斌（女）
区统计局普查中心主任 李文佳
从事巡察工作 陈年华

区政府金融工作办公室

党组书记、主任 龙显革

区信访局

党组书记，四级调研员 倪得珉
局长、区政府办副主任（兼） 陈新跃
副局长、三级主任科员 龙　晖
党组成员、副局长 吴雄辉
接访服务中心主任 文紫建

区医疗保障局

党组书记、四级调研员 周立峰
局　长 杨湘红（女）
副局长 王秀莉（女）
二级主任科员 龙晓春（女）
区城乡居民医疗保障事务中心主任 温卫平（女）

区行政审批服务局

党组书记、局长 王　华
副局长 吴　冬

区人大常委会办公室

党组成员、办公室主任 易升文
副主任 陈妍菲（女）
四级调研员 赵克西
二级主任科员 易海燕（女）
选举任免联络工作委员会主任 程　黎（女）
选举任免联络工作委员会副主任 唐有平（女）
环境与资源保护委员会主任委员 潘　凯
三级调研员 彭　侃
监察和司法委员会主任委员 焦莹莹（女）
教育科学文化卫生委员会主任委员 李　玢（女）
财政经济委员会主任委员 周志勇
财政经济委员会副主任委员 唐艺予（女）
二级主任科员 付红霞（女）
农业与农村委员会主任委员 陈培峰（女）
农业与农村委员会主任委员、四级调研员
黄　水
周红雨（女）
社会建设委员会主任委员 张　哲

区政协办公室

党组成员、办公室主任、秘书长、
区政协机关党组书记 梁云箭

办公室副主任　朱振华
四级调研员　晏明安（女）
社会法制和民族宗教委员会主任　杨玉圆（女）
二级主任科员　李金洧（女）
提案和委员学习联络委员会主任、
四级调研员　杨万强
区政协机关党组成员、文教卫体和
文史委员会主任　陈琳敏（女）
文教卫体和文史委员会副主任　赵　萍（女）
经济科技和外事委员会主任　黄志成
从事巡察工作　丁　畅（女）
农业农村和人口资源环境委员会主任　陈　义
二级调研员　陈孝寅
三级调研员　周晓青

区工商业联合会

会　长　曾　嵘
党组成员，副会长　黄　逑（女）
四级调研员　谢红兵
二级主任科员　唐　莉（女）
　朱　洲

区总工会

党组成员、副主席　唐湘平（女）
　余建强
二级主任科员　管玉辉
四级主任科员　李　伟

共青团石峰区委

党组书记、团区委书记　张　宇

区妇女联合会

党组书记、主席、一级主任科员　黄　莺（女）
副主席　吴　琼（女）
二级主任科员　李　伟（女）

区残疾人联合会

党组书记、理事长　刘淑华
四级调研员　王建国
副主任科员　邓毅梅（女）

区科学技术协会

党组书记、主席　付　伟
副主席　黄艳芝（女）

区计划生育协会

会　长　单湛君
党组书记、常务副会长　张扬定
党组成员、秘书长　胡重春（女）

区红十字会

会　长　谢　洁（女）
党组书记、常务副会长　罗　俊

物业服务指导中心

党组书记、主任　廖荣武
副主任　徐水燕
　邹　娟（女）

优化营商环境协调事务中心

党组书记、主任　凌江鹏
副主任　李　冰
　雷志娟（女）
区原投资项目服务中心主任　刘利剑（女）

土地事务服务中心

党组书记、主任　李建武
副主任　张建刚
　陈　攀

原区土地储备中心副主任　冯　微

工程建设服务中心

党组书记、主任　王华荣
副主任　刘俊才

区机关事务服务中心

党组书记、主任　黄勇军
副主任　龙小文（女）
　王月祥
主任科员　余虎能
原政务服务中心党组成员、副主任　王振云

株洲国家高新区田心高科技工业园管理委员会

党组书记　钟碧武
党组副书记、主任　李登岗
副主任　娄　健（女）
党工委副书记、纪工委书记（兼）、
管委会党组成员　李　娜（女）
党组成员、副主任　杨冰峰
招商产业科科长　罗运林
办公室主任　覃　磊
四级调研员　王绍忠
　汤永清（女）

区清水塘关停企业事务中心

副主任　贺　熙
原选矿药剂退休人员管理办公室
副主任、党支部书记（兼）　贺建平

区治理违法建设综合管理大队

副队长（主持工作）　黄　勇
副队长　杨娟娟（女）
　黄昌国
原党支部书记　彭建华

响石岭街道

党工委书记、办事处主任　付铁琪
党工委委员、人大工作委员会
主任　刘　兵
党工委委员、政协联络工作负责人
（兼）、二级主任科员　肖建军
党工委委员、组织委员、宣传统战委员
　唐子轸（女）
党工委委员、副主任、武装部部长
（兼）、政法委员　张正良
党工委委员　周　骥
办事处副主任　王　雅
　贺利明
“两保”站站长　张海峰
二级主任科员　杨拥军
四级主任科员　代千均
副主任科员　杨卫平

清水塘街道

党工委书记　殷　彬（女）
党工委副书记、办事处主任　吉济平
党工委副书记　江　泓（女）
党工委委员、人大工作委员会
主任　苏建政
党工委委员、政协联络工作
负责人（兼）、二级主任科员　周赞武
党工委委员、纪工委书记　陈战辉
党工委委员、办事处副主任、武装部部长、
政法委员、二级主任科员　罗　煜
党工委委员、组织委员、
宣传统战委员　彭　婵（女）
党工委委员　文　俊
办事处副主任、二级主任科员　张　勇
“两保”站站长　刘　岭

田心街道

党工委书记　覃志名
党工委副书记、办事处主任　马　智
党工委副书记、政法委员　言独立
党工委委员、人大工作委员会主任　易建林
党工委委员、组织委员、宣传统战委员　张　帆（女）
党工委委员、副主任、武装部部长、二级主任科员　朱　韧
党工委委员、纪工委书记　唐铂辉
办事处副主任　黄孟星
“两保”站站长　罗利军（女）
四级调研员　朱起炎

井龙街道

党工委书记、四级调研员　管响民
党工委副书记、办事处主任　张志峰
党工委副书记　朱真里
党工委委员、人大工作委员会主任　李舒敏（女）
党工委委员、纪工委书记　汤玉婷（女）
党工委委员、组织委员、宣传统战委员　胡　琼（女）
党工委委员、副主任、武装部部长、政法委员　刘　尧
办事处副主任　刘星明
　杨线敏
　沈松佳
“两保”站站长　殷　俊
三级主任科员　袁建兰（女）
四级主任科员　唐　勇
　鲁小苗（女）

铜塘湾街道

党工委书记　易　辉
党工委副书记、办事处主任　王　勇
党工委副书记、二级主任科员　黄罗佳
党工委委员、人大工作委员会主任、组织委员　严　婧（女）
党工委委员、政协联络工作负责人（兼）、政法委员　郭　勇
党工委委员、纪工委书记　胡炬丽（女）
党工委委员、二级主任科员　江春游
工委委员　袁　浩
党工委委员、副主任、武装部部长、宣传统战委员　杨　琪
办事处副主任、二级主任科员　罗新山
办事处副主任　唐　赛
“两保”站站长　董　艳（女）
三级主任科员　罗发良
四级主任科员　尹李娟（女）
原党工委委员　郭春阳

区人民法院

党组书记、院长　刘新文
党组副书记、副院长　张训贵
党组成员、审判委员会专职委员　肖中和
　晏寿林
副院长、正科级审判员　尹　强
党组成员、副院长、执行局局长　王　健
党组成员、政治部主任　张　剑
原党组副书记、副院长　马燕歌
原党组成员、副院长、正科级审判员　张漫松
原党组成员、政工科科长　何朝晖（女）
正科级审判员　朱　宏
　李欣洲

副科级审判员、区征地协调管理办公室副主任（聘） 龚　浩
副科级审判员 周运生
李欣欣（女）
龙政文
谭　蓉（女）
吴登高
张新华
文米娜（女）

区人民检察院

党组书记、检察长 李云开
副书记、副检察长 李津梁
党组成员、副检察长 肖明月
副检察长、正科级检察员 陈　源（女）
党组副书记、检察委员会专职委员（侦查监督科科长） 旷　野
党组成员、检察委员会专职委员（公诉科科长） 熊　雄
党组成员、政工科科长 李飞鹏
原党组副书记、副检察长 刘自力
原党组成员、纪检组组长 李少华
原党组副书记、检察委员会专职委员、正科级检察员 晏伯轩
副科级检察员 文　伟
郭慧石
唐　玲（女）
谭　俐（女）
刘长庚
副科级检察员（公诉科教导员） 谢永忠
李　哲（女）
副主任科员 方阳怀

区“双管”机构负责人

石峰区人武部

部　长 焦名胜
政　委 张建武
副部长 周　明
军事科科长 余　实
政工科干事 李　溪
保障科助理员 何曜炜

市公安局石峰分局

党委书记、局长 张伟文
党委副书记、政委 胡登龙
党委副书记、常务副局长 贺杨明
党委委员、副局长 易大海
邹　洲
陈宏伟
张　盛
党委委员、纪委书记 汤　征
党委委员、政工室主任 李育新
工会主席 刘　鸿

石峰区公安消防大队

大队长 罗　声
政治教导员 何卫国

市工商局石峰分局

党委书记、局长 欧阳天翔
党委委员、副局长 王　钢
王小军
江广念
党委委员、副局长 胡亚鹏

市石峰区税务局

党委书记、局长 刘俊杰
党委副书记、副局长 刘迎春
党委成员、副局长 龙胜勇
宾松林
郭建文
易建华
胡　海
杨伟德
方　杰
党委成员、纪检组组长 曾　闻
工会主席 罗　艳（女）

市公安交警支队石峰大队

大队长 苏　勇
教导员 文　伟
副大队长 刘文彪
周　伟
毛伟良
罗之璞

市环保局石峰分局

党支部书记、局长 李青山
党支部副书记、副局长 李　竑
副局长 彭海波

市国有土地上房屋征收处石峰中心

主　任 陈石泉
副主任 王利庆

荣誉谱

表 9　2019 年度石峰区获得的各级荣誉称号一览表

单　位	荣誉称号	授予部门
石峰区	湖南省 2019 年安全生产工作优秀单位	省委办公厅、省政府办公厅
	湖南省 2019 年综治工作先进县（市）区	
	湖南省慢性病综合防控示范区	省卫健委
	湖南省平安校园先进县市区	省教育厅
	株洲市 2017 年国家卫生城市提升工作先进集体	市人民政府
	株洲市 2019 年度文明建设先进县（市）区	市精神文明建设指导委员会
	落实国务院有关重大政策措施真抓实干居效明显的单位：（一）老工业基地调整改造力度较大，支持传统产业改造、培育新产业新业态新模式、承接产业转移和产业合作等工作成效贡献突出单位；（二）推进质量工作成效贡献比较突出单位	市委、市政府
	落实省政府重点工作真抓实干成效明显的单位：（一）优化营商环境工作成效明显贡献比较突出单位；（二）落实制造强省建设等政策措施工作成效明显贡献突出单位；（三）闲置土地处置率高，土地节约集约利用工作成效贡献比较突出单位；（四）落实创新引领战略等政策措施，年度全社会研发经费投入、“三新”经济和当年新认定的高新技术企业个数等工作成效贡献比较突出单位；（五）推进质量强省工作成效贡献比较突出单位；（六）推进全省信访工作“三无”创建工作成效贡献比较突出单位；（七）清理拖欠民营企业中小企业账款工作成效贡献突出单位	市委、市政府
	落实市委、市政府其他重点工作真抓实干成效明显的单位：（一）市域社会治理现代化工作成效明显单位；（二）“四上”企业培育工作；（三）推进长株潭城市群一体化发展工作；（四）“公交都市”创建验收工作；（五）“厕所革命”工作	市委、市政府
	2019 年度株洲市征拆征收工作先进集体二等奖	市征拆办

表 10　2019 年度石峰区获得国家级荣誉称号的单位和个人一览表

单　位	荣誉称号	授予部门
一、获奖单位		
区税务局	全国税务系统先进集体	人社部
区教育局	“新时代好少年”主题教育读书活动先进集体	教育部关工委
区法院	全国优秀法院	最高院
区检察院	全国检察机关文明接待示范窗口	最高检
区工商联	全国“五好”县级工商联（2018—2019 年度）	全国工商业联合会办公厅
区文旅体局	石峰区常春艺术团 2019 年全国社会指导员交流展示会上广场舞获一等奖	国家体育总局社会体育中心、中国社会体育指导员协会
区公安分局	为祖国放歌——第四届全国公安系统文艺会演 铜奖	公安部政治部、全国公安文联
区关心下一代工作委员会	全国关心下一代工作先进集体	中国关工委、中央文明办
区消防中队	执勤训练工作先进单位	应急管理部、消防救援局
二、获奖个人		
罗明珍	2019 年国家基层高血压防治管理知识竞赛特等奖； 2019 年国家基层高血压防治管理“雄鹰计划”骨干培训班，获得“优秀讲师”荣誉称号	国家心血管病中心、国家基本公共卫生服务项目基层高血压管理办公室
陈玲等 13 人	2019 年国家基层高血压防治管理知识竞赛三等奖	
王健	全国法院“基本解决执行难”工作先进个人	最高院、人社部
黄亮	《被执行人失信行为认定的失范与规范——以德国司法实践为比较》一文获得全省法院第十七届理论研讨会二等奖	最高院第十届“中国执行论坛”组委会

表 11　2019年度石峰区获得省级荣誉称号的单位和个人一览表

单　位	荣誉称号	授予部门
一、获奖单位		
区税务局	复查认定为湖南省文明单位	省文明委
	全省税务系统“四合”示范单位	省税务局
	全省税务系统基层党建工作示范点	省税务局党委
	云龙税务分局党支部被评为全省税务系统“五化”先进党支部	
区卫生计生综合监督执法大队	2019年度全省卫生监督微课视频三等奖	省卫生计生综合监督局
区疾病预防控制中心	2019年梅毒血清实验室优秀奖	省疾病预防控制中心
	2019年艾滋病抗体初筛实验室优秀奖	
清水塘街道办事处	2019年湖南省信访工作基础业务“百佳业务示范单位”	省信访局
	2019年省级计划生育基层群众自治先进街道	省计生协会
花果山社区	湖南省城市和谐社区	省民政厅
湘天桥社区	2019年度湖南省综合减灾示范社区	省减灾委员会、省应急管理厅
九塘村	湖南省卫生村	省爱国卫生运动委员会办公室
铜塘湾街道办事处	湖南省信访工作基础业务规范单位	省信访局
响石岭街道办事处	2019年省级计划生育基层群众自治先进街道	省计生协会
区审计局	2019年县级审计机关表彰审计项目单位	省审计厅
区安监局	湖南省2019年度安全生产工作优秀单位	省委办公厅、省政府
区财政局	在全省地方预决算公开核查中排名第四、行政事业单位国有资产年度、月度报表编报工作被省财政厅通报表扬	省财政厅
区法院	绩效考核列全省同类法院第二名	省高院
区公安分局	湖南省公安机关第三届微改革微创新大赛银牌	省公安厅
	全省公安机关督察工作先进单位、绩效评估与队伍建设优秀单位	

续表 11

单 位	荣誉称号	授予部门
区科技和工业信息化局	2019 年湖南省中小企业运行监测工作先进单位	省工业和信息化厅
	2019 年度全省工业经济运行监测协调工作先进单位	
	清理拖欠民营企业中小企业账款工作成效明显的市、县市区	省人民政府办公厅
	落实制造强省建设等政策措施成效明显的市、县市区	
	石峰区被湖南省科技厅列入“2020 年度湖南省引导支持市县创新驱动发展财政奖补”名单	省科技厅
区宣传部	2019 年度红网网民留言办理工作先进单位	湖南红网新媒体集团
	2019 年度优秀分站	
区文联	2019 年度湖南省文联先进单位	省文联
区检察院	全省扫黑除恶专项斗争先进集体	省检察院
区工商联	2018—2019 年度湖南省“五好”县级工商联	省工商联
区农业农村局	九郎山村被评为“湖南省休闲农业聚集发展示范村”	省农业农村厅
区文旅体局	秋瑾故居 2019 年 4 月获批“湖南省级文物保护单位”	省政府
	原创小品《相亲》节目在湖南省庆祝新中国成立 70 周年“欢乐潇湘”文艺汇活动评审中获得金奖	省委宣传部、省文化和旅游厅
	原创《快乐的小面师》节目在湖南省庆祝新中国成立 70 周年“欢乐潇湘”文艺汇活动评审中获得一等奖	
	石峰区常春艺术团 2019 年湖南省广场舞比赛获冠军	省体育局
区市场监督管理局	创建湖南省知识产权建设强县	省知识产权局
石峰区老年大学	全省离退休干部“礼赞新中国，奋进新时代”太极拳比赛优秀奖	省委老干部局

二、获奖个人

赵雅稚	湖南省免疫规划工作先进个人	省疾病预防控制中心
邹洲、张盛	大案侦破和大庆安保工作中荣立个人二等功	省公安厅
张伟文	荣立抗洪抢险工作个人三等功	
王玉强	湖南省优秀消防员	省消防救援总队
何敏	全省民政系统先进个人	省人社厅、省民政厅

表 12 2019 年度石峰区获得市级荣誉称号的单位和个人一览表

单位	荣誉称号	授予部门
一、获奖单位		
区纪委监委	株洲市 2019 年度文明城市创建工作先进单位	市创建文明城市工作领导小组
区民政局		
区交警大队		
清水塘街道办事处	全市“优秀人民调解委员会”	市司法局
	巾帼文明岗	市妇女联合会
	2019 年全市信访维稳工作“三无” 单位创建达标乡镇（街道）	市信访工作联席办
	株洲市公共就业创业服务示范平台	市人力资源和社会保障局、市财政局
	株洲市全国第四次经济普查先进集体	市统计局
	株洲市抗洪救灾先进集体	市政府
花果山社区	五四红旗团支部	共青团株洲市委
井墈社区	株洲市春蕾爱心屋先进单位	市妇联
大冲村	2019 年度株洲市城市管理工作先进社区	市城市管理委员会
报亭社区	2019 年度株洲市文明村镇	市精神文明委
铜塘湾街道办事处	2019 年度株洲市城市管理工作先进街道办事处	市城市管理委员会
	2019 年度清水塘新城建设工作先进单位	市清水塘老工业区搬迁改造工作协调指挥部
	株洲市全国第四次经济普查先进集体	市政府
	落实省政府重点工作真抓实干成效明显的单位：（四）闲置土地控制力高，土地节约集约利用工作成效明显贡献比较突出单位	市委、市政府
	2019 年全市信访维稳工作“三无”单位创建达标乡镇（街道）	市信访工作联席办
	落实市委、市政府其他重点工作真抓实干成效明显的单位：（四）“城乡统筹，幸福株洲”建设工作（铜塘湾街道）；（五）推进清水塘提质改造工作（铜塘湾街道）；（六）推进“民生100”工程（铜塘湾街道）	市委、市政府

续表 12

单　位	荣誉称号	授予部门
建设村	2019 年度株洲市文明村镇	市精神文明委
铜塘湾街道社区卫生服务中心	2019 年度株洲市文明单位	市精神文明委
井龙街道办事处	2019 年全市信访维稳工作“三无”单位创建达标乡镇（街道）	市信访工作联席办
郭家塘村	株洲市卫生村	市爱国卫生运动委员会
响石岭街道办事处	株洲市抗洪救灾先进集体	市政府
	株洲市全国第四次经济普查先进集体	市政府
	2019 年全市信访维稳工作“三无”单位创建进步明显乡镇（街道）	市信访工作联席办
云峰阁社区	2019 年度株洲市文明村镇	市精神文明委
区税务局	全市税务系统“四合”示范单位	市税务局
	全市税务系统“迎国庆 促四合”文艺会演获得一等奖	
	2019 年度全市税务系统绩效管理先进单位	
	2019 年度第一届全民阅读“书香株洲，爱心无限”公益活动先进单位	市委宣传部、市新闻出版局
区审计局	2019 年度株洲市审计工作目标考核优秀单位	市审计局
区财政局	县市区财政总决算和部门决算工作先进单位	市财政局
区城市管理和综合执法局	2019 年度株洲市文明单位	市精神文明委
	2019 年度抗洪防涝救灾先进集体	市城管局
区政法委	2019 年度全市政法工作先进集体	市委、政法委
	全市“七五”普法中期先进单位	市委全面依法治市委员会办公室、市司法局
	全市优秀人民调解组织：石峰区社会矛盾纠纷调处中心	市司法局
区法院	2019 年度株洲市先进法院	市中院
	全市法院“基本解决执行难”专项工作集体三等功	
区公安分局	全市政法工作先进单位	市政法委
	新中国成立 70 周年大庆安保先进单位	市公安局
	平安建设考评、集打斗争排名全市第一	

续表 12

单　位	荣誉称号	授予部门
区科技和工业信息化局	株洲市第四次全国经济普查先进集体	市人民政府第四次全国经济普查领导小组
区人社局	2019 年度株洲市文明单位	市精神文明委
区住建局	2019 年度住房和城乡建设系统工作目标管理先进单位	市住建局
	黑臭水体整治工作表现突出单位	市住建局、市城管局
	市政基础设施建设工作表现突出单位	
	人防指挥和宣传教育工作表现突出单位	
	老旧小区改造工作表现突出单位	
	物业管理工作表现突出单位	
区交通运输局	2019 年度全市铁路安全环境整治先进单位	市交通运输局
	2019 年度公交都市创建工作先进单位	
	石峰区“公交都市”创建验收工作荣获 2019 年株洲市真抓实干成效明显的县市区	市委办、市政府办
区教育局	“咱们教育有力量”中小学生文艺会演中获突出贡献奖	市教育局
	“垃圾不落地”活动连续两季度获全市单线第一名	
杉木塘小学	2019 年度株洲市文明校园	市精神文明委
区工会	株洲市 2019 年度“工会工作先进单位”	市总工会
区检察院	全市政法工作先进集体	市政法委
	株洲市 2019 年度先进基层检察院	市检察院
区农业农村局	株洲市 2019 年度文明单位	市精神文明委
	九郎山村成功创建市级美丽乡村示范村	市农业农村局
	全市水利建设质量工作考核 A 级单位	市水利局
	全市农机系统行风建设工作先进单位	市农业机械化管理局
	全市河长制考核获“优秀”等级	市河长制工作委员会
	全市河长制工作机构创新先进单位	
	全市水利建设良好单位	株洲市水利建设指挥部
	全市农村人居环境整治良好单位	市委农村工作领导小组
	全市重大动物疫病防控良好单位	

续表 12

单　位	荣誉称号	授予部门
区文旅体局	湖南省庆祝全国第十一个全民健身日暨 2019 株洲市第六届全民健身节曳步舞大赛荣获株洲市区直机关组第一名	市文化旅游广电体育局
	株洲市庆祝新中国成立 70 周年系列体育活动荣获株洲市区直机关组唯一的“优秀组织奖”	
	株洲市庆祝新中国成立 70 周年系列体育活动篮球赛荣获株洲市区直机关组“亚军”	
	株洲市庆祝新中国成立 70 周年系列体育活动健身气功比赛（八段锦、马王堆引导术）荣获株洲市区直机关组两个分项二等奖	
	株洲市庆祝新中国成立 70 周年系列体育活动乒乓球联赛荣获株洲市区直机关组男子团体亚军和男子单打冠军	
区消防救援大队	先进党组织	市消防救援支队
	先进大队党委班子	
区市场监督管理局	2019 年度园林式单位	市政府
	2019 年度行政处罚优秀案卷（石峰区阳××无证经营案）	市委全面依法治市委员会办公室、市司法局
区信访局	2019 年被评为市“三无”创建活动先进单位	市信访工作联席办
	株洲市 2019 年度文明单位	市精神文明委
区退役军人事务局	株洲市 2019 年度文明单位	市精神文明委
区委老干部局机关离退休干部党支部	株洲市“五化”建设示范党支部	市离退休干部委员会
区老年体协	株洲市第九届老年人体育健身大会气排球男子组第三名	市老年人体育协会
区老年大学	全市离退休干部“礼赞新中国，奋进新时代”太极拳比赛一等奖	市委老干部局
区网格化管理服务中心	2019 年度株洲市文明标兵单位	市精神文明委
区优化营商环境中心	2019 年全市的优化营商环境考核中排名第一	市优化营商环境中心

续表 12

单　位	荣誉称号	授予部门
二、获奖个人		
龙华	全市“金牌人民调解员”	市司法局
徐麟	2019 年度“株洲市优秀共青团干”	共青团株洲市委
付铁琪	2019 株洲市信访先进个人	市信访局
张正良	2019 建国 70 周年个人成绩突出奖	区政府
常剑	2019 年度全市交通运输安全生产先进个人	市交通运输安全生产委员会
肖婵	2019 年度全市法院“基本解决执行难”专项工作嘉奖	市中院
刘辉、陈曦、刘卡尔、刘强、周运生、龚浩、王宇	2019 年度全市法院先进个人	市中院
吴登高	2019 年全市法院个人三等功	市中院
陈善文	2019 年度全市政法工作先进个人	市政法委
龙骏骏	评为优秀共产党员	市消防救援支队
姜超群、王玉强、康炎森、匡述财	记个人三等功	
姜超群	评为优秀指挥员	
李姣华	评为优秀消防文员	
张建刚、罗新山	2019 年度市征拆征收工作“征拆能手”	市征拆办
周赞武、朱韧、谢永、肖建军、郭启平、刘宁、黄桂清、唐维艺	2019 年度市征拆征收工作“先进个人”	

索 引

说明：

1. 本索引采用分析索引方法，按索引词首字汉语拼音顺序排列（阿拉伯数字开头的索引词转成对应的汉语再按拼音顺序排列），首字母音序相同者，按第二音序排列，依次类推。

2. 类目、分目、人名作索引词的用加粗黑体字标明。

3. 索引词后的阿拉伯数字表示内容所在页码，拉丁字母 a、b 表示左、右栏。

4. 特载、大事记、统计资料未作索引

A

B

C

D

H

J

K

L

M

N

T

W

▲湖南省政协副主席、民建湖南省委会主委赖明勇一行来潭调研湖南民建思想政治教育实践基地筹建情况

▲中共湘潭市委副书记何俊峰与湘潭民建代表人士开展联谊交友活动

▲ 民建湘潭市委召开十二届二十次（扩大）会议

▲民建湘潭市委中心学习组开展“不忘合作初心，继续携手前进”专题学习

▲ 市政协民建界别开展2020年第四次界别活动

▲民建湘潭市委会召开2020年宣传工作暨理论研究工作推进会

▲ 民建湘潭市委会举办2020年新会员暨骨干会员培训班

▲民建湘潭市委会赴泉塘子村开展“同心美丽乡村”建设调研活动

民建成立75周年专刊

内部资料　免费交流

湘潭民建

XIANG TAN MIN JIAN

导读

- 辜胜阻在民建成立75周年暨在湘建立组织70周年纪念大会上强调在新时代续写民建事业发展新篇章
- 这次纪念大会上，湘潭民建这些集体和个人受到表彰
- 民建湘潭市委中心学习组开展专题集中学习
- 赖明勇来潭调研湖南民建思想政治教育实践基地筹建情况
- 关于推动我市工业产业转型升级的调研报告

2020 第2期

中国民主建国会湘潭市委员会